普通高等教育"十一五"国家级规划教材
国家外语非通用语种本科人才培养基地系列教材
韩国语国情阅读教程　　　　　　　　　　　总主编　张光军

韩国的社会

赵新建　马会霞　编著

北京大学出版社
PEKING UNIVERSITY PRESS

图书在版编目（CIP）数据

韩国的社会 / 赵新建，马会霞编著. —北京：北京大学出版社，2009.6
（21 世纪韩国语系列教材 · 韩国语国情阅读教程）
ISBN 978-7-301-14488-6

Ⅰ. 韩… Ⅱ. ①赵…②马… Ⅲ. ①朝鲜语—阅读教学—高等学校—教材 ②社会生活—概况—韩国 Ⅳ. H559.4:D

中国版本图书馆 CIP 数据核字（2009）第 017148 号

书　　　名：韩国的社会
著作责任者：赵新建　马会霞　编著
责　任　编　辑：宣瑄　ccxuan@hotmail.com
标　准　书　号：ISBN 978-7-301-14488-6/G · 2480
出　版　发　行：北京大学出版社
地　　　　址：北京市海淀区成府路 205 号　100871
网　　　　址：http://www.pup.cn
电　　　　话：邮购部 62752015　发行部 62750672　编辑部 62767347　出版部 62754962
电　子　邮　箱：zbing@pup.pku.edu.cn
印　刷　者：北京宏伟双华印刷有限公司
经　销　者：新华书店
　　　　　787 毫米 ×1092 毫米　16 开本　22.75 印张　600 千字
　　　　　2009 年 6 月第 1 版　2009 年 6 月第 1 次印刷
定　　　价：39.00 元

未经许可，不得以任何方式复制或抄袭本书之部分或全部内容。
版权所有，侵权必究　举报电话：010-62752024
　　　　　　　　　电子邮箱：fd@pup.pku.edu.cn

普通高等教育"十一五"国家级规划教材

《21世纪韩国语系列教材》专家委员会

主任委员:

　安炳浩　北京大学　教授
　　　　　中国朝鲜语/韩国语教育研究学会会长
　张光军　解放军外国语学院亚非系主任　博导
　　　　　教育部外语教学指导委员会委员
　　　　　大韩民国国语国文学会海外理事
　张　敏　北京大学　教授　博导
　牛林杰　山东大学韩国学院院长　教授

委　员:

　金永寿　延边大学朝鲜韩国学院院长　教授
　苗春梅　北京外国语大学亚非学院韩国语系主任　教授
　何彤梅　大连外国语学院韩国语系主任　教授
　王　丹　北京大学外国语学院朝鲜(韩国)语言文化系主任　副教授

韩国专家顾问:

　闵贤植　韩国首尔大学国语教育系　教授
　姜信沆　韩国成均馆大学国语国文系　教授
　赵恒禄　韩国祥明大学国语教育系　教授

总 序

中韩建交之初，北京大学出版社出版了全国25所大学联合编写的韩国语基础教科书《标准韩国语》。在近十年的教学实践中，这套教材得到了广大师生的认可和欢迎，为我国的韩国语人才培养做出了积极的贡献。随着我国韩国语教育事业的迅速发展，广大师生对韩国语教材的要求也越来越高。在教学实践中，迫切需要一套适合大学本科、专科等教学的韩国语系列教材。为此，北京大学出版社再度荟萃韩国语教学界精英，推出了国内第一套韩国语系列教材——《21世纪韩国语系列教材》。

本系列教材是以高校韩国语专业教学大纲为基础策划、编写的，编写计划基本上囊括了韩国语专业大学本科的全部课程，既包括听、说、读、写、译等语言基础教材，也包括韩国文化、韩国文学等文化修养教材，因其具备完备性、科学性、实用性、权威性的特点，已正式被列为普通高等教育"十一五"国家级规划教材。

本系列教材与以往其他版本教材相比有其鲜明特点：首先，它是目前为止唯一被列入"十一五"国家级规划的韩国语系列教材。第二，它是触动时代脉搏的韩国语教材，教材的每一个环节都力求做到新颖、实用，图文并茂，时代感强，摆脱了题材老套、墨守成规的教材编写模式，真正实现了"新世纪——新教材——新人才"的目标。第三，语言与文化是密不可分的，不了解一个国家的文化，就不能切实地掌握一个国家的语言，从这一视角出发，立体化系列教材的开发在外语教材（包括非通用语教材）规划中是势在必行的。《21世纪韩国语系列教材》就是在这一教学思维的指导下应运而生的。第四，本系列教材具有权威性。由中国韩国语教育研究学会会长、北京大学安炳浩教授，大韩民国国语国文学会海外理事、中国韩国语教育研究学会副会长张光军教授，北京大学张敏教授，山东大学牛林杰教授组织编写。参加编纂的中韩专家、教授来自北京大学、韩国首尔大学、北京外国语大学、韩国成均馆大学、山东大学、解放军外国语学院、大连外国语学院、延边大学、青岛大学、中央民族大学、山东师范大学、烟台大学等国内外多所院校。他们在韩国语教学领域具有丰富的执教经验和雄厚的科研实力。

本系列教材将采取开放、灵活的出版方式，陆续出版发行。欢迎各位读者对本系列教材的不足之处提出宝贵意见。

北京大学出版社
2007年4月

前　言

　　高水平的韩国语人材不但需要过硬的韩国语应用能力，还需要具有快速阅读韩国语语料的能力以及从韩国语的海量信息中获取必要信息的能力，同时掌握丰富的韩国国情知识。为此，在高年级阶段要将语言学习与国情知识学习结合起来，通过语言学习国情知识，在学习国情知识的过程中学习、复习、巩固语言知识，并培养快速阅读能力。

　　为达到这一目的，我们编写了这套《韩国语国情阅读教程》。该教程有6个分册，包括韩国的语言、文学、政治、外交、社会、地理、信仰、民俗等内容。每课都包括课文、词汇注释、练习以及中文参考译文。通过本教程的学习，可以比较系统地学习8门课程，阅读120万字以上的韩国语语料，了解掌握与此相关的国情知识，掌握相当数量的词汇和语法，培养大量快速阅读的能力，增强韩国语语感。同时，由于知识具有系统性和实用性，有助于提高学习兴趣。

　　从事与韩国相关的工作，需要了解如何用韩国语表达韩国国情知识。用汉语叙述的韩国国情知识已经是第二手资料，无论在信息的全面性或准确度上都会发生一定的变形。从事与韩国相关工作的人很多，懂韩国语并能够掌握第一手原汁原味的韩国国情知识是最大的优势，不过在阅读过程中，应对其中观点加以正确认识和甄别。

　　该系列教材的阅读量比较大。但是从外语学习的规律、将来工作的需要以及教材的语言特点来看，这样的阅读量是合适的，应该也是可以完成的。

　　科学的理想的外语学习过程应该是理论与实践、演绎与归纳有机结合的过程。低年级阶段主要应以外语语言理论的演绎来指导实践，高年级阶段则主要应该是从外语实践中归纳来加深对语言理论的认识与理解。然而在我国的外语教学中，长期以来一直存在着重理论轻实践、重演绎轻归纳的倾向，注重对语言理论的讲授，轻视大量阅读外文原文语料并从中进行归纳。阅读量太少，对各种语料缺乏感性认识，外语知识难以巩固。改变这一状况的重要方法就是增加阅读量。

　　在外语教学中，精读课是学习外语知识的至关重要的综合课程。但是，精读课在培养学生认真细致的学习作风的同时，也会使学生养成一种不分主次一律逐字逐句认真分析的习惯。在现实工作中，虽然也有需要逐字逐句认真分析的材料，但是在信息爆炸的当今时代，大部分情况下需要的是从海量信息中筛选获取必要有用的信息。在外语教学的高年级阶段，需要培养学生大量快速阅读的能力，以便适应将来工作。因

此,增加阅读量并在计划时间内完成是教学中应该达到的目标。

该教材大幅度增加了阅读量。但是审视课文内容我们可以发现,组成该教材的语料基本上都是书面语,语言比较规范,句型比较简单,语境比较清楚,语言点相对较少。这样的材料阅读起来难点较少,阅读速度当然可以加快,在计划时间内完成阅读量是完全可行的。

在教学实践中我们发现,该教材将知识和能力的培养结合起来,在扩充知识面,增加词汇量和语法量的同时,并没有影响学习掌握语言基本功。而这些知识和能力,对将来所从事的工作是非常必要的,有广泛的适用性。

本教材还可以作为研究生教材,大学生课外阅读教材,以及已经参加工作的职场人士继续充电的阅读材料。

俗话说:"学会一门外语,就是打开一扇通向外部世界的窗户。"随着中韩关系的不断发展,我国韩国语学习者的数量在不断增加,我们这套《韩国语国情阅读教程》也应运而生。真心希望这套教材能够为使用者的"开窗工程"尽绵薄之力。

诚挚地敦请各位老师、同学对该书提出宝贵的意见。希望通过大家的共同努力,使其日臻完善。

主编
2009年1月于解放军外国语学院

学习与授课提示

阅读课传统上又称为泛读课，是外语学习中的一门重要课程。

阅读课的设课目的：

1．学习不同文化背景的对象国国情知识，
2．学习一些常用的外语词汇和语法知识，
3．培养快速阅读外文语料的能力，
4．培养分析问题综合情况的能力。

本教材的编写体例：

1．精选原汁原味的韩国语课文，系统介绍韩国国情知识。
2．注释必要的韩国语词汇语法，减少快速阅读中的障碍。
3．编配形式多样的练习题，有助于加强重点知识的掌握。
4．书后配有中文参考译文，有助于对课文的学习和理解。

本教材的学习方法：

由于大学韩国语教学中精读课占有相当大的课时比重，学生比较适应精读课的学习，往往会用学习精读课的方法学习阅读课。请授课教师引导学生改变学习方法，培养从大量外文语料中获取信息的能力。也就是说，不需要像精读课那样字斟句酌地去学习每一个单词的含义，掌握每一条语法的用法，理解每一个句子的意思。

学生可以根据自己的情况采取三种学习方法：①先读参考译文，对课文内容整体把握后再看课文原文；②阅读课文原文，遇到问题对照参考中文译文；③直接阅读课文，然后阅读中文参考译文，验证自己理解的准确度。

本教材每册编选16课左右，按照每周一次、每次两节到课堂授课，可以使用一个学期。考试形式可以参考课后的练习题方式。

本教材为授课教师提供练习题参考答案。

编　者
2008年9月于解放军外国语学院

目 录

한국의 사회

제1과 한국 교육사와 교육 일반 ·· 2
  1. 한국의 교육사 ··· 2
  2. 한국 교육 일반 ··· 7
  注 释 ·· 12
  练 习 ·· 13

제2과 한국의 교육제도 ·· 17
  1. 한국 교육제도의 현황 ·· 17
  2. 한국의 교육제도와 형태 ····································· 19
  3. 한국의 일부 교육 유형 ······································· 22
  4. 한국 학제 개편에 대한 논의 전개 ························ 25
  注 释 ·· 26
  练 习 ·· 28

제3과 한국의 대학 ·· 32
  1. 대학입시제도의 역사 ··· 32
  2. 한국 일부 대학교 소개 ······································· 37
  注 释 ·· 46
  练 习 ·· 48

제4과 한국의 교육정보화와 e-러닝(1) ······························· 52
  1. 교육정보화와 e-러닝 ·· 52
  2. 한국 교육과 e-러닝(1) ······································ 59
  注 释 ·· 62
  练 习 ·· 64

제5과 한국의 교육정보화와 e-러닝(2) ······························· 68
  1. 한국 교육과 e-러닝(2) ······································ 68
  2. 교육정보시스템 ·· 73
  注 释 ·· 78

练 习 ··· 80
제6과　한국 유학(1) ··· **84**
　1. 외국인 유학생 수속 절차 ··· 84
　2. 출입국 수속 ··· 89
　3. 출국준비하기(1) ··· 92
　注 釋 ··· 96
　练 习 ··· 98
제7과　한국 유학(2) ··· **102**
　1. 출국준비하기(2) ··· 102
　2. 외국인 유학생에 대한 보험 안내 ··· 104
　3. 한국어능력시험 (TOPIK) ··· 107
　注 釋 ··· 112
　练 习 ··· 113
제8과　한국의 출판 ··· **117**
　1. 한국의 출판사 ··· 117
　2. 한국 출판 현황 ··· 119
　3. 한국 출판의 주요 정책 ··· 122
　注 釋 ··· 127
　练 习 ··· 129
제9과　한국의 방송 ··· **133**
　1. 한국의 방송사(放送史) ··· 133
　2. 한국 방송의 현황 ··· 134
　3. 방송 프로그램 제작 및 유통 ··· 141
　4. 주요 정책 ··· 142
　注 釋 ··· 144
　练 习 ··· 145
제10과　한국의 신문 ··· **149**
　1. 한국 신문사(新聞史) ··· 149
　2. 한국 신문 일반 ··· 150
　3. 한국 신문의 현황 ··· 154
　4. 주요 정책 ··· 157
　注 釋 ··· 159
　练 习 ··· 161
제11과　한국의 잡지 ··· **165**
　1. 한국의 잡지사(雜誌史) ··· 165
　2. 한국 잡지의 현황 ··· 168

3. 주요 정책 ·· 171
　　注　释 ··· 173
　　练　习 ··· 174

제12과　한국 인터넷(1) ·· **179**
　　1. 인터넷이 시작되기 전 ··· 179
　　2. 한국 인터넷의 모형 탄생—SDN ··· 179
　　3. 국제 인터넷과의 연결 ··· 180
　　4. 교육계와 연구계를 중심으로 인터넷 확산 ··· 182
　　5. 상용 인터넷 ··· 184
　　6. 초고속 인터넷 ··· 185
　　7. 사회적인 영향 ··· 186
　　8. 네티즌 ··· 187
　　注　释 ··· 188
　　练　习 ··· 190

제13과　한국 인터넷(2) ·· **194**
　　1. 인터넷 인프라 ··· 194
　　2. 인터넷 서비스 ··· 195
　　3. 인터넷 이용자 ··· 197
　　4. 인터넷 관련 정책 ··· 199
　　注　释 ··· 202
　　练　习 ··· 204

제14과　인터넷 언론과 전통 언론의 상호작용 ·· **208**
　　1. 인터넷 언론의 발전과 언론의 개념 변화 ··· 208
　　2. 인터넷 언론과 전통언론의 상호 작용 (오마이뉴스를 중심으로) ············ 210
　　注　释 ··· 216
　　练　习 ··· 218

제15과　한류 일반 ·· **222**
　　1. 한류의 정의 ··· 222
　　2. 한류의 배경 ··· 222
　　3. 한류의 영향 ··· 224
　　注　释 ··· 231
　　练　习 ··· 233

제16과　최근의 한류 현황 ··· **237**
　　1. 지역별 한류 현황 ··· 237
　　2. 한류의 영향 및 효과 ··· 241
　　注　释 ··· 251

练 习 ………………………………………………………………………………… 253

韩国的社会

第一课　韩国教育史和教育的一般知识 ……………………………………… 258
　1. 韩国教育史 ……………………………………………………………… 258
　2. 韩国教育的一般知识 …………………………………………………… 261
第二课　韩国的教育制度 ……………………………………………………… 263
　1. 韩国教育制度的现状 …………………………………………………… 263
　2. 韩国的教育制度和形态 ………………………………………………… 264
　3. 韩国的部分教育类型 …………………………………………………… 266
　4. 韩国开始讨论改革现有学制 …………………………………………… 268
第三课　韩国的大学 …………………………………………………………… 269
　1. 大学入学制度的变迁史 ………………………………………………… 269
　2. 韩国部分大学介绍 ……………………………………………………… 272
第四课　韩国的教育信息化和e-learning（1） ……………………………… 276
　1. 教育信息化和e-learning ……………………………………………… 276
　2. 韩国教育和e-learning（1） …………………………………………… 279
第五课　韩国的教育信息化和e-learning（2） ……………………………… 281
　1. 韩国教育和e-learning（2） …………………………………………… 281
　2. 韩国教育信息系统 ……………………………………………………… 283
第六课　留学韩国（1） ………………………………………………………… 285
　1. 外国留学生留学程序 …………………………………………………… 285
　2. 出入境手续 ……………………………………………………………… 288
　3. 出国准备（1） …………………………………………………………… 290
第七课　留学韩国（2） ………………………………………………………… 293
　1. 出国准备（2） …………………………………………………………… 293
　2. 外国留学生保险介绍 …………………………………………………… 294
　3. 韩国语能力考试TOPIK ………………………………………………… 296
第八课　韩国的出版 …………………………………………………………… 299
　1. 韩国的出版史 …………………………………………………………… 299
　2. 韩国出版现状 …………………………………………………………… 301
　3. 韩国出版的主要政策 …………………………………………………… 302
第九课　韩国的广播 …………………………………………………………… 305
　1. 韩国的广播史 …………………………………………………………… 305

2．韩国广播电视产业现状 …………………………………………………… 306
　　3．广播节目的制作及流通 …………………………………………………… 310
　　4．主要政策 …………………………………………………………………… 311
第十课　韩国的报纸 ……………………………………………………………… 312
　　1．韩国的报纸史 ……………………………………………………………… 312
　　2．韩国报纸的一般知识 ……………………………………………………… 312
　　3．韩国报纸现状 ……………………………………………………………… 314
　　4．主要政策 …………………………………………………………………… 316
第十一课　韩国的杂志 …………………………………………………………… 318
　　1．韩国杂志史 ………………………………………………………………… 318
　　2．韩国杂志现状 ……………………………………………………………… 320
　　3．主要政策 …………………………………………………………………… 322
第十二课　韩国互联网（1）……………………………………………………… 323
　　1．互联网诞生之前 …………………………………………………………… 323
　　2．韩国互联网模型的诞生——SDN ………………………………………… 323
　　3．与国际互联网的连接 ……………………………………………………… 324
　　4．网络由教育界和研究界向外扩展 ………………………………………… 325
　　5．商用互联网 ………………………………………………………………… 326
　　6．超高速互联网 ……………………………………………………………… 326
　　7．社会影响 …………………………………………………………………… 327
　　8．网民 ………………………………………………………………………… 327
第十三课　韩国互联网（2）……………………………………………………… 328
　　1．互联网基础设施 …………………………………………………………… 328
　　2．互联网服务 ………………………………………………………………… 329
　　3．互联网用户 ………………………………………………………………… 330
　　4．互联网政策 ………………………………………………………………… 331
第十四课　互联网言论与传统言论的相互作用 ………………………………… 333
　　1．网络媒体的发展和言论概念的变化 ……………………………………… 333
　　2．通过《Ohmynews》看互联网言论与传统言论的相互作用 …………… 334
第十五课　韩流概况 ……………………………………………………………… 338
　　1．韩流的定义 ………………………………………………………………… 338
　　2．韩流的背景 ………………………………………………………………… 338
　　3．韩流的影响 ………………………………………………………………… 339
第十六课　韩流的近况 …………………………………………………………… 343
　　1．各地区的韩流现状 ………………………………………………………… 343
　　2．韩流的影响与效果 ………………………………………………………… 346
后　记 ……………………………………………………………………………… 349

한국의 사회

제1과 한국 교육사와 교육 일반

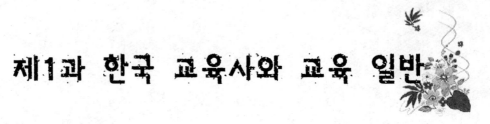

1. 한국의 교육사

1.1 선사시대의 교육
한국 선사시대의 교육은 무의식적·비조직적으로 이루어졌는데, 생활을 근거로 하는 지식·기술의 습득과 이의 전승, 신앙심을 바탕으로 하는 종교적 행사와 그 전수, 종족유지와 보호에 따른 전쟁훈련이 그 전부였다.

1.2 고조선시대의 교육
고조선시대 역시 원시적 교육상태를 크게 벗어나지는 못하였지만 교육사상과 이념의 기초가 되는 정신적인 영역의 기틀이 다져지기 시작하였다. <단군신화>에 나타나 있는 홍익인간의 이념은 고대인의 생활철학인 동시에 교육철학이었다고 할 수 있다. 또한 기자조선 때의 <팔조법금(八條法禁)>을 통하여 이 시대의 사회가 인권을 존중하고 남녀간 도덕을 엄격히 하였으며, 상하관계가 뚜렷한 계급사회, 가부장제 사회였다는 것을 알 수 있다. 그러므로 이것은 고대 우리 민족의 도덕·윤리교육이었고 민중교화를 위한 교육지침이었다.

1.3 삼국시대 교육
삼국시대에는 국가에 의해 학교교육이 시작되었으며, 교육에 불교와 유교가 절대적 영향을 주었다.

고구려 교육
문헌상으로 고구려에서 처음 설립된 교육기관은 태학(太學)이었다. 유교를 교육이념으로 삼아 372년(소수림왕 2)에 설립된 태학은 국가가 세운 최고 교육기관으로서, 귀족 등 특수층의 자제들을 위한 관리양성기관이었다. 고구려에는 관학인 태학 이외에도 한국 최초의 사학인 경당이 있었다. 여기서는 미혼자제들을 대상으로 교육을 실시하였는데, 이런 점에서 경당은 신라의 화랑도와 유사한 성격을 지녔을 것으로 보이며, 고려 이후 성행한 서당(書堂)의 기원으로 여겨진다.

백제 교육
문헌에 나타난 교육기관은 없으나 일본 역사서인 《일본서기(日本書紀)》등에 나타난 백제와의 문화교류에 관한 기록으로 볼 때 백제의 학술이 발달되어 있었음을 알 수 있다. 258년(고이왕 25) 박사 왕인(王仁)을 일본에 보내어 《논어》《천자문》

을 전한 일이 있고, 374년(근초고왕 29) 박사 고흥(高興)이 백제의 역사책인 《서기(書記)》를 편찬하였다.

신라 교육

신라는 국내제도 정비에 힘쓰는 한편 재래의 무(武)를 중심으로 한 인재교육에 힘썼다. 단군고유정신을 강화한 청년집단 화랑도가 생겨났으며, 화랑도교육을 통하여 국가의 어려움을 극복하고자 했다. 학교교육은 통일신라에 들어오면서 시작되었다. 628년(신문왕 2)에 설립된 국학(國學)이 그것이다. 국학은 예부(禮部)에서 관할하였으며, 경덕왕 때 태학감(太學監)으로 개칭하였다가 혜공왕 때 다시 국학으로 환원시켰다. 교과과목은 《주역》《상서(尙書)》《모시(毛詩)》《예기》《춘추》 등이었다. 한편, 788년(원성왕 4) 태학 안에 독서삼품과(讀書三品科)를 설치하여 상품·중품·하품으로 나누어 관리등용의 기준으로 삼았다.

1.4 고려시대 교육

고려시대에는 정치·사회적 변혁에 따라 교육정책도 변모를 거듭했다. 성종 때 설립된 국자감(國子監)은 고려시대 최고의 학부로, 국가의 유교적 이념과 결부하여 교육의 중추적 구실을 담당했다. 고려의 교육제도는 크게 관학과 사학으로 구분된다. 관학으로는 중앙에 국자감과 학당이 있고 지방에 향교가 있었으며, 사학으로는 십이도(十二徒)와 서당이 있었다. 예종 때 국자감을 국학으로 개칭하고, 1109년에 새로운 성격의 문무칠재(七齋)를 두어 전공별로 연구하게 했다. 국자감에는 국자학·태학·사문학·율학·서학·산학의 6학이 있었는데, 각각 입학자격은 계급과 신분에 따라 규정하였다. 교육내용은 《주역》《상서》《주례》《예기》《모시》《춘추》《좌씨전(左氏傳)》《공양전(公羊傳)》《곡량전(穀梁傳)》을 각각 1경(一經)으로 하고, 《효경》《논어》는 필수과목으로 한 것으로 보아 국자감의 교육목적은 귀족자제를 대상으로 한 관리양성인 동시에 유교적 학문의 연구에 있었다고 볼 수 있다. 고려의 향교(鄕校)는 지방에 설립된 중등 수준의 관학교육기관이라고 할 수 있다. 향교의 학생 중 성적이 우수한 자는 국자감에서 공부할 수 있었다. 지방의 향교와 같은 수준의  교육기관으로 중앙에는 학당이 있었다. 한편, 사학인 십이도는 중앙의 국자감과 비슷한 비중을 갖는 교육기관으로서, 12개 사학으로 되어 있었다. 이는 사설교육기관이지만 국가에서 감독했다.

1.5 조선시대 교육

조선시대에는 성리학이 정신적인 지표와 교육이념의 중추를 이루었다. 이에 기초한 유교교육은 일반 서민을 위한 교육이라기보다 정치적 이상 실현을 위한 것으로

등장하였다. 또한 교육내용에 있어서 경전 중심의 인문교육을 숭상하고 실업교육을 천시하여, 교육 대상과 내용에 배타성이 깊이 배어 있다. 이러한 부정적 측면에도 불구하고 조선시대 유학교육은 그 자체가 생활규범화되어 전국민에게 도덕적 윤리관을 심어 주었으며, 유학자들의 깊이 있는 학문체계는 한국 교육사상 및 정신문화에 크게 이바지했다. 조선 후기에는 성리학에 대한 비판으로 실학사상이 등장하여 실사구시(實事求是)에 의한 새로운 학풍이 등장했다. 이러한 사상을 배경으로 조선시대에는 성균관(成均館)이 최고학부 구실을 하였고, 중등교육기관으로 중앙의 사학(四學)과 지방의 향교가 있었으며, 사립교육기관으로 서원(書院)과 사설 초등교육기관인 서당이 있었다. 이에 대한 교육행정은 예조가 주관했으며, 교육기관을 운영하고 감독하기 위해 <학령>과 <경국대전> 등 각종 교육법규를 제정했다. 성균관에서는 유학교육을 실시했는데, 교육내용은 경술(經術)과 문예를 주로 한 강독·제술(製述)·서법으로 나뉜다. 향교는 이미 고려시대부터 지방재정에 의하여 운영되던 중등교육기관으로, 조선시대에는 부·목·군·현에 각각 향교를 하나씩 설립하게 되었다. 향교의 기능은 성현에 대한 제사와 유생교육 및 지방민 교화 등이었다. 서당은 조선시대에 더욱 활발해져, 선비와 평민 자제로서 사학이나 향교에 입학하지 못한 8~16세에 이르는 소년들의 유학도장으로 중요시되었다. 서원은 1543년(중종 38) 풍기군수 주세붕(周世鵬)이 고려시대 유학자인 안향(安珦)의 학문과 덕행을 추모하기 위해 설립했는데, 이곳에서도 인재를 모아 학문을 가르쳤다. 이를 백운동서원(白雲洞書院)이라 한 것이 시초이다.

1.6 개화기 교육

19세기 말 개항과 함께 문호개방이 시작되면서 교육에 있어서도 근대교육사조에 입각한 신교육 실시가 요청되었다. 근대학교는 1883년에 설립된 동문학(同文學)과 1886년 육영공원(育英公院) 등 관학의 설치로부터 비롯되었다. 육영공원은 양반 자제를 대상으로 영어·자연과학·수학·지리 등 신교육을 실시하였다. 사학 설립은 크게 그리스도교계 학교와 민간인 학교로 나뉜다. 1880년대에 세워진 그리스도교계 학교로는 배재학당(培材學堂)·경신학교(儆新學校)·이화학당(梨花學堂)·정신학교(貞信學校) 등을 들 수 있다. 민간인이 세운 학교는 1883년 개항장 원산에 설립된 원산학사(元山學舍)가 최초로, 이는 한국 최초의 근대학교이기도 하다. 1894년 갑오개혁을 계기로 새로운 학제에 따른 교육이 실시되었다. 교육행정을 새로이 담당할 학무아문(學務衙門)이 설치되었으며 과거제도를 폐지하였다. 1895년 고종은 <홍범 14조>를 통해 근대교육을 받아들일 것을 공식 발표하였으며, 이어 교육조서(敎育詔書)를 통해 교육의 중요성을 재천명하였다. 같은해 교사양성을 위한 <한성사범학교관제>를 공포하였다. 이는 한국 최초의 근대식 학교법규이다. 근대학교로서 관학은 외국어교육·교원양성·실업교육면에 치중하여 교육하였다.

1.7 일제강점기 교육

초기의 교육방침은 1911년 발표된 <조선교육령>과 <사립학교규칙>에 집약되어 있다. 즉, 조선교육령에서 <교육은 교육에 관한 칙어의 취지에 기초하여 충량한 국민을 육성하는 것을 본의로 한다>고 되어 있어 한민족의 민족의식을 빼앗고 문화를 말살하여 일본제국에 절대 복종하고 순종하도록 만들겠다는 뜻이 나타나 있다. 그 뒤 각종 교육법령 제정으로 교육제도가 정비되어, 보통학교(3·4년)·고등보통학교(4년)·여자고등보통학교(3년)·실업학교(2·3년)·간이실업학교(수업연한 제한규정 없음)·전문학교(3·4년) 등이 설치되었다.

그 뒤 3·1운동을 계기로 일본의 교육정책이 이른바 문화정치를 표방하여 1922년에 개정교육령을 발표하였다. 이를 계기로 한국 학생들에게 사범학교 및 대학에 진학할 길이 열렸다. 1938년 3월에 일제는 제3차조선교육령을 반포하여 교육을 완전히 전시체제로 만들었으며, <국체명징(國體明徵)> <내선일체(內鮮一體)> <인고단련(忍苦鍛鍊)> 등 3대 교육방침을 내세웠다. 1943년에는 제4차조선교육령인 <교육에 관한 전시비상조치령>에 의하여 철저한 전시교육체제로 바뀌게 되었다. 이보다 앞서 1941년 4월 보통학교였던 소학교가 국민학교로 개칭되었다.

1.8 광복 이후 교육

8·15 광복 후 한국은 새로운 민주주의 이념에 입각한 교육정책 수립에 많은 노력을 기울였다. 미군정에 의해 실시된 교육정책은 종래의 복선형 학제를 단선형으로 바꾸고 교육행정의 자치화를 꾀하였으며, 교사재교육, 문맹퇴치운동, 국어 회복, 각급 교육기관 확충 등 새로운 교육체제 정비에 주력하였다. 교육심의회는 1946년 6월 학제를 6·6·4로 개혁하고, 학교교육을 취학 전 교육·초등교육·중등교육·고등교육·특수교육의 5단계로 설정하였다. 이는 1953년 교육법 개정시에 6·3·3·4학제로 바뀌 오늘에 이르고 있다.

1948년 한국 정부수립 후 강조된 교육 표어는 민족적 민주주의 교육이었다. 1949년 12월에 <교육법>이 제정·공포됨에 따라 교육의 근본이념을 홍익인간으로 정하고 평등사상에 입각한 교육의 기회균등을 실현하기 위해 노력하였다. 이 교육법에 의해 교육자치제도가 수립, 1952년 시·군 교육위원이 선출됨으로써 이 제도가 실현되기 시작했다.

1961년에는 그 기능이 일시 중지되었으나, 1964년초에 다시 이 자치제가 일부 부활되었으며, 1991년 3월에 <지방교육자치에 관한 법률>이 제정·공포되면서 본격적인 교육자치제를 실시하기에 이르렀다.

1960년대부터 <조국근대화>라는 표어 아래 1962년 교원양성을 위한 교육대학·사범대학을 운영했다. 1970년에는 전문학교를 설치하고, 1972년에 방송통신대학을 신설했다. 제4공화국이 출범한 1973~1979년까지의 교육은 <국적있는 교육>

이라는 기치 아래 반공안보교육·주체성교육 등에 역점을 두었으며, 과학기술과 산학협동교육이 강화되어 전국민의 과학화운동이 실시되었다. 특히 새마을운동의 일환으로 교육의 사회적 기능을 개발하기 위한 새마을교육이 전개되었다.

1980년 제5공화국 출범과 함께 7·30교육개혁 조치를 통해 과외 금지, 고교내신제와 국가학력고사에 의한 대학입시제도 개선, 교육대학 및 방송통신대학의 4년제 승격, 졸업정원제 시행 등 일련의 중요한 교육정책이 결정되었다. 1981년에 문교부에서는 교육정책으로서 국민정신교육 강화, 취학 전 어린이교육 확대, 초·중등교육 충실, 대학교육개혁 정착 및 질적 향상, 과학기술 및 직업교육 강화, 사회교육 확산, 국민체육 진흥, 국제교육 강화, 교육풍토 쇄신 등을 주요과제로 삼았으며, 장학방침으로 국민정신교육 강화, 기초교육 내실, 과학기술교육 진흥, 전인교육 충실 등을 채택했다.

8·15광복과 1949년 새 교육법이 공포된 뒤로 한국은 정부의 교육진흥정책과 국민의 교육열 고조로 교육이 폭발적으로 외형적 성장을 하게 되었다. 그러나 이러한 양적 증가는 과밀학급화, 학교규모 비대화, 교직원수 부족, 교육시설 노후 등 교육여건을 개선하기 위해 추진되어야 할 많은 과제를 낳았다. 중등교육도 광복 후 뚜렷한 양적 성장을 이룩하였다. 특히 1960년대 말부터 중등교육 기회는 크게 확대되었는데, 이러한 중등교육의 보편화 현상은 1968년에 시행된 중학교 무시험진학제도와 1973년부터 추진되었던 고등학교평준화시책에 힘입은 바 크다.

1980년대에 들어와서는 중학교의 의무교육화를 위한 교육정책에 따라 일부 도서벽지와 군지역의 중학교에서 의무교육을 실시하였다. 또한 정규학교 이외에 산업체 부설 중·고등학교 등이 있고 고등공민학교·고등기술학교·방송통신고등학교 및 중등학교 수준의 특수학교도 설치되어 중등교육의 기회는 널리 개방되었다. 광복 후 다른 어떤 수준의 교육보다도 학생수 및 학교 증가율이 급격히 성장한 부문은 고등교육이다. 초등학교(6년), 중학교(3년)의 취학률은 거의 100%에 이르고 있다. 이와 같이 취학률이 높음에도 불구하고 재원문제가 어려워 의무교육이 9년으로 연장된 것은 1985년부터이다.

고등학교의 취학률도 입시제도의 개혁을 통하여 <평준화> 정책에 의해 1999년 현재 97.3%를 기록하고 있다. 단, 유치원 취원율(5세 아동)은 50%에 머물고 있다. 교육 내용을 살펴보면 1980년대 초 이후 국민학교(1996년 초등학교라고 개칭)의 1-2학년 단계에서 교과제 대신 <종합교과제>를 도입하였고, 1990년대에 들어서자 국제화 대응의 긴급 조치로서 1997년부터 영어를 초등학교 3년생부터 전국적으로 도입하는 등 혁신적 시도를 실시해 왔다. 현행 제6차 교육과정에서는 교과·특별활동의 두 가지 영역 외에 학교재량시간 영역이 설정되어 지역이나 학교의 실정에 따른 독자적 교과 편성(예컨대 영어·한자·컴퓨터 학습 등)을 할 수 있게 되었다.

또한 지방교육자치법 제정(1991)에 의한 공선제(公選制) 교육위원회제도의 도입,

학교운영위원회의 제도화(1996) 등 학교운영의 민주화·분권화가 진행되고 있다. 1990년대 후반에는 경제협력개발기구(OECD) 가입(1996)을 계기로 OECD교육위원회에 의한 교육정책심의를 받는 등 새로운 전개도 볼 수 있다.

2. 한국 교육 일반

2.1 한국 헌법에서의 교육에 관한 서술
① 모든 국민은 능력에 따라 균등하게 교육을 받을 권리를 가진다.
② 모든 국민은 그 보호하는 자녀에게 적어도 초등교육과 법률이 정하는 교육을 받게 할 의무를 진다.
③ 의무교육은 무상으로 한다.
④ 교육의 자주성·전문성·정치적 중립성 및 대학의 자율성은 법률이 정하는 바에 의하여 보장된다.
⑤ 국가는 평생교육을 진흥하여야 한다.
⑥ 학교교육 및 평생교육을 포함한 교육제도와 그 운영, 교육재정 및 교원의 지위에 관한 기본적인 사항은 법률로 정한다. (한국 헌법 제31조)

2.2 교육법
교육에 관한 국민의 권리·의무와 국가·지방자치단체의 책임을 정하고 교육제도와 운영에 관한 기본적 사항을 규정함을 목적으로 제정된 법률이다.

한국의 새로운 교육법은 1997년 12월 13일 법률 제5437호로 제정되었다. 전문 3장 29조와 부칙으로 되어 있다. 이 법의 제정으로 종전의 <교육법>은 폐지되었다.

한국의 교육은 홍익인간의 이념 아래 모든 국민이 인간다운 삶을 영위하고 민주국가 발전과 인류공영 이상 실현에 이바지함을 목적으로 한다. 교육의 자주성·중립성이 존중되며, 의무교육은 초등교육 6년 및 중등교육 3년으로 하여 중등교육은 재정여건에 따라 대통령령이 정하는 바에 의하여 순차적으로 실시한다. 국가 및 지방자치단체는 특수교육·영재교육·유아교육·직업교육을 위하여 필요한 시책을 수립, 실시한다.

2.3 교육인적자원부
교육인적자원부(敎育人的資源部)는 학교교육·평생교육 및 학술에 관한 사무를 관장하는 중앙행정기관이다. 교육인적자원부는 각 부처에 분산되어 있는 인적자원 개발기능을 총괄, 조정하는 역할을 하며, 약칭은 <교육부>로 하였다. 교육부총리는 정부 4개 부문팀 중 교육인적자원분야 팀장이 되며 <인적자원개발회의>를 주재, 인적자원개발에 관련 주요안건에 대해 국무회의 전에 반드시 사전 심의를 하게 되어 있다. 인적자원개발회의에는 교육부, 행자부, 과기부, 문화관광부, 산자부, 정통부, 노동부, 기획예산처, 여성부 등 9개 부처장관이 출석한다.

교육인적자원부의 직제는 장관·차관 각 1명과, 하부조직으로 기획관리실·학교정책실·평생교육국·학술연구지원국·교육환경개선국·교육정보화국을 두고 있다. 그 밖에 직속기관으로 국립중앙도서관·국사편찬위원회·학술원·국제교육진흥원, 교원징계재심위원회, 국립특수교육원 등이 있다.

한국의 교육정책을 수행하기 위한 한국의 교육행정의 중앙기구는 교육부이며, 지방기구는 시·도 교육위원회 및 교육감, 하부조직으로 구·시·군 교육청이 있다. 교육인적자원부의 직제는 2실 6국으로 편제되어, 학교교육·평생교육 및 학술에 관한 업무를 수행하고 있다. 교육인적자원부를 비롯한 전체 교육행정조직의 임직원은 국가교육공무원으로 임명제이며, 다만 시·도의 교육감은 당해 교육위원회에서 선출하고, 부교육감은 당해 교육감의 추천을 거쳐 대통령이 임명한다. 한국의 지방교육행정은 1952년 지방자치제가 실시됨에 따라 시·군을 기초단위로 하는 교육자치제가 실시되어 군에는 법인체로 된 군교육구를 설치하고, 의결기관으로 초등교육을 심의하는 군교육위원회, 집행기관으로 군교육감을 두었다.

교육인적자원부의 전신은 문교부로 문교부는 1946년 중앙행정기구 개편 때, 8·15해방 직후 구성된 한국교육위원회를 문교부로 독립하고 미군정 말기인 1948년 정식으로 설치되었다. 미군정은 해방 당시 6개 과로 편성되어 있던 학무국을 폐지하는 대신 한국교육자들로 구성된 한국교육위원회·한국교육계획위원회 등의 자문을 받는 한편 미국 교육제도를 도입하여 문교부를 설치하였다. 중앙 행정부서의 하나로 과거 일제강점기의 종속적인 식민지 교육제도에서 벗어나, 1실(비서실), 5국(보통교육국·고등교육국·과학교육국·문화국·편수국)으로 구성되었다.

1961년 10월 정부조직법의 공포로 기획조정관실과 장학실을 별도로 두는 등의 개편이 이루어지고 신설된 문화공보부에 문화관련 사무를 이관하였으며, 1983년 체육부 신설로 체육관련 사무를 이관하였다.

그 뒤에도 교육과 문화관련 기능을 모두 담당했으나 문화부가 별도로 설치되면서 1990년 12월 순수한 학교·교육업무만 계획·집행하는 교육부로 개편되었다.

1980년대에는 교육 규모가 확대되면서 조직과 인력이 확대되었으나, 1993년 김영삼정부 출범 후에는 행정조직의 축소와 교육자율화의 추세에 따라 2실, 3국, 6심의관, 30과로 조직이 재정비되었다.

1990년 교육부로 개칭되었다가 2000년 12월 정부조직법 개정에 따라 2001년 1월 29일 교육인적자원부로 명칭이 바뀌었고, 지금 소속기관으로는 2실, 6국, 3심의관, 36과 등이 있다.

2.4 스승의 날

스승의 날은 교권존중과 교원의 사기진작·지위향상을 위하여 지정된 기념일이다. 한국의 스승의 날은 매년 5월 15일이다.

"5월 15일 스승의 날"

스승의 날이 기념일로 자리잡기에는 청소년적십자 단원들이 큰 공헌을 하였다. 1958년 5월 8일(적십자의 날)에 청소년적십자 단원들이 병석에 있거나 은퇴한 교사들, 불우한 처지의 은사를 방문하거나 위로한 것을 시초로 스승의 날을 제정하자는 의견이 제기되었으며, 1963년 5월 26일에 청소년적십자 중앙학생협의회(J.R.C.)에서 5월 26일을 스승의 날로 정하고 사은행사를 하였으며, 1965년부터는 세종대왕 탄신일인 5월 15일로 변경하여 각급학교 및 교직단체가 주관이 되어 행사를 실시하여왔다.

그뒤 1973년에 정부의 서정쇄신방침에 따라 사은행사를 규제하게 되어 '스승의날'이 일시 폐지되었으나, 일부 학교에서는 이 날을 계속 기념하였고, 1982년 스승을 공경하는 풍토조성을 위하여 다시 부활시켜 현재에 이르고 있다.

이 날은 기념식에서 교육에 큰 공헌을 한 교육자들에게 정부에서 훈장수여와 표창, 포상을 하며 수상자에게는 국내외 산업시찰의 기회가 주어진다.

정부 차원에서 여러 부서와 각급기관 등이 스승 찾아뵙기, 스승께 안부편지 보내기 등을 적극 권장하며, 또한 각급 초·중등학교 동창회, 청소년단체, 여성단체, 기타 사회단체가 자율적으로 사은행사를 하는데 특히 '옛 스승 찾아뵙기운동'을 전개하여 스승의 은혜에 감사하고 사제관계를 돈독하게 하는 한편, 은퇴하신 스승 중 병고에 계신 분이나 생활고 등에 시달리는 분들을 찾아 위로하기도 한다.

일선학교의 선후배 및 재학생들은 옛 은사와 현재의 스승을 모시고 '은사의 밤'이라는 축제를 열어 스승의 은혜에 감사하며, 스승에게 카네이션을 달아드리기도 한다. 또한 스승의 역할에 대한 특별강연, 좌담회, 다과회 등도 개최한다.

한국 교육인적자원부 구성

교육인적자원부 본부							
차관보	실	국	단	심의관	과(담당관)	팀	정원
1	2	6	1	3	36	7	514

소속기관 및 시도교육청	소속기관	한국학술원
		국사편찬위원회
		국제교육진흥원
		국립특수교육원
		교원소청심사위원회
		교육인적자원연수원
	시도교육청	서울특별시교육청
		부산광역시교육청
		대구광역시교육청
		인천광역시교육청
		광주광역시교육청
		대전광역시교육청
		울산광역시교육청
		경기도교육청
		강원도교육청
		충청북도교육청
		충청남도교육청
		전남북도교육청
		전남남도교육청
		경상북도교육청
		경상남도교육청
		제주도교육청

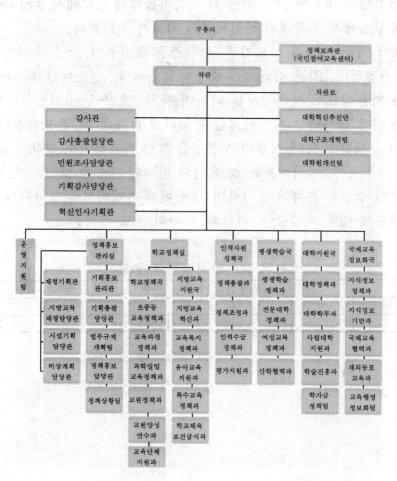

연도별 한국정부 예산 대 교육인적자원부 예산(단위: 천원)

연도	정부예산(A)	교육인적자원부 예산(B)	B/A(%)
1963	76,322,551	10,916,095	14.3
1964	75,396,156	12,226,584	16.2
1965	94,652,348	15,331,155	16.2
1966	141,628,956	25,203,257	17.8
1967	182,076,499	32,085,901	17.6
1968	265,719,461	45,310,840	17.1
1969	370,882,342	59,579,495	16.1
1970	446,273,301	78,478,212	17.6
1971	555,345,441	99,528,464	17.9
1972	709,335,233	119,654,853	16.9
1973	659,374,649	118,431,660	18.0
1974	1,038,256,939	153,858,420	14.8
1975	1,586,931,050	227,925,711	14.4
1976	2,258,512,329	357,567,714	15.8
1977	2,869,956,058	488,285,365	17.0
1978	3,517,037,513	616,417,534	17.5
1979	5,213,435,554	884,924,425	17.0
1980	5,804,061,441	1,099,159,170	18.9
1981	7,851,125,306	1,464,630,778	18.7
1982	9,313,725,115	1,916,360,915	20.6
1983	10,416,710,480	2,174,777,996	20.9
1984	11,172,929,044	2,275,267,218	20.4
1985	12,532,361,835	2,492,308,215	19.9
1986	13,800,531,548	2,768,970,029	20.1
1987	15,559,628,947	3,123,881,348	20.1
1988	17,464,428,587	3,610,752,301	20.7
1989	19,228,375,880	4,059,397,276	21.1
1990	22,689,432,968	5,062,431,258	22.3
1991	28,972,825,000	6,597,985,776	22.8
1992	36,223,971,000	8,206,330,228	22.7
1993	41,936,226,000	9,831,373,000	23.4
1994	47,593,865,794	10,879,429,577	22.9
1995	54,845,022,310	12,495,810,267	22.8
1996	64,926,817,730	15,565,216,500	24.0
1997	76,639,467,222	18,287,608,665	23.9
1998	77,737,582,000	18,127,837,527	23.3
1999	88,302,427,989	17,456,265,315	19.8
2000	93,937,057,000	19,172,027,920	20.4
2001	102,528,518,000	20,034,364,710	19.5
2002	113,898,884,000	22,278,357,817	19.6
2003	120,477,623,000	24,404,401,310	20.3
2004	126,991,802,000	26,399,680,082	20.8
2005	134,370,378,000	27,982,002,000	20.8

注 释

가부장제 (家父長制)	[名]	家长制
계급 (階級)	[名]	阶级
과거제도 (科举制度)	[名]	科举制度
과기부 (科技部)	[名]	科学技术部
교육열 (教育熱)	[名]	教育热
그리스도교 (Kristos教)	[名]	基督教
노후 (老朽)	[名]	老化，破旧
다과회 (茶果會)	[名]	茶话会
돈독하다 (敦篤—)	[形]	真挚
모체 (母體)	[名]	母体
문맹 퇴치 (文盲退治)	[名]	扫盲
문호 개방 (門戶開放)	[名]	门户开放
부활시키다 (復活—)	[他]	恢复
분권화 (分權化)	[名]	分权化
불후하다 (不朽—)	[自]	不朽
비대 (肥大)	[名]	过大，庞大
비조직적 (非組織的)	[名]	无组织的
사기 (士氣)	[名]	士气
산자부 (产資部)	[名]	产业资源部
서민 (庶民)	[名]	庶民
서정쇄신 (庶政刷新)	[名]	政务改革
선사시대 (先史時代)	[名]	史前时代(有文字记载之前的时代)
순차적 (順次的)	[名]	依次地
숭상하다 (崇尙)	[他]	崇尚
영위하다 (營为)	[他]	进行
영재교육 (英才教育)	[名]	英才教育
유학도장 (儒學道場)	[名]	儒学道场
인류공영 (人類共榮)	[名]	人类共同繁荣
재정비 (再整備)	[名]	再调整
적십자 (赤十字)	[名]	红十字
전수 (傳授)	[名]	传授

정착 (定著)	[名]	落实，确定
정통부 (情通部)	[名]	信息通信部
종족 (種族)	[名]	种族
중앙학생협의회 (中央學生協議會)	[名]	中央学生协商会
진작 (振作)	[名]	振奋
집단주의 (集團主義)	[名]	集团主义
징계 (懲戒)	[名]	惩戒
출범 (出帆)	[名]	启动，开始，出台
카네이션 (carnation)	[名]	康乃馨
포상 (褒奬)	[名]	褒奖
표창 (表彰)	[名]	表彰
풍토 쇄신 (風土刷新)	[名]	净化风气
행자부 (行自部)	[名]	行政自治部
홍익인간 (弘益人間)	[名]	弘益人间
JRC (Junior Red Cross)	[名]	少年红十字(会)

练 习

1. 서로 관련된 것을 연결하여 보세요.

A	B
경국대전	고구려시대
경당	백제시대
내선일체	신라시대
민주주의 교육	고려시대
서기	조선시대
십이도	개화기시대
홍범14조	일제강점기
화랑도	광복후

2. 빈칸에 알맞은 말을 넣어 보세요.

(1) <단군신화>에 나타나 있는 (   )의 이념은 고대인의 생활철학인 동시에 (   )철학이었다고 할 수 있다.

(2) 기자조선 때의 (   )을 통하여 이 시대의 사회가 인권을 존중하고 남녀간 도

덕을 엄격히 하였으며, 상하관계가 뚜렷한 계급사회, (　　)제 사회였다는 것을 알 수 있다.

(3) 258년(고이왕 25) 박사 왕인(王仁)을 일본에 보내어 《　　》《　　》을 전한 일이 있고, 374년(근초고왕 29) 박사 고흥(高興)이 백제의 역사책인 《서기》를 편찬하였다.

(4) 고려시대 국자감의 교육내용은 《주역》《상서》《주례》《예기》《모시》《춘추》《좌씨전》《　　전》《　　전》을 각각 1경(一經)으로 하였다.

(5) 개화기 시대의 사학은 크게 (　　　)학교와 (　　　)학교로 나뉜다.

(6) 1960년대 말부터 한국 중등교육의 보편화 현상은 1968년에 시행된 중학교 (　　　) 제도와 1973년부터 추진되었던 고등학교 (　　　)시책에 힘입은 바 크다.

(7) 한국의 스승의 날은 매년 (　　)월 (　　)일이다.

(8) (　　　　　)는 각 부처에 분산되어 있는 인적자원 개발기능을 총괄, 조정하는 역할을 하며, 약칭은 <교육부>로 하였다.

(9) 한국에는 취학률이 높음에도 재원문제가 어려워 한국의 의무교육이 9년으로 연장된 것은 (　　　)년부터이다.

(10) 한국 헌법 제31조에서는 교육의 (　　)성・(　　)성・(　　)성 및 대학의 (　　) 성은 법률이 정하는 바에 의하여 보장된다고 규정하고 있다.

3. 빈칸에 알맞은 것을 골라 보세요.

(1) (　　) 때에 청년집단 화랑도가 생겨났으며, 이를 통하여 국가의 어려움을 극복하고자 했다.
   A. 신라　　　　　　　　　　B. 고려
   C. 조선시대　　　　　　　　D. 개화기

(2) 고려시대의 국자감에서는 《효경》《　　》을 필수과목으로 하였다.
   A. 《춘추》　　　　　　　　B. 《논어》
   C. 《좌씨전》　　　　　　　D. 《서기》

(3) 민간인이 세운 학교는 1883년 개항장 원산에 설립된 (　　　)가 최초로, 이는 한국 최초의 근대학교이기도 하다.
   A. 배재학당　　　　　　　　B. 경신학교
   C. 원산학사　　　　　　　　D. 이화학당

(4) 한국의 새로운 교육법은 (　　　)년 12월 13일 법률 제5437호로 제정되었다. 전문 3장 29조와 부칙으로 되어 있다.
   A. 1996　　　　　　　　　　B. 1995
   C. 1997　　　　　　　　　　D. 1998

(5) 한국의 스승의 날이 기념일로 자리잡기에는 한국의 (　　　)이/가 큰 공헌을 하였다.
   A. 교육부　　　　　　　　　B. 청년적십자
   C. 노동부　　　　　　　　　D. 일부 학자들

(6) 교육인적자원부의 직제는 2실 (　　　)국으로 편제되어, 학교교육·평생교육 및 학술에 관한 업무를 수행하고 있다.
   A. 4　　　　　　　　　　　B. 5
   C. 6　　　　　　　　　　　D. 7

(7) 한국의 시도교육청은 모두 (　　　)개가 있습니다.
   A. 14　　　　　　　　　　　B. 15
   C. 16　　　　　　　　　　　D. 17

(8) 2005년 교육인적자원부의 예산은 정부예산의 (　　　)%를 차지하고 있다.
   A. 20.8　　　　　　　　　　B. 19.8
   C. 17.0　　　　　　　　　　D. 15.8

(9) 한국의 인적자원개발회의에는 (　　　), (　　　), (　　　) 등 9개 부처장관이 출석한다.
   A. 교육부　　　　　　　　　B. 문화광광부
   C. 기획예산처　　　　　　　D. 여성부

(10) 스승의 날에 한국에서는 (　　　) 등 활동이 진행된다.
   A. 찾아뵙기　　　　　　　　B. 안부편지 보내기
   C. '은사의 밤'　　　　　　　D. 특별강연

4. 다음의 질문에 대답하여 보세요.

(1) 한국 헌법에서는 교육에 대해 어떻게 규정하고 있습니까?

   (2) 교육인적자원부는 어떤 소속기관들을 가지고 있습니까?
   (3) 언제부터 <조국근대화>라는 표어 아래 1962년 교원양성을 위한 교육대학·사범대학을 운영했습니까?
   (4) 고려 시대의 교육제도는 어떤 특징이 있습니까?
   (5) 1981년에 문교부에서는 교육정책으로서 무엇을 주요과제로 삼았으며, 장학방침으로 무엇을 채택했습니까?
   (6) 광복 후에 미군정에 의해 어떤 교육정책이 실시되었습니까?
   (7) 한국의 교육자치제에 대해 간단히 이야기해 보십시오.
   (8) 본문의 내용에 의하면 한국의 교육사(教育史)는 크게 몇 단계로 나눌 수 있습니까?
   (9) 한국의 현대 교육은 이전의 교육과 어떤 변화가 있습니까?
   (10) 조선 시대의 유교교육은 어떻게 보아야 합니까?

5. 500자 이내의 중국어로 본문내용에 근거하여 다음 문제를 서술하여 보세요.

   (1) 광복 이후의 한국 교육
   (2) 한국의 교육법과 교육인적자원부

제2과 한국의 교육제도

1. 한국 교육제도의 현황

1.1 교육제도의 의의

현행 한국의 학제는 1949년의 교육법과 1951년 개정 법률에 의하여 그 윤곽이 확정되었다. 1962년부터 사범학교가 2년제 교육대학으로, 1963년에는 중학교에서 이어지는 5년제 실업고등전문학교가, 1970년에는 고등학교에서 연결되는 2-3년제의 전문학교가, 1972년부터 방송통신초급대학이, 1973년부터 방송통신고등학교가 개설되었다. 1981년 방송통신초급대학이 4년제 대학으로 승격되고, 교육대학도 4년제 대학으로 승격되었으며, 1982년에 개방대학이 신설되었다.

한국의 학제는 단선형을 특징으로 하고 있으며, 기간학제는 6·3·3·4제로 초등학교, 중학교, 고등학교, 대학교로 연결되는 단계적 과정을 가지고 있으며, 기간 학제의 총 교육연한은 16년이다. 초등학교는 기초학교이고, 대학은 최종학교이며, 중·고등 학교는 중간학교의 성격을 띠고 있다.

물론, 교사양성기관인 교육대학과 사범대학의 연계도 일반대학과 같다. 예외적인 것으로는 2년 내지 3년제의 전문대학과 예과 2년까지 합쳐 6년의 수업연한을 가진 의과대학이 있다. 고등학교는 인문계와 실업계로 구분되나 이것은 어디까지나 교육과정 중 인문·실업 계통의 과목의 비중에 의한 구분에 지나지 않는다. 동일학교 내에서 인문·실업계통의 교육과정을 종합적으로 제공하는 종합고등학교도 있다.

기간학제와 병립하여 일종의 사회교육기관으로서 공민학교(3년), 고등공민학교(1년이상 3년)의 계통이 있고, 실용적 기술교육기관으로서 기술학교(1년이상 3년), 고등기술학교(1년이상 3년)의 계통이 있다. 이들은 사실상 복선형적 요소를 내포하고 있다.

이 외에도 맹아, 농아자, 정신박약아 등을 위한 특수학교가 있으며, 방송통신에 의한 방송통신 중·고·대학이 있고, 산업체 근로자를 위한 산업체 부설 중·고등학교 및 야간특별학급이 있고, 개방대학·학사학위인정제 등이 있으며 취학전 교육기관으로 유치원 등이 있다.

1.2 성립과정과 목적

학교교육제도에 관한 세계 여러 나라의 발달과정을 살펴보면, 크게 나누어 2가지의 유형으로 대별할 수 있다. 그 내용을 분석해 보면, 그 하나는 학교교육제도를 국가가 적극적으로 관여하여 기본조직을 설정하고 규제하는 계획형과 다른 또 하나는 사회적 필요에 부응하여 관련되는 사회집단이나 개인이 학교를 설립함에 따라 그것이 교육의 전통으로 형성되는 자생형이 그것이다.

한국의 교육제도는 전자에 속한다고 할 수 있다. 한국의 교육제도는 한국 정부 수립 후 교육법이 제정 공포되면서 새로운 교육의 제도를 가지게 되었기 때문이다. 물론 일제하의 교육제도가 있기는 하였으나, 한국정부 수립 후 새로운 교육법에 의하여 일제하의 잔재를 청산하고 민주적인 교육제도를 국가가 관여하여 설정하였다는 점에서 한국의 본격적인 학교교육제도는 정부수립 후에 출발되었다고 할 수 있다.

1.3 기간학제와 교육이념

교육법은 모두 11장 117조로 구성된 방대한 법규로서, 한국 교육의 이념, 목적, 행정체제, 교육기관의 종류와 계통, 각급 학교의 교육목적 등 중요한 사항을 규정한 기본법이다.

동법은 제1장 총칙 제1조에서 한국의 교육이념을 보면 다음과 같이 규정하고 있다.

교육은 홍익인간의 이념 아래 모든 국민으로 하여금 인격을 완성하고, 자주적 생활능력과 공민으로서의 자질을 구유하게 하여 민주국가 발전에 봉사하고 인류공영의 이상실현에 기여하게 함을 목적으로 한다.

또, 동법 제2조에서 상기 목적을 달성하기 위하여 다음과 같이 7가지의 교육방침을 내세우고 있다.

첫째, 신체의 건전한 발육과 유지에 필요한 지식과 습성을 기르며, 아울러 튼튼한 체력의 기백을 가지게 하다.

둘째, 애국애족의 정신을 길러 국가 자유독립을 유지 발전하게 하고, 나아가 인류평화건설에 기여하게 한다.

셋째, 민족의 고유문화를 계승 앙양하며 세계문화의 창조발전에 공헌하게 한다.

넷째, 진리탐구의 정신과 과학적 사고력을 배양하며 창의적 활동과 합리적 생활을 하게 하다.

다섯째, 자유를 사랑하고 책임을 존중하며, 신의와 협동과 애경의 정신으로 조화 있는 사회생활을 하게 하다.

여섯째, 심미적 정서를 함양하여 숭고한 예술을 감상 창작하고, 자연의 미를 즐기며 여유의 시간을 유표히 사용하여 화해 명랑한 생활을 하게 한다.

일곱째, 근검노작하고 무실역행하며, 유능한 생산자요, 현명한 소비자가 되어 건실한 경제생활을 하게 한다.

교육법은 이상과 같은 교육의 이념과 지표를 제시한 다음 교육의 기간이 되는 계통을 규정하고 있다. 동법

제81조에서 "모든 국민으로 하여금 신앙, 성별, 사회적 신분, 경제적 지위 등에 차별 없이, 그 능력에 따라 균등하게 교육을 받게 하기 위하여"라고 전제한 6·3·3·4제의 일원적 기간학제(단선학제)를 설정하고 있다.

2. 한국의 교육제도와 형태

2.1 취학전교육(유아교육)

취학전 교육이란 의무교육인 초등학교에 입학하기 전에 유아들이 받는 교육을 뜻한다. 이 기관에는 유아원, 유치원, 어린이 집 등을 들 수 있다. 이 중 '유아원'은 유치원에 들어가기 전 3-4세의 어린이를 교육하는 과정이고 '유치원'은 초등학교 입학전의 3-5세 아동을 대상으로 1년 내지 3년간 유아교육을 실시하는 과정을 말한다. '어린이집'은 2-5세 아동중 취업여성의 자녀를 보호하는 기관을 말한다. 과거에는 이 어린이집이 단순한 어린이 보호 기능만 담당하였으나, 근래에는 교육기능도 수행하고 있다.

이런 교육기관 중에서 학교교육의 성격을 가진 기관은 유치원뿐이라 할 수 있다. 유치원 교육과정이 교육부령으로 제정 공포되자 공식적으로 밝힌 교육내용이 기술되고 그 목적이 설정되었다. 교육법 제146조를 보면, "유치원은 유아를 보육하고 적당한 환경을 주어 신체의 발육을 조장하는 것을 목적으로 한다"하고 되어 있다. 이 목적 수행을 위한 구체적 목표를 보면 다음과 같이 규정하고 있다.

첫째, 건전하고 안전하고 즐거운 생활을 하기에 필요한 일상의 습관을 기르고 신체의 모든 기능의 조화적 발달을 도모한다.

둘째, 집단생활을 경험시키어 즐기고 이에 참가하는 태도를 기르며, 협동·자주와 자율의 정신을 싹트게 한다.

셋째, 신변의 사회생활과 환경에 대한 바른 이해와 태도를 싹트게 한다.

넷째, 말을 바르게 쓰도록 인도하고, 동화, 그림책 등에 흥미를 기른다.

다섯째, 음악, 유희, 회화, 수기, 기타 방법에 의하여 창작적 표현에 대한 흥미를 기른다.

2.2 초등학교 교육

초등학교 교육은 국민생활에 필요한 기초적인 초등보통교육을 실시하는 것을 목적으로 설립된 의무교육기관이다(한국 교육법 제93조).

보통교육이란 전문교육 또는 직업교육과는 달리 사회의 어느 분야, 어느 직종에 종사하더라도 인간으로서 공통적으로 갖추어야 할 기본적 교양교육 또는 일반교육을 의미하며, 기초적인 초등보통교육이란 공교육의 최초단계로서 앞으로 중등학교와 대학교육에 이르는 기본이 되는 또 그 내용이 초급인 일반교육을 의미한다. 또한 헌법이 보장하고 있는 무상 의무교육 기관임을 특색으로 하는 것이 초등학교이다.

그러나, 아동 스스로 교육을 받을 권리를 주장할 수 없으므로 모든 국민은 그 보호하는 자녀에게 적어도 초등교육과 법률이 정하는 교육을 받게 할 의무를 져야 한다.

형식교육으로서의 학교교육을 초등, 중등, 고등교육으로 구분하는 것은 세계적인 통례로 되어 있다. 초등교육은 국민의 기초교육을 의미하며, 한국의 교육법 제 8조에는 "모든 국민은 6년의 초등교육과 3년의 중등교육을 받을 권리가 있다."고 규정하고 있다.

초등교육은 초등학교 교육으로 대변되는데, 한국의 초등학교 교육은 일상생활에 필요한 기본능력을 기르고 바른 생활태도를 형성하여, 전인적인 성장을 위한 밑바탕을 기르는데 목적이 있다.

따라서, 이와 같은 교육목적을 달성하기 위하여 초등학교는 다음 각호와 같은 목표를 달성하도록 노력하여야 한다.

첫째, 일상생활에 필요한 국어를 정확하게 이해하며 사용할 수 있는 능력을 기른다.

둘째, 개인과 사회와 국가와의 관계를 이해시키어 도덕심과 책임감, 공덕심과 협동정신을 기른다. 특히, 향토와 민족의 전통과 현상을 정확히 이해시키어 민족의식을 앙양하며 독립자존의 기풍을 기르는 동시에 국제협조의 정신을 기른다.

셋째, 일상생활에 나타나는 자연사물과 현상을 과학적으로 관찰하여 처리하는 능력을 기른다.

넷째, 일상생활에 필요한 수량적인 관계를 정확하게 이해하며 처리하는 능력을 기르고, 의식주와 직업 등에 대하여 기초적인 이해와 기능을 기르며, 힘써 노력하고 자립자활의 능력을 기른다.

다섯째, 인간생활을 명랑하고 즐겁게 하는 음악·미술·문예 등에 대한 기초적인 이해와 기능을 기른다.

여섯째, 보건생활에 대한 이해를 깊게 하며, 이에 필요한 습관을 길러 심신이 조화적으로 발달하도록 한다.

이상과 같이 한국 교육법에 명시된 초등학교의 교육목표는 국어·도덕·사회·자연·산수·실과·음악·미술·체육 등 초등학교 교육내용인 9개 교과의 목적을 명시한 것이다. 또, 변화하는 사회속에서 한 국민으로 생활하는데 불편이 없도록 가장 기본적인 지식과 기능을 부여하고자 하는데 있다. 그러나 초등학교의 교육이 안고 있는 큰 문제 중의 하나는 가장 심각한 과밀학급의 문제이다. 농촌에서는 학급 수가 부족하여 교실이 남아 있고 서울과 대도시에서는 아직도 많은 인원의 학급이 운영되고 있다.

2.3 중등학교 교육

중등학교교육은 초등학교 교육이후에 주어지는 6년간의 교육을 총칭하여 일컫는다. 즉, 3년간의 중학교 교육과정을 거친 경우와 3년간의 고등학교 교육과정을 거친 경우인데, 이를 분리하여 독립적으로 교육하고 있는 것을 말등한다. 중등학교의 교육목적은 교육법에 명시하고 있는 바와 같이 초등학교에서 받은 교육의 기초 위에 중등 보통교육을 하는 것을 목적으로 한다. 이 목적을 실현하기 위해서는 다음 각호의 목표달성에 노력하여야 한다고 되어 있다.

첫째, 초등학교 교육의 성과를 더욱 발전 확충시키어 중견 국민으로서의 필요한 성품과 자질을 기른다.

둘째, 사회에서 필요한 직업에 관한 지식과 기능, 근로를 존중하는 정신과 행동 또는 개성에 맞는 앞으로의 진로를 결정하는 능력을 기른다.

셋째, 학교내외에서 자율적 활동을 조장하며 감정을 바르게 하고 공정한 비판력을 기른다.

넷째, 건강하게 신체를 단련하여 체력을 증진시키며 건전한 정신력과 유능한 인간이 되게 하다.

위와 같은 교과목표를 달성하기 위한 교육과정은 교과와 특별활동으로 편성하여 교육하고 있다. 교과는 '필수교과'와 '선택교과'로 나누어 실시하고 있는데 '필수교과'는 도덕·국어·수학·영어·사회·체육·과학·음악·미술·기술·상업 등으로 하고 '선택교과'는 한문·컴퓨터·환경등 기타 필요한 교과로 구성되어 있다. '특별활동'은 학급활동·학교활동·클럽활동으로 구성되어 있다.

한국의 중등교육은 지난 50여 년 간 그 유례를 찾아보기 어려울 정도로 양적 팽창을 거듭해 온 것이 사실이다. 이런 점에서 교육의 양적 증가에 따른 몇 가지 문제점을 들어보면 다음과 같다.

첫째, 중등교육 인구의 급격한 증가는 교육의 질적 저하를 초래한 계기가 되었다. 학교당 인구가 과다하기 때문에 효율적이고 능률적인 수업진행과 학교생활지도에 많은 어려움을 갖게 되었을 뿐만 아니라, 교육의 질적 저하를 가져오게 되었다.

둘째, 교육인구의 증가로 인하여 정부의 재정적 부담이 증가하는 결과를 가져왔다. 무시험 진학으로 인한 급격한 중학교의 신설과 고교평준화로 인한 막대한 재정투자는 중등교육의 재정을 더욱 어렵게 하였으며, 사학은 더욱 심한 어려운 재정상태에 들어가게 되었다.

2.4 고등교육(대학)

대학교육은 지성의 개발과 고도의 직업전문교육 및 기능습득을 위한 교육을 말한다. 과거에는 극소수의 선택된 사람만 교육을 받기 위한 교육기관이 되었으나 오늘날은 누구나 능력이 미치면 최대 한도까지 교육을 받을 수 있는 기회균등이 주어지

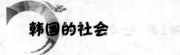

고 문호가 개방되어 있기 때문에 자율과 민주가 수반되어 있다. 대학의 문호가 넓어지자 고등교육은 급속한 팽창과 성장을 기해왔다. 해방당시 한국에는 4년제 대학과 단기 고등교육기관을 포함해서 학생수가 약 7천9백명이었으나 1998년 현재 전문대학이 36만명, 4년제가 134만명, 대학원이 9만 7천명에 이르고 있다. 이는 인구수에 비하면 엄청난 양적인 성장을 기해왔다고 할 수 있다. 고등교육기관 수도 전문대학 120교, 교육대학 11개교, 4년제 대학 119개교가 되고 있다.

이와 같은 양적 팽창원인은 한국 국민의 전통적인 향학열과 민주사회에 적합한 고등교육시책에 대한 대학 문호개방 등 여러 가지를 들 수 있다. 뿐만 아니라, 학생정원을 엄격하게 통제하고 있는 한국 교육부가 재수생의 해결과 해외 교육생들을 한국국내로 유치하기 위한 일환책으로 학생정원을 증원한 점도 그 원인이 될 수 있고, 또 81년 졸업정원제 실시에 따른 30% 증원선발을 들 수 있다. 대학교육이 급격히 팽창하자 교육의 질향상과 내실을 기해야 한다는 의견이 대두되고 있다. 또, 대학설치기준령이 시설, 도서, 교수 등의 기준을 명시하고 있으며 대학의 외형적 조건을 구비하는데 많은 영향을 미치고 있다. 더구나 특기할 만한 사항은 단기 고등교육기관인 방송통신대학이 발족하여 단기 고등교육기관으로서 급격한 신장을 보여주고 있다. 이 대학은 주로 사회교육체계를 확립하기 위한 교육이며 직장을 다니는 성인을 대상으로 라디오 방송이나 통신매체를 통하여 교육을 실시하는데 전국에 산재한 협력대학에서 하계와 동계에 현장교육을 실시하고 있다.

3. 한국의 일부 교육 유형

3.1 직업교육

1883년 중국인을 초청하여 공업기능을 가르친 것이 근대적인 직업교육의 효시라 할 수 있다. 그 뒤 1911년 <조선교육령>이 공포되어 농업학교·공업학교·간이실업학교가 설치되었고, 1951년 <교육법>을 개정하여 중·고등학교에 일정 비율 이상의 실업교과를 택하도록 명문화하였으며 1963년 <산업교육진흥법>을 제정하여 실업교육의 법적 지위를 확보하였다.

1981년 12월 <직업훈련기본법>이 제정되면서 본격적으로 근로자 직업훈련을 실시하여 근로자의 지위 향상과 국민경제의 발전을 도모하였다. 1982년에는 <한국직업훈련관리공단>을 설립하여 기존의 직업훈련단체들을 통합하는 등 관리적·운용적 측면의 효율성을 기하였다. 1991년 <직업훈련기본법>의 개정으로 현장훈련의 실시 근거를 마련하고 비진학청소년의 직업능력개발을 위한 산학협동훈련을 제도화하였다.

기술집약적인 산업의 발달로 새롭게 기능공이 요구됨에 따라 각종 전문대학에서 이들 전문인력을 양성, 배출하고 있다. 이와 같은 정규교육기관 외에도 공공기관에서 관장하는 청소년직업학교나 사업체직업훈련소, 관인 직업훈련소 등에서도 많은 인원의 기능사・기능공 등을 양성하고 있다. 한편 직업교육의 질을 높이기 위한 국가기술자격검정제도가 있으며 직업훈련연구소를 설치하여 직업교육에 관한 연구를 하고 있다.

3.2 평생교육

1973년 유네스코 한국위원회 주최 <평생교육발전세미나>에서 공식적으로 제창되었으며, 그 뒤 여러 차례의 학술대회를 개최하여 평생교육 이념 탐구에 노력하였다. 1980년 한국 헌법 제29조 5항과 6항에 국가의 평생교육 진흥의무를 신설하였고, 1982년 <사회교육법>을 제정・공포함으로써 평생교육의 기반을 조성하였다.

현행 헌법도 제31조 5항에 <국가는 평생교육을 진흥하여야 한다>라고 규정하여 평생교육에 대한 국가의 의무를 명확히 하고 있다. 방송통신고등학교・한국방송통신대학・산업체 부설 특별학급・개방대학 등의 설립은 평생교육의 이념을 반영한 것이다. 1984년 덕성여자대학・이화여자대학에 대학 부설 교육기관으로 평생교육원이 설립된 뒤 명지대학교・숙명여자대학교・한양대학교・서강대학교 등에서 각 대학 특성에 맞는 평생교육원을 운영하고 있다.

3.3 특수교육

1881년(고종 18) 신사유람단의 보고서와 유길준(兪吉濬)의 《서유견문(西遊見聞)》에서 이미 유럽과 미국 등지의 특수교육을 소개하고 있으나 한국특수교육의 성립에 중요한 역할을 담당한 사람들은 조선 말기의 그리스도교 선교사들이었다. 1894년 미국 북감리교 의료선교사 R.S. 홀은 한국 최초로 평양여맹학교(平壤女盲學校)를 설립하여 점자를 가르쳤고, 1903년 선교사 A.F. 모펫부인은 남맹학교(男盲學校)를 세웠다. 그 뒤 홀은 다시 1909년(순종 3) 평양농아학교를 세운 뒤 여맹학교와 합병하여 평양맹아학교를 설립하였다. 일제강점기에는 최초의 관립특수학교인 제생원맹아부(濟生院盲啞部)가 서울에 세워졌다. 1935년 이창호(李昌浩) 목사가 한국인으로서는 최초로 평양광명맹아학교(平壤光明盲啞學校)를 창립하였다.

광복 이후에는 유지들에 의하여 사립 특수교육기관이 대구(大邱)를 비롯한 전국 각지에 세워졌다. 1949년 <교육법>이 제정, 공포되어 특수아동의 교육권을 법적으로 보장받게 되었으며, 1960년대에 한국의 특수교육은 양적 확대와 질적 향상을 이룩하게 되었다. 특수교육기관도 크게 증가하여 1990년 현재 국립 3개교, 공립 29개교, 사립 72개교(전체의 약 69%) 등 104개 교가 설립되었다. 1960년대 후반부터는 대학에 특수교육과를 설치, 특수학교 교사 양성을 전담하게 되었다. 1977년 <특수교육진흥법>이 제정, 공포되자 특수아동에 대한 공교육의 기회를 신장시키고 특수교육 진흥을 위한 중・장기 계획을 세워 교육적 측면과 아울러 학생 무상교육과 사립특수학교에 대한 재정보조 등 복지적 측면을 크게 강화하게 되었다.

3.4 영재교육

한국의 전통교육은 영재교육을 위한 특별한 체제를 갖추고 있지는 않았으나, 과거의 교육은 대부분이 개인교수에 의해 사사되거나 소수의 학생들로 이루어진 작은 집단 속에서 학생 개개인을 중심으로 이루어졌다. 따라서 영재들은 자기의 능력에 따라 얼마든지 빠르고 광범위하며 깊이 있게 배울 수 있었다.

8·15 이후 서구식 교육제도가 도입되고 교육인구가 양적으로 팽창함에 따라 교육은 보편화·대중화·평균화되었고, 그에 따라 영재들에게는 자신들의 능력을 개발해 나갈 기회가 주어지지 못했다.

영재를 위한 별도의 교육장치가 마련되기 시작한 것은 20세기에 들어와서의 일이다. 1970년대 중반에 설치된 예체능고등학교와 1980년대 초에 신설된 과학고등학교는 한국 영재교육의 첫 움직임이라 할 수 있다. 이어서 1984년 대전과학고등학교·전남과학고등학교·경남과학고등학교가 세워졌는데 이들은 본격적 영재교육기관으로는 미흡하나마 제도적 영재교육의 출발이라는 점에 의의가 있다.

현재 한국의 영재교육은 초보단계로 특수학교 설립을 통해 매우 제한된 소수에게만 기회가 주어지고 있으며, 연령도 중등학교 수준에 한정되고 있어 각급 학교에 흩어져 있는 약 40만 명에 이르는 영재급 학생수에 비한다면 매우 빈약한 상태이다. 앞으로 광범위하게 영재를 발굴해 내고 일반학교에서도 그들을 위한 교육이 이루어지도록 하여 영재교육의 폭을 넓힐 뿐만 아니라, 전체교육의 질적인 향상도 도모하여야 한다.

3.5 의무교육

한국의 의무교육은 1950년 6월 1일부터 시작되었으나 법률로 제정되기는 1948년 헌법이 제정·공포되고, 1949년 12월 교육법이 공포되었으며, 1952년 교육법시행령이 제정되었다. 의무교육은 헌법 제31조에 "① 모든 국민은 능력에 따라 균등하게 교육을 받을 권리가 있다. ② 모든 국민은 그 자녀에게 적어도 초등교육과 법이 정하는 교육을 받게 할 의무가 있다. ③ 의무교육은 무상으로 한다" 등으로 규정되었다.

또한 교육법 제8조는 ① 모든 국민은 6년(조기진급 또는 조기졸업을 하는 경우에는 6년에서 해당 연수를 뺀 연수를 말한다)의 초등교육과 3년(조기진급 또는 조기졸업을 하는 경우에는 3년에서 해당 연수를 뺀 연수를 말한다)의 중등교육을 받을 권리가 있고, ② 국가와 지방자치단체는 그 교육을 위하여 필요한 학교를 설치·운영하여야 하며, ③ 모든 국민은 그 보호하는 자녀에게 상기 교육을 받게 할 의무가 있음을 규정하였다.

지방별로 1994년 군단위는 중등 의무교육을 실시하고 있다. 1993년 초등학교 취학률은 98.7%, 중학교 진학률은 99%로 초등학교 의무교육은 완전히 정착되었음을 볼 수 있다.

2001년부터 중학교 무상의무교육이 전국적으로 확대 시행되었다. 중학교 무상 의무교육은 1985년 도서·벽지에서 시작, 1994년 읍·면 지역까지 확대되었다. 2001년부터는 시·광역시·특별시에까지 확대되어 2004년 전국민 9년간의 의무교육이 실현되었다.

4. 한국 학제 개편에 대한 논의 전개

6-3-3-4 → 5-3-4-4 학제 개편 본격논의 시작

『동아일보』

"6-3-3-4제인 기본 학제를 산업 수요와 학생의 성장발달 변화에 맞게 5-3-4-4제로 개편하자는 논의가 일고 있어 관심이 모아지고 있다. 개편의 필요성은 학계에서 꾸준히 제기되긴 했지만 여당이 관련법 개정에 나서는 만큼 교육인적자원부도 개편 방안을 함께 연구할 계획이어서 귀추가 주목된다."

▽기본학제

1945년 광복 이후 미군정 주도하에 구성된 교육개혁심의회는 1946년 6-6-4제와 6-3-3-4제를 병행하는 단선형 학제를 채택했으나 실제 운영은 6-6-4제가 주였다.

그러다 1951년 현재의 6-3-3-4제로 개편돼 54년 동안 유지되고 있다. 부분적인 수정 보완이 있었지만 직업기술 분야와 2년제 초급대학 및 전문대, 특수목적 고등학교 유형을 다양화하는 선에 그쳤다.

▽개편 필요성

열린우리당 교육위원회 의원은 국회에서 '지식기반사회 학제발전 방안 토론회'를 열어 학제 개편을 공론화할 계획이다. 한국교육개발원 선임연구위원은 "초등학교 수업연한을 6년에서 1년 줄이는 대신 고교를 3년에서 4년으로 연장하자"는 내용의 주제발표를 할 예정이다.

일반계 고교 졸업자의 81%, 실업고 졸업자의 60% 이상이 대학에 진학할 정도로 과도한 진학열과 입시 위주 교육이 학생의 적성과 능력에 맞는 진로 교육을 가로막고 있다는 것.

따라서 학생이 학제를 자유롭게 선택할 수 있게 유연하게 개편해야 국가경쟁력과 인적자원의 생산성을 높일 수 있다는 설명이다.

전문가는 "초중고교 및 대학 교육과정 16년은 너무 길어 사회에 진출하는 연령이 높아지고 고교 졸업 뒤 사회생활을 하다 대학에 진학할 수 있는 길이 사실상 막혀 있다"며 "특히 학생의 성장발달이 빠른데도 초등 저학년과 고학년을 6년 과정에 묶어

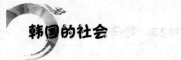

놓은 것은 문제"라고 지적했다.

국민공통기본교육과정(1~10학년)과 이후 진학 및 취업 준비과정(11~12학년)을 분리 교육하고 초·중학교 의무교육 9년이 선진국과 비교할 때 너무 짧은 것은 문제라는 것이다.

▽어떻게 개편하나

전문가는 초등학교 과정을 1년 단축하고 고교를 4년으로 연장해 고교 교육을 충실하게 하는 5-3-4-4제를 제안했다. 미국 프랑스 등에서 채택 중인 학제다.

고교 4년 과정 중 전반 2년은 국민공동기본교육과정으로 운영하고, 후반 2년은 선택과정 중심으로 운영해 진학과 취업준비 교육에 집중하자는 것.

전문가는 여기에다 취학연령을 만 6세에서 5세로 낮추고 취학 직전 1년의 유아교육에 대한 의무교육은 순차적으로 실시하는 내용을 담아 교육기본법과 초중등교육법 개정안을 국회에 낼 계획이다.

▽10년 걸리는 대역사

교육부는 학제 개편에 대한 입장을 확정한 것은 없지만 공론화 작업에 참여한다는 방침이다.

한국 교육부는 학제 개편을 인적자원개발기본계획에 포함해 논의하고 정책연구, 여론수렴, 관련법 개정 등을 하려면 10년 정도 걸릴 것으로 보고 있다.

한국 교육부 관계자는 "관련법 개정안이 제출되면 논의할 계획"이라며 "그러나 교원자격 수급, 예산확보, 현행 3월 학기제를 9월로 바꾸는 방안 등도 검토해야 하기 때문에 시일이 오래 걸릴 것"이라고 말했다.

注 释

각호 (各號)	[名]	各款，各项，各条
공교육 (公敎育)	[名]	公费教育，公共教育
공단 (公團)	[名]	公团（韩国政府出资设立的公共机构）
관여하다 (關與—)	[自]	参与，干预
관인 (官認)	[名]	官方认可
구유하다 (具有—)	[他]	具有
귀추 (歸趨)	[名]	趋向，方向
급격하다 (急激—)	[形]	急剧

기백 (氣魄)	[名]	气魄
단선형 (單線型)	[名]	单线型
대역사 (大役事)	[名]	大工程
동계 (冬季)	[名]	冬季
명시되다 (明示—)	[自]	明确指出
무실역행 (務實力行)	[名]	身体力行
미군정 (美軍政)	[名]	美军政（1945年日本投降到1948年大韩民国政府建立前，3年的美军管理时期）
발족하다 (發足—)	[自]	成立，启动，起步
부설 (附設)	[名]	附设，附属
비진학 (非進學)	[名]	未升学
사사되다 (師事—)	[自]	师从，求师
사학 (私學)	[名]	私学
선임연구위원 (先任研究委員)	[名]	资深研究委员
수급 (受給)	[名]	领取
수기 (手技)	[名]	手工
수반되다 (隨伴—)	[自]	伴随，陪同
승격되다 (升格—)	[自]	升格，升级
신사유람단 (紳士遊覽團)	[名]	绅士游览团
실과 (實科)	[名]	应用科目，实用科目
실업고 (實業高)	[名]	实业高中
앙양하다 (昂揚—)	[他]	弘扬
애경 (愛敬)	[名]	敬爱
유네스코 (UNESCO)	[名]	联合国教科文组织（UNESCO）
유연하다 (柔軟—)	[形]	柔性的，温和，平稳
유지 (有志)	[名]	有志之士
윤곽 (輪廓)	[名]	轮廓
자활 (自活)	[名]	独立生活
조장하다 (助長—)	[他]	助长
중견 (中堅)	[名]	中坚
지성 (知性)	[名]	知性，理智
진로 (進路)	[名]	前途
클럽활동 (club活動)	[名]	课外小组活动
통례 (通例)	[名]	通例，惯例
팽창 (膨脹)	[名]	膨胀

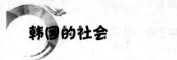

함양하다 (涵養—)	[他]	培养
효시 (嚆矢)	[名]	开端, 先河
후반 2년 (後半2年)	[名]	后2年

練 習

1. 서로 관련된 것을 연결하여 보세요.

A	B
국가기술자격검정제도	
대전과학고등학교	직업교육
사회교육법	
산업교육진흥법	평생교육
산업체 부설 특별학급・개방대학	
이화여대 평생교육원	특수교육
특수교육진흥법	
평양여맹학교	영재교육
한국방송통신대학	

2. 빈칸에 알맞은 말을 넣어 보세요.

(1) 한국에서는 1977년 <특수교육진흥법>이 제정, 공포되자 특수아동에 대한 (   )교육의 기회를 신장시키고 특수교육 진흥을 위한 중・장기 계획을 세워 (   )적 측면과 아울러 학생 무상교육과 사립특수학교에 대한 재정 보조 등 (   )적 측면을 크게 강화하게 되었다.

(2) 8・15 이후 서구식 교육제도가 도입되고 교육인구가 양적으로 팽창함에 따라 한국 교육은 (   )화 (   )화 (   )화되었고, 그에 따라 영재들에게는 자신들의 능력을 개발해 나갈 기회가 주어지지 못했다.

(3) 2001년부터 중학교 무상의무교육이 한국 전국적으로 확대 시행되었다. 중학교 무상 의무교육은 1985년 (   )에서 시작, 1994년 읍・면 지역까지 확대되었다. 2001년부터는 시・광역시・특별시에까지 확대되어 2004년 전국민 (   )년간의 의무교육이 실현되었다.

(4) 한국의 고등학교는 (   )계와 (   )계로 구분되나 이것은 어디까지나 교육과정 중 (   ) 계통의 과목의 비중에 의한 구분에 지나지 않는다.

(5) 한국에서 교육은 (   )의 이념 아래 모든 국민으로 하여금 인격을 환성하고,

자주적 생활능력과 공민으로서의 자질을 구유하게 하여 (   ) 발전에 봉사하고 (   )의 이상실현에 기여하게 함을 목적으로 한다고 하고 있다.

(6) 학교교육제도에 관한 여러 나라의 발달과정을 살펴보면, 크게 나누어 (   )형과 (   )형 2가지의 유형으로 대별할 수 있다. 한국의 교육제도는 (   )형에 속한다고 할 수 있다.

(7) 한국 교육법 제81조에서 "(   )"라고 전제한 6·3·3·4제의 (   )적 기간학제(단선학제)를 설정하고 있다.

(8) 한국 교육법에서 교육방침을 내세우고 있는데 그 중에는 (   )문화를 계승 앙양하며 세계문화의 창조발전에 공헌하게 한다는 방침이 있다.

(9) 한국 학제 개편 논의에서는 일반계 고교 졸업자의 81%, 실업고 졸업자의 60% 이상이 대학에 진학할 정도로 과도한 (   )열과 (   ) 위주 교육이 학생의 적성과 능력에 맞는 진로 교육을 가로막고 있다는 필요성을 지적하였다.

(10) 중학교의 교육 목적은 고육법에 명시하고 있는 (   )와 같이 초등학교에서 받은 교육의 기초 위에 중등 보통교육을 하는 것을 목적 (   )한다. 이 목적을 실현하기 위해서는 다음 각호의 목표달성에 노력하여야 한다고 되어 있다.

3. 빈칸에 알맞은 것을 골라 보세요.

(1) 한국의 중등 교육 교과는 '필수교과'와 '선택교과'로 나누어 실시하고 있는데 '필수교과'는 도덕·국어·수학·영어·등으로 하고 '선택교과'는 (   ) 등 기타 필요한 교과로 구성되어 있다.
   A. 체육   B. 기술
   C. 한문   D. 컴퓨터

(2) 1935년 한 목사가 한국인으로서는 최초로 (   )라는 특수학교를 창립하였다.
   A. 평양광명맹아학교   B. 제생원맹아부
   C. 평양여맹학교   D. 평양남맹학교

(3) 한국의 의무교육은 (   ) 년 6월 1일부터 시작되었으나 법률로 제정되기는 1948년 헌법이 제정·공포되고, 1949년 12월 교육법이 공포되었으며, 1952년 교육법시행령이 제정되었다.
   A. 1950   B. 1951
   C. 1952   D. 1953

(4) 중등학교의 교과목표를 달성하기 위한 한국의 교육과정은 교과와 특별활동으로 편성하여 교육하고 있다. 특별활동은 (　　) (　　) (　　)으로 구성되어 있다.
A. 학급활동　　　　　　　　　　　　B. 학교활동
C. 클럽활동　　　　　　　　　　　　D. 강의연구활동

(5) 1951년 (　　　　)을 개정하여 중·고등학교에 일정 비율 이상의 실업교과를 택하도록 명문화하였다.
A. <조선교육령>　　　　　　　　　　B. <산업교육진흥법>
C. <교육법>　　　　　　　　　　　　D. <직업훈련기본법>

(6) 한국에서는 (　　)년부터 중학교 무상의무교육이 전국적으로 확대 시행되었다.
A. 1945　　　　　　　　　　　　　　B. 1985
C. 1990　　　　　　　　　　　　　　D. 2001

(7) 방송통신고등학교·한국방송통신대학·산업체 부설 특별학급·개방대학 등의 설립은 (　　)교육의 이념을 반영한 것이다.
A. 영재　　　　　　　　　　　　　　B. 의무
C. 평생　　　　　　　　　　　　　　D. 특수

(8) 한국 교육부는 학제 개편을 인적자원개발기본계획에 포함해 논의하고 정책연구, 여론수렴, 관련법 개정 등을 하려면 (　　)년 정도 걸릴 것으로 보고 있다.
A. 5　　　　　　　　　　　　　　　B. 6
C. 8　　　　　　　　　　　　　　　D. 10

(9) 1883년 (　　　　)이 한국의 근대적인 직업교육의 효시라 할 수 있다.
A. <직업교육진흥법>이 제정된 것
B. 농업학교·공업학교·간이실업학교가 설치된 것
C. 중·고등학교에 일정 비율 이상의 실업교과를 택하도록 명문화한 것
D. 중국인을 초청하여 공업기능을 가르친 것

(10) (　　)년 초등학교 취학률은 98.7%, 중학교 진학률은 99%로 한국의 초등학교 의무교육은 완전히 정착되었음을 볼 수 있다.
A. 1970　　　　　　　　　　　　　　B. 1993
C. 2000　　　　　　　　　　　　　　D. 2001

제2과 한국의 교육제도

4. 다음의 질문에 대답하여 보세요.

(1) 왜 한국의 학제에 복선형적 요소가 내포되고 있다고 할 수 있습니까?
(2) 한국 교육법에서 내세운 7가지 교육방침이 무엇입니까?
(3) 20세기 말부터 한국의 대학이 양적으로 팽창한 원인은 무엇입니까?
(4) 한국의 의무교육이 실시되는 과정에 대해 간단히 요약해 보십시오.
(5) 한국특수교육의 성립에 중요한 역할을 담당한 사람들은 누구입니까?
(6) 한국의 헌법과 교육법에서는 의무교육에 대하여 어떻게 규정하고 있습니까?
(7) 한국의 취학전, 초등학교와 중등학교 교육에서는 집단생활에 대해 각각 어떤 목표를 설정하였습니까?
(8) 언제부터 중학교 무상의무교육이 전국적으로 확대 시행되었습니까?
(9) 요즘 한국에서는 왜 기존 학제를 개편하자는 논의가 생겼습니까?
(10) 기존 학제 개편에 대한 학자의 방안에는 어떤 내용이 있습니까?

5. 500자 이내의 중국어로 본문내용에 근거하여 다음 문제를 서술하여 보세요.

(1) 한국의 영재교육
(2) 한국의 평생교육

제3과 한국의 대학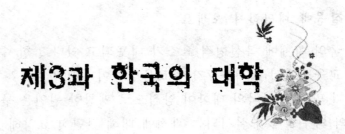

1. 대학입시제도의 역사

1.1 대학별 단독시험시기(1945~1953)

대학별 단독시험제로 대학이 자율적으로 대학교육적격자를 선발한 시기였다.

반도 해방이후 1948년 한국 정부가 수립되자 대학입학시험에 관련된 사항은 대학당국에 일임하는 방침을 세우는 한편, 대학당국끼리 협정형식으로 시험과목, 시험시기 등을 정하도록 하였다.

당시 정원의 미달로 병역상의 징집소집 유보의 특혜를 주는 입학 등으로 대학입학시험의 자율성이 제대로 행사되지 못하여 대학입학시험의 공공성을 강조하는 방향에서 제도개선이 이루어졌다.

1.2 대학입학 국가연합고사, 본고사 병행시기(1954)

대학입학 국가연합고사를 도입하여 대학별 고사와 병행실시하였다. 대학교육적격자에게 입학자격을 부여하여 대학의 권위와 질적 수준을 향상시키는 동시에 대학간 본고사가 수험생에게 이중부담을 주고 여학생과 제대자에게 특혜를 주었다는 등의 이유로 효력을 보지 못하고 원점으로 되돌아갔다.

1.3 대학별 단독시험, 무전형시험 병행시기(1955~1961)

고등학교교육을 정상화하고 대학교육 적격자를 선발한다는 원칙 아래 대학별 무시험 전형을 실시하거나 또는 입학시험을 대학 단독으로 실시하는 다양한 대학입학시험 양상이 전개되었다. 특히 무시험 전형에서 최초로 내신제가 활용되어 전인적 평가를 중시하고 고등학교교육 정상화에 기여하였지만 대학간의 격차 심화와 대학교육의 질 저하문제가 제기되었다.

1.4 대학입학자격 국가고시시기(1962~1963)

1962년에는 대학의 본고사를 자격고사 겸 선발고사의 성격을 띤 대학입학자격 국가고사로 전환하였다. 그리고 1963년에는 이 국가고사를 자격고사로만 돌리고 대학별 본고사로 학생을 선발하게 하였다. 그러나 국가고사의 근본목적이 부정입학과 무자격자의 입학을 막고 대학의 질을 향상시키겠다는 의도였으나 오히려 대학입학시험의 주체가 되어야 할 대학의 자율성을 침해하는 문제를 야기시키게 되었다.

1.5 대학별 단독시험시기(1964~1968)

대학입학시험에 있어서 대학의 자율성을 신장시키기 위하여 대학별 단독시험제로 전환하게 되었다. 정부에서는 대학입학시험의 공공성 차원에서 최소한의 지침을 마련하고 대학이 자율적으로 대학교육 적격자를 선발하도록 하였다. 그러나 입시관리의 불철저와 일부 사립대학의 정원초과 모집으로 인하여 대학교육의 질이 저하되고 일류대학 집중지원 현상이 나타나 대학별 격차가 더욱 심화됨으로 다시 대학입학시험의 공공성 문제가 제기되기에 이르렀다.

1.6 대학입학 예비고사, 본고사 병행시기(1969~1980)

대학교육의 질적향상을 도모하고 동시에 고등학교교육의 정상화를 촉진하기 위하여 국가에서 실시하는 대학입학 예비고사와 대학별로 실시하는 본고사가 복합적으로 시행되었다. 이 기간 동안 대학입학 시험제도는 대체로 대학에 학생선발의 자율권을 부여하면서 대학입학시험의 자율성에서 야기되는 부정적인 요소를 제거하기 위하여 대학입학 예비고사를 통하여 국가가 적당히 개입함으로써 대학입학시험의 공공성도 보장하였다. 그러나 중학교 무시험 진학제와 고등학교 평준화정책의 시행 등 중등교육이 보편화됨에 따라 대학교육에 대한 수요가 급증하였으나 대학정원은 크게 늘어나지 않아 과열입시경쟁이 유발되고 이로 인하여 대학입학시험의 공공성 문제가 크게 대두되었다.

1.7 대학입학 예비고사, 고교 내신제 병행시기(1981)

1979년부터 대학입학 예비고사의 적용대상은 전문대학까지 포함되자 대학정원의 급격한 팽창을 가져와 대학입학 예비고사는 총응시자의 약 90%가 합격하기에 이르게 되어 합격선은 유명무실하게 되었다. 또한 과열과외, 예비고사와 본고사의 이중부담, 고교생활지도의 문제점 등이 생겨 일부에서는 본고사 폐지 및 대학입학 예비고사의 합격선 폐지를 주장하기에 이르렀다.

그리하여 1980년 7·30 교육개혁조치로 고교교육과정 운영정상화, 대입전형방법의 개선을 목표로 하여 당시 대학입학을 목표로 벌어졌던 과열과외 현상을 척결하기 위하여 대학입학시험의 전형방법으로 각 대학별로 실시하던 본고사를 없애고 고교 내신성적과 예비고사 성적에 의해서 신입생을 선발하게 하였다. 예비고사의 합격선은 1982학년도에 가서 폐지되었다. 1981학년도 신입생선발은 대학입학 예비고사성적과 고교 내신성적만에 의하여 이루어졌다. 이 학년도에서는 본고사 폐지로 격심한 혼란이 나타났으며 정원미달과 과열경쟁에 의한 탈락과 같은 여러 가지 기현상들이 일어났다.

1.8 대학입학 학력고사, 고교 내신 병행시기(1982~1985)

이 시기에는 고등학교 내신성적 반영비율의 확대, 대학입학 예비고사를 대학입학 학력고사로 명칭을 변경하고 합격선을 폐지 그리고 1981학년도 입시과정에서 나타난 문제점 등을 보완하는 것 등을 특징으로 한다. 특징들을 보다 구체적으로 보면 대학입학 학력고사 성적 50%이상과 고교내신성적 30% 이상에 의하여 신입생 선발, 합격선의 폐지, 실업계 동계진학, 산업체 근로자에 대한 특혜조치는 종전과 같이 존속, 그리고 대학입학 학력고사문제와 정답의 공개 등을 들 수 있다.

1.9 대학입학 학력고사, 고교내신 및 논술고사 병행시기(1986~1987)

대학입학 학력고사성적과 내신성적의 기계적 합산에 따라 얻는 총점만에 의한 전형제도는 대학의 학생선발권 위축 등의 비교육적 현상과 같은 여러 가지 문제점들을 야기시키게 되었다. 동시에 대학입학 학력고사는 객관식 일변도의 출제방법 때문에 암기력만을 평가할 뿐 고차원의 고사능력을 평가하지 못한다는 비판도 상당히 강력하게 제기되게 되었다. 이와 같은 사회적 비판을 수렴하기 위하여 한국 정부에서는 대학입학 학력고사, 고교 내신성적 이외에 고차원의 사고능력을 평가하는 탈교과적, 범교과적 성격의 논술식 시험을 총칭하는 논술고사를 추가하였다.

1.10 대학입학 학력고사, 고교 내신 및 면접 병행시기(1988~1993)

1988학년도부터 시행된 대학입학 시험제도 개선의 기본골격은 크게 4가지로 요약될 수 있다.

첫째로 입시성적의 평가는 대학입학 학력고사성적, 고교 내신성적, 면접고사성적의 3요소를 반영하도록 하며 2년째 시행되어온 대학별 논술고사는 폐지한다. 특히 고교내신성적은 30%이상을 의무적으로 반영해야 하며 기타요소의 반영률은 대학이 자율적으로 결정한다.

둘째로 대학지원방법은 선지원 후시험으로 한다.

셋째로 대학학력고사의 출제는 중앙교육평가원이 하며 고사과목은 9과목으로 하되 30% 내외에서 주관식 출제를 한다. 선택과목은 지원자가 대학지원시 선택하지만 실업 및 제2외국어 과목지정은 대학에서 한다.

넷째로 고사의 실시, 채점, 결과처리 등은 각 대학이 책임관리하되 10% 이내에서 과목별 가중치를 주는 것은 대학이 자율적으로 결정한다.

대학입시제도 개선책 중에서도 가장 관심을 불러 일으키는 요소는 선지원 후시험이라는 지원방식의 변경과 주관식 문제의 출제라는 학력검사의 성격 변화라고 볼 수 있다. 그 외에 면접고사 성적을 평가에 반영할 수 있도록 한 점이라든가, 실업 및 제2외국어 교과지정을 대학이 할 수 있도록 한 점, 그리고 과목별 가중치를 줄 수 있도록 한 점 등은 새로운 요소라고 볼 수 있다.

1.11 대학수학능력시험, 대학별 고사, 고교내신제 병행시기(1994~1996)

이전의 대학입학제도가 고차원적 정신능력의 측정에 미흡하고 암기위주 입시위주의 교육을 유발한다는 비판이 계속되면서 94학년도 입시부터 대학입학수학능력시험이라는 새로운 형태의 고사가 대입학력고사를 대치하게 되었다.

대학의 자율성과 다양성, 학생선발권을 보장한다는 취지에서 입시에 관하여 많은 중요한 내용은 각대학들이 자율적으로 결정하도록 하였다. 학생 선발을 위한 전형자료는 고등학교 내신성적, 대학수학능력시험 및 대학별 고사 등 3종으로 한다.

학생선발방법의 유형으로는 고등학교 내신성적만으로 선발, 내신성적+대학수학능력시험, 내신성적+대학별 고사, 내신성적+대학수학능력시험+대학별고사 등이 있다. 대학수학능력시험은 통합교과적이고 탈교과서적으로 고등정신 능력을 측정하는 발전된 학력고사이다. 평가영역은 언어영역, 수리탐구영역, 외국어영역으로 구분되며 객관식 선다형으로 한다.

대학별고사를 통해 대학의 학생선발권을 확대한다. 시험과목은 계열별 학교별 특성을 고려하여 3과목 이내에서 대학이 결정한다. 출제내용은 고등학교교육에 미치는 영향을 특별히 고려하여 고등학교교육과정의 내용과 수준을 준거로 하여 사고력, 판단력, 탐구능력 등 고등정신능력을 가능한 주관식 위주로 측정한다.

1.12 대학자율제(1997년 이후)

1997학년도 입학정원은 고교 종합생활기록부, 수능시험성적, 대학별고사, 기타 전형 보조자료 등을 중심으로 대학들이 자율적으로 결정하여 실시하도록 한다는 것이다. 사실상 입시가 성적위주의 내신과 수능, 대학별고사에서 대학별고사를 폐지하고 종합생활기록부제 위주로 전환됨에 따라 실천적인 인성 도덕교육이 강화될 수 있다. 중등 및 대학의 다양화와 특성화를 실질적으로 가능하게 하는 방향으로 나아갈 수 있다. 교육수요자중심의 교육이라는 개혁원칙에 따라 학생들에게 실질적인 복수지원 기회를 부여한다는 것이다.

* 2004년와 2005년의 한국 대입제도의 차이점

한국 교육인적자원부가 발표한 2005학년도 대학입학전형 기본계획에 따라 수능, 학생부, 대학별 고사, 추천서 등 전형요소별 세부사항이 확정됐다.

2005학년도 입시에는 7차 교육과정이 처음 적용돼 수능시험 시행방식과 대학별 전형요소 반영방법 등 대입제도가 크게 바뀐다. 하지만 수능과 학생부, 대학별 고사 등 각 전형요소는 예년과 비슷하다.

◇ 수능

언어, 수리, 사회탐구, 과학탐구, 직업탐구, 외국어(영어), 제2외국어, 한문 등 시험영역이 예년보다 다양해진 대신 응시 영역과 과목은 수험생이 희망대학의 성적반

영 방법에 따라 자유로이 선택할 수 있다.

성적통지서에는 영역별, 과목별 표준점수와 백분위, 등급만 기재되고 원점수와 400점 기준 변환표준점수, 종합등급은 명기되지 않는다.

또 수리'가'형과 사탐, 과탐, 직탐, 제2외국어, 한문 영역은 선택과목이 표기된다.

표준점수와 백분위는 소수 첫째 자리에서 반올림해 정수형태로 표기되며 영역별, 과목별 등급은 현행과 같이 9등급제가 유지된다. 등급은 1등급이 계열별 표준점수 상위4%, 2등급은 7%(누적 11%), 3등급 12%(누적 23%), 4등급 17%(누적40%), 5등급 20%(누적 60%), 6등급 17%(누적 77%), 7등급 12%(89%), 8등급 7%(96%), 9등급 4%(누적 100%)이다.

◇ 학교생활기록부

재학생은 2004년 12월3일, 재수생은 졸업일을 기준으로 성적을 내며 수시모집 지원자는 대학별로 지정하는 시점을 기준으로 한다. 단 3학년 1학기에 실시하는 수시 1학기 모집에서는 2학년 성적까지를 활용한다.

학생부의 반영 여부나 반영방법 등은 대학이 자율적으로 결정해 시행할 수 있으며 과목별·계열별 석차나 평어(수·우·미·양·가) 등 활용형태나 반영비율 등도 대학별로 알아서 정할 수 있다.

학생의 특기나 봉사활동 실적 등 비교과영역도 중시되고 대학이 학생부 성적을 활용할 때는 고교 교육과정 운영 내실화에 기여하는 방향으로 적용한다.

◇ 대학별 고사

대학별 고사는 대학의 특성, 계열별·모집단위별 특성상 학생부나 수능시험 외에 평가가 필요할 때 대학이 자율적으로 결정해 시행할 수 있으나 고사의 종류는 엄격히 제한된다.

논술고사, 면접·구술고사, 실기·실험고사, 교직적성·인성검사, 신체검사 등 다양한 형태의 고사를 활용할 수 있으나 전형기준과 전형방법은 사전에 예고하는 것을 원칙으로 한다.

고교 교육의 정상화와 합리적인 학생선발을 위해 논술고사 외의 필답고사는 엄격히 제한되며 필답고사를 시행하려면 실시목적, 출제방식, 내용 등에 대한 세부시행계획을 마련해 이를 한국대학교육협의회에 사전에 제출해야 한다.

◇ 추천서 등 기타 자료

대학은 학생의 소질과 적성이 반영될 수 있는 자기소개서와 지원동기서, 학업계획서, 교과외 활동상황, 각종 경시대회 수상실적, 봉사활동과 자격 및 경력 자료, 선행상 등 각종 표창자료 등을 전형에 반영할 수 있다. 또 학교장, 교사 등 학생의 경력 및 활동과 관련된 인사의 추천서를 받아 전형에 활용할 수 있으며 이밖에 대학이 필요하다고 인정하는 자료를 전형자료로 요구할 수 있다.

2004학년도와 마찬가지로 수시모집에는 전형기간이 같아도 복수지원할 수 있으나 여러 군데 합격하더라도 등록은 반드시 한 곳에만 해야 한다. 이를 어기고 수시 합격자가 정시모집에 또다시 지원하면 모든 합격이 무효가 돼 2005학년도에는 대학에 입학할 수 없다.

정시모집에서는 가, 나, 다군 모집기간 내에서 각 1개 대학에만 지원할 수 있고 동일 대학 내에서는 모집기간군이 다른 모집단위에도 복수 지원이 가능하다. 또 대학의 수시모집에 합격한 사람은 전문대가 실시하는 다른 모집시기에 지원할 수 없으며 전문대 수시모집에 합격한 경우 4년제 대학이 실시하는 다른 모집시기에 지원할 수 없다.

2. 한국 일부 대학교 소개

2.1 서울대학교(-大學校)

서울대학교는 서울특별시 관악구 신림동에 있는 국립 종합대학교이다.

관악캠퍼스와 연건캠퍼스(간호대학·의과대학·치과대학·보건대학원) 및 수원캠퍼스(농업생명과학대학·수의과대학)가 설치되어 있다.

1923년 일제강점기에 설립된 경성제국대학을 모체로 하여 1946년 8월 <국립서울대학교설치령>에 따라 대학원 외 9개 단과대학으로 발족되어, 초대 총장에 H.B. 앤스테드가 취임하였다.

1949년 <서울대학교>로 변경하였고, 1950년 6·25전쟁으로 대학운영을 일시 중단하였다가 9월 정부환도에 따라 복구사업에 진력하였다. 1950년 9월 사립 서울약학대학을 편입, 10개 단과대학으로 개편되었다.

1951년 부산으로 내려가 연합강의 형식으로 수업을 계속하다가 9월에 농과대학은 수원으로 복귀 개강하고, 나머지 대학들은 부산지역에 임시교사를 신축하여 수업하였다.

1952년 3월 전시연합대학 해체, 본교생 전원 부산 본교로 복귀하였고, 1953년 4월 농과대학 수의학부는 수의과대학으로, 예술대학 미술부·음악부는 각기 미술대학·음악대학으로 승격 개편, 대학원 외 12개 단과대학이 되었고, 8월에는 정부 환도에 따라 서울로 복귀하였다.

1957년 대학원에 박사과정이 설치되었으며, 1959년 행정대학원·보건대학원이 신설되었고, 1961년에 수의과대학이 농과대학 수의학과로 병합되었다. 그 뒤 사법대학원·교육대학원·경영대학원 등이 신설되었고, 1968년 사범대학 가정과를 폐지하여 가정대학을 신설하였다.

1972년 한국방송통신대학을 부설하고 1973년 1월 환경대학원을 설치하였으며,

1974년 1월 농과대학 수의학과를 흡수하여 수의과대학을 신설하였다. 1975년 현재의 관악캠퍼스로 이전, 통합하면서 경영대학원·교육대학원·신문대학원과 문리과대학·상과대학 및 교양과정부를 폐지하고 인문대학·사회과학대학·자연과학대학·경영대학을 신설하였다.

2004년 3월 현재 인문대학·사회과학대학·자연과학대학·경영대학·공과대학·미술대학·법과대학·사범대학·생활과학대학·약학대학·음악대학 등 16개 단과대학과 일반대학원·행정대학원·환경대학원·국제대학원 등 5개 대학원 아래 22개 학부, 64개 학과, 14개 전공이 설치되어 있다.

대학부설연구소로는 인문학연구원·한국문화연구소·사회과학연구원·언론정보연구소·기초과학연구원·유전공학연구소·간호과학연구소·노사관계연구소·반도체공동연구소·신소재공동연구소·농업생명과학연구원·농업생물신소재연구소·조형연구소·법학연구소·교육종합연구원·교육연구소·생활과학연구소·수의과학연구소·종합약학연구소·천연물과학연구소·동양음악연구소·오페라연구소·암연구소·간연구소·치학연구소 등 모두 55개소가 설치되어 있다.

또한 이론물리학연구센터·세포분화연구센터·복합다체계물성연구센터·신소재박막가공 및 결정성장연구센터·신의약품개발연구센터 등 25개 과학·공학연구센터가 있고, 박물관·규장각·언어교육원·농업생명과학대학부설 중등교원연수원·사범대학부설 교육행정연수원·생활체육지도자연수원·약학교육연수원·의학교육연수원·치의학교육연수원 등 25개 부속시설이 있으며, 서울대학교사범대학부설 고등학교·중학교·여자중학교·초등학교 등이 있다.

2.2 고려대학교 (高麗大學校)

고려대학교는 서울특별시 성북구(城北區) 안암동(安岩洞)에 있는 사립종합대학이다. 충청남도 연기군(燕岐郡) 조치원읍(鳥致院邑)에 서창캠퍼스가 있다.

1905년 5월 이용익(李容翊)이 법률학·이재학(理財學)의 2개 전문과로 2년제 사립 보성전문학교(普成專門學校)를 설립하였다. 1915년 전문학교 규칙의 시행으로 인해 보성법률상업학교로 바꾸었다. 1922년 4월 보성전문학교로 개칭하였다. 1934년 현재의 안암동 교사(校舍)로 신축 이전하였고, 1944년 일제의 강압으로 경성척식경제전문학교(京城拓殖經濟專門學校)로 개칭하였다가 8·15와 더불어 보성전문학교로 환원하였다.

1946년 8월 종합대학교 설립인가가 나면서 고려대학교로 교명(校名)을 변경하였고, 정법(政法)·경상(經商)·문과(文科)의 3개 단과대학을 두었다. 1949년 9월 대학원을 개원하였고, 1952년 농림대학(農林大學)을 신설하였다.

1955년에는 정법대학과 경상대학을 폐지하고 법과대학과 상과대학을 설치하였고, 1959년 농림대학을 농과대학으로, 경영학부를 정경대학으로 승격하였다. 1963년

문리과대학을 문과대학과 이공대학으로 분리하였으며, 1963년 12월에 한국 최초로 경영대학원을 창설하였고, 1967년 12월 교육대학원을 설치하였다. 1971년 학교법인 우석학원을 합병, 우석대학교 및 부속병설기관을 흡수하였고, 1972년에는 사범대학을 신설, 1976년에는 상과대학을 경영대학으로, 1977년에는 식량개발대학원을 설치하였고, 이공대학을 이과대학과 공과대학으로 분리하였다.

1980년 1월 조치원분교를 설치인가받아 문리대학과 경상대학의 2개 단과대학을 두었다. 1986년 11월 정책과학대학원을 설치하였고, 1987년 10월 조치원캠퍼스를 서창캠퍼스로 명칭을 개정하면서 문리대학을 인문대학과 자연과학대로 분리·개편하고, 산업과학대학원을 설치하였다.

교훈은 자유·정의·진리, 상징물은 호랑이와 잣나무이다. 2003년 현재 15개 대학, 3개 학부(미술학부·국제학부·언론학부), 3개 대학원(일반대학원, 전문대학원, 특수대학원)으로 이루어져 있다. 부설연구기관으로는 안암연구기관 89개소, 서창연구기관 7개소가 있다.

2.3 연세대학교 (延世大學校)

연세대학교는 서울 서대문구 신촌동에 있는 사립 종합대학교이다. 1957년 연희대학교와 세브란스의과대학이 통합되어 발족하였다.

연희대학교의 전신인 연희전문학교는 1915년 H.G. 언더우드에 의해 조선기독교대학으로 설립되었고, 문과·수물과·상과·농과·신과가 설치되었다. 1923년 연희전문학교로 개칭되었고, 1946년 연희대학교로 승격되어 문학원·상학원·이학원·신학원의 4개 학원 11개 학과의 종합대학교로 인가되었다. 1949년에는 세브란스의과대학의 예과를 연희대학교에 두었고, 6·25전쟁 때는 부산 임시교사에서 강의를 진행하다가 1953년 서울로 돌아왔다.

한편 의과대학의 전신인 세브란스의과대학은 궁정어의(宮廷御醫)로 있던 H.N. 알렌에 의해 1885년 제중원(처음에는 광혜원)이라는 병원 설립으로 시작되었으며, 1886년 학생을 선발하여 한국 최초로 서양의학이 강의되었다. 1904년 세브란스병원이 설립되어 세브란스의학전문학교가 되었고, 1908년 1회 졸업생이 배출되어 최초로 의사 면허증이 발급되었다. 1909년 사립 세브란스의학교가 되었고, 1947년 6년제 세브란스의과대학으로 인가받았다. 6·25전쟁 때 거제도·원주에 피난민 구호병원을 개설하여 의료활동을 하였다.

1962년 의과대학과 세브란스병원을 합쳐 연세대학교의료원으로 발족하였다. 1906년 E.L. 쉴즈에 의해 세브란스병원에 설치되었던 간호학교는 한국 최초로 간호사를 양성하였고, 1968년 간호대학으로 개편되었다.

한편 1977년 12월 연세대학교 의과대학 원주분교(의예과 신설)가 설립인가되었고, 1980년 10월 원주분교에 영어영문학과 등 7개 학과가 신설되었다. 1981년 원주분교가 원주대학으로 승격되면서 인문사회학부·자연과학부·의학부가 신설되었으며, 1982년에는 원주대학이 원주대학(인문사회학부, 자연과학부)과 원주의과대학(의학부)으로 분리되었다.

1984년 3월 원주대학이 지금의 원주캠퍼스(흥업면 매지리)로 이전하였고, 1985년 2월 원주대학이 첫 졸업생을 배출하였다.

2004년 현재 19개 단과대학 7개 계열 16개 학부 33개 학과 44개 전공으로 이루어져 있으며, 일반대학원·전문대학원·특수대학원에 18개 대학원이 설치되어 있다.

언어교육원·어린이생활지도연구원·정보통신교육센터 등의 부속교육기관과 연세상담센터·천문대·영상제작센터 등의 부속기관, 번역문화연구소·신에너지환경시스템연구소·한국기독교문화연구소·장애아동연구소·근육병재활연구소·동서의학연구소·알레르기연구소·인체조직복원연구소·호스피스연구소 등 86개 대학 부설연구소가 있다.

2.4 이화여자대학교 (梨花女子大學校)

이화여자대학교는 서울특별시 서대문구(西大門區) 대현동(大峴洞)에 있는 사립여자종합대학교이다. 1886년(고종 23) 미국감리교 선교사에 의해 설립된 한국 최초의 여성교육기관이다. 1887년(고종 24) 명성황후(明成皇后)로부터 <이화>라는 명칭을 받아 교명을 이화학당이라 정하고 7명의 학생을 교육하였다. 1904년 이화여학교로 개칭하였다.

1925년 이화여자전문학교로 개편되었고, 1935년 현재 위치에 교사를 신축, 이전하였다. 1943년 일제의 탄압으로 폐쇄되었다가 1945년 경성여자전문학교로 교명이 바뀌었다.

8·15와 함께 이화여자대학으로 개편되어 한림원(翰林院)·예림원(藝林院)·행림원(杏林院)의 3원을 두었고, 1946년 종합대학으로 승격되었다. 1951년 대학원을 설치하였고, 문리과대학 등 5개 대학을 두었다.

2003년 현재 인문과학대학·사회과학대학·자연과학대학·공과대학·음악대학·조형예술대학·체육과학대학·사범대학·법과대학·경영대학·의과대학·간호과학대학·약학대학·생활환경대학 등 15개 단과대학에 67개 학과 또는 전공으로 편성되어 있다.

대학원은 일반대학원·과학기술대학원·국제대학원·통역번역대학원·교육대학원·디자인대학원·사회복지대학원·정보과학대학원·신학대학원·정책

과학대학원·실용음악대학원·경영대학원·임상보건과학대학원 등 14개 대학원이 있다.

부속기관으로 도서관·박물관·자연사박물관·출판부·학보사·언어교육원·의료원산하 부속동대문병원·부속목동병원 및 사범대학부속유치원·초등학교·중학교·고등학교 등이 있으며, 부설연구기관으로는 한국문화연구원·아시아식품영양연구소·한국연구원·한국어문학연구소·기초과학연구소·기호학연구소·도예연구소·국제통상협력연구소 등이 있다.

2.5 성균관대학교 (成均館大學校)

성균관대학교는 서울특별시 종로구(鍾路區) 명륜동(明倫洞)에 있는 사립 종합대학교이다.

1398년(태조 7) 현재 위치인 숭교방(崇敎坊)에 국립고등교육기관으로 설립된 성균관에서 출발하였다.

광복 뒤인 1946년 전국 유림대회(儒林大會)가 열려 성균관의 정통을 계승할 대학 설립을 위하여 성균관대학기성회가 조직되었다. 이석구(李錫九)가 재단법인 학린사(學隣舍)의 재산을 희사하고 종전의 명륜전문학교 재단을 통합하여 재단법인 성균관대학을 조직, 같은 해 9월 성균관대학으로 인가되었다. 초대학장에 김창숙(金昌淑)이 취임하였으며, 문학부와 정경학부를 설치하였다.

1953년 2월 종합대학으로 개편되어 문리과대학·법정대학·약학대학의 3개 단과대학과 대학원으로 편성되었다. 같은 해 6월 각도의 향교재단(鄕校財團)이 재산을 갹출하여 재단법인 성균관으로 변경하고, 1963년에 다시 학교법인 성균관대학으로 조직, 변경하였다.

1965년부터 삼성문화재단이 학교운영을 맡았고, 1979년부터는 봉명재단(鳳鳴財團)이 맡으면서 경기도 수원시 장안구(長安區) 천천동(泉川洞)에 자연과학대학캠퍼스를 개설하였으나 1991년 학교운영에서 물러났다. 1996년 11월 다시 삼성그룹이 재단을 인수하였다.

2004년 현재 8개 계열 3개 대학 19개 학부 8개 학과 56개 전공으로 이루어져 있으며, 19개 대학원이 설치되어 있다.

박물관·동아시아학술원·식물원 등 17개 부속기관이 있으며, 부설 교육기관으로 성균어학원·한국사서교육원이 있다. 부설 연구기관으로 현대중국연구소·경기의약연구센터·발레리연구소·국가브랜드경영연구소·미디어문화콘텐츠연구소·생활과학연구소·교육연구소·게임기술개발지원센터·차세대컴퓨터기술연구소·고분자기술연구소·기계기술연구소·품질혁신센터·약학연구소·생명공학연구소·체력과학연구소·신경세포흥분성조절연구센터 등이 있다.

2.6 경희대학교 (慶熙大學校)

경희대학교는 서울특별시 동대문구(東大門區) 회기동(回基洞)에 있는 사립종합대학교이다.

1946년에 설립된 배영대학관(培英大學館)이 합병되어 1949년 신흥초급대학으로 발족되었다. 1952년 4년제 단과대학으로 승격, 1954년 대학원 설치, 1955년 종합대학교로 승격되었다. 1960년 3월 경희대학교로 교명을 개칭하였고, 1966년 경영행정대학원, 1971년 교육대학원을 설치하였다. 1979년에는 경기도 용인시(龍仁市)에 수원캠퍼스를 신설하였고, 1982년에는 5개 단과대학으로 승격되었으며, 1983년 평화복지대학원을 설치하였다.

2003년 현재 서울캠퍼스에 14개 대학, 2개 학부(예술디자인학부·교양학부), 수원캠퍼스에 9개 대학, 1개 학부(교양학부), 17개 대학원으로 이루어져 있다. 45개 부설연구소가 있다.

한국의 일부 교육기관(대학)

구분	대학	
국·공립 전문대학	국립의료원간호전문대학 서울정수기능대학 학교법인기능대학	
사립전문대학	고려대학교병설보건대학 동양공업전문대학 명지전문대학 배화여자대학 삼육간호보건대학 삼육의명대학 서울여자간호대학	서울예술대학 숭의여자대학 서일대학 아세아항공전문학교 인덕대학 적십자간호대학 한양여자대학
국·공립 대학교	서울교육대학교 서울대학교 서울산업대학교 서울시립대학교 한국방송통신대학교 한국체육대학교 한국예술종합학교	

사립대학교	카톨릭대학교	서울여자대학교
	감리교신학대학교	성공회대학교
	건국대학교	성균관대학교
	경기대학교	성신여자대학교
	경희대학교	세종대학교
	고려대학교	숙명여자대학교
	광운대학교	숭실대학교
	국민대학교	연세대학교
	국제산업디자인대학원대학	웨스트민스터신학대학원대학교
	국제정책대학원대학교	이화여자대학교
	그리스도신학대학교	장로회신학대학교
	단국대학교	중앙대학교
	덕성여자대학교	총신대학교
	동국대학교	추계예술대학교
	동덕여자대학교	한국성서대학교
	명지대학교	한국외국어대학교
	베뢰아대학원대학교	한성대학교
	삼육대학교	한양대학교
	상명대학교	한영신학대학교
	서강대학교	홍익대학교
	서경대학교	국제신학대학원대학교
	서울기독대학교	서울성경신학대학원대학교
	서울스포츠산업대학원대학교	

2005.4.1. 기준 한국 학교 총개황(1)

구분	학교수			학급 및 학과수		
	2003	2004	2005	2003	2004	2005
총계	19,259	19,381	19,586	280,187	285,464	290,398
유치원	8,292	8,246	8,275	21,836	22,046	22,409
초등학교	5,463	5,541	5,646	123,008	125,278	126,326
중학교	2,850	2,888	2,935	53,308	55,102	56,968
일반계고등학교	1,297	1,351	1,382	35,934	36,398	37,141
실업계고등학교	734	729	713	17,471	17,023	16,783
특수학교	137	141	142	2,888	2,987	3,073
공민학교	1	1	1	3	3	3
고등공민학교	4	4	4	7	8	10
고등기술학교	14	14	13	124	110	111
각종학교(중)	11	8	8	108	101	102
각종학교(고)	11	8	9	111	67	75
산업체부설학교	[11]	[10]	[9]	50	42	21
산업체특별학급	[30]	[22]	[19]	94	67	55

방송통신고등학교	39	39	39	374	368	368
전문대학	158	158	158	5,383	5,847	6,118
교육대학	11	11	11	12	11	12
대학	169	171	173	9,542	9,653	10,189
방송통신대학	1	1	1	19	22	21
산업대학	19	18	18	1,192	1,288	1,367
기술대학 (대학과정)	1	1	1	2	2	2
기술대학 (전문대학과정)	-	-	-	-	-	2
각종학교 (대학과정)	4	4	4	28	28	17
각종학교 (전문대학과정)	1	1	1	10	9	7
원격대학 (대학과정)	14	15	15	133	148	166
원격대학 (전문대학과정)	2	2	2	16	14	14
사내대학 (대학과정)	-	-	1	-	-	1
사내대학 (전문대학과정)	1	1	-	2	2	2
대학원	<1,010>	<1,030>	<1,051>	8,532	8,840	9,035

2005.4.1. 기준 한국 학교 총개황(2)

구분	학생수			교원수		
	2003	2004	2005	2003	2004	2005
총계	11,954,638	11,941,789	11,934,863	467,013	475,644	484,612
유치원	546,531	541,713	541,603	30,290	30,206	31,033
초등학교	4,175,626	4,116,195	4,022,801	154,075	157,407	160,143
중학교	1,854,641	1,933,543	2,010,704	99,717	101,719	103,835
일반계고등학교	1,224,452	1,232,010	1,259,792	76,666	77,835	79,158
실업계고등학교	542,077	514,550	503,104	39,163	38,276	37,253
특수학교	24,119	23,876	23,566	5,329	5,545	5,724
공민학교	105	106	94	2	2	3
고등공민학교	150	147	174	11	8	9
고등기술학교	4,324	3,457	3,374	174	154	140
각종학교(중)	4,474	4,128	4,144	188	189	194
각종학교(고)	3,276	1,905	2,065	289	209	218
산업체부설학교	1,297	937	525	97	75	40
산업체특별학급	2,043	1,509	1,104	-	-	-
방송통신고등학교	13,412	12,598	13,085	-	-	-
전문대학	925,963	897,589	853,089	11,974	11,872	12,027
교육대학	23,552	23,335	25,141	740	756	798
대학	1,808,539	1,836,649	1,859,639	45,272	47,005	49,200

방송통신대학	308,290	290,728	282,023	118	123	131
산업대학	191,455	189,035	188,753	2,655	2,543	2,658
기술대학 (대학과정)	104	102	102	-	-	-
기술대학 (전문대학과정)	97	94	87	-	-	-
각종학교 (대학과정)	1,214	1,064	1,094	31	30	28
각종학교 (전문대학과정)	176	89	54	5	5	5
원격대학 (대학과정)	24,630	36,716	53,156	198	276	321
원격대학 (전문대학과정)	1,693	2,734	3,304	18	21	21
사내대학 (대학과정)	-	-	31	-	-	-
사내대학 (전문대학과정)	67	62	30	1	-	-
대학원	272,331	276,918	282,225	-	1,388	1,673

주: 1) 유치원의 입학자수는 재취원자수 불포함.
    2) 특수학교의 졸업자수는 유치원, 초등학교, 중학교, 고등학교 과정별 수료자수 포함.
    3) 산업체 부설학교, 산업체 특별학급 현황은 1-1에만 수록함.
    4) ( ), [ ], < >은 전체 학교수에 불포함.
    5) ( )는 분교수임.
    6) 기술대학은 1개의 대학에서 전문대학과정과 대학과정을 함께 설치·운영하고 있음.
    7) 대학원 수는 대학부설대학원과 대학원대학의 합이며, { }는 대학원대학 수임.
    8) 학교수 총계는 독립고등교육기관인 34개 대학원대학을 포함.
    9) 대학원의 학과수는 석사과정의 학과수임.
    10) 고등교육기관의 교원수는 총장과 전임교원의 합임.

注 释

가중치 (加重值)	[名]	加权值
갹출하다 (醵出—)	[他]	各自交纳
격심하다 (激甚—)	[形]	极其严重
격하되다 (格下—)	[自]	降格，降级
고차원적 (高次元的)	[名]	高层次的
공공성 (公共性)	[名]	大众性，社会性
공청회 (公廳會)	[名]	公证会
과열 과외 (過熱課外)	[名]	课外教育过热
과열입시경쟁 (過熱入試競爭)	[名]	过热的高考竞争
과탐 (科探)	[名]	科学探索
규장각 (奎章閣)	[名]	奎章阁
기현상 (奇現象)	[名]	怪现象
내신제 (內申制)	[名]	内申制(内部呈报制)
대두되다 (抬頭—)	[自]	抬头，开始出现
도모하다 (圖謀—)	[他]	图谋，谋求
도입하다 (導入—)	[他]	引进，采用
무시험 전형 (無試驗銓衡)	[名]	免试录取
미흡하다 (未洽)	[形]	不满足
발족되다 (發足—)	[自]	成立，启动，起步
부정입학 (不正入學)	[名]	通过不正当手段入学
사탐 (社探)	[名]	社会探索
선다형 (選多型)	[名]	多选型
선지원 후시험 (先志願後試驗)	[名]	先报志愿后考试
수렴 (收斂)	[名]	收敛
신장시키다 (伸長—)	[他]	增加
암기 (暗記)	[名]	背诵
오페라연구소 (opera研究所)	[名]	歌剧研究所
위축 (萎縮)	[名]	萎缩
유보 (留保)	[名]	保留
유전 (遺傳)	[名]	遗传
이중부담 (二重負擔)	[名]	双重负担

인가되다 (認可—)	[自]	认可
일임하다 (一任—)	[他]	全由，听凭
자율성 (自律性)	[名]	自律性
자율적 (自律的)	[名]	自律的
재수생 (再修生)	[名]	复读生
적격자 (適格者)	[名]	合格者
정답 (正答)	[名]	答案
정원 (定員)	[名]	定员
존속 (存續)	[名]	存续
주관식 출제 (主觀式出題)	[名]	主观题
지침 (指針)	[名]	指针，方针
직탐 (職探)	[名]	职业探索
징집소집 (徵集召集)	[名]	征集召集
채점 (採點)	[名]	评分，评卷
척결하다 (剔抉—)	[他]	剔除，铲除
최소한 (最小限)	[名]	最小限度
취지 (趣旨)	[名]	宗旨，主旨
탈교과서적 (脫敎科書的)	[名]	脱离教材的
탈락 (脫落)	[名]	落(榜)
평준화정책 (平准化政策)	[名]	平均化政策
합격선 (合格線)	[名]	合格线
희사하다 (喜捨—)	[他]	捐赠

練習

1. 서로 관련된 것을 연결하여 보세요.

A	B
건국대	
경희대	
고려대	국·공립전문대학
국립의료원간호전문대학	
단국대	
동국대	사립전문대학
삼육의명대학	
서울대	
서울예술대학	국·공립대학교
서울정수기능대학	
연세대	
적십자간호대학	사립대학교
한국방송통신대학교	
한국체육대학교	

2. 빈칸에 알맞은 말을 넣어 보세요.

(1) 이화여대는 1887년(고종 24) (　　)로부터 <이화>라는 명칭을 받아 교명을 이화학당이라 정하고 (　　)명의 학생을 교육하였다.

(2) 성균관대학교는 (　　)년(태조 7) 현재 위치인 (　　)에 국립고등교육기관으로 설립된 성균관에서 출발하였다.

(3) 서울대학교는 (　　)캠퍼스와 (　　)캠퍼스 및 (　　)캠퍼스가 설치되어 있다.

(4) 한국에는 대학입학 학력고사성적과 내신성적의 기계적 합산에 따라 얻는 (　　)만에 의한 1986-1987년의 전형제도는 대학의 학생 선발권, (　　) 등의 비교육적 현상과 같은 여러 가지 문제점들을 야기시키게 되었다.

(5) 통계에 의하면 2005년 4월 1일까지는 한국의 총학생수는 (　　)명이고 총교원수는 (　　)명이다.

(6) 통계에 의하면 2005년 4월 1일까지는 한국의 총학교수는 (　　)개이고 총학급 및 학과수는 290,398개이고 총대학수는 (　　)개이다.

제3과 한국의 대학

(7) 고려대학교의 교훈은 자유·정의·진리, 상징물은 (　　)와 (　　)이다.
(8) 학생부의 반영 여부나 반영방법 등은 한국 대학이 자율적으로 결정해 시행할 수 있으며 과목별.계열별 석차나 평어(　·　·　·　) 등 활용 형태나 반영비율 등도 대학별로 알아서 정할 수 있다.
(9) 서울대학교에는 박물관·(　　)각·언어교육원·(　　)체육지도자연수원·약학교육연수원·의학교육연수원·치의학교육연수원 등 25개 부속시설이 있다.
(10) 성균관대학교 부설 연구기관으로 현대(　　)연구소·국가(　　)경영연구소·(　　)문화콘텐츠연구소·(　　)기술개발지원센터·차세대(　　)기술연구소·고분자기술연구소·기계기술연구소·품질혁신센터·신경세포흥분성조절연구센터 등이 있다.

3. 빈칸에 알맞은 것을 골라 보세요.

(1) 대학입학 국가연합고사를 도입하여 대학별 고사와 병행실시한 시간은 대학입학 국가연합고사, 본고사 병행시기인 (　　)년이다.
　A. 1945　　　　　　　　　　B. 1954
　C. 1981　　　　　　　　　　D. 2004

(2) 선지원 후시험이란 대학지원방법을 실시하기 시작한 시간은 (　　)(1988~1993)이다.
　A. 대학입학 학력고사, 고교 내신 및 면접 병행시기
　B. 대학입학 학력고사, 고교 내신 병행시기
　C. 대학입학 학력고사, 고교내신 및 논술고사 병행시기
　D. 대학자율제

(3) 대학입학시험에 있어서 대학의 자율성을 신장시키기 위하여 대학별 단독시험제로 전환하게 된 시기는 대학별 단독시험시기 (　　) 이다.
　A. 1955~1961　　　　　　　B. 1964~1968
　C. 1969~1980　　　　　　　D. 1982~1985

(4) 지금 한국 대학에서 신입생을 모집할 때에 스스로 실시할 수 있는 고사는 엄격히 제한되어있지만 그 형태는 다양하다. 그중에 (　　)(　　)(　　)(　　)가 포함되어 있다.
　A. 논술고사　　　　　　　　B. 면접·구술고사
　C. 실기·실험고사　　　　　 D. 교직적성·인성검사

49

(5) 한국의 대학은 (   ) (   ) (   ) (   ) 등 각종 표창자료 등을 전형에도 반영할 수 있다.
   A. 봉사활동과 자격 및 경력 자료   B. 선행상
   C. 각종 경시대회 수상실적   D. 교과외 활동상황

(6) 서울대학교는1946년 8월 <국립서울대학교설치령>에 따라 대학원 외 9개 단과대학으로 발족되어, 초대 총장에 (   )가 취임하였다.
   A. H.B.앤스테드   B. 이용익(李容翊)
   C. H.N. 알렌   D. 김창숙(金昌淑)

(7) (   )는 서울특별시 성북구(城北區) 안암동(安岩洞)에 있는 사립종합대학이다. 충청남도 연기군(燕岐郡) 조치원읍(鳥致院邑)에 서창캠퍼스가 있다.
   A. 서울대학교   B. 고려대학교
   C. 이화여대학교   D. 경희대학교

(8) 1962년 의과대학과 세브란스병원을 합쳐 (   )의료원으로 발족하였다. 1906년 E.L. 쉴즈에 의해 세브란스병원에 설치되었던 간호학교는 한국 최초로 간호사를 양성하였고, 1968년 간호대학으로 개편되었다.
   A. 서울대학교   B. 연세대학교
   C. 이화여대학교   D. 경희대학교

(9) 이화여대의 대학원은 일반대학원·과학기술대학원·국제대학원·(   )대학원·교육대학원·디자인대학원·(   )대학원·정보과학대학원·신학대학원·(   )대학원·경영대학원·(   )대학원·임상보건과학대학원 등 14개 대학원이 있다.
   A. 통역번역   B. 사회복지
   C. 실용음악   D. 정책과학

(10) 성균관대학교는 1979년부터 봉명재단(鳳鳴財團)이 학교의 운영을 맡았으나 1991년 학교운영에서 물러났다. 1996년 11월 다시 (   )그룹이 재단을 인수하였다.
   A. 삼성   B. 대우
   C. 기아   D. LG

4. 다음의 질문에 대답하여 보세요.

(1) 한국 대학 전형에 관한 다음 용어들을 해석해 보십시오.
   A. 수능 B. 학교생활기록부 C. 대학별 고사
   D. 추천서 E. 내신
(2) 2004년와 2005년의 대입제도는 어떤 차이가 있습니까?
(3) 1997년 이후 한국에서는 대학의 다양화와 특성화를 실질적으로 가능하게 하기 위하여 어떤 조치를 실시하였습니까?
(4) 서울대학교와 연세대학교에는 어떤 연구소가 설치되어 있습니까?
(5) 한국 대입제도 각 시기의 대학별 고사의 상황을 간단히 서술해 보십시오.
(6) 왜 1954년의 한국 대입제도 개혁이 효력을 보지 못하고 원점으로 되돌아갔다고 합니까?
(7) 왜 1964~1968년에 한국에서 다시 대학입학시험의 공공성 문제가 제기되기에 이르렀습니까?
(8) 한국에서는 언제 왜 예비고사의 합격선을 폐지하였습니까?
(9) 한국에서는 1982~1985년에는 1981학년도 입시과정에서 나타난 문제점 등을 보완하는 것 등을 특징으로 한다. 특징들을 보다 구체적으로 보면 무엇입니까?
(10) 한국에서는 1988학년도부터 시행된 대학입학 시험제도 개선의 기본골격은 크게 4가지로 요약될 수 있는데 각각 무엇입니까?

5. 500자 이내의 중국어로 본문내용에 근거하여 다음 문제를 서술하여 보세요.

(1) 한국 대학입시제도의 역사
(2) 한국의 주요 대학

제4과 한국의 교육정보화와 e-러닝(1)

1. 교육정보화와 e-러닝

1.1 교육정보화의 확산기 진입

전 세계적으로 e-러닝은 지식기반사회의 새로운 교육패러다임으로 부각되고 있다. 한국도 2001년 4월에 교육정보화 사업 1단계인 학교 정보인프라를 구축 완료하고, 2단계 교육정보화 사업의 핵심인 ICT 활용 교육을 추진하는 등 e-러닝 도입 및 확산을 위한 기반을 마련해왔다.

한국의 e-러닝의 본격적인 도입은 2004년 5월에 교육인적자원부가 'e-러닝 지원체제 구축 방안'을 발표하고, 9월에 3개 시·도 교육청에서 학교 및 가정을 연결하는 사이버 가정학습 체제 서비스를 시범 실시하면서부터 시작되었다.

그동안의 1, 2단계 교육정보화 사업이 기반 구축과 활용에 집중되었다면, 2004년 12월에 발표한 'e-러닝 활성화를 통한 국가인적자원개발 추진전략'은 e-러닝을 교육체제 혁신의 동력으로 삼아서, 학습자 중심의 맞춤 교육, 교육소외계층을 위한 복지실현 및 나아가 평생학습 등 e-러닝을 통한 국가인적자원개발에 역량을 집중하고 있다.

한국 교육정보화 발전 단계

태동기	1970~1985	(15년)	정보화사회를 대비하여 실업계고교에서 직업교육으로서의 전자계산기교육이 시작되고, 방송과 같은 다양한 매체를 활용한 교육의 질 개선 활동 시도
전개기	1986~1995	(10년)	국가기간망 구축이 본격화되고, 개인용 컴퓨터의 보급 확산과 함께 보통교육으로서의 컴퓨터교육을 체계화하고 컴퓨터의 도구적 활용을 통한 교육의 질 개선 활동 강화
도약기	1996~2000	(5년)	교육정보화 관련 각종 법/제도를 정비하고, 기본적 교육정보 인프라와 서비스 시스템을 구축하는 등 교육개혁에 필요한 제도적, 물적 인적 환경 조성

확산기	2001~2005	(5년)	정보통신 인프라의 고도화로 수혜자 중심의 교육과 학술연구의 질적인 도약이 시도되고, 분야별 정보화 성과가 가시화되며, 정보활용 수준이 급격히 향상

자료: 교육인적자원부, 'e-learning을 통한 교육혁신의 역사'. 2004. 10.

1.2 교육정보화 추진 현황

1.2.1 교육정보화 인프라 고도화

1단계 교육정보화 종합계획에 따라 실질적인 학교 정보인프라가 구축 완료된 후, 2005년 완료 예정인 2단계 교육정보화 사업은 '교육정보 인프라 고도화'와 이를 통해서 ICT 친화적 교육환경 개선 및 e-러닝 기반 조성을 목표로 추진하고 있다.

1, 2단계의 교육정보화 사업을 통하여 학교 현장에는 학내망이 구축되고 교단선진화 장비가 설치되었으며, 교원 및 학생 1인 1 PC 보유 등 정보화 교육이 가능한 환경이 조성되었다. 그러나 초기 보급된 정보화 기기의 노후화 및 지속적인 유지·보수 문제가 주요 과제로 등장하게 되었다.

교육인적자원부는 2단계 교육정보화 사업이 완료되는 2005년에 총 4700억 원의 예산을 투입하여, PC 1대당 5명 수준으로 확대하여 보급을 추진하고 있다. 또한 동영상 등 멀티미디어 자료의 활용 확대 및 대용량화 추세에 따라 한국 전국 모든 초·중등학교의 통신망을 E1급(2Mbps) 이상의 회선으로 증속하고, 통신료 무료 및 특별할인을 확대 지원하고 있다. 이 외에도 노후화된 PC 및 교단선진화 장비의 교체, 그리고 정보화 기기의 유지·보수를 추진함으로써 2단계 교육정보화 사업을 완료하고, e-러닝 활성화를 통한 국가인적자원개발로의 일대전환을 시도하고 있다.

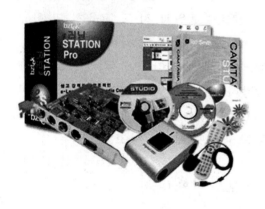

1.2.2 ICT 활용 교육 활성화

* 교원의 ICT 활용 능력 개발

2001년 교육인적자원부는 각급 학교의 교육정보화 물적 기반을 활용하여 수업의 효율화를 지원하는 차원에서 'ICT 활용 학교교육 활성화 계획'을 수립하고, 교원정보화 연수를 추진해오고 있다. 교원 정보화 연수는 초·중등학교의 ICT 활용 교수-학습 방법 적용 및 개선을 위한 교육정보화 사업의 주요 인적자원 개발 정책으로서, 교육인적자원부, 시·도 교육청 및 유관기관 등과 역할 분담을 통하여, 매년 전체 교원

및 학교 CEO·교육전문직의 33% 이상 정보화 연수를 실시하고 있다. 이 외에도 ICT 활용 장학 지원 연수, 학교별 정보화 전문 연수 및 학교별 정보화 자율 연수 등도 실시하고 있다.

2004년부터는 ICT 활용 교수-학습 교과별 연수 프로그램을 활용하여, 시·도별 ICT 활용 교원연수 선도 요원을 양성하고 있으며, 그 선도 요원을 활용하여 시·도별 강사요원을 양성하고 있다. 2005년에는 교원 정보화 연수에 총 140억 원의 예산을 투입하여 ICT 활용 교육 중심의 연수과정으로 확대하고, 원격 연수 및 학교별 자율 연수 강화와 ICT 활용 우수 교과연구회를 지원하여 연수를 추진하고 있다.

또한 2005년에는 교원 정보활용능력 인증제를 통하여 각 시·도 교육청에서 교원의 10% 이상이 ICT 활용능력에 대한 인증을 받도록 지원하고 있다.

* ICT 활용 교육용 콘텐츠 개발

학교 정보인프라가 구축 완료되고, 2001년 'ICT 활용 학교교육 활성화 계획' 수립과 더불어 본격적인 교육용 콘텐츠 개발이 시작되었다. 교육용 콘텐츠는 교사의 교수 활동을 지원하는 교수용 콘텐츠(멀티미디어 교육자료, ICT 활용 교수-학습과정안, 교수용 SW 등)와 학생의 학습 활동을 지원할 수 있는 학습용 콘텐츠로 분류할 수 있다. ICT 활용 교육 단계인 2003년까지는 주로 교수 자료 중심으로 개발하였으며, 2004년 e-러닝의 도입과 더불어 학생의 개별화학습을 지원할 수 있는 학습용 콘텐츠 중심으로 개발하고 있다.

2000년부터 2003년까지 개발된 교육용 콘텐츠는 총 8,715종(공공기관 4,099종, 민간 4,616종)으로, 공공기관 콘텐츠는 한국교육학술정보원과 시·도 교육청 및 학교 교사들과 공동으로 개발하여 에듀넷(www.edunet4u.net)을 통해 서비스하고 있다.

2004년부터는 e-러닝 기반 자율학습용 콘텐츠의 개발과 더불어 2003년까지 개발된 교육용 콘텐츠의 유지·보수를 중심으로 개발하고 있다. 초기 개발된 교육용 콘텐츠는 활용 주기 연장과 최근 통계 데이터의 서비스를 위하여, 초기 개발 자료를 대상으로 2004년에 74종, 2005년에 61종을 유지·보수하여 서비스하고 있다.

교육용 콘텐츠 개발 현황 및 유지·보수 현황 (단위 : 종)

구분	개발 현황	유지 보수 현황	
	2000-2003	2004년	2005년
멀티미디어 교육자료	132	74 (통합 산정)	61
ICT 활용 교수-학습 과정안	256		-
ICT 활용 교수자료	2,910	-	-

ICT 활용 학습자료	835	-	-
민간개발 교육용 S/W	4,582	-	-
합 계	8,715	-	-

자료 : 교육인적자원부,' 2004 교육정보화 백서', 2004. 12.
주 : 유지·보수 현황 자료는 한국교육학술정보원 사업 결과 자료를 인용

　국민공통기본 10개 교과를 위주로 개발하였던 멀티미디어 교육자료는 2004년부터 실업계 고등학교에서 활용하기 위한 자료까지 확대하여 개발하기 시작하였다. 2005년 9월에는 공업계 멀티미디어 교육자료 3종을 에듀넷을 통해 서비스하기 시작하였으며, 2006년에는 농업계 고등학교 멀티미디어 4종을 개발하여 서비스 할 계획이다.

　한편, ICT 활용 학습용 콘텐츠는 주로 민간 개발업체 및 교원 대상 공모전을 통한 입상작 등을 통해 제공해 왔으나, 2004년부터 사이버가정학습 지원체제의 도입과 함께 자율학습용 콘텐츠의 개발이 본격화되고 있다.

　2005년 현재 중학교 국어, 영어, 수학, 사회, 과학 등 주요 5개 교과를 시·도 교육청이 분담 개발하여 학습차시 별로 서비스하고 있으며, 2006년에는 초등학교 3-6학년 주요 5개 교과를 분담 개발하여 서비스할 계획이다.

　이외에도 유아교육용 콘텐츠, 특수교육용 콘텐츠 및 평가문항 등을 확보하여 에듀넷을 통해 서비스하고 있다.

1.2.3 e-러닝 체제 구축
* 사이버가정학습 지원체제 구축·운영

　사이버가정학습은 학생들이 인터넷을 활용하여 원하는 공부를 스스로 할 수 있으며, 사이버 상에서 교사의 도움도 받을 수 있는 학습형태이다. 2004년 7월 교육인적자원부의 'e-러닝 지원체제 구축을 위한 사이버가정학습 지원체제 구축 계획'에 따라 대구, 광주, 경북교육청이 시범교육청으로 선정되어 9월부터 사이버가정학습을 운영 중이다. 한달 간의 운영 결과, 1일 평균 2,996명이 접속하고, 3,992건의 질의·응답이 이루어지는 등 학생들의 높은 호응을 얻고 있으며, 2005년 3월에는 한국 16개 시·도 교육청이 구축 완료함으로써 한국 전국 단위 서비스로 운영 중이다.

에듀넷 가입자 및 활용 현황

구분	2001	2002	2003	2004
가입자수(만 명)	488	555	503	531

1인평균 이용시간(분)	10	11	11	13
일일평균 이용자수(만 명)	16	15	12	13

자료 : 교육인적자원부, '2004 교육정보화 백서', 2004. 12.
주 : 2003년 비실명자/중복가입/장시간 미사용자 에듀넷 회원 정리

사이버가정학습에서 활용되는 자율학습 콘텐츠는 중복 개발 방지를 위하여, 시·도가 분담 개발한 후 중앙 및 시·도를 통해 공동 서비스하고 있다. 중앙센터 역할을 담당하는 한국교육학술정보원에서는 사이버가정학습관리시스템(LMS : Learning Managing System) 표준안과 시·도가 분담 개발한 콘텐츠의 공유 및 분배를 위한 콘텐츠관리시스템(LCMS : Learning Contents Managing System)의 모듈을 제공하고 있다.

시·도 사이버가정학습 서비스 홈페이지

서울	www.kkulmat.com	강원	gcc.keric.or.kr
부산	cyber.busanedu.net	충북	www.cbedunet.or.kr
대구	estudy.dgedu.net	충남	cell.cise.or.kr
인천	cyber.edu-i.org	전북	cyber.cein.or.kr
광주	www.gedu.net	전남	cyber.jneb.net
대전	www.djstudy.or.kr	경북	cschool.gyo6.net:8888
울산	ulsanedu.go.kr	경남	lms.gnedu.net
경기	danopy.kerinet.re.kr	제주	www.jejuestudy.net

한국교육학술정보원, 2005. 3

* 교수학습센터 구축

2004년 2월 교육인적자원부는 '공교육 정상화를 통한 사교육비 경감 대책'을 발표하였으며, 그 핵심과제가 e-러닝을 통한 공교육 지원이다. 이의 일환으로 국가 기관별 역량 결집을 위한 연계 네트워크를 구성하기 위해 2004년 9월 한국교육학술정보원에서 운영 중인 에듀넷과 한국교육과정평가원의 중앙교수학습센터를 우선 통합하고, 2005년 3월에는 시·도 교수학습지원센터와 중앙교수학습센터를 연계하였다. 즉, 교수학습센터의 연계는 효과적으로 학교 수업을 지원하고 공교육을 내실화하는 등

e-러닝 지원체제의 기반을 구축하게 되었다.

1.2.4 정보격차해소 지원

정보화의 급진전에 따라 정보격차가 중요한 사회문제로 대두되자, 교육인적자원부는 2000년 4월 '저소득층 자녀 정보화 교육 및 컴퓨터 보급 계획'을 수립하였으며, 2001년 1월에는 정보격차해소를 위한 법률을 제정하였다.

2000년 저소득층 자녀 50만 명을 대상으로 정보화 교육을 실시했으며, 이중 우수 학생 5만 명에게 PC 보급 리스료 및 통신비를 지급하였다. 그후 2004년까지 교육 기회 균등 보장을 위해 저소득층 자녀를 대상으로 총 1,570억 원을 지원하였으며, 2004년에는 2만 명에게 PC를 보급하고 7만 명에게 인터넷 통신비를 지원하였다. 향후 2007년까지 총 8만 명에게 PC를 확대 지원하고 30만 명에게 인터넷 통신비를 지원함으로써, 교육기회 균등 확대를 통한 참여복지를 실현할 계획이다.

1.2.5 교육행정 정보화

교육행정 정보화를 위하여 교육행정정보시스템(NEIS : National Education Information System)을 구축하여 운영하고 있다. NEIS는 교육인적자원부, 16개 시·도 교육청, 행정기관 및 초·중등학교를 인터넷으로 연결하여 교무, 인사, 회계 등 교육행정 전반의 업무를 상호 연계 처리하는 시스템으로 2003년 3월에 전면 개통하였다.

교수학습센터 홈페이지

서울	www.ssem.or.kr	강원	gtlac.keric.or.kr
부산	www.busanedu.net	충북	www.cbedunet.or.kr
대구	www.tgedu.net	충남	tlac.cise.or.kr
인천	www.edu-i.org	전북	www.cein.or.kr
광주	kesedu.kesri.re.kr	전남	www.cnei.or.kr
대전	www.tenet.or.kr	경북	www.gyo6.net
울산	www.ulsanedu.go.kr	경남	www.gnedu.net
경기	www.kerinet.re.kr	제주	www.edujeju.net

자료 : 교육인적자원부, '교육정보화 백서', 2004. 12.

NEIS를 통하여 대학입학전형 전산자료를 온라인 방식으로 처리하게 되었으며, 2004년에는 한국 400여 대학과 2,037개 고등학교의 100% 참여로 2005학년도 대학 입시를 성공적으로 지원하였다. 또한 2004년 기준 NEIS를 사용하는 초·중등학교는 전체 학교의 86%에 이르며, NEIS를 통한 민원발급 건수도 2003년 대비 100% 이상 증가하였다.

그러나 시스템의 개통과 함께 학생 정보에 대한 인권 문제가 대두되어, 2004년 2월 국무총리실 소속 교육정보화위원회 결정에 따라 교무·학사 등 3개 영역을 분리하기로 하였으며, 2006년 상반기에는 새로운 시스템을 개발 구축하여 시행할 계획이다.

2005년에는 새로운 시스템의 개발을 시작하여 2006년에 서비스를 시행할 예정이며, 인사, 졸업증명서 등 현재 15종의 민원서비스를 2006년까지 24종으로 확대 운영할 계획이다.

2004년 한국 363개 고등교육기관의 53여만 명 졸업자에 대한 취업통계 DB를 구축했던 교육통계정보화 사업은 2005년에는 교육통계조사를 통한 분석자료집의 발간과 이용자 위주의 통계정보 서비스 제공에 중점을 두고 사업을 추진 중이며, 인적자원 종합정보망 구축 사업에서는 고등교육기관의 취업통계 조사와 인적자원개발을 위한 범부처 공동 DB 구축 및 평생교육통계 DB 구축 등에 중점을 두고 사업을 추진하고 있다.

1.3 교육정보화 발전 방향

2단계의 교육정보화 사업이 마무리되는 현 시점에서 e-러닝이라는 새로운 교육 패러다임이 부각되고 있다. 또한 e-러닝과 국가 발전의 연계가 세계적 추세임에 따라, 한국도 e-러닝을 활용하여 공교육을 내실화하고, 나아가 창의적인 인적자원개발을 통하여 지식기반사회에서의 평생학습국가 건설을 목표로 하고 있다.

지식기반사회에서의 교육은 학습자가 능동적으로 원하는 정보를 찾아서 수준별 학습을 추구하는 교육방법이 필요하다. 특히 주 5일제 수업의 현장 도입은 학교 교육의 변화를 가져올 것이며, 이에 따라 e-러닝은 좋은 대안이 될 수 있을 것이다. 이러한 측면에서 교육정보화 발전 방향을 정리하면 다음과 같다.

첫째, 교육정보화의 주체들이 각자의 영역에서 고유의 역할을 정의하고 발전시켜 나가면서도, 서로의 역할을 관계 속에서 재정립하는 노력을 지속적으로 해야 한다. 이는 교육정보화의 각 주체가 초·중등교육, 고등교육, 평생교육, 기업교육 등 전체 사회 체계 속에 있으며, 이들 주체가 분리된 것이 아니라 상호 관련, 통합된 주체이기 때문이다. 이를 위해서는 국가 차원에서 사회 각 주체간 역할 분담을 정의하고, 상호

협력적으로 교육정보화를 추진해 나갈 수 있도록 노력해야 할 것이다.

둘째, 교육정보화는 근본적으로 삶의 수준을 높이는 방향과 수요자의 만족도를 높이는 방향으로 이루어져야 한다. 이렇게 수요자의 활용 효과라는 측면에서 접근할 때, 교육정보화가 긍정적인 방향으로 활성화될 수 있을 것이다.

셋째, 교육정보화의 추진 과정에서 항상 고려하고 경계해야 할 것은 교육정보화의 소외계층에 대한 배려이다. 이러한 소외 계층은 정보화에서 소외된 계층이며, 사회적으로는 경제적으로 소외된 계층일 수 있으며, 교육의 수혜 범위에서 사각지대에 놓인 계층일 수도 있다. 이러한 소외계층을 포용하고 국가적 관심을 보냄으로써, 평생학습 차원의 학습권 강화와 국가경쟁력 강화라는 e-러닝 취지에 부합할 수 있을 것이다.

NEIS 활용 현황

구분	2003	2004	증가율
활용 학교수(개교)	6,450	9,189	24%
민원발급 건수(건)	36,004	72,252	101%

자료 : 한국교육학술정보원, '2004년도 경영실적보고서', 2005. 3.
주 : 활용 학교수는 2003년도와 2004년도 8월 기준

이렇듯 e-러닝으로 표현되는 향후 교육정보화는 전국 국민의 자발적 동참이 있어야 성공할 수 있다. 그러나 몇 가지 문제점 또한 내포하고 있다. 단적인 예로 학교 현장에 ICT 활용 교육이 정착돼 가는 단계에서 학습자 중심적 학습이라는 교육방법의 전환은 교실 수업에서 일대 혼란도 발생할 수도 있다는 점이다. 그리고 정보의 집적·공유 및 원활한 분배를 위한 사회 각 e-러닝 주체 간의 자발적 동참 또한 긍정적 결과만을 기대하기는 어렵다. 이렇듯 교육정보화의 빠른 진전과 함께 지속적인 점검, 그리고 문제의 예측과 문제에 대한 신속한 대응책 마련도 강구되어야 할 것이다.

2. 한국 교육과 e-러닝 (1)

2.1 e-러닝의 확대와 평생교육의 대두 (1)

2.1.1 초·중등교육 분야

한국교육개발원 발표(KEDI, 2003.11)에 의하면 2003년도의 사교육시장이 무려 13조 원에 이르고 초·중·고생의 72.6%가 사교육을 받고 있는 것으로 나타나 과도한 사교육비가 사회적 문제로 대두되고 있다. 이중 초등교육 시장이 7조 원, 중등교육 시장이 4조 769억원, 고등교육 시장은 2조 2천억 원으로 추산되고 있다.

교육인적자원부에서는 2004년 2월 17일에 사교육 절감 대책으로 현존하는 사교육 수요를 공교육체제 내로 흡수, 단기간 내에 국민들의 사교육비 부담 경감이 가시화되도록 추진하기 위해 e-러닝을 통한 사이버 학습을 지원하겠다고 '2·17 사교육비 경감 대책'을 발표했다. 이에 따라 e-러닝에 대한 사회적 인식이 확산되고, 국민적 기대감이 증폭되면서 새로운 사회적 이슈로 대두되고 있다.

e-러닝의 도입기를 살펴보면, 인터넷의 교육적인 활용에 점차 관심이 높아지자 1999년 노동부가 재직자 인터넷통신훈련을 실시하였으며, 2001년 교육부의 사이버대학 설립 인가를 계기로 e-러닝이 급속히 확산되기 시작하였다. e-러닝은 'PC, 휴대전화기, PDA' 등 정보기기를 사용해 인터넷, 이동통신망 등 네트워크를 통하여 시간과 공간의 제약 없이 지식과 정보에 접근할 수 있는 학습 또는 교육 방식을 의미하며, 온라인학습, 사이버학습, 인터넷학습 등으로 불리기도 한다. 이러한 정의들을 토대로 2004년 1월 8일 'e-러닝산업발전법' 제정으로 e-러닝은 온라인뿐만 아니라 컴퓨터 기반 학습, 방송·통신을 이용한 원격학습까지 포괄하게 되었다. 이러한 e-러닝은 전통적인 교육 패러다임을 벗어나 새로운 교육체제로의 전환을 의미하며, 이를 통하여 학습자 중심의 교육체제, 기업의 경쟁력 강화, 평생학습사회로의 전개를 위한 중요한 역할을 할 것으로 기대된다.

초·중등교육 분야에서의 e-러닝 체제란 정보통신기술을 활용하여 학교-가정-지역사회를 유기적으로 연계하고, 교수-학습의 질을 제고하며, 학생들의 인성·창의성 및 자기주도적 학습 능력을 신장시키는 학습 체제를 의미한다.

초·중등교육 분야에서의 e-러닝의 대표적인 사례로 EBS 수능 체제를 들 수 있다. 2004년 4월부터 시행된 EBS 수능 체제는 교육인적자원부가 사교육비 경감 대책의 하나로 추진 중인 사업으로 대학입시 수험생들을 대상으로 EBS를 통한 방송과 인터넷 강의를 무상으로 지원하는 체제이다. EBS 수능강의와 수능시험과의 연계를 강화하여 학교수업과 EBS 수능강의를 시청하는 것으로 수능시험 대비가 충분할 수 있는 시스템을 구축하고, 프로그램 사전기획 단계에서 한국교육과정평가원과 협조하여 제작하고 있다. 또한 수능강의프로그램의 인터넷(EBS, 에듀넷, 시 도교육청 인터넷망)을 통한 무료 서비스를 제공하고 있으며, 'EBS 플러스 1'을 수능 전문 채널로 특화하여 수능 방송 인터넷 강의 프로그램 제작을 확대하고 수능프로그램의 제작을 2004년에 3,500편으로 확대하였다(2003년, 1,200편).

EBS 수능방송이 당초 목적대로 사교육 시장을 완전히 대체할 수 있을지에 대해서는 미지수이지만, 사교육 소외지역의 콘텐츠 서비스의 품질 향상에는 큰 영향을 미칠 것으로 예상된다. 미국 상무성과 마이크로소프트가 2002년 공동으로 작성한 'e-Learning Vision 2020'에서도 e-러닝의 가장 큰 역할 중의 하나로 사교육시장에 접근이 어려운 중하층민의 교육수요 충족을 들고 있는 것도 같은 맥락이다.

현재 교육인적자원부가 추진하고 있는 한국 16개 시·도 교육청의 사이버가정학습

시스템 구축은 지역의 교육환경 증진과 공평한 교육기회의 제공이라는 측면에서 e-러닝의 중요한 효과로 평가받을 수 있을 것이다. 특히 사이버 가정학습의 확대와 맞물려 고학력 주부들이 직접 e-러닝 튜터 및 상담자로 참여하게 될 경우 인재양성과 고용확대를 결합시킬 수 있는 중요한 계기로 작용할 수도 있다.

이 외에도 강남구청에서 2004년 6월 1일부터 한국에 있는 모든 수험생들을 대상으로 인터넷 수능방송을 시행하고 있는데, 강의는 스트리밍, 다운로드, 예약 다운로드 중 1가지 방법을 선택해 시청할 수 있으며, 강남구청 인터넷 방송국 홈페이지(www.ingang.go.kr)에서 가능하다.

또한 민간에서 이루어지는 초·중등 대상의 e-러닝 현황을 살펴보면, 고3 수험생 대상의 수능 사이버교육이 활성화되어 시장 규모가 폭발적으로 증가함으로써 수능 온라인 교육 비즈니스 모델을 창출하는 계기가 되고 있다.

한국의 원격대학 개황(대학) (자료기준일: 2005.4.1)

구분	학교수	학과수	2005학년도입학정원수			재학생수			
						주간			
						1학년	2학년	3학년	4학년
			계	주간	야간	계	계	계	계
총계	15	166	21,450	21,450	-	14,282	10,518	19,033	9,323
인문계열	-	24	4,212	4,212	-2,828	2,174	2,378	1,090	
사회계열	-	84	11,595	11,595	-	7,817	6,258	11,348	5,147
교육계열	-	11	1,205	1,205	-	628	259	1,555	635
공학계열	-	22	2,145	2,145	-	1,302	941	1,827	1,377
의약계열	-	2	195	195	-	133	-	118	-
예체능계열	-	23	2,098	2,098	-	1,574	886	1,807	1,074
서울	9	112	17,200	17,200	-	11,363	8,597	15,725	8,523
부산	1	9	600	600	-	258	275	772	203
경기	2	20	1,750	1,750	-	1,523	712	1,241	190

구분									
전북	1	13	700	700	-	696	670	446	61
경북	2	12	1,200	1,200	-	442	264	849	346

한국의 원격대학 개황(대학) (자료기준일: 2005.4.1)

구분	재적학생수									
	총계							주간		
	합계	재학생수	휴학	1학년	2학년	3학년	4학년	합계	재학생수	휴학
총계	53,156	47,235	5,921	14,282	10,518	9,323	53,156	47,235	5,921	
인문계열	8,470	7,363	1,107	2,828	2,174	2,378	1,090	8,470	7,363	1,107
사회계열	30,570	27,637	2,933	7,817	6,258	11,348	5,147	30,570	27,637	2,933
교육계열	3,077	2,933	144	628	259	1,555	635	3,077	2,933	144
공학계열	5,447	4,522	925	1,302	941	1,827	1,377	5,447	4,522	925
의약계열	251	251	-	133	-	118	-	251	251	-
예체능계열	5,341	4,529	812	1,574	886	1,807	1,074	5,341	4,529	812
서울	44,208	38,785	5,423	11,363	8,597	15,725	8,523	44,208	38,785	5,423
부산	1,508	1,380	128	258	275	772	203	1,508	1,380	128
경기	3,666	3,443	223	1,523	712	1,241	190	3,666	3,443	223
전북	1,873	1,754	119	696	670	446	61	1,873	1,754	119
경북	1,901	1,873	28	442	264	849	346	1,901	1,873	28

注 释

가시화 (可視化)	[名]	可视化
가정학습 (家庭學習)	[名]	家庭学习
고학력 (高學歷)	[名]	高学历
교단선진화 (教壇先進化)	[名]	讲台现代化
교육 비즈니스 모델 (教育business model)	[名]	教育商业模式
교육기회 균등 (教育機會均等)	[名]	教育机会均等
교육소외계층 (教育疏外階層)	[名]	远离教育的阶层

교육의 질 (敎育—質)	[名]	教育的质量
내실화 (內實化)	[名]	充实
노후화 (老朽化)	[名]	老化，落后
다운로드 (Download)	[名]	下载
단적 (端的)	[名]	明显的
대용량화 (大容量化)	[名]	大容量化
동영상 (動影像)	[名]	视频
동참 (同參)	[名]	共同参予
리스료 (lease料)	[名]	租借费，租赁费
맞춤 교육 (—敎育)	[名]	可自选性教育，可选择性教育
멀티미디어 (multimedia)	[名]	多媒体
메타데이터 (metadata)	[名]	元数据
물적 인적 환경 (物的人的環境)	[名]	物理的和人的环境
범부처 (泛部處)	[名]	跨部门
부각 (浮刻)	[名]	突出
사각지대 (死角地帶)	[名]	死角地带
사교육비 (私敎育費)	[名]	私人教育费
사이버학습 (cyber學習)	[名]	网络学习
선도 요원 (先導要員)	[名]	带头人
수혜자 (受惠者)	[名]	受益者
스트리밍 (streaming)	[名]	流媒体
온라인학습 (on-line學習)	[名]	在线学习
원격학습 (遠隔學習)	[名]	远程学习
원활하다 (圓滑—)	[形]	圆满，顺利
인권 문제 (人權問題)	[名]	人权问题
인성 (人性)	[名]	人性
인터넷학습 (Internet學習)	[名]	互联网学习
일일 방문자 (一日訪問者)	[名]	每日访客
자기주도적 (自己主導的)	[名]	自我主导的
자율학습 (自律學習)	[名]	自律学习
저소득층 (低所得層)	[名]	低收入阶层
점검 (點檢)	[名]	检验
주 5일제 수업 (週5日制授業)	[名]	每周五日制教学
주체 (主體)	[名]	主体
중하층민 (中下層民)	[名]	中下层居民

집적·공유 (集積·共有)	[名]	集约共享
창의성 (創意性)	[名]	创造性
친화적 (親和的)	[名]	具有亲和力的
통신비 (通信費)	[名]	通信费
튜터 (tutor)	[名]	家庭教师
패러다임 (paradigm)	[名]	范例
평생학습 (平生學習)	[名]	终身学习
평생학습국가 (平生學習國家)	[名]	终身学习国家
학내망 (校內網)	[名]	校内网, 校园网
학습자 중심 (學習者中心)	[名]	以学习者为中心
LMS (Learning Managing System)	[名]	学习管理系统
SW (software)	[名]	软件

练 习

1. 서로 관련된 것을 연결하여 보세요.

A	B
	개인용 컴퓨터의 보급 확산
태동기	교육개혁의 제도적, 물적 인적 환경 조성
	교육정보화 관련 각종 법/제도 정비
확산기	국가기간망 구축 본격화
	기본적 교육정보 인프라와 서비스 시스템 구축
	다양한 매체를 활용한 교육의 질 개선 활동 시도
전개기	보통교육으로서의 컴퓨터교육 체계화
	수혜자 중심의 교육과 학술연구의 질적인 도약
도약기	실업계고교 직업교육으로서의 전자계산기교육
	정보통신 인프라의 고도화

2. 빈칸에 알맞은 말을 넣어 보세요.

(1) 한국의 e-러닝의 본격적인 도입은 (   )년 5월에 교육인적자원부가 'e-러닝 지원체제 구축 방안'을 발표하고, 9월에 3개 시·도 교육청에서 학교 및 가정을 연결하는 (   )를 시범 실시하면서부터 시작되었다.

(2) 한국의 교원 정보화 연수는 초·중등학교의 ICT 활용 교수-학습 방법 적용 및 개선을 위한 교육정보화 사업의 주요 인적자원 개발 정책으로서, 교육인적자원부, 시·도 교육청 및 유관기관 등과 역할 분담을 통하여, 매년 전체 교원 및 (   )의 (   ) % 이상 정보화 연수를 실시하고 있다. 이 외에도 ICT 활용 (   ) 연수, 학교별 정보화 (   ) 연수 및 학교별 정보화 (   ) 연수 등도 실시하고 있다.

(3) 한국에서는 2005년 현재 중학교 (   ), (   ), (   ), (   ), (   ) 등 주요 5개 교과를 시·도 교육청이 분담 개발하여 학습차시 별로 서비스하고 있으며, 2006년에는 초등학교 (   )-(   )학년 주요 5개 교과를 분담 개발하여 서비스할 계획이다.

(4) 한국에서는 2000년 저소득층 자녀 (   ) 명을 대상으로 정보화 교육을 실시했으며, 이중 우수 학생 (   ) 명에게 PC 보급 (   )료 및 (   )비를 지급하였다.

(5) 2004년 기준 한국에서 NEIS를 사용하는 초·중등학교는 전체 학교의 (   )% 에 이르며, NEIS를 통한 민원발급 건수도 2003년 대비 (   )% 이상 증가하였다.

(6) 한국교육개발원 발표(KEDI, 2003.11)에 의하면 2003년도의 사교육시장이 무려 13조 원에 이르고 초·중·고생의 (   )%가 사교육을 받고 있는 것으로 나타나 과도한 사교육비가 사회적 문제로 대두되고 있다.

(7) 한국의 원격대학은 2005년 4월까지 학교수가 모두 (   ) 개이고 입학자가 모두 (   ) 명이다.

(8) 서울의 원격대학은 2005년 4월까지 학교수가 모두 (   ) 개이고 입학자가 모두 (   ) 명이다.

(9) 1단계 교육정보화 종합계획에 따라 실질적인 학교 정보인프라가 구축 완료된 후, 2005년 완료 예정인 2단계 교육정보화 사업은 '(   )'와 이를 통해서 ICT 친화적 교육환경 개선 및 e-러닝 기반 조성을 목표로 추진하고 있다.

(10) 1, 2단계의 교육정보화 사업을 통하여 학교 현장에는 (   )망이 구축되고 교단선진화 장비가 설치되었으며, 교원 및 학생 1인 (   ) PC 보유 등 정보화 교육이 가능한 환경이 조성되었다.

3. 빈칸에 알맞은 것을 골라 보세요.

(1) 한국의 교육인적자원부는 2단계 교육정보화 사업이 완료되는 2005년에 총 4700억 원의 예산을 투입하여, PC 1대당 (   )명 수준으로 확대하여 보급을 추진하고 있다.

A. 3 B. 5 C. 7 D. 9

(2) 2005년에 한국에선 교육정보화를 추진하기 위해 (　　　)종 멀티미디어 교육자료를 유지 보수하였습니다.
A. 132　　　　　　B. 74　　　　　　C. 61　　　　　　D. 256

(3) 한국의 교원 정보화 연수는 (　　　)의 ICT 활용 교수-학습 방법 적용 및 개선을 위한 교육정보화 사업의 주요 인적자원 개발 정책으로서, 교육인적자원부, 시·도 교육청 및 유관기관 등과 역할 분담을 통하여, 매년 전체 교원 및 학교 CEO·교육전문직의 33% 이상 정보화 연수를 실시하고 있다.
A. 초·중등학교　　B. 대학교　　　　C. 유치원　　　　D. 대학원

(4) 2005년에는 정보활용능력 인증제를 통하여 한국의 각 시·도 교육청에서 교원의 (　　　) 이상이 ICT 활용능력에 대한 인증을 받도록 지원하고 있다.
A. 10%　　　　　B. 20%　　　　　C. 30%　　　　　D. 40%

(5) 2004년에 한국 에듀넷 가입자는 531만 명이고 1인평균 이용시간은 13분이며 일일평균 이용자수는 (　　　)만 명이 된다.
A. 16　　　　　　B. 15　　　　　　C. 11　　　　　　D. 13

(6) 한국교육개발원 발표(KEDI, 2003.11)에 의하면 2003년도의 사교육시장이 무려 13조 원에 이르고 초·중·고생의 72.6%가 사교육을 받고 있는 것으로 나타나 과도한 (　　　)가 사회적 문제로 대두되고 있다.
A. 교육비　　　　B. 식비　　　　　C. 사교육비　　　D. 학비

(7) 한국의 예체능계열 원격대학은 2005년 4월까지 학과수가 모두 (　　　) 개이고 입학자가 모두 (　　　) 명이다.
A. 11-1,085　　　B. 22, 1-064
C. 2-133　　　　D. 23-1,594

(8) 한국 교육정보화 발전의 태동기는 1970년부터 1985년까지이고 확산기는 (　　　)년부터 2005년까지이다.
A. 1997　　　　　B. 1998　　　　　C. 2001　　　　　D. 2002

(9) 강남구청에서 2004년 6월 1일부터 한국에 있는 모든 수험생들을 대상으로

( )을 시행하고 있는데, 강의는 스트리밍, 다운로드, 예약 다운로드 중 1가지 방법을 선택해 시청할 수 있으며, 강남구청 인터넷 방송국 홈페이지(www.ingang.go.kr)에서 가능하다.
A. 방송   B. 국제방송
C. 생방송   D. 인터넷 수능방송

(10) 부산의 원격대학은 2005년 4월까지 주간 재적학생수가 모두 (　　) 명이다.
A. 1,508   B. 3,666   C. 1,873   D. 1,901

4. 다음의 질문에 대답하여 보세요.

(1) e-러닝이란 무엇입니까?
(2) 한국에서 2003년 3월에 전면 개통한 NEIS는 무엇입니까?
(3) 한국의 초·중등교육 분야에서의 e-러닝의 대표적인 사례로 어느 체제를 들 수 있는지 그 체계를 간단히 서술해 보십시오.
(4) 교원의 ICT 활용 능력은 어떻게 개발합니까?
(5) 이글에서 말하는 정보격차란 무엇이며 한국에서 이 정보격차를 해소시키기 위하여 어떤 조치를 실시하였습니까?
(6) 한국에서는 어떤 조치를 실시함으로써 ICT를 활용한 교원정보화 연수를 추진하고 있습니까?
(7) 사이버가정학습에서 활용되는 자율학습 콘텐츠는 중복 개발 방지를 위하여 어떻게 하고 있습니까?
(8) 왜 교육정보화의 빠른 진전과 함께 지속적인 점검, 그리고 문제의 예측과 문제에 대한 신속한 대응책 마련도 강구되어야 할 것입니까?
(9) 지식기반사회에서의 교육은 학습자가 능동적으로 원하는 정보를 찾아서 수준별 학습을 추구하는 교육방법이 필요하고 주 5일제 수업의 현장 도입은 학교교육의 변화를 가져올 것이며, 이에 따라 e-러닝은 좋은 대안이 될 수 있을 것입니다. 이러한 측면에서 교육정보화가 어떻게 발전할 것입니까?
(10) 사이버가정학습은 무엇입니까? 한국은 어떻게 사이버가정학습을 운영하고 있습니까?

5. 500자 이내의 중국어로 본문내용에 근거하여 다음 문제를 서술하여 보세요.

(1) 한국의 교육정보화 과정
(2) 한국의 e-러닝

제5과 한국의 교육정보화와 e-러닝(2)

1. 한국 교육과 e-러닝(2)

1.1 e-러닝의 확대와 평생교육의 대두 (2)

1.1.1 고등교육 및 평생교육

고등교육 분야에서의 e-러닝은 대학 사회 전반의 정보화 촉진을 위해 지난 2002년 12월에 한국교육인적자원부가 발표한 '대학 정보화 활성화 종합 방안, e-Campus VISION 2007(2003-2007)'을 통해 활성화되고 있으며, 이를 통해 정보통신기술을 활용하는 디지털캠퍼스로의 전환을 장려하고 있다. 이러한 경향에 따라 방송통신대학교의 경우, 기존의 TV, 라디오 등 방송매체 외에 인터넷을 활용한 e-러닝 강의 체제를 도입하여 운영하고 있으며, 일반 대학의 경우에도 사이버대학원, e-러닝 지원센터 등을 중심으로 e-러닝 체제로의 전환 및 확대 노력이 활발해 지고 있는 상황이다.

대학에서 운영하고 있는 'e-러닝 지원센터'는 교수, 학생 및 지역주민들을 대상으로 온라인 교육의 인식을 제고하고, 교육콘텐츠의 기획·제작·활용 등에 필요한 서비스를 제공하기 위해 시설, 장비, 기술 및 인적 자원으로 구성된 조직을 의미한다. 센터의 건립은 전국을 10개의 권역으로 나누어 권역내 1개 대학에 'e-러닝 지원센터'를 구축하고, 권역내 대학 간 상호협력과 공동 활용으로 e-러닝 활성화를 추진하는 것이다.

평생교육 영역에서의 e-러닝은 2001년부터는 고등교육 수준의 평생교육기관으로 사이버대학이 운영되면서 점차 활성화되고 있다. 사이버대학은 2004년 현재 17개 교가 설립 인가되어 운영 중에 있으며, 재학생 수는 총 25,000명으로 입학금 및 등록금 포함하여 1인당 연간 200만 원씩 산정하여, 연간 500억 원 규모의 시장으로 오프라인 대학의 온라인 강좌 또한 급속히 늘어나고 있는 추세이다.

이외에 누구나, 언제, 어디서나 원하는 평생교육을 받을 수 있는 종합정보체제는 한국교육개발원의 평생교육 센터 중심으로 추진되고 있다. 이를 통하여 분산된 교육자원의 통합과 공동 활용체제를 구축하고, 양질의 평생교육 콘텐츠를 개발하여 보급하고 있다. 또한, 평생교육 시설 및 기관 상호 간의 수직적·수평적 네트워크를 구축하는 한편, 상호 연계체제를 바탕으로 평생교육 프로그램, 교사·강사 정보, 학습 콘텐츠 등에 관한 각종 평생학습 정보를 구축하여 서비스하고 있다. 이러한 평생교육정보시스템의 활용 측면을 살펴보면, 홈페이지는 일일 평균 4,500명이 이용하고 있으며, 평생교육관련 DB 이용자수도 일일 평균 4,000명이 접속하는 수준이다.

2003년 연계체제 시스템 구축 사업으로 광주광역시, 전주시, 제주시, 안동시, 군포시, 거창군, 국공립대학평생교육원협의회, 대학부설평생교육원협의회 홈페이지를 개통하여 각 지자체 및 협의회소속 교육기관의 평생교육정보 연계가 이루어지고 있다. 2004년에는 연계체제 시스템 구축사업을 더욱 확대하여 서울특별시 및 광역시 등 다양한 지자체와의 연계를 지속적으로 추진해 나가고 있다.

원격대학은 인터넷을 통해 교육을 받으면서도 동시에 학위취득이 가능한 체제를 갖추고 있어 평생교육의 가장 큰 대안 중의 하나로 확고하게 자리를 잡고 있다. 2005년 현재 한국 국내에는 16개의 원격대학이 운영 중이다.

원격대학은 일반대학처럼 학교에 출석하는 대신 인터넷을 통해 수업이 이루어지기 때문에 시간이나 경제적으로 제약이 많았던 직장인이 학위를 취득하거나 새로운 지식을 습득하는 재교육 과정으로 활용할 수 있다는 장점이 있다. 실제로 지난 3년간 사이버 대학에 입학한 학생을 분석한 결과 약 80%가 20~30대의 직장에 재직 중인 성인으로 분석되었으며, 2005년에는 1차에서부터 입학전형이 마감되는 등 사이버대학이 성인학습자에게 고등교육기회 및 재교육기회를 제공하는 역할을 수행하고 있다. 예를 들면 원광디지털대학의 경우 2005학년도 입학생 모집에서 1차 전형에서만 전체 모집인원의 2.3배의 지원자가 몰렸던 것은 원격대학이 평생교육의 핵심기관으로 자리잡았음을 방증하는 사례라고 할 수 있다.

평생교육, 자기개발의 중요한 수단으로 등장한 사이버대학은 개방성의 특성을 바탕으로 점차 전통적 대학의 역할을 보완하여 발전하고 있다. 사이버 대학은 고등교육법상의 대학과 동등한 학위를 수여하는 고등교육기관이지만, 평생교육법에 의해 설립되어 세제상 지원, 교원 및 학생에 대한 처우 등에 있어서 기존의 대학과 차별화되고 있다. 그러나 현실적으로는 사이버대학의 입학 정원도 제한받고 있으며, 효율적인 운영 모델의 제시가 필요하다. 사이버대학의 효율적 운영을 위해 중요한 과제 중의 하나는 멀티미디어 콘텐츠를 공동 활용함으로써 자료개발비에 소요되는 비용 절감을 기하는 것이다. 이러한 공동 이용 노력이 결실을 맺기 위해서는 표준화가 선결되어야 한다.

또한 직업교육의 일환으로서의 e-러닝 활용도 활발히 전개되고 있는데, 공무원의 e-러닝 활용은 행정자치부에서 2001년 5월 '공무원사이버교육운영규정'에 따라 동년 9월 '공무원사이버교육지침'을 제정하여 공무원의 교육훈련수요를 능동적으로 충족시키기 위해 e-러닝을 전면적으로 실시함으로써 시작되었다. 이에 따라 중앙공

무원교육원에 '공무원 사이버교육센터'를 설립하여 14개의 개별교육기관이 공동으로 활용하도록 하고 있다. 그러나 대부분 중앙직 공무원을 중심으로 운영되고 있어 지방 자치단체의 참여가 미흡한 실정이며, 내부 공무원 중심으로 운영되고 있어 공공기관에서 대국민 교육서비스 차원의 e-러닝 실시는 매우 부족한 실정이다.

현재 공공기관에서 일반 국민을 상대로 e-러닝을 실시하고 있는 곳으로는 정보통신부 산하 한국정보문화진흥원에서 2001년 9월부터 운영하는 '배움나라' 라는 사이트(www.estudy.or.kr)가 있다. 통일부에서도 통일교육원을 중심으로 2004년 6월 1일부터 초·중등 교사를 대상으로 재택통일연수를 실시하며, 통일교육원 홈페이지 사이버통일교육센터(www.uniedu.go.kr)를 통해 이루어진다.

1.1.2 기업교육

기업체에서 e-러닝을 실시하는 대상으로는 일반사무직, 영업관리직, 기타 직종 등이 있으며 이들이 차지하는 비율은 일반사무직(55.8%), 영업관리직(43.5%), 기타 직종(39.6%)의 순으로 나타나고 있다. 사내 교육의 50% 이상을 e-러닝으로 대체하고 있는 기업들도 전체 기업의 30% 이상이며 이러한 추세는 더욱 증가할 것으로 예상된다.

한국 국내 기업에서도 적극적으로 e-러닝을 도입하고 있는 데, 그 사례로 LG그룹의 경우 1998년 사이버 아카데미 개설(5개 과정 운영)을 시작으로 2005년 현재 90여개의 e-러닝 과정을 운영하고 있으며 이로 인해 한해 10억여 원의 예산이 절감되고 있다고 발표했다. 삼성생명 또한 e-러닝을 활용하여 2천 4백여 명의 인원을 교육하는데 6억여 원의 예산을 소요하여, 오프라인 교육보다 약 20억원을 절감한 것으로 자체 평가하고 있다. 현재 삼성그룹과 LG그룹, 포스코는 일반사원 교육을 위해 e-러닝 전문팀을 구성하여 사이버 연수원을 운영 중이며, 특정 목적을 위한 사원교육은 e-러닝 전문회사를 통한 아웃소싱으로 진행 중이다.

1.1.3 교육서비스의 다양화

e-러닝의 활성화는 무엇보다도 교육서비스의 다양화를 가져왔다. 기존 학교교육의 내용 뿐만 아니라 다양한 형태의 교육콘텐츠를 제공받을 수 있고, 직장 내 업무수행교육, 직업훈련, 전문교육, 교양교육, 그리고 더 나아가서는 평생교육의 형태로 구현되고 필요한 소비자에게 수용되고 있는 것이다.

민간 부문에서의 e-러닝 산업 교육은 노동부의 인터넷통신훈련제도(근로자직업훈련촉진법)가 시행에 따라 1999년부터 시작된 인터넷 통신훈련이 기업 온라인교육 시장 발전의 원동력으로 볼 수 있다. 1999년에 16개 기관이던 인터넷통신 훈련기관 수가 2002년에 93개로 증가하여 운영되고 있다. 2003년에는 35만 명이 넘는 직장인들이 인터넷통신훈련 기관으로 교육을 받았다.

또한 산업자원부 중심으로 2002년 9월에 e-러닝 산업협회, 2003년 6월에 e-러닝 지원센터를 설립하여 기술개발 및 표준화, 인력 양성, e-러닝백서 발간 등 e-러닝 중심의 시책들이 활성화되고 있다. 그리고 2004년 1월에는 'e-러닝산업발전법'을 제정하기에 이르렀다. 이러한 산업 교육 분야에서의 e-러닝은 e-러닝산업발전법 제18조에 공공기관의 전체 교육 훈련 중 e-러닝을 20% 비율 이상 시행할 수 있게 돼 있어 공공부문 e-러닝이 크게 확대될 것으로 보인다.

한편으로는 e-러닝의 활성화를 통하여 소외 계층에 대한 범정부차원의 지원이 확산되고 있는데, 이를 위하여 행정자치부의 정보화 마을 103개, 문화관광부의 문화의집 141개, 보건복지부의 공부방 600여개가 설치되어 운영 중이다.

각국이 전문기관을 설정하여 국제표준 선점 추진 및 관련 산업을 주도하고 있다. 미국은 ADL(The Advanced Distributed Learning Initiative)을 통해 e-러닝 표준(SCORM)을 개발하여 국제표준을 주도하고 국가교육기술계획(2000.12)에서 기술개발을 추진하고 있으며 EU는 중장기 정보화 전략인 'eEurope 2005', 일본은 경제산업성 'e-Japan' 전략의 일환으로 기반조성 및 이용을 촉진하고 있다. 또한 IBM(연수시간 1/3 단축), 시스코(교육훈련비 50% 절감) 등 다국적 기업은 e-러닝을 적극적으로 활용하여 경쟁력을 제고하고 있다.

1.2 e-러닝 서비스의 발전 전망

한국의 e-러닝은 2004년도에 3조 5천억 원 규모로 성장하였는데, 이는 컴퓨터 기반학습, 방송통신 교육까지 감안한 시장 추정치이다. 이 중 인터넷을 활용한 온라인 학습이 최근 크게 주목받고 있으며, 특히 대입 수능 강의를 중심으로 한 시장이 급격히 확대되고 있어 학습 강제력이 높은 초중고 학생들을 상대로 다양한 e-러닝 서비스가 제공될 것으로 기대된다.

한국 국내의 e-러닝 시장은 2000년 1조 원에서 2003년에 2조 5천억 원으로 연평균 30~50% 성장하였고, 2005년에는 5조 원을 상회할 것으로 예상하고 있다. 이는 e-러닝시장이 디지털콘텐츠 시장의 핵심 산업으로 자리잡고 있음을 보여주는 것이다. 또한 최근에는 e-러닝뿐만 아니라 u-러닝 개념이 나타나고 있는데, 기술 진보와 IT 인프라 확충을 통해 언제, 어디서나 전문적인 교육혜택을 누릴 수 있는 사회구현의 기반이 형성되고 있는 것이다.

한국 국내 e-러닝 분야는 공공분야 특히 공교육분야(사이버대학, EBS 교육방송)로 시작하여 노동부의 근로자 훈련, 원격기술교육지원 등으로 확대되어 시행되고 있다. 노동부의 인터넷통신 훈련 인원의 경우도 1999년에 비해서 2004년 말에는 무려 43.3배)로 증가하여 폭발적인 성장을 이루고 있다.

e-러닝은 다양한 분야에서 추진되고 있으나 e-러닝의 본질이 IT 기술을 활용한 교육의 효율적 수행이라는 점에 있기 때문에 e-러닝의 학습효과 실현이라는 목표

지향적 관점에서 대부분 유사한 문제점들에 직면해 있다.

e-러닝 시장 규모 전망 (단원 : 조 원)

연도	2003	2004	2005	2007	2009	2010
시장규모	2.5	3.5	5	10	15	20

자료 : 한국사이버교육학회, 2004.

　그것은 궁극적으로 개인별 지능형 맞춤교육이 이루어져 동기화와 학습효과가 완벽하게 구현되는 체제가 될 것이다. 현재의 추세라면 2008년경에는 개인별 지능형 맞춤학습이 등장할 것으로 예상된다. 이러한 지능형 학습시스템에 에듀테인먼트 등 동기화의 요소가 정확히 결합된다면 e-러닝 시장은 폭발적으로 증가하여 기존 교육시장의 대체 및 확대를 주도하게 될 것이다. e-러닝의 기술표준과 기술발전방향도 e-러닝콘텐츠의 단계별 특성에 맞추어 추출해 내는 것이 가능해질 것이다.

e-러닝서비스 발전추세 예측

단일 사용자 순차 학습 -> 단일사용자 수준별 학습	단일사용자 수준별 학습 -> 다중사용자 학습내용별 맞춤형 학습	개인별 지능형 맞춤학습
M-Learning과 유선 인터넷기반 학습의 융합	personalized/gamebased/ collaborative learning, interactive TV 기반학습지원	개인별 맞춤학습, 차세대 지능형학습, 감성체험형 학습
저수준 U-Learning	T-Learning 도입	U-Learning
다중 플랫폼 기반 프리젠테이션기술, 규칙기반 시퀀싱 기술 등	고급시뮬레이션기술, 게임 기술과의 융합, 지능형 플랫폼 변환기술 등	지능형 학습시스템, 감성체험형 학습공간기술

자료 : 교육정보 표준화 로드맵, 2004. 1.

제5과 한국의 교육정보화와 e-러닝(2)

전세계 기업 e-러닝 시장 현황 (단위 : 백만 달러, %)

지역	1999	2000	2001	2002	2003	2004	연 평균 성장률
북 미	1,176	2,320	4,213	7,372	11,816	15,072	66.6
(미 국)	1,114	2,222	4,053	7,113	11,415	14,477	67.0
(캐나다)	62	98	160	259	401	595	57.5
일 본	270	556	1,014	1,625	1,840	2,213	52.4
서유럽	135	320	717	1,340	2,393	3,952	96.5
중남미	69	139	264	489	789	1,023	71.5
아태지역	26	48	84	150	251	418	74.2
기 타	12	32	72	134	239	435	105.1
전세계	1,687	3,414	6,364	11,110	17,328	23,113	68.8

자료 : 전자거래진흥원, e-비지니스 백서, 2004.

2. 교육정보시스템

한국의 교육정보화 사업은 1995년 교육부가 발표한 '교육정보화종합추진계획'이 1996년 '교육정보화촉진시행계획'을 거쳐 구체화되면서 본격화되었다.

2001년 발표된 '2단계 교육정보화 종합발전방안'은 2005년까지 총3조2,874억 원을 투입해 초·중등학교의 정보통신기술(ICT) 활용 교육 활성화, 전국민 ICT 활용 능력 신장, 건전한 정보문화 조성 및 전자교육행정 구현하는 것을 핵심 내용으로 한다.

1단계 사업에서 모든 초·중·고를 인터넷으로 연결해 교육정보 인프라 구축을 완료한 교육부는 PC당 학생수를 현행 8명에서 5명으로 낮추고 인터넷 속도도 현재 512Kbps에서 2Mbps이상으로 개선할 계획이다.

특히 ICT를 활용한 학교교육 활성화를 위해 매년 전교원의 33%(11만 명)씩 3년간에 걸쳐 2단계 정보화 연수를 완료하고 학교당 1명 이상의 정보화 전문요원 양성, 교장·교감 등 교육CEO에 대한 연수 강화, ICT 활용 장학지원단 구성·운영 및 컴퓨터 교과연구회의 네트워크화 등을 적극 추진하고 있다.

　교육부는 그동안 소홀하던 대학정보화에도 나섰다. 2002년12월 교육부는 '대학정보화활성화종합방안'을 발표하고 2007년까지 국고와 민자를 포함해 총7,890억원을 투입하기로 했다. 이 계획에 따르면 오는 2007년에 대학 강의실의 70%가 온라인학습이 가능한 e-강의실로 바뀌며, 대학 행정업무의 효율 극대화를 위해 전자자원관리(ERP)시스템이 단계적으로 도입될 예정이다.

　특히 대학도서관 소장자료 서지의 데이터베이스화를 통해 2004년에는 학술정보유통의 표준화 및 서비스 체제를 확립하기로 했으며, 2007년에는 53만종에 이르는 학위 논문, 학술지 원문을 디지털화한다는 계획도 갖고 있다. 이에 따라 한국교육학술정보원은 디지털 학술정보를 총괄·조정·수집·유통시키는 e-콘텐츠 전담기관으로 육성된다.

2.1 전국교육정보공유체제

　전국교육정보공유체제 구축 사업은 시·도교육청과 산하기관, 각급 학교가 보유하고 있는 각종 교육자료를 표준화, 체계화해 시·도교육청간 교육정보자원의 공동활용 체제를 만들려는 것이다.

　이 사업은 지난 2001년 7월 한국 16개 시·도교육청의 교육정보화과장이 모인 가운데 개최된 '교육정보화 시·도공동추진위원회'를 통해 의결됐으며, 1년간의 개발기간을 거쳐 2002년 5월 22일 대중에게 첫 선을 보였다.

　전국교육정보공유체제는 한국교육학술정보원에서 운영중인 에듀넷과 16개 시·도교육청이 보유하고 있는 교육용 콘텐츠를 통합·검색할 수 있는 메타데이터 데이터베이스와 '학교↔교육청↔에듀넷' 간 교육용 콘텐츠 연계 체제를 구축해 에듀넷이나 16개 시·도교육청 홈페이지 어느 곳에서나 전국의 교육 자료를 원스톱으로 검색할 수 있도록 한다.

　교사와 학생은 물론 일반 이용자들까지도 전국의 모든 학교, 교육청에서 올린 수많은 교육자료 중에서 자신이 원하는 자료를 찾아볼 수 있다. 또한 전국의 어느 학교, 어느 교사가 개발한 자료라도 자기 학교 홈페이지에 등록만 하면 에듀넷이나 시·도교육청의 홈페이지를 통해 전국에서 공유할 수 있게 됨으로 콘텐츠의 중복 개발을 방지하고 교육정보 생산 및 유통 비용을 크게 줄일 수 있다.

　이미 미국에서는 1996년 인터넷을 통해 이용할 수 있는 학습계획, 교과단위 등의 교육자료들에 대한 이용자의 접근성을 강화하기 위해 교육부가 중심이 되어 GEM(Gateway to Educational Materials) 프로젝트를 추진한 바 있다. 교육부는 데이터베이스 확보 단계를 넘어서 콘텐츠공유체제의 폭을 타부처 산하 유관기관으로 넓히기 위해 지속적으로 노력하고 있다.

2.2 교육행정정보시스템(NEIS)

NEIS(National Education Information System)는 과거 각 학교별로 데이터베이스를 구축해 운영하던 학생, 교원 관련 교육정보를 각 시·도교육청 및 산하기관, 교육인적자원부를 인터넷으로 연결해 교무·학사 뿐 아니라 인사, 물품, 회계 등 기타 교육행정 전업무를 처리하는 시스템이다.

이 사업은 교육행정기관에서 관리하고 있는 정보와 행정처리 과정에 대한 공개요구와 참여의식 확산을 충족하기 위해 추진되었다. 특히 학교와 교육청, 교육인적자원부의 제반 업무을 온라인으로 연결해 표준화된 정보유통체제를 구축하는 것이 핵심을 단위업무 중심의 정보시스템에서 통합된 교육행정정보시스템으로 확대·전화하고, 현재 전산화된 학교종합정보시스템의 데이터를 100% 변환하여 활용한다는 목표 하에 진행되었다.

지난 2000년 9월 정보화전략계획(ISP)을 수립하고 1년 4개월간의 개발기간을 거쳐 2003년 신학기부터 본격 적용되기 시작했으며, 학생 개인 신상 수집에 대한 논란을 낳기도 해 향후 시스템 운용에 변화가 있을 것으로 보인다.

교육행정정보시스템 도입에 따른 세부 업무 변화

업무내용	현행	향후
학생 전·출입	학생전출 디스켓 제작	온라인 전송(디스켓 불필요)
상급학교 진학	상급학교 진학을 위한 건강기록부 디스켓 제작 대입전형자료 디스켓 제작	온라인 전송(디스켓 불필요)
가정 통신	성적표 발송 학교생활 안내문 발송	웹을 통해 학부모에게 제공
각종 학생 관련 증명서 발급	졸업(재학)중인 학교 방문	전국 어느 교육기관을 방문해도 가능
교직원 관련 증명서 발급	재직(퇴직)중인 학교(교육청) 방문	전국 어느 교육기관을 방문해도 가능
각종 업무 보고	교원의 자격증 현황, 기자재 현황, 학생수 등	보고 불필요
급여	급여 명세서를 출력하여 제고	웹을 통하여 급여 정보 제공
인사기록	각종 근거 문서를 통한 수기정리	인사기록의 전자화로 문서로 공식화된 인사기록(연수, 승급, 가산점 등)은 근거 서류 불필요

교육부는 NEIS의 가동으로 교직원 업무 상당수가 자동화되어 업무경감의 효과를

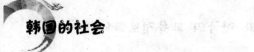

가져올 것으로 기대하고 있다. 우선 교육정책의 수립을 위한 각종 통계 보고업무가 줄어들고, 학생진학, 학생전·출입을 온라인으로 처리할 수 있다.

무엇보다 학생, 학부모에게 인터넷을 통해 성적, 학생생활 등을 제공하고 일반국민에게 학교 현황 등 교육관련 각종 정보를 제공하는 등 교육행정정보의 대국민 서비스가 강화될 전망이다.

2.3 대구대학교 학사행정시스템

대구대학교는 한국 국내 최초의 한글검색 엔진시스템인 '까치네'를 개발하고, 1997년에 이미 대학 최고 수준의 초고속전산망(ATM622M)을 개통하는 등 정보화에 앞장서 왔다.

대구대학교는 지난 1997년부터 클라이언트/서버 기반의 종합학사행정시스템인 TIGERS(Taegu University Information Based Global Education Resource System)을 사용하던 중, 학생들과 교직원들에게 보다 편리한 서비스를 제공하기 위해 웹 기반의 학생행정시스템을 구축하기로 했다.

두 달간 Oracle9i데이터베이스와 Oracle9i리얼 어플리케이션 서버로의 마이그레이션 작업을 완료한 대구대학교는 튜닝 및 OEM툴 안정화 확인 작업을 거쳐 1차적으로 2002년 2월 17일 웹 서버 환경을 지원하는 온라인 수강신청을 재학생들에게 공개했다. 오전 9시에 1만 3천 명의 사용자가 동시 접속해 30분 만에 수강신청 등록을 모두 마감하는 등 총 15만 건의 과목이 무리 없이 신청되었다.

대구대학교는 새로운 시스템의 가동으로 학내 IT자산을 총괄 관리할 수 있게 되었으며 종합학사행정시스템의 모든 업무를 조정, 분산해 효율적으로 활용하고 있다. 특히 뛰어난 자동 유지보수 기능으로 대구대학교 정보통신센터에 소속된 2명의 데이터베이스 관리자(DBA)가 모든 관리를 담당할 수 있다.

학기 초에는 수강신청 작업에 시스템 업무를 최대한 집중하고 수강신청이 완료된 후에는 학사관리, 행정, 연구, 경영정보 등에 시스템 자원을 집중할 수 있어 효율적인 시스템 운용이 가능하다.

대구대학교는 별도로 운영되는 도서관용 서버를 향후 현 시스템에 통합해 모든 종합학사관리시스템을 하나의 데이터베이스로 운영할 계획이다.

한국의 원격대학 개황 (전문대학) (자료기준일: 2005.4.1)

구분	학교수	학과수	2005학년도 입학정원수			재적학생수 주간		입학자	졸업자
						1학년	2학년		
			계	주간	야간	계	계	계	계
총계	2	14	2,100	2,100	-	1,326	1,978	1,687	1,204
인문계열	-	1	50	50	-	10	20	10	6
사회계열	-	5	1,300	1,300	-	1,082	1,787	1,471	1,066
교육계열	-	1	100	100	-	36	-	36	-
공학계열	-	2	300	300	-	90	94	63	59
자연계열	-	2	150	150	-	51	19	49	27
예체능계열	-	3	200	200	-	57	58	58	46
대구	1	4	800	800	-	591	790	531	319
경기	1	10	1,300	1,300	-	735	1,188	1,156	885

한국의 원격대학 개황 (전문대학) (자료기준일: 2005.4.1)

구분	재적학생수							
	총계					주간		
	합계	재학생수	휴학생수	1학년	2학년	합계	재학생수	휴학생수
총계	3,304	3,046	258	1,326	1,978	3,304	3,046	258
인문계열	30	29	1	10	20	30	29	1
사회계열	2,869	2,690	179	1,082	1,787	2,869	2,690	179
교육계열	36	36	-	36	-	36	36	-
공학계열	184	123	61	90	94	184	123	61
자연계열	70	64	6	51	19	70	64	6
예체능계열	115	104	11	57	58	115	104	11
대구	1,381	1,234	147	591	790	1,381	1,234	147
경기	1,923	1,812	111	735	1,188	1,923	1,812	111

注 释

거창군 (居昌郡)	[名]	居昌郡
교육콘텐츠 (教育contents)	[名]	教育资讯
군포시 (軍浦市)	[名]	军浦市
권역 (圈域)	[名]	地区，区域
기존 (既存)	[名]	现有
디스켓 (diskette)	[名]	磁盘
디지털캠퍼스 (digital campus)	[名]	数字校园
마이그레이션 (migration)	[名]	迁移
메타데이터 (metadata)	[名]	元数据
모델 (model)	[名]	模式
방증하다 (傍證―)	[他]	旁证
배움나라	[名]	学习的国度
백서 (白書)	[名]	白皮书
사원교육 (社員教育)	[名]	公司员工教育
사이버대학 (cyber大學)	[名]	网络大学
산하 (傘下)	[名]	所属的
성인 (成人)	[名]	成人
세제상 지원 (稅制上支援)	[名]	税制支持
아웃소싱 (outsourcing)	[名]	外购，外部采办，外包
아카데미 (academy)	[名]	学院，学术院
안동시 (安東市)	[名]	安东市
양질 (良質)	[名]	优良品质
에듀테인먼트 [edutainment (←education+entertainment)]	[名]	娱乐性教育
오프라인 대학 (offline大學)	[名]	非在线大学
원격대학 (遠隔大學)	[名]	远程大学
원동력 (原動力)	[名]	原动力
원스톱 (onestop)	[名]	一站式
웹 서버 (web server)	[名]	网络服务器
입학전형 (入學銓衡)	[名]	入学选拔
전문팀 (專門team)	[名]	专业小组

제5과 한국의 교육정보화와 e-러닝(2)

전주시 (全州市)	[名]	全州市
제한받다 (制限—)	[自]	受限
지능형 맞춤학습 (智能型學習)	[名]	智能型可选择性学习
처우 (處遇)	[名]	待遇
튜닝 (tuning)	[名]	调频
평생교육 (平生教育)	[名]	终身教育
플랫폼 (platform)	[名]	平台
CEO (Chief Executive Officer)	[名]	执行总裁，首席执行官（CEO）
collaborative learning	[名]	合作学习
e-강의실 (e-講義室)	[名]	网络教育
e-러닝 (e-learning)	[名]	网络学习
ERP (Enterprise Resource Planning)	[名]	企业资源规划（ERP）
Gamebased	[名]	基于游戏的
ICT (Information and Communications Technology)	[名]	信息通讯科技（ICT）
interactive TV	[名]	交互式TV
M-러닝 (M-Learning)	[名]	移动学习，M-learning
NEIS (National Education Information System)	[名]	国家教育信息系统
OEM (Original Equipment Manufacturer)	[名]	贴牌生产，定制
OEM 툴 (OEM tool)	[名]	定制工具
Oracle9i 리얼 어플리케이션 서버 (Oracle9i Real Application Server)	[名]	Oracle9i Real Application 服务器
Personalized	[名]	人格化
T-러닝 (T-Learning)	[名]	基于数字电视的学习，T-leaning
u-러닝 (u-learning)	[名]	无所不在的学习，u-learning

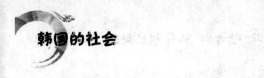

练习

1. 서로 관련된 것을 연결하여 보세요.

A	B
CEO	信息通讯科技
ERP	贴牌生产，定制
ICT	国家教育信息系统
NEIS	企业资源规划
OEM	执行总裁，首席执行官

2. 빈칸에 알맞은 말을 넣어 보세요.

(1) LG그룹은 e-러닝 과정을 운영함으로써 한해 (　　) 억여 원의 예산이 절감되고 있다고 발표했다.

(2) 한국 국내 e-러닝 분야는 (　　) 분야 특히 (　　) 분야 (　　, 교육방송)로 시작하여 노동부의 근로자 훈련, (　　) 기술교육지원 등으로 확대되어 시행되고 있다.

(3) 전국교육정보공유체제는 한국교육학술정보원에서 운영 중인 (　　　)과 (　　　)개 시·도교육청이 보유하고 있는 교육용 콘텐츠를 통합·검색할 수 있는 (　　)(　　)와 '(　　)'간 교육용 콘텐츠 연계 체제를 구축해 (　　　) 이나 (　　)개 시·도교육청 홈페이지 어느 곳에서나 전국의 교육 자료를 원스톱으로 검색할 수 있도록 한다.

(4) 대구대학교는 한국 국내 최초의 한글검색 엔진시스템인 '(　　　)'를 개발하고, 1997년에 이미 대학 최고 수준의 (　　　)(ATM622M)을 개통하는 등 정보화에 앞장서 왔다.

(5) 2005년 현재 한국 국내에는 (　　) 개의 원격대학이 운영 중이다.

(6) 한국의 전국교육정보공유체제 구축 사업은 시·도교육청과 산하기관, 각급 학교가 보유하고 있는 각종 교육자료를 (　　), 체계화해 시·도교육청간 교육정보자원의 공동활용 체제를 만들려는 것이다.

(7) 한국 평생교육 영역에서의 e-러닝은 2001년부터는 고등교육 수준의 평생교육 기관으로 (　　)대학이 운영되면서 점차 활성화되고 있다.

(8) 누구나, 언제, 어디서나 원하는 평생교육을 받을 수 있는 한국의 종합정보체제는 (　　)의 평생교육 센터 중심으로 추진되고 있다.

(9) 원격대학은 일반대학처럼 학교에 출석하는 대신 (   )을 통해 수업이 이루어지기 때문에 시간이나 경제적으로 제약이 많았던 직장인이 학위를 취득하거나 새로운 지식을 습득하는 재교육 과정으로 활용할 수 있다는 장점이 있다.

(10) 사이버대학의 효율적 운영을 위해 중요한 과제 중의 하나는 (   )를 공동 활용함으로써 자료개발비에 소요되는 비용절감을 기하는 것이다. 이러한 공동 이용 노력이 결실을 맺기 위해서는 (   )가 선결되어야 한다.

3. 빈칸에 알맞은 것을 골라 보세요.

(1) 2005년 현재 한국 국내에는 (   ) 개의 원격대학이 운영 중이다.
A. 15
B. 16
C. 17
D. 18

(2) (   ) 중심으로 2002년 9월에 e-러닝 산업협회, 2003년 6월에 e-러닝 지원센터를 설립하여 기술개발 및 표준화, 인력 양성, e-러닝백서 발간 등 e-러닝 중심의 시책들이 활성화되고 있다.
A. 산업자원부
B. 한국인적자원부
C. 한국정보문화진흥원
D. 한국교육원

(3) '대학정보화활성화종합방안'에 따르면 오는 2007년에 대학 강의실의 (   )가 온라인학습이 가능한 e-강의실로 바뀌며, 대학 행정업무의 효율 극대화를 위해 전사자원관리(ERP)시스템이 단계적으로 도입될 예정이다.
A. 50%
B. 60%
C. 70%
D. 80%

(4) 전국교육정보공유체제 구축 사업은 1년간의 개발기간을 거쳐 (   )년 5월 22일 대중에게 첫 선을 보였다.
A. 2002
B. 2003
C. 2004
D. 2005

(5) 한국 교육부는 (   )의 가동으로 교직원 업무 상당수가 자동화되어 업무경감의 효과를 가져올 것으로 기대하고 있다.
A. OEM
B. NEIS
C. ERP
D. ICT

(6) 실제로 지난 3년 간 한국의 사이버 대학에 입학한 학생을 분석한 결과 약 (   )가 20~30대의 직장에 재직 중인 성인으로 분석되었다.
   A. 75%   B. 80%
   C. 85%   D. 90%

(7) 현재 한국의 공공기관에서 일반 국민을 상대로 e-러닝을 실시하고 있는 곳으로는 정보통신부 산하 한국정보문화진흥원에서 2001년 9월부터 운영하는 '(   )'라는 사이트가 있다.
   A. 배움나라   B. 사이버통일교육센터
   C. 다음   D. 야호

(8) 한국 국내 기업에서도 적극적으로 e-러닝을 도입하고 있는 데, 그 사례로 LG그룹의 경우 1998년 사이버 아카데미 개설(5개 과정 운영)을 시작으로 2005년 현재(   ) 여개의 e-러닝 과정을 운영하고 있다.
   A. 80   B. 90
   C. 60   D. 70

(9) 민간 부문에서의 e-러닝 산업 교육은 노동부의 인터넷통신훈련제도(근로자직업훈련촉진법)가 시행에 따라 (   )년부터 시작된 인터넷 통신훈련이 기업 온라인교육 시장 발전의 원동력으로 볼 수 있다.
   A. 1997   B. 1998
   C. 1999   D. 2000

(10) 2002년 12월 교육부는 '대학정보화활성화종합방안'을 발표하고 (   )년까지 국고와 민자를 포함해 총7,890억 원을 투입하기로 했다.
   A. 2007   B. 2006
   C. 2005   D. 2004

4. 다음의 질문에 대답하여 보세요.

(1) 한국 교육부는 어떤 대학정보화 정책을 실시하고 있습니까?
(2) 예를 들어 한국 국내 기업에서는 어떻게 e-러닝을 도입하고 있는지 설명해 보십시오.
(3) e-러닝의 활성화는 무엇보다도 교육서비스의 다양화를 가져왔습니다. 기존 학교교육의 내용을 제외하고도 어떤 형태의 교육 서비스가 있습니까?

(4) 예를 들어 세계 각국에서는 어떻게 국제표준 선점 추진 및 관련 산업을 주도하고 있습니까?
(5) 이 글에서 사이버대학의 효율적 운영을 위해 중요한 과제 중의 하나는 뭐라고 했습니까?
(6) 전국교육정보공유체제란 무엇입니까?
(7) 평생교육, 자기개발의 중요한 수단으로 등장한 사이버대학은 어떤 장점이 있고 어떤 문제점이 있습니까?
(8) 왜 누구나, 언제, 어디서나 원하는 평생교육을 받을 수 있는 종합정보체제는 한국교육개발원의 평생교육 센터 중심으로 추진되고 있습니까?
(9) 교육행정정보시스템(NEIS)을 실시하는 목적이 무엇입니까?
(10) 직업교육의 일환으로서의 e-러닝 활용은 어떻게 활발히 전개되고 있습니까?

5. 500자 이내의 중국어로 본문내용에 근거하여 다음 문제를 서술하여 보세요.

(1) e-러닝 서비스의 전망
(2) NEIS

제6과 한국 유학(1)

1. 외국인 유학생 수속 절차

기초 정보 수집 및 학교 선정→대학에 입학원서 및 서류 제출→입학 허가서 발부→한국 대사관 또는 총영사관에 비자 신청→비자 발급 및 출국 준비→입국 및 입학

1.1 외국인 특별 전형

한국에 있는 대학이나 대학원의 정규과정에 입학하려면 최소 수학 연한을 이수해야 한다. 대학의 경우 12년 이상의 초중고 과정을 졸업해야 한다. 해당 국가의 학제가 틀려서 11학년을 마치고 대학에 진학할 경우에는 대학 1학년 이상을 수료해야 한다. 다만, 국가간 이동으로 인해 학업에 결손이 생기는 경우에 6개월까지는 이를 인정해 주고 있다.

※ 외국에서 12년 이상의 초·중·고등학교과정 이수자

2개국 이상에서 12년 이상의 초·중·고등학교 과정을 이수한 자가 제3국의 학교에 전·편·입학하는 과정에서 해당국간의 학제차이로 불가피하게 총재학기간이 1개학기(6개월) 이내에서 부족하게 된 경우는 예외적으로 인정

1.2 자격기준과 제출서류

1.2.1 외국인의 지원 자격기준

분류	구분	자격요건	공통학력요건	비고
①	교육과정 졸업 외국인	부모 모두가 외국인인 외국인 학생	국내 또는 외국에서 고등학교 과정을 졸업한 자	정원외 모집(입학정원 제한 없음)
②	교육과정 이수 외국인	외국에서 2년 이상의 고등학교과정을 이수한 외국인	국내 또는 외국에서 고등학교 과정을 졸업한 자	정원외 모집(입학정원의 2% 범위)
③	전교육과정이수 외국인	외국에서 초·중·고등학교 모든 교육과정을 이수한 외국인 학생	12년 이상의 전 교육과정(초·중·고등학교)을 외국에서 이수한 자	정원외 모집(입학정원 제한 없음)

※ 외국인의 범위
○ 한국의 국적을 가지지 아니한 자
○ 교육과정이수 외국인 및 전교육과정 이수 외국인. 학생의 부모 국적은 불문
○ 이중국적자·무국적자는 외국인에서 제외(단, 지원당시 이중국적자라도 특례 입학자격인정 기준시점까지 한국국적 포기예정자는 조건부로 인정. 재학기간은 외국국적취득 후부터 기산)
○ 2개국 이상에서 12년 이상의 초·중·고등학교 과정을 이수한 자가 제3 국의 학교에 전·편·신입학하는 과정에서 해당국간의 학제차이로 불가피하게 총 재학기간이 1개 학기(6개월) 이내에서 부족하게 된 경우는 예외적으로 그대로 인정

1.2.2 입학 지원시 제출 서류

한국에 있는 대학이나 대학원의 정규과정에 입학 지원할 때 일반적인 제출 서류는 다음과 같다. 그러나 대학마다 요구하는 서류가 약간 차이가 있으므로 입학하기를 원하는 대학에 문의를 하여야 한다. 그리고 다른 업체를 통하지 않고 본인이 직접 대학에 제출하면 된다.

제 출 서 류
① 본교 소정양식의 입학지원서(본교로부터 통보받은 후 제출) ② 고등학교 졸업(예정)증명서 ③ 초·중·고등학교 전과정 성적증명서 ④ 지원자의 출입국 사실증명서 ⑤ 학생·부모의 우리나라 호적등본에 해당하는 외국 정부기관 발행하는 증명서 ⑥ 학생·부모의 외국인 등록증
※공통필수서류(재정능력 입증서류) --재정보증인의 미화 $10,000 이상 은행 등 예금잔고 증명서(1개월 이상 계속 예치) 또는 미화 $10,000 이상 국내송금 또는 환전증명서 --재정보증인의 ① 재직증명서 또는 사업자등록증 ② 재산세 과제증명서 ③ 유학경비 부담 서약서(입학지원서에 포함)

한국에서 유학하기로 결정한 후 한국의 교육기관에서 정규과정 학생 혹은 어학연수생으로 입학허가를 받았다면, 한국에 입국하기 위하여 필요한 서류를 준비하여 유학비자를 받아야 한다. 정규과정에 입학하는 경우와 어학연수, 또는 한국문화연수 등의 단기과정에 입학하는

경우에 체류기간이 다르기 때문에 반드시 관련된 법규를 확인하는 것이 좋다.

한국에 유학 가기 전에 준비해야 할 사항이 많이 있으므로 인터넷을 통해서 혹은 한국 대사관을 통해서 필요한 안내를 받도록 한다. 유학 가기 전에 음식, 기후, 의복, 생활 습관, 주거 형태, 문화, 역사, 언어 등에 대한 상세한 자료를 검토할 수 있도록 준비해야 할 것이다. 외국에 장기간 체류하기 위해서는 비자가 필수적이며, 한국에서도 입국 전에 여권, 비자 등을 갖추어야 한다.

비자 발급에 관한 일반적인 사항을 안내하면 다음과 같다.

* 비자에 대한 풀이

"어느 국가가 외국인에 대하여 입국할 수 있음을 인정하는 입국허가" 또는 "외국인의 입국허가 신청에 대한 영사의 추천행위"를 의미하고 있으나, 한국에서는 후자의 의미, 즉 "재외공관 영사의 외국인에 대한 입국 추천행위"로 이해하고 있다.

비자의 종류

—단수 비자
○ 유효기간내에 1회에 한하여 입국할 수 있음.
○ 발급일로부터 3개월간 유효 (단, 협정에 정한 경우는 그 협정상의 기간)

—복수 비자
○ 유효기간내에 2회 이상 입국할 수 있음
○ 발급일로부터
　◎ 체류자격이 외교(A-1)내지 협정(A-3)에 해당하는 비자는 3년간 유효
　◎ 복수비자발급협정에 의한 비자는 협정상의 기간동안 유효
　◎ 상호주의, 기타 국가이익 등을 고려하여 발급된 비자는 법무부장관이 따로 정하는 기간 동안 유효

비자발급인정서

비자발급인정서는 비자의 발급절차를 간편하게 하고 발급기간을 단축하기 위하여 재외공관장의 비자발급에 앞서 한국에 있는 초청자의 신청에 의하여 출입국관리사무소장 또는 출장소장이 비자발급대상자에 대하여 사전심사를 한 후, 비자발급인정서를 교부, 재외공관장이 그 인정서에 따라 비자를 발급하며, 특정한 경우 이외에는 반드시 비자발급인정서를 발급받아 비자를 신청하도록 하고 있다.

발급 방법으로는 입국하고자 하는 외국인 또는 한국에 있는 초청자가 비자발급에 필요한 서류를 갖추어 거주지 관할 출입국관리사무소(출장소)에 "비자발급인정서" 발급을 신청하면 된다. 이렇게 발급 받은 "비자발급인정서"를 입국하고자 하는 외국인에게 송부하고, 그 외국인은 외국에 있는 한국 공관에 "비자발급인정서"를 제출하면 비자를 발급 받을 수 있다. 비자발급인정서의 유효기간은 3개월이며, 한번의 비자발급에 한하여 그 효력을 가진다.

제6과 한국 유학(1)

정규과정 입학 비자(D-2)
―비자발급 대상

한국 교육법의 규정에 의하여 설립된 전문대학, 대학교, 대학원 또는 특별법의 규정에 의하여 설립된 전문대학 이상의 학술연구기관에서 정규과정(학사, 석사, 박사)의 교육을 받거나 특정 분야의 연구를 하고자 하는 사람에 해당된다.

―비자발급 신청방법 및 제출서류

한국의 대사관 또는 영사관에서 비자발급을 신청하며 신청시 제출 서류는 다음과 같다.

　　★비자 발급의 경우
○ 여권
○ 비자발급신청서 (대사관 또는 영사관의 창구에 비치되어 있다)
○ 본인이 유학하고자 하는 학교의 총장 또는 학장이 발행하는 수학능력 및 재정 능력심사 결정의 내용이 포함된 '표준입학허가서' 제출
○ 최종학력증명서
○ 예금잔고증명서(미화 10,000불 이상)
○ 호구부(중국인만 해당, 전 가족 기재)

　　★비자발급인정서의 경우
○ 비자발급인정서는 한국의 초청자가 주소지 관할 출입국관리 사무소 또는 출장소 (의정부, 울산, 동해출장소만 해당) 에 신청하여 발급받는다.
○ 입국하려는 외국인은 한국의 초청자로부터 비자발급인정서를 송부 받아 한국의 대사관 또는 영사관에 비자발급을 신청하면 된다. 이 경우 제출서류는 여권, 비자발급신청서, 그리고 초청자로부터 받은 비자발급인정서 등이다.
○ 한국의 초청자가 비자발급인정서를 발급받고자 할 때는 아래의 일반적인 비자발급 신청시의 첨부서류와 같다.
※ 재외공관장은 특히 필요하다고 인정되는 때에는 제출서류의 일부를 가감할 수 있다.

일반연수 비자(D-4)
―비자발급 대상
○ 대학부설어학원에서 한국어를 연수하는 사람
○ 유학 자격에 해당하는 교육기관 또는 학술연구기관 이외의 교육기관에서 교육을 받는 사람
○ 국·공립 또는 공공의 연구기관, 연수원, 단체 등에서 기술, 기능 등을 연수하는 사람
○ 연수하는 기관으로부터 보수를 받거나 산업연수자격에 해당하는 사람
―신청방법 및 제출서류

★비자발급의 경우

한국의 대사관 또는 영사관에서 비자발급을 신청하며 제출서류는 다음과 같다.

대학부설어학원에서 한국어를 배우는 학생 또는 대학간 학술교류 협정으로 산학연수를 위한 교환학생의 경우

○ 여권
○ 비자발급신청서 (대사관 또는 영사관의 창구에 비치)
○ 입학 또는 재학을 입증하는 서류(연수를 증명하는 서류)
○ 재정입증 (학비나 체류에 필요한 재정능력 관계서류)
○ 한국 송금이나 환전증명서(미화 3,000불 이상)
○ 신원보증서 (학비 등 체류 중 필요한 경비지불능력을 입증하지 못하거나 법무부장관이 특히 필요하다고 인정하는 경우에 한함)

일반연수의 자격에 해당하는 자가 한국 대학교 부설어학원에서 어학연수를 받고자 하는 경우, 91일 이상의 장기비자를 발급 받을 수 있는 시간적 여유가 없을 때에는 (장기비자의 경우 비자발급 담당영사가 법무부장관에게 비자발급 승인을 받아야 하기 때문에 시간이 많이 걸림) 우선 단기종합 비자를 발급 받아, 입국한 후 체류지 관할사무소장 또는 출장소장으로부터 체류자격 변경허가를 받으면 된다.

★비자발급인정서의 경우

○ 비자발급인정서는 한국의 초청자가 주소지 관할 출입국관리 사무소에 신청하여 발급받는다.
○ 입국하려는 외국인은 한국의 초청자로부터 비자발급인정서를 송부받아 한국의 대사관 또는 영사관에 비자발급을 신청하면 된다.
○ 제출서류는 여권, 비자발급신청서, 비자발급인정서 등이다.
○ 한국의 초청자가 비자발급인정서 신청시 제출서류는 위의 일반적인 비자발급 신청시의 첨부서류와 같다.

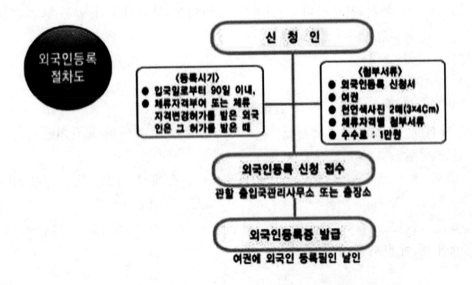

2. 출입국 수속

2.1 외국인 등록

가. 외국인 등록 및 입국신고: 외국인 유학생은 입국 후 90일 이내에 법무부 출입국관리사무소에 본인이 직접 방문하여 외국인등록을 하여야 한다. 또한, 한국에 주재하고 있는 출신국 대사관에 입국신고를 하여야 한다.
  ○ 장소: 법무부 목동 출입국관리사무소
  ○ 구비서류: 재학증명서 1부(재학대학 발급), 여권, 사진 2매(3cm×4cm), 외국인 유학생 확인서 1부, 수수료, 외국인등록신청서

나. 외국인 등록증(ID카드) 기재내용 변경 신고:
소속학교, 주소지, 성명, 성별, 생년월일, 국적이 변경된 경우, 여권의 번호, 발급일자 및 유효기간이 변경된 경우, 유학(D-2), 일반연수(D-4)자격 외국인이 소속기관 또는 단체가 변경(명칭변경 포함)된 경우 등 외국인등록카드의 기재내용에 변동이 생겼을 때에는 14일 이내에 출입국관리사무소에 신고해야 한다. 단 주소지변경의 경우 유학생이 새로 거주지하는 관할 구청에서도 변경신고를 할 수 있다.
  ○ 장소: 출입국 관리사무소 또는 출장소
  ○ 구비서류(소속학교 변경시): 신청서, 여권, 외국인등록증, 입학허가서 1부(대학 발급)

다. 외국인은 출입국관리사무소에서 발급한 외국인등록카드를 반드시 소지하고 다녀야 한다.

라. 외국인 등록증 재발급
  - 재발급 사유 : 외국인등록증이 분실되거나 없어진 때, 외국인등록증이 헐어서 못쓰게 된 때, 필요한 사항을 기재할 난이 부족한 때, 외국인등록사항(성명·성별·생년월일 및 국적)이 변경된 때
  - 기간 : 재발급 사유가 발생한 날로 부터 14일 이내에 신청하여야 한다.
  - 구비서류 : 외국인등록증재발급신청서 (제68호 서식), 천연색 사진(3cm × 4cm) 1매, 구 외국인등록증 (못쓰게 된 때, 필요한 사항을 기재할 난이 부족한 때, 법 제35조 제1호에 의한 외국인등록사항 변경신고를 받는 때), 수수료(정부수입인지)
  - 재발급장소 : 주소지 관할 출입국관리사무소

2.2 체류기간의 연장

허가받은 체류기간을 초과하여 체류하고자 할 경우에는 체류기간 만료일 이전에 아래 서류를 갖추어 출입국관리사무소 또는 출장소에 제출하여야 한다. 체류기간 만료일 이전에 체류기간 연장신청을 하지 않은 때에는 출입국관리법 위반으로 처벌을 받게 된다.

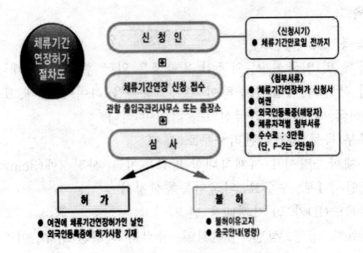

○ 방법: 본인 또는 대리인이 주소지 관할 출입국관리사무소에 필요한 제출서류를 준비해서 신청
○ 장소: 주소지 관할 출입국 관리 사무소 또는 출장소
○ 구비서류: 신청서, 여권, 외국인등록증, 재학증명서(또는 대학으로부터 재학증명서를 발급받을 수 없는 경우에는 지도교수 의견서) 1부, 유학생 확인서 1부

2.3 일시 출국 및 재입국

2.3.1 일시 출국

① 신고 : 일시 출국하고자 하는 자는 일시출국신고서를 갖추어 소속교육기관장에게 신고하여야 한다.
② 일시 출국 기간 : 일시 출국 기간은 1회에 연속하여 30일을 초과할 수 없다. 다만 전공관련 학술대회 참가 및 자료수집 또는 기타 부득이한 경우에는 30일을 초과할 수 있으나 이 경우에는 학술대회 초청장 또는 기타 증빙서류와 지도교수 의견서를 첨부하여 사전에 소속교육 기관장의 허가를 받아야 한다.

2.3.2 재입국

① 재입국 허가 : 체류기간 내에 출국하였다가 재입국하고자 할 경우에는 출국공항(배의 경우 항구)의 출국사무과에 아래 서류를 제출 하여 재입국 허가를 받아야 한다. 재입국허가의 최장기간은 단수(1회에 한하여 재입국)인 경우 1년, 복수(2회 이상 재입국)인 경우 2년이다.
○ 구비서류 : 신청서, 여권, 외국인등록증, 재학증명서 또는 지도교수 의견서 1부.
② 신고 : 일시 출국 기간이 종료되어 재입국한 학생은 재입국 후 3일 이내에 소속 교육기관에 재입국 신고를 하여야 한다. (여권 지참 요망)
※ 아래 13개 국가 국민은 재입국허가 없이 체류기간 범위내에 재입국이 가능 :

수리남, 네델란드, 노르웨이, 덴마크, 독일, 룩셈부르크, 벨기에, 스웨덴, 스위스, 리히텐슈타인, 프랑스, 핀란드, 칠레

2.4 공항 및 항구에서의 입국 절차

2.4.1 입국 및 세관 신고서 작성

항공기, 여객선에서 승무원에게 입국/세관 신고서를 받아, 기입할 항목별로 빠짐없이 기록 한다. 입국 신고서는 입국 수속시 반드시 필요하므로 누락된 내용이 없이 기입하도록 한다.

입국 신고서에는 성명, 국적, 생년월일, 성별, 주소, 직업, 입국하는 나라의 연락처, 여권번호, 항공기 및 선편 번호, 체류 예정기간, 입국 목적, 서명 등을 기입한다.

세관신고서는 개인당 1매씩 작성하고, 가족이 입국할 경우에는 대표가 1매만 작성한다.

2.4.2 입국심사

항공기 또는 여객선에서 내리면 'Immigration' 또는 'Passport Control'이라고 쓰여진 창구로 가서 한사람씩 입국심사를 받게 된다. 심사관이 체제 일수, 방문목적, 체제지 등을 간단히 질문하면 답변을 하도록 한다.

입국 심사가 끝나면 여권에 입국 확인 스탬프(체제 일수가 명시됨)를 찍은 후, 출입국 신고서의 반을 떼어 돌려준다. 이 카드는 분실하면 곤란하므로 잘 간수하도록 한다.

2.4.3 수하물 찾기

입국 심사를 마친 후 화물을 찾기 위해서는 'Baggage Claim'으로 가서 자신이 타고 온 항공기 및 선편을 확인하고, 해당 벨트에서 기다리다가 수하물이 나오면 받도록 한다.

만약 자신의 짐이 나오지 않으면 관리인에게 수하물표 (Claim Tag)를 보여주고 확인하도록 한다. 만일 짐이 도착하지 않았다면 자신의 연락처를 적어 주고 목적지로 간다.

2.4.4 세관심사

수하물을 찾은 후 출구로 가면 세관원이 짐검사를 하게 된다. 만일 신고할 물품이 없다면 녹색선을 따라 그대로 나오면 된다. 가끔 입국자를 대상으로 X-ray 투기기, 혹은 육안으로 수하물 검사를 한다.

마약, 총포류, 화약, 동식물 등은 반입이 금지되어 있다.

2.5 공항 및 항구에서의 출국 절차

2.5.1 출국 탑승권 구입

출국자는 먼저 항공권, 혹은 선박 탑승권을 구입해야 한다. 항공기를 이용할 경우 1인당 가져갈 수 있는 수하물의 중량은 약 25kg으로 제한되어 있다. 부피가 크거나 깨지기 쉬운 수하물은 특별히 마련된 카운터에서 수속을 해야 한다. 항공기 안으로 가져갈 수 있는 가방은 작은 가방 1개로 한정되어 있다. 특히, 안전을 위해 보안 검색이 있으므로 면도칼, 등산용 칼, 손톱깎이 등은 가져갈 수 없다.

탑승권에 표시된 항공기의 편명, 좌석 번호, 탑승 게이트(Gate) 번호, 출발 시간 등을 잘 확인한다.

2.5.2 공항 이용권 구입

한국 소재 공항의 경우 전에는 공항이용료를 따로 받았으나 현재는 항공권에 포함되어 있으므로 따로 지불할 필요가 없다.

2.5.3 출국 수속

여권, 좌석권, 공항이용권, 입국시 받은 출국 카드를 소지하고, 공항 검색대로 들어가, 수하물에 대한 검색을 받아 이상이 없으면 출국 심사대로 가게 된다. 황색선 밖에서 순서를 기다리다 차례가 되면 출국 심사대에 가서 출국 심사를 받은 후 출국하게 된다.

2.5.4 항공기 탑승

국제선 항공기를 이용할 경우에 통상 2시간 전에 공항에 도착해야 한다. 서울 시내에서 인천 공항까지 약 1시간이 소요되므로 시간에 늦지 않도록 준비를 해야 한다.

2.5.5 반출금지 및 제한물품

천연 기념물, 멸종 동식물 등은 반출이 금지되어 있다. 외화도 $10,000 이상은 신고를 하도록 되어 있다. 술, 담배, 향수, 외화 등은 입국시 엄격히 규제하므로 규정을 준수해야 한다.

3. 출국준비하기 (1)

일단 학교에서 입학 허가를 받은 후에는 구체적인 출국 전 계획을 짜야 한다. 여권 유효기간 확인하고 만약을 대비하여 여권과 비자의 복사본과 여권용 사진을 준비해 간다. 학생 비자를 준비하고 학업 과정을 마치기 전에 비자가 만료되면 현지에서 연장 신청을 해야 한다. 비자에 명시된 체류기간을 넘기면 불법 체류자가 되며 한번 불법 체류자로 기록되면 이후 불이익을 당할 수 있으니 이 점에 유의하여야 한다.

입학일 며칠 전에 도착해서 환경 적응의 기간을 가질 수 있도록 하는 것이 좋다. 항공권 구입도 여유 있게 미리 하는 것이 좋다. 일반적으로 항공사의 수하물 규정은 20Kg-30Kg이므로 초과하지 않도록 짐을 꾸린다. 그리고 출국 전에 거처할 숙소를 미리 알아 두는 것이 좋다.

개인적으로 준비할 물품이나 서류로는 의류, 개인 세면 도구, 여분의 안경이나 콘택트 렌즈, 가족사진, 좋아하는 사람의 사진, 선물, 여행 가이드 북, 일기장, 현지에서 연락할 사람들의 주소와 전화번호, 친구나 친척들의 주소, 사전, 성적, 재학 증명서, TOEFL 성적표, 번역/공증이 필요한 것, 학비납입영수증, 국제운전 면허증, 여권사진, 간단한 선물이나 기념품, 기타 영문 구비서류 등이다. 이외에도 개인적으로 필요한 물품이나 서류를 노트에 적어서 빠지지 않도록 한다.

일반생활 안내

한국에서 학업을 하기 위해서는 여러 가지 준비를 해야 한다. 물가, 기후, 주거방식, 전기 사용 등에 대한 사전 조사를 하고 학업에 어려움이 없도록 해야 한다.

3.1 물가

한국의 물가 수준은 지역에 따라 다르다. 서울의 물가는 상대적으로 높은 편이다. 특히, 일반 가정집에서 매월 정해진 돈을 지불하고 숙식을 해결하는 방법인 하숙과 방이나 주택만을 임대해서 음식이나 세탁 등 모든 생활은 본인이 스스로 해결하는 주택 임대의 경우 하숙이나 주택임대료가 비싸기 때문에 충분히 준비를 하고 방법을 세워야 한다. 대학 내 기숙사를 이용하면 비용도 저렴하고 기타 비용이 크게 들지 않으므로 생활하기에 큰 어려움이 없다. 서울을 제외한 지역에서의 물가는 상대적으로 저렴한 편이다.

3.2 기후

한국은 온대지방으로 4계절이 뚜렷하며 여름철 7, 8월이 평균 25도 정도이며 더울 때는 30-38도를 오르내린다. 장마라고 부르는 우기는 6월 말부터 7월 중순까지이며 이 기간에는 온도뿐만 아니라 습도도 높아 불쾌지수가 높으며 가끔 큰 비를 내리기도 한다. 겨울철은 12-2월로 평균온도가 영하 5도정도이며 추울 때는 영하 15도까지 내려간다. 겨울철 날씨는 춥고 바람도 조금 많이 분다. 봄은 3-5월, 가을은 9-11월로 날씨가 화창하여 살기에 가장 좋다.

한국에는 사계절이 있기 때문에 무더운 여름과 추운 겨울을 함께 지낼 수 있는 준비를 해야 한다. 동남아 지역에서 온 유학생들은 한국의 겨울 추위때문에 어려움을 겪기도 하지만, 사계절의 특

색 있는 스포츠와 관광을 즐길 수 있어서 한편으로는 한국에서 공부하는 것을 행운으로 여기기도 한다. 주거 형태는 온돌(방이나 거실의 바닥속에 온수가 흐르는 파이프를 묻어 바닥을 덥게 하는 방식)이라는 방식으로 바닥에 담요를 깔고 잠자는 방식이 많았으나 근래에는 온돌에다 침대를 함께 사용하는 경우가 보편적이다. 냉난방시설은 대개 온돌과 냉온풍기를 함께 이용하므로 생활에 큰 불편은 없다.

3.3 음식

한국인들은 약간 매운 음식을 선호하는 경향이 있다. 김치, 고추장, 마늘 등을 반찬으로 먹거나 조리하는 데 양념으로 사용하기 때문이다. 그렇지만 이러한 반찬들은 이미 국제적으로 널리 알려져 있고 건강에 유익하며 한번 맛을 들이면 쉽사리 뗄 수 없는 좋은 식품이 된다.

점도가 높은 쟈포니카 쌀을 주식으로 하며, 밥을 지어서 국물이 많은 수프를 함께 먹는다. 음식의 종류는 다양하며 맛이 있을 뿐만 아니라, 양도 푸짐하고 넉넉하다. 최근 미국에서도 겨울철에 유명한 음식으로 한국의 김치찌개, 순두부를 뽑았다고 할 정도로 한국음식에 대한 관심이 많아지고 있다. 그렇지만 식당에서의 음식 가격이 비싼 편이다. 길거리에서 파는 음식은 가볍고 싸게 먹을 수 있으나 파는 곳이 그리 많지가 않다.

대학이 있을 정도의 도시라면 어디든 빵, 햄버거, 피자, 치킨 등 청소년들이 즐기는 서양식 음식을 쉽사리 구할 수 있다. 또 각 나라의 요리를 위한 재료는 시장에서 쉽사리 구할 수 있으므로 자체 취사를 할 수 있다면 한국에서의 식생활에는 불편이 없을 것이다.

3.4 의복

한국에는 사계절이 있으므로 의복도 사계절용을 준비해야 한다. 여름철의 가벼운 옷차림과 겨울철의 무겁고 따뜻한 옷차림을 함께 준비하도록 한다. 그렇지만 한국은 의류 산업이 발달한 나라이므로 품질이나 디자인 등이 세계적으로 손색이 없기 때문에 한국에 거주하면서 계절에 맞춰 의복을 준비해도 될 것이다.

한국에서의 의복은 대부분의 경우에 입고 싶은 옷을 편하게 입으면 된다. 특히 대학에서는 원하는 복장은 입을 수 있다. 대부분의 학생들은 캐주얼한 차림을 즐기며 다른 사람의 옷차림에 신경을 쓰지 않는다. 결혼식이나 공식적인 자리에 초청 받았다면 정장을 입는 것이 좋다. 어떻게 입어야 할 지 잘 모르겠다면 초청자에게 미리 물어본다.

3.5 교통

한국의 교통 수단으로는 버스, 지하철, 택시, 기차, 배, 비행기 등이다. 어떤 교통

수단이든지 승차권의 종류나 요금은 가려고 하는 목적지에 따라 달라진다.

○ 시내 버스
- 가장 저렴한 교통수단이며 한 도시 내에서만 운행하며 도시 근교지역은 가기도 한다.
- 승차권은 버스정류장 신문판매대에서 구입할 수 있고 현금을 내면 할증료가 있다. 선불 방식인 교통카드를 구입하면 그 카드로 버스와 지하철을 편하게 이용할 수 있다.
- 하차할 정류장에서는 미리 좌석 근처의 벨을 누른다.
- 서울의 경우 운행 범위에 따라 단계적으로 네 가지 종류로 나뉘어 있으며 버스 색깔로 구분해 놓았다.
- 탈 때는 앞문으로 타며 오를 때 운전 기사 옆의 상자에 버스비를 넣거나 교통카드를 갖다 대면 된다. 내릴 때는 내리는 정류장이 다가오면 버스 군데군데에 있는 스위치를 눌러 내린다는 표시를 하고 뒷문으로 내린다.

○ 시외버스
- 일반적으로 지역과 다른 지역을 연결하는 중·장거리 버스를 말한다. 다양한 지역으로 자주 운행되기 때문에 비교적 가까운 지역으로의 이동에 편리하다. 대도시의 경우 터미널이 방위에 따라 여러 군데로 나뉘어져 있어 본인이 사는 곳에서 가까운 곳으로 가면 된다. 보통 당일 터미널에서 표를 구입해서 해당 승차장으로 가서 타면 되고 예약도 가능하다.

○ 고속버스
- 고속버스는 시외버스처럼 장거리 이동에 좋으며 고속도로로만 다닌다는 점이 다르다. 또 고속버스 터미널은 많지 않고 한 도시에 하나만 있다. 먼 지역을 편하게 이동하고 싶다면 고속버스를 타면 될 것이다.

○ 지하철
- 서울은 지하철이 매우 발달되어 있으며 운행 시간이 일정하고 차비가 저렴하므로 이용하기 편리하다.
- 승차권은 지하철 입구 매표소에서 가는 목적지를 말하고 구입해도 되고 교통카드를 사서 이용해도 된다.
- 가는 거리에 따라 요금의 차이가 난다.
- 서울 외에도 부산, 대구, 대전 등 대도시에는 지하철이 운행되고 있다.
- 운행 시각은 보통 아침 5시 30분경부터 밤 12시까지 정도이다.
- 모든 안내 표시는 한국어와 영어로 되어 있고 각 역에 설 때마다 한국어와 영어로 안내하기 때문에 편리하다.

○ 택시
- 버스나 기차에 비해 비싼 교통수단이기는 하지만 대중교통 수단이 자주 운행 되

지 않는 야간이나 길을 모를 때 안전한 교통 수단이다.

―도심구간에서는 지나가는 빈 택시를 향해 손을 들거나 택시 정류장에서 이용할 수 있다.

―택시요금은 미터기를 사용하여 거리와 시간에 따라 정해진다.

―앞 자리에 앉게 되면 반드시 좌석 벨트를 사용하는 것이 법으로 정해져 있다.

―택시 기사에게 팁을 주는 것은 일반적이지 않다. 하지만 원한다면 주어도 좋다.

○ 기차

―2004년도에 고속 철도(KTX)가 개통되었으며 그 외에 새마을호, 무궁화 호가 있다. 고속철도가 제일 빠르고 비싼 대신에 큰 역에만 정차하고 시설도 좋다.

―철도 노선은 잘 정비되어 있으며 정해진 시간표대로 운행되므로 장거리 여행에 좋다.

―승차권은 주로 기차역에서 구입할 수 있고 인터넷이나 별도 판매점에도 구입할 수 있다. 물론 예매도 가능하다.

※ 교통카드 : 시내버스와 지하철을 이용할 수 있는 카드로 처음 살 때는 카드비를 2,000원 내고 본인이 원하는 금액만큼 충전을 해서 가지고 다니면서 차를 탈 때 카드 리더기에 갖다대면 된다. 금액이 다 소비되면 다시 충전을 해서 사용한다.

판매나 충전을 하는 장소는 지하철 표 판매소, 버스정류장 신문 판매대(버스표 판매소), 정류장 주변 매점 등에서 원하는 금액만큼 지불하면 충전해 준다. 카드가 필요없을 경우 판매소에 반납을 하면 카드비와 남은 금액을 되돌려 준다.

注 释

가이드 북 (Guidebook)	[名]	指南（手册）
국·공립 (國公立)	[名]	国立和公立
국가이익 (國家利益)	[名]	国家利益
도심 (都心)	[名]	市中心
등본 (謄本)	[名]	复印件，抄件
문화연수 (文化研修)	[名]	文化研修
미터기 (meter器)	[名]	计量器
미화 (美货)	[名]	美元
반출 (搬出)	[名]	带出
발급일 (發給日)	[名]	发给日
부득이하다 (不得已―)	[形]	特殊，不得已

제6과 한국 유학(1)

비자발급인정서 (visa發給認定書)	[名]	签证发放认定书
비치되다 (備置—)	[名]	备置
상호주의 (相互主義)	[名]	相互主义
손톱깎이	[名]	指甲刀
수하물 (手荷物)	[名]	行李
스위치 (switch)	[名]	开关
스템프 (stamp)	[名]	戳印
수프 (soup)	[名]	汤
여분 (餘分)	[名]	剩余的，额外的
영사 (領事)	[名]	领事
예금잔고 (預金殘高)	[名]	存款余额
육안 (肉眼)	[名]	肉眼
인지 (印紙)	[名]	印花
입학지원서 (入學志願書)	[名]	入学申请书
장학생 (獎學生)	[名]	获奖学金的学生
재외공관 (在外公館)	[名]	驻外公馆
재정보증인 (財政保證人)	[名]	财政担保人
쟈포니카 (Japonica)	[名]	日本产的
전·편·입학 (轉,編,入學)	[名]	转学、插班、入学
조건부 (條件附)	[名]	附加条件
출신국 대사관 (出身國大使館)	[名]	本国大使馆
출장소 (出張所)	[名]	驻外办事处
카운터 (counter)	[名]	柜台
캐주얼하다 (casual—)	[名]	休闲的
콘택트 렌즈 (contact lens)	[名]	隐形眼镜
탑승 게이트 (搭乘gate)	[名]	登机口
터미널 (terminal)	[名]	总站
푸짐하다	[形]	丰盛
헐다	[自]	陈旧，破损
호구부 (户口簿)	[名]	户口簿
환전증명서 (換錢證明書)	[名]	兑换证明书
Baggage Claim	[名]	行李领取处
Immigration	[名]	出境管理
KTX (Korea Train Express)	[名]	韩国高速火车（KTX）
Passport Control	[名]	检查护照
X-ray	[名]	X光

练 习

1. 서로 관련된 것을 연결하여 보세요.

A	B
수리남	挪威
네델란드	丹麦
노르웨이	列支敦士登
덴마크	法国
룩셈부르크	芬兰
벨기에	比利时
스웨덴	瑞士
스위스	瑞典
리히텐슈타인	智利
프랑스	卢森堡
핀란드	荷兰
칠레	苏里南

2. 빈칸에 알맞은 말을 넣어 보세요.

(1) 한국의 주거 형태는 (   )이라는 방식으로 바닥에 담요를 깔고 잠자는 방식이 많았으나 근래에는 (   )에다 (   )를 함께 사용하는 경우가 보편적이다.

(2) 서울의 경우 운행 범위에 따라 단계적으로 (   ) 가지 종류로 나뉘어 있으며 버스 색깔로 구분해 놓았다.

(3) 한국에서는 일반 가정집에서 매월 정해진 돈을 지불하고 숙식을 해결하는 방법인 (   )과 방이나 주택만을 임대해서 음식이나 세탁 등 모든 생활은 본인이 스스로 해결하는 (   )의 경우 (   )이나 (   )가 비싸기 때문에 충분히 준비를 하고 방법을 세워야 한다.

(4) 비자에 명시된 체류기간을 넘기면 (   )가 되며 한번 불법 체류자로 기록되면 이후 (   )을 당할 수 있으니 이 점에 유의하여야 한다.

(5) 서울 외에도 (   ) 등 대도시에는 지하철이 운행되고 있다. 운행 시각은 보통 아침 (   )경부터 밤 (   )까지 정도이다.

(6) 한국 소재 공항의 경우 전에는 공항이용료를 따로 받았으나 현재는 (   )에

포함되어 있으므로 따로 지불할 필요가 없다.

(7) 비자발급 방법으로는 입국하고자 하는 외국인 또는 한국에 있는 초청자가 비자발급에 필요한 서류를 갖추어 거주지 관할 출입국관리사무소(출장소)에 "(   )" 발급을 신청하면 된다.

(8) 수하물을 찾은 후 출구로 가면 세관원이 (   )를 하게 된다. 만일 신고할 물품이 없다면 (   )을 따라 그대로 나오면 된다. 가끔 입국자를 대상으로 X-ray 투기기, 혹은 육안으로 수하물 검사를 한다.

(9) 단수 비자는 유효기간내에 (   )회에 한하여 입국할 수 있다.

(10) 정규과정 입학 비자(D-2)의 비자발급 대상은 (   )의 규정에 의하여 설립된 전문대학, 대학교, 대학원 또는 (   )의 규정에 의하여 설립된 전문대학 이상의 학술연구기관에서 정규과정(학사, 석사, 박사)의 교육을 받거나 특정 분야의 연구를 하고자 하는 사람에 해당된다.

3. 빈칸에 알맞은 것을 골라 보세요.

(1) 일반적으로 항공사의 수하물 규정은 (   )이므로 초과하지 않도록 짐을 꾸린다.
   A. 10-20kg   B. 20-30kg
   C. 30-40kg   D. 40-50kg

(2) 출국할 때 천연 기념물, 멸종 동식물 등은 반출이 금지되어 있다. 외화도 (   ) 이상은 신고를 하도록 되어 있다.
   A. $10,000   B. $ 100,000
   C. $ 5,000   D. $50,000

(3) 한국의 물가 수준은 지역에 따라 다르다. (   )의 물가는 상대적으로 높은 편이다.
   A. 대전   B. 대구
   C. 서울   D. 부산

(4) 한국에 유학 가기 전에 준비해야 할 사항이 많이 있으므로 인터넷을 통해서 혹은 (   )을 통해서 필요한 안내를 받도록 한다. 유학 오기 전에 음식, 기후, 의복, 생활습관, 주거 형태, 문화, 역사, 언어 등에 대한 상세한 자료를 검토할 수 있도록 준비해야 할 것이다.

A. 중국교육부   B. 한국교육부
C. 중국대사관   D. 한국대사관

(5) 가장 저렴한 교통수단이며 한 도시 내에서만 운행하며 도시 근교지역은 가기도 한 교통수단은 (   )이다.
A. 고속버스   B. 기차
C. 시내버스   D. 시외버스

(6) 일시 출국 기간은 보통 1회에 연속하여 (   )일을 초과할 수 없다.
A. 10   B. 15
C. 20   D. 30

(7) 재입국허가의 최장기간은 단수(1회에 한하여 재입국)인 경우 1년, 복수(2회 이상 재입국)인 경우 (   )년이다.
A. 2   B. 3
C. 4   D. 5

(8) 아래 여러 국가중에서 그 국가 국민은 재입국허가 없이 체류기간 범위내에 재입국이 불가능한 국가는 (   )이다.
A. 독일   B. 노르웨이
C. 벨기에   D. 미국

(9) 한국에 있는 대학이나 대학원의 정규과정에 입학하려면 최소 수학 연한을 이수해야 한다. 대학의 경우 (   )년 이상의 초중고 과정을 졸업해야 한다.
A. 10   B. 11
C. 12   D. 13

(10) 외국인 등록 및 입국신고: 외국인 유학생은 입국 후 90일 이내에 (   )출입국관리사무소에 본인이 직접 방문하여 외국인등록을 하여야 한다. 또한, 한국에 주재하고 있는 출신국 대사관에 입국신고를 하여야 한다.
A. 법무부   B. 외무부
C. 국방부   D. 교육부

제6과 한국 유학(1)

4. 다음의 질문에 대답하여 보세요.

(1) 한국의 교통수단으로 주로 뭐가 있습니까?
(2) 결혼식이나 공식적인 자리에 초청 받았다면 무슨 옷을 입어야 됩니까? 중국에는 어떻습니까?
(3) 한국인들은 어떤 음식을 좋아합니까? 아는 한국 음식에 대해서 간단히 서술해 보십시오.
(4) 한국의 장마는 언제부터 언제까지입니까?
(5) 한국의 날씨는 무슨 특징이 있습니까?
(6) 다음 수속의 절차와 제출 서류를 서술하여 보십시오.
* 공항 및 항구에서의 출국 절차
* 일시 출국 및 재입국
* 체류기간의 연장
* 외국인 등록

5. 500자 이내의 중국어로 본문내용에 근거하여 다음 문제를 서술하여 보세요.

(1) 비자 발급
(2) 유학 준비

제7과 한국 유학(2)

1. 출국준비하기 (2)

1.1 전화걸기

○ 국제 전화 거는 법 : 국가인식번호(001, 002...) + 국가번호 + 지역번호(처음 "0"제외) + 전화번호. 한국에서 국제전화서비스를 하는 곳은 한국 통신(001) 데이콤(002) 온세통신(008) 등 여러 곳이 있다. 또한 국제 전화카드를 이용하여 거는 방법이 있다. 전화카드별로 많은 차이가 있으므로 주위 친구한테 물어보고 쓰는 것이 좋다.

○ 한국 내의 통화 : 동전만 사용할 수 있는 공중전화와 동전과 전화카드를 같이 사용할 수 있는 공중전화가 있다. 시간 제한없이 사용할 수 있지만 물론 다른 사람들에게 피해를 주어서는 안 된다. 공중 전화로 국제 전화도 가능하나 그 기능을 폐쇄해 놓은 곳이 많다.

1.2 한국에서 은행계좌 개설 및 송금

한국내 가까운 은행에 가서 외국인 등록증(여권)을 제시하면 된다. 송금을 받을 경우 본국에 있는 부모님한테 은행명, 계좌번호, 은행 주소, 여권번호, 영문이름 등을 알려주면 부모님이 현지은행에 가서 송금을 할 수 있다. 송금시 수수료가 있다.

1.3 전기 및 가전 제품

한국의 전기는 주로 220V 이며 60hz를 사용한다. 모터를 사용하는 청소기, 냉장고 등의 가전제품은 이에 맞도록 조정을 해야 한다. 소켓은 두 개의 연결잭이 있는 형태를 사용하므로 다른 나라의 제품을 사용하려면 이에 맞도록 손질을 해야 한다. 비디오나 텔레비전은 NTSC 방식이므로 유럽이나 동남아 등의 PAL 방식 제품은 사용하기가 곤란하다.

1.4 음주

한국 사람들은 술을 좋아한다. 여러 사람이 모이는 자리에는 예외 없이 술이 곁들여진다. 그러나 19세 이하의 미성년자는 주류를 구입할 수 없으며 미성년자에게 술을 팔면 판매업자는 처벌을 받는다.

그리고 음주운전도 엄격히 금지되고 있다. 그리고 알고 지내는 어른 앞에서는 술도 마시지 않는다. 그러므로 나이 차이가 많이 나는 사람과 함께 술을 마시거나 어른

이 술을 권할 경우에는 고개를 약간 옆으로 돌려 예의를 표시하며 마시는 게 좋다.

1.5 흡연

최근 흡연이 건강에 미치는 폐해가 사회문제화 되면서 흡연에 대한 규제가 늘고 있다. 한국의 경우 관습적으로 술보다 흡연이 더 엄격하여 어른 앞에서 함께 담배를 피우면 예의가 없는 사람이라고 생각하므로 어른 앞에서는 담배를 피우지 않는 것이 좋다. 한국은 공공기관, 극장, 도서관, 대중 교통 시설 등 거의 모든 공공장소와 건물에서의 흡연이 법적으로 금지되고 있다. 공공장소에서 담배를 피우려면 지정된 장소에 가서 피워야 한다.

1.6 쇼핑

한국의 상점에서 가격을 흥정하는 일은 일반적인 모습이다. 외국인에게 잘 알려진 남대문 시장, 동대문 시장과 같은 전통 시장에서는 흥정을 해야 한다. 그리고 일반 상점에서도 가격을 깎아 달라고 하면 조금씩은 깎아 준다. 그러나 백화점, 대형 할인점 등 정찰제로 판매하는 곳은 흥정을 할 필요가 없다.

1.7 사람사귀기

한국인들은 일상 생활에서 나이와 예절을 중시하는 경향이 있다. 나이가 많은 사람에게는 먼저 인사를 하고 예의를 갖추어야 한다. 이웃들은 친절하며 외국인에 대해 호의적이므로 의사소통을 할 수 있으면 많은 도움을 받을 수 있다.

학교 친구나 일반 한국인을 많이 사귄다면 더욱 풍부하고 유익한 유학생활을 할 수 있을 것이다. 또 대학별로 외국학생 상담실이 설치되어 있으므로 어려움이 있을 때는 도움을 청하면 된다.

1.8 종교생활

한국에는 다양한 종교가 있다. 그 중에는 다른 나라에서 들어온 종교도 있고, 한국 민족에 의해서 만들어진 종교도 있다. 이 땅에 들어온 지 1천 년이 넘는 종교가 있는가 하면 2백년이 갓 넘은 종교도 있다.

한국은 종교의 자유국가이다. 불교와 기독교 인구 중 제일 많은 비중을 차지하며 그 외에도 천주교, 유교, 원불교, 천도교, 이슬람교, 토착 신앙 등 다양한 종교가 있다. 신앙 생활을 원한다면 주변 사람들에게 물어보아 본인이 믿는 종교의 모임장소로 나가면 된다.

1.9 한국의 공휴일

○ 신정 : 양력 1월 1일로 새해 첫날이다.

○ 설날 : 음력 1월 1일 음력 새해 첫날로 공식적으로는 3일간 쉬나 기업체나 일반 상점 등은 더 오래 쉬기도 한다. 모든 사람들이 일을 하지 않고 고향을 찾아가 음식을 만들어 먹고 차례를 지내며, 아랫사람이 웃어른께 세배드리는 날로 추석과 더불어 한국에서 제일 큰 명절이다.

○ 삼일절 : 3월 1일 일제에 나라를 빼앗긴 한국이 1919년 3월 1일 독립을 외치며 만세를 부르던 민족운동을 기념하는 날이다.

○ 석가탄신일 : 음력 4월 8일 석가모니의 탄신일이다. 기원 후 4세기 전후에 불교가 전해진 이래 삼국시대부터 고려 때까지 불교가 국교였다. 그리하여 불교는 한국의 문화에 많은 영향을 끼쳤으며 지금까지 많은 유산이 남아 있다.

○ 어린이날 : 5월 5일 미래의 희망 어린이를 위해 만든 공휴일이다.

○ 현충일 : 6월 6일 국가를 수호하기 위하여 죽은 군인 등 순국선열에게 명복을 비는 날이다.

○ 제헌절 : 7월 17일 1948년 7월 17일에 대한민국 헌법을 처음으로 제정하여 공포한 것을 기념하는 날이다.

○ 광복절 : 8월 15일 1945년 8월 15일 36년간의 일제의 강점에서 벗어나 자유와 독립을 찾은 것을 기념하는 날이다.

○ 추석 : 음력 8월 15일 설날과 더불어 가장 큰 명절이다. 봄부터 땀흘려 농사지은 햇곡식을 거두어 그 수확물로 밥과 떡을 만들어 조상님들에게 감사하는 날이다. 설날처럼 역시 전 국민이 3일간 쉬면서 고향으로 돌아가 부모님을 뵙고 조상의 묘에 인사를 드린다.

○ 개천절 : 10월 3일 한민족의 시조인 단군이 고조선을 세워 한국을 처음으로 개국한 것을 기념하는 날이다.

○ 크리스마스 : 12월 25일 석가탄신일과 더불어 예수 탄생을 기념하는 날이다.

2. 외국인 유학생에 대한 보험 안내

한국 국내에서 실시하는 외국인 유학생을 위한 보험은 국민건강보험공단에서 실시하는 지역의료보험이 있다. 이 보험은 한국 국내에 1년 이상 거주하는 외국인 및 재외한국인을 위하여 마련되었다. 유학생과 배우자 및 20세 미만의 자녀들은 이 보험의 혜택을 받을 수 있다. 지역의료보험에 가입하기 위해서는 외국인 등록을 마치고 체류목적을 입증할 수 있는 서류를 국민건강보험공단 지사에 제출하여야 한다.

예외적으로, 외국인 유학생들이 한국에 유학 오기 전 자국에서 건강보험에 가입한다면 한국에서 질병 등으로 치료를 받는 경우에 본국에서 지출된 비용을 환불 받을 수 있다. 만일 한국에서 개인적으로 사설보험에 가입하고자 한다면 미국계 회사인

Chubb 보험회사 등에서 실시하는 외국인 건강상해보험에 가입하는 방법과 여행자 보험에 가입하는 방법이 있다.

외국인 유학생의 증가에 따라 국내의 보험회사에서도 좋은 상품을 개발하려고 노력하고 있으므로 앞으로 유학생을 위한 보험제도가 갖춰지게 될 전망이다.

2.1 한국에서 시판되는 보험 안내
○ 국민건강보험 : www.nhic.or.kr
○ AIG 보험 : www.iaigkorea.com
○ Chubb 보험사 : www.chubbgroup.com

2.2 외국인 건강 상해보험

한국인의 경우 전 국민 의료보험에 가입되어 있으나, 외국인의 경우는 한국 국내 의료보험 가입이 제한되어 있다. 그러나 주한 외국인들의 각종 사고와 질병으로 인한 위협에 대비하여 한국의 국민건강보험에서 실시하는 외국인 및 재외국민 보험증 취득 정책이 시행되고 있으며, 사설 기관에서도 외국인 건강생활 보험이 제공되고 있다.

2.2.1 국민건강보험
○ 적용 대상자
―방문동거(F-1) 자격으로 국내 체류하는 대한민국 국민의 배우자 또는 그 자녀
―문화예술(D-1), 유학 (D-2), 산업연수(D-3), 일반연수 (D-4), 취재 (D-5), 종교(D-6), 주재(D-7), 기업투자(D-8), 무역경영(D-9), 교수 (E-1), 회화지도(E-2), 연구(E-3), 기술지도(E-4), 전문직업(E-5), 특정활동(E-7), 연수취업(E-8), 거주(F-2), 재외한국인(F-4)의 체류 자격으로 국내에 1년 이상 체류하는 외국인과 그 배우자 및 20세 미만의 자녀
<자격취득 절차 및 서류>
○ 취득일
―외국인 등록일
○ 구비서류
―외국인 등록증 등 자격취득 신고서
―체류 목적을 입증할 수 있는 서류(외국인 등록증 사본 또는 국내거소 증사본)
―소득이 있는 경우 : 소득명세서 등 소득을 확인할 수 있는 서류
○ 보험료 부과 기준
―자격취득신고시 외국인등록일로 소급적용
―최초 외국인등록일을 기준으로 3개월 이내 일시 출국은 보험료 부과

―3개월 초과는 출국한 날의 다음날로 상실, 입국일로 재취득하여 출국 기간동안 보험료 부과하지 않음.
○ 비용 : 매월 34,000원 정도
* 유학생(D-2)인 경우 30% 경감
○ 병원이용 방법
―병원이용은 한국인과 동일
○ 기타사항
―보험료 징수방법 : 3개월 단위로 선납
○ 문의, 상담 : 02-2171-1114

2.2.2 외국계 보험 회사 (Chubb)
○ 가입대상
위험이 적은 직업, 직무에 종사자로 위험등급이 1급인 외국어강사, 외교관, 관공리, 은행원, 회사원, 사업자, 경영자 및 그 동반 가족.
○ 상해시 보상
* 입원실료
상해사고나 질병으로 병원(의원)에 입원하여 치료를 받은 경우, 매 사고마다 최고 180일 한도로 총입원실료(식대포함)의 70%를 보험가입 금액 한도내에서 보상.
* 입원제비용
상해사고나 질병으로 병원에 입원하여 치료를 받을 경우 매 사고마다 180일을 한도로 의사 진료비, 치료비, 처방비, 구급수송차비, X-Ray비, 수혈비, 마취비용, 의사 처방에 의한 기타 간호비등 입원 제비용의 70%를 보험가입금액 한도내에서 보상.
* 수술비
상해사고나 질병으로 병원에 입원하여 수술을 받을 경우에 사고마다 총수술비의 70%를 보험가입금액 한도내에서 보상.
* 통원비
상해사고나 질병으로 통원치료를 받을 경우 진료비중 통원 1일당 2,000원을 공제한 금액의 50%에 해당하는 금액을 보상(보상한도액은 1사고당/ 1질병당 50,000원) 단, 이 보험 계약이 발효되어 30일 이내에 발생한 질병은 보상하지 아니함.
* 상해 사망/후유 장해
상해사고로 인하여 1년 이내에 사망하거나 후유 장해가 발생하였을 경우 보험가입 금액의 3% - 100%를 지급.
* 상해 의료실비
상해사고로 인하여 의사의 치료를 받을 경우 매 사고당 의료비 한도내에서 180일까지 실제 치료비를 보상.

단, 상해사고는 가입한 날 오 후 4시부터 효력이 발생.

2.2.3 여행자 보험
○ 의료비 지출

한국입국 후 질병이 발생할 경우 자비로 먼저 치료를 받은 후 보험회사에 의료비를 청구하여 환불받게 된다. 장기 질병의 경우에는 입원 즉시 보험회사에 연락하면 보험회사에서 진료기관을 방문하여 지급보증을 하고 있다.

의료비 청구는 진흥원에 서류를 갖추어 청구하거나 보험회사에 직접 신청할 수 있다. 진흥원을 경유하는 경우에는 서류 송부에 소요되는 시간으로 인하여 의료비 환불기간이 보험회사에 직접 신청할 경우보다 더 걸린다. 일반적으로 한국 입국 후에 발생한 질병에 대한 치료비는 일정 한도내에서 보상받으나 임신, 출산, 성형수술, 의치 등은 이에 해당되지 않는다.

—제출서류 : 신청서, 은행통장사본(통장의 표지 안쪽), 의사진단서, 영수증, 처방전, 기타 보험회사의 제출요청서류(보험회사 요청시)

○ 사고 피해 : 어떠한 사고를 당했을 경우 일정 기준의 보상을 받는다.
○ 사고 가해 : 어떠한 사고를 내서 피해자에게 보상을 해 주어야 할 경우에 보험회사에서 대신 지급
○ 도난 피해 : 중요한 물품을 도난 당했을 경우 경찰에 신고를 하고 보험사에 신청하면 일정 금액을 보상받는다(현금 제외).

2.3 긴급 상황

* 범죄발생신고 : 범죄를 당했거나 목격하였을 경우에는 즉시 가장 가까운 공중전화를 이용하여 국번 없이 112번으로 전화한다.
* 화재발생신고 : 화재를 당했을 경우 국번 없이 119번으로 전화한다.
*부상자 발생 : 부상자가 생겼을 경우 가장 가까운 병원을 찾아 도움을 청하고 매우 긴급하거나 부상자를 병원으로 이송 할 수 없는 경우에는 국번 없이 119번으로 전화하여 도움을 청한다.
* 기타: 어려운 일이 생겼을 경우에는 가까운 파출소에 찾아가 도움을 청한다.
※ 112, 119 등 긴급전화는 통화료가 부과되지 않는다. 공중전화를 이용한 긴급전화는 빨간색 단추를 누르고 번호를 누른다.

3. 한국어능력시험(TOPIK)
3.1 목적
○ 한국어를 모국어로 하지 않는 외국인 및 재외 한국인들에게 한국어 학습방향을

제시하고 세계속에 한국어 보급 확대
  ○ 한국어 사용능력을 측정·평가하여 그 결과를 유학및 취업 등에 활용

3.2 시험주관기관
  ○ 교육과학기술부 : 사업 지도·감독
  ○ 한국교육과정평가원: 시험 출제·인쇄·채점 등 시험 시행총괄

3.3 응시 대상
  ○ 한국어를 모국어로 하지 않는 외국인 및 재외 한국인으로서
  ─ 한국어 학습자 및 국내·외 대학 유학 희망자
  ─ 국내·외 한국기업체 및 공공기관 취업희망자
  ─ 외국의 학교 재학 또는 졸업자

3.4 시험 시기
  ○ 연2회 시험실시
  지역별 시차별 시험날짜 상이

	미주, 유럽, 오세아니아	아시아
상반기	4월중(토요일)	4월중(일요일)
하반기	9월중(토요일)	9월중(일요일)

3.5 시험 종류 및 시간
  ○ 일반 한국어능력시험(Standard TOPIK, S-TOPIK)
  ─ 한국 문화 이해 및 유학등 학술적 성격에 필요한 한국어능력을 측정·평가
  ─ 초급, 중급, 고급 3종류
  ○ 실무 한국어능력시험(Business TOPIK, B-TOPIK)
  ─ 일상생활 및 기업체 취업에 필요한 의사소통 능력을 측정·평가
  ─ 급수 구별없이 1종류
  ○ 시험시간

구분		제1영역 어휘·문법/ 쓰기	제2영역 듣기/읽기	비고
일반한국어	초급	09:00-10:30(90분)	11:00-12:30(90분)	
	중급	14:00-15:30(90분)	16:00-17:30(90분)	
	고급	09:00-10:30(90분)	11:00-12:30(90분)	
실무한국어		14:00-15:30(90분)	16:00-17:30(90분)	

중국의 경우 1교시, 2교시 통합실시
―초급, 고급: 09:00-12:00
중급, 실무한국어: 14:00-17:00

3.6 시행국가 및 지역
○ 한국국내 : 7개 지역(서울, 부산, 광주, 대전, 대구, 제주, 청주)
○ 한국이외 :
―중국(23개 지역) : 북경, 상해, 청도, 홍콩, 장춘, 대련, 타이페이, 천진, 광주, 연대, 남경, 사천, 낙양, 무한, 유방, 양주, 무석, 하얼빈, 연길, 항주, 성도, 심양, 위해등
―일본(22개 지역) : 도쿄 등
―몽골 : 울란바토르
―베트남(2) : 호치민 등
―태국(2) : 방콕 등
―필리핀 : 마닐라
―싱가포르 : 싱가포르
―방글라데시 : 다카
―말레이시아 : 쿠알라룸프르
―민야마(2): 양곤 등
―인도(2): 델리 등
―인도네시아: 자카르타
―라오스: 비엔티엔
―카자흐스탄 : 알마티
―키르키즈스탄 : 비쉬켁
―우즈베키스탄(4) : 타슈켄트 사마르칸트 등
―타지키스탄: 두산베
―아제르바이잔: 바쿠
―미국(6개 지역) : 워싱턴 등
―캐나다 : 토론토
―브라질(2) : 쌍파울로 등
―파라과이 : 아순시온
―아르헨티나 : 부에노스아이레스
―독일 : 프랑크푸르트
―영국 : 런던
―프랑스(4) : 파리 등
―러시아(7개 지역): 블라디보스톡, 모스크바 등

―터키:앙카라

―호주 : 시드니

3.7 시험개요

○ 일반 한국어능력시험(S-TOPIK)

―유형구분

A형	미주, 유럽, 오세아니아
B형	아시아

―평가 등급

급수	초급		중급		고급	
평가등급	1급	2급	3급	4급	5급	6급
등급결정	시험 성적에 따라 응시한 시험내에서 평가등급 결정					

평가영역 및 문항구성

영역	어휘·문법	쓰기		듣기	읽기	4개영역 총400점
유형	객관식	단답형	작문형	객관식	객관식	
문항수	30	4-6	1	10 30	30	
배점	100	30	30	40 100	100	

○ 등급별 평가기준

등급		평가기준
초급	1급	―'자기 소개하기, 물건 사기, 음식 주문하기'등 생활에 필요한 기초적인 언어기능을 수행할 수 있으며 '자기 자신, 가족, 취미, 날씨'등 매우 사적이고 친숙한 화제에 관련된 내용을 이해하고 표현할 수 있다. ―약 800개의 기초 어휘와 기본문법에 대한 이해는 바탕으로 간단한 문장을 생성할 수 있다. ―간단한 생활문과 실용문을 이해하고 구성할 수 있다.
	2급	―'전화하기, 부탁하기' 등의 일상생활에 필요한 기능과 '우체국, 은행' 등의 공공시설 이용에 필요한 기능을 수행할 수 있다. ―약 1,500-2,000개의 어휘를 이용하여 사적이고 친숙한 화제에 관해 문단 단위로이해하고 사용할 수 있다. ―공식적 상황과 비공식적 상황에서의 언어를 구분해 사용할 수 있다.

중급	3급	—일상생활을 영위하는 데 별 어려움을 느끼지 않으며, 다양한 공공시설의 이용과 사회적 관계 유지에 필요한 기초적 언어 기능을 수행할 수 있다. —친숙하고 구체적인 소재는 물론 자신에게 친숙한 사회적 소재를 문단 단위로 표현하거나 이해할 수 있다. —문어와 구어의 기본적인 특성을 구분해서 이해하고 사용할 수 있다.
	4급	—공공시설 이용과 사회적 관계유지에 필요한 언어 기능을 수행할 수 있으며, 일반적인 업무 수행에 필요한 기능을 어느 정도 수행할 수 있다. —뉴스,신문, 기사중 평이한 내용을 이해할 수 있다. 일반적·사회적·추상적 소재를 비교적 정확하고 유창하게 이해하고 사용할 수 있다. —자주 사용되는 관용적 표현과 대표적인 한국 문화에 대한 이해를 바탕으로 사회·문화적인 내용을 이해하고 사용할 수 있다.
고급	5급	—전문 분야에서의 연구나 업무 수행에 필요한 언어 기능을 어느 정도 수행 할 수 있다. —'정치, 경제, 사회, 문화' 전반에 걸쳐 친숙하지 않은 소재에 관해서도 이해하고 사용할 수 있다. —공식적, 비공식적 맥락과 구어적, 문어적 맥락에 따라 언어를 적절히 구분하여 사용할 수 있다.
	6급	—전문 분야에서의 연구와 업무 수행에 필요한 언어 기능을 비교적 정확하고 유창하게 수행할 수 있다. —'정치, 경제, 사회, 문화' 전반에 걸쳐 친숙하지 않은 주제에 관해서도 이용하고 사용할 수 있다. 원어민 화자의 수준에는 이르지 못하나 기능 수행이나 의미표현에는 어려움을 겪지 않는다.

注 释

가해 (加害)	[名]	带来伤害
거류증 (居留證)	[名]	暂住证
경감 (輕減)	[名]	减轻
계좌번호 (計座番號)	[名]	帐户号码
과락점수 (科落點數)	[名]	不及格分数
관공리 (官公吏)	[名]	公务人员
교환 (交換)	[名]	总机
단 (但)	[名]	但是，只是
데이콤 (DACOM)	[名]	DACOM
마취 (麻醉)	[名]	麻醉
모터 (motor)	[名]	电机
방콕 (Bangkok)	[名]	曼谷
비쉬켁 (Bishkek)	[名]	比什凯克
사마르칸트 (Samarkand)	[名]	撒马尔罕
사본 (寫本)	[名]	复印件
선납 (先納)	[名]	提前交纳
성형수술 (成形手術)	[名]	整容手术
소켓 (socket)	[名]	插座
수혈비 (輸血費)	[名]	输血费
시판되다 (市販—)	[自]	市场销售
식대 (食代)	[名]	用餐费
신체검사표 (身體檢查表)	[名]	身体检查表
쌍파울로 (São Paulo)	[名]	圣保罗
알마티 (Almaty)	[名]	艾马迪
연결잭 (連結jack)	[名]	插座
연구 프로젝트 (研究project)	[名]	研究项目
온세통신 (ONSE通信)	[名]	ONSE通信
울란바토르 (Ulan Bator)	[名]	乌兰巴托
원불교 (圓佛教)	[名]	圆佛教
의치 (義齒)	[名]	假牙
임신 (妊娠)	[名]	妊娠

제7과 한국 유학(2)

차질이 없다	[词组]	无差错，准确无误
초본 (抄本)	[名]	抄本
출산 (出产)	[名]	生产
쿠알라룸프르 (Kuala Lumpur)	[名]	吉隆坡
타슈켄트 (Tashkent)	[名]	塔什干
토착 신앙 (土著信仰)	[名]	土著信仰
통원비 (通院费)	[名]	入院治疗费
파출소 (派出所)	[名]	派出所
환불 (换拂)	[名]	兑换
후유 장해 (後遺障害)	[名]	后遗症伤害
TOPIK (Test of Proticiency In Korea)	[名]	韩国语能力考试

练习

1. 서로 관련된 것을 연결하여 보세요.

A	B
삼일절	4월 8일
석가탄신일	8월 15일
광복절	6월 6일
개천절	10월 3일
현충일	1월 1일
신정	3월 1일

2. 빈칸에 알맞은 말을 넣어 보세요.

(1) 한국에서 국제 전화 거는 법은 국가인식번호(001, 002…) + 국가번호 + 지역번호(처음 "0" 제외) + 전화번호이다. 한국에서 국제전화서비스를 하는 곳은 (   )(001) (   )(002) (   )(008) 등 여러 곳이 있다.

(2) 한국의 전기는 주로 (   )V 이며 60hz를 사용한다. 비디오나 텔레비전은 (   ) 방식이므로 유럽이나 동남아 등의 PAL 방식 제품은 사용하기가 곤란하다.

(3) 한국은 종교의 자유국가이다. (   )교와 (   )교 인구 중 제일 많은 비중을 차지하며 그 외에도 (   )교, (   )교, (   )교, 천도교, (   )교, 토착신앙 등 다양한 종교가 있다.

(4) 한국의 기차는 2004년도에 (　　　)(KTX)가 개통되었으며 그 외에 (　　　)호, (　　　)호가 있다.

(5) 한국어능력시험은 지금 세계 (　　　)개 국 (　　　)개 지역에서 실시하고 있다. 중국에서 실시하는 도시는 (　　　)개인데 각각 북경, 상해, (　　　), 홍콩, (　　　), 대련, (　　　)등이다.

(6) 한국의 고속버스 터미널은 많지 않고 한 도시에 (　　　)만 있다.

(7) 한국에서 승차권은 지하철 입구 매표소에서 가는 목적지를 말하고 구입해도 되고 (　　　)를 사서 이용해도 된다.

(8) 택시요금은 (　　　)를 사용하여 거리와 시간에 따라 정해진다.

(9) 한국의 상점에서 가격을 (　　　) 하는 일은 일반적인 모습이다. 외국인에게 잘 알려진 남대문 시장, 동대문 시장과 같은 전통 시장에서는 흥정을 해야 한다. 대형 할인점 등 (　　　)제로 판매하는 곳은 흥정을 할 필요가 없다.

(10) 학교 친구나 일반 한국인을 많이 사귄다면 더욱 풍부하고 유익한 유학생활을 할 수 있을 것이다. 또 대학별로 외국학생 (　　　)이 설치되어 있으므로 어려움이 있을 때는 도움을 청하면 된다.

3. 빈칸에 알맞은 것을 골라 보세요.

(1) 다음 도시중에서 지하철이 운행되지 않은 도시가 (　　　)이다.
　　A. 대전　　　　　　　　B. 대구
　　C. 광주　　　　　　　　D. 부산

(2) 한국 지하철의 모든 안내 표시는 한국어와 (　　　)로 되어 있다.
　　A. 중국어　　　　　　　B. 프랑스어
　　C. 영어　　　　　　　　D. 일본어

(3) 교통카드에 충전을 하는 장소는 (　　　)이다.
　　A. 지하철 표 판매소　　　B. 버스정류장 신문 판매대
　　C. 버스표 판매소　　　　D. 정류장 주변 매점

(4) 한국에는 (　　　)세 이하의 미성년자는 주류를 구입할 수 없으며 미성년자에게 술을 팔면 판매업자는 처벌을 받는다.
　　A. 16　　　　　　　　　B. 17
　　C. 18　　　　　　　　　D. 19

(5) 한국의 어린이날은 (   )월 (   )일이다.
   A. 6월 1일   B. 5월 5일
   C. 6월 6일   D. 8월 8일

(6) 한국 국내에서 실시하는 외국인 유학생을 위한 보험은 국민건강보험공단에서 실시하는 지역의료보험이 있다. 이 보험은 한국 국내에 (   )년 이상 거주하는 외국인 및 재외한국인을 위하여 마련되었다.
   A. 반년   B. 1년
   C. 2년   D. 3년

(7) 한국에는 범죄를 당했거나 목격하였을 경우에는 즉시 가장 가까운 공중전화를 이용하여 국번 없이 (   )번으로 전화한다.
   A. 120   B. 110
   C. 112   D. 119

(8) 한국에는 부상자가 생겼을 경우 가장 가까운 병원을 찾아 도움을 청하고 매우 긴급하거나 부상자를 병원으로 이송 할 수 없는 경우에는 국번 없이 (   )번으로 전화하여 도움을 청한다.
   A. 120   B. 110
   C. 112   D. 119

(9) 한국어능력시험의 주관기관은 (   )이다.
   A. 한국인적자원부   B. 한국교육과정평가원
   C. 교육과학기술부   D. 한국대사관

(10) 긴급전화는 통화료가 부과되지 않는다. 공중전화를 이용한 긴급전화는 (   ) 단추를 누르고 번호를 누른다.
   A. 빨간색   B. 노란색
   C. 검은색   D. 흰색

4. 다음의 질문에 대답하여 보세요.

(1) 한국에서 한국어능력시험을 실시하는 도시는 각각 어디입니까?
(2) 한국의 공휴일은 어떤 날이 있습니까?
(3) 한국에서 나이 차이가 많이 나는 사람과 함께 술을 마시거나 어른이 술을 권할

　　　경우에는 어떻게 하면 예의를 표시할 수 있습니까?.
(4) 한국의 공공장소에서 담배를 피우려면 어떻게 해야 합니까?
(5) 한국은 종교의 자유국가입니다. 한국에서 신앙 생활을 원한다면 어떻게 해야 합니까?
(6) 한국능력시험을 실시하는 목적은 무엇입니까?
(7) 한국능력시험의 합격기준은 무엇입니까?
(8) 한국에서는 대학별로 설치되어 있고 외국학생으로서 어려움이 있을 때는 도움을 청하면 갈 수 있는 곳이 어디입니까?
(9) 한국 국내에서 실시하는 외국인 유학생을 위한 보험은 국민건강보험공단에서 실시하는 지역의료보험은 어떤 사람을 위하여 마련되었습니까?
(10) 주한 외국인들의 각종 사고와 질병으로 인한 위협에 대비하여 한국의 국민건강보험에서 그리고 사설기관에서도 어떤 정책을 시행되고 있고 어떤 보험이 제공되고 있습니까?

5. 500자 이내의 중국어로 본문내용에 근거하여 다음 문제를 서술하여 보세요.

(1) 한국어능력시험의 종류 및 시간
(2) 한국어능력시험의 개요

제8과 한국의 출판

1. 한국의 출판사

1.1 1945~1961 (출판활성 준비기)

한국 해방 전후는 한마디로 출판의 자유만 무성했지 내용은 많이 빈약하였다. 그러한 와중에도 한글을 회복의 일환으로 학습서적 및 사전, 영어책들과 함께 값싸게 제작된 문고판이 대량 양산, 소비됨으로써 출판산업의 중추적 역할을 담당한 시기이기도 했다.

전쟁 이후 1,2 공화국까지는 전쟁 전후의 황량한 세태속에서 우선적으로 전쟁을 통한 분단의 아픔과 갈등을 보여주는 작품들과 전쟁소설이 대부분을 이룸과 동시에 그러한 시대속에서 돌파구를 찾고자 하는 사람들에 의해 많은 시집과 수상집들이 베스트셀러를 이루었으며, 전쟁 후의 무질서한 세태를 풍자한 "자유부인"과 같은 풍자소설도 화제가 되었다.

특히 이 시기에는 체계로서의 베스트셀러 즉, 문고판과 전집류 붐이 일어났는데 이는 자본주의적 출판을 눈 앞에 둔 시점에 상품적 가치를 돋보이게 하는 요인이라고 볼 수 있다.

1.2 1961~1972 (통제속 출판정착기)

일제의 식민 통치와 동족간의 전쟁에 이어 분단의 고착화로 인해 정신적인 황폐화가 여전한 시기였다. 게다가 군사혁명으로 시작된 박정희의 제 3공화국은 개발이라는 명분아래 지독한 독재를 감행함으로써 일체의 저항과 사상이 용납되지 않아 자연적으로 창작행위는 경직될 수 밖에 없었다.

전쟁으로 황폐해진 가족사 소설들, 한국사를 재조명하는 실록대하소설이나 약간은 황당한 무협지, 그리고 한국의 정체성을 찾고자 하는 몇몇 지성의 에세이들이 주로 읽혔으며 엄격한 통제속에서도 출판은 점차 탄탄한 산업구조를 보이며 자본주의적 판매양상을 나타냈다.

1.3 1973~1987 (권위주의적 출판활성기)

제 4, 5공화국을 통틀어 권위주의의 팽배가 여전했지만 우선 70년대는 한국의 현대문학이 꽃망울을 터뜨리던 시기로서 많은 작가들이 등장했고, 작품이 대풍년을 이루었다. 그러나 대부분의 베스트셀러가 상업주의 시비와 무관하지 않아 "호스티스 문학"이라는 용어가 등장하기까지 했다. 하지만 이러한 상황을 비판하는 출판물 또한 적잖아 산업사회 소외계층을 다룬 작품들도 나타났으며 사회의 병리적 현상을 적나라하게 지적하며 참다운 인간적 삶을 추구한 수필집들이 베스트셀러를 이루었다.

80년대에는 사회과학류의 베스트셀러 진입이라는 특이한 현상이 나타났다. 이데올로기적 관심이 상당수 지식인들에게 불러일으켰으며 금서들의 해금으로 인한 일시적인 판매 붐이었다.

1.4 1988~1996 (자본주의적 외형신장기)

1980년대 후반에 들어서면서 이념도서의 출간은 눈에 띄게 퇴조하여 새로운 국면으로 접어 들었으며 1990년대에는 일상성의 문제, 즉 대중의 요구와 대중에 대한 관심과 애정을 놓치지 않으려는 책들이 다수 차지했다.

특히 검증을 거친 인기작가의 작품보다는 무명작가의 작품이 밀리언 셀러를 기록하는 사례가 많았다. 종교에 가까운 저자의 집념이 빚은 결실들이 큰 호응을 얻었으며 여성학적 입장, 민족적 색채가 짙은 작품들이 다수 베스트셀러에 진입하였다. 컴퓨터나 입시관련 서적이 베스트셀러의 큰 흐름을 장악했다는 점이 두드러진 특징이었다.

1.5 1997 (IMF, 불황속의 풍요)

한보 및 기아 사태, IMF 사태 등 어느 것 하나 출판계의 불황에 여파를 던지지 않은 것이 없을 정도로 출판계는 최대의 불황이었다.

경제 사회적 위기의식을 반영하여 깊이 있고 무거운 책보다는 짧은 시간에 쉽게 읽힐 수 있는 단상이나 일상의 감동을 모은 에세이 류나 처세서가 출판시장을 주도했다.

1.6 1998 (매출의 격감과 대형작의 부재)

98년도 출판시장은 한마디로 매출의 격감과 서점가의 분위기를 선도하는 대형 베스트셀러가 부재했다고 할 수 있다. 전에는 1년 가까이 지속되던 베스트셀러들이 예전과는 달리 짧게는 1개월 길게는 3개월 정도로 대폭 줄어들었는데 이는 그동안 상존해 왔던 독자들의 구매 형태가 충동구매보다는 선진국형, 이성적인 구매형태로 변해, 책을 선택할 때 독서목적에 부합하는 책을 신중히 구매하는 것으로 분석할 수 있겠다. "아내의 상자"와 같은 본격 순수문학 소설이 베스트셀러 상위를 차지한 것은 이례적이며 고무적인 현상이었다.

1.7 1999 (불황 탈출은 계속되어야 한다)

이 해 역시 출판시장은 경제 전반의 불황탈출과는 달리 계속되는 불황의 터널을 벗어나지 못하고 있었다. 몇몇 대형 오프라인 서점들의 매출 신장과 인터넷 서점들이 급속한 신장을 보여주고 있었지만 지방서점과 소규모 서점들의 대부분은 독자감소로 침체를 벗어나지 못해 불황의 골이 더욱 심화되는 느낌이었다.

이 해 역시 대형 베스트셀러가 등장하지 못했으며 대신 다품종 소량 생산의 출판 형태가 자리를 잡게 되는 결과를 보여주었다. 외국 작가들의 득세가 심했으며 한국 작가의 경우, 여성 작가들의 작품들이 초강세를 보였다.

1.8 2000 ~ 2001 (New millennium을 통한 변화의 바람)

2000년도와 2001년은 완전한 불황의 터널을 벗어나지 못한 상태에 부익부 빈익빈이 심화되는 양극화 현상이 계속되었다. 즉, 모닝365와 같은 인터넷 서점들과 대형 오프라인 서점들의 급성장과는 달리 지방의 군소서점들은 매출이 급격히 줄어들어 휴·폐업이 속출하는 격심한 불황을 겪었으며 도서정가제 문제가 본격적으로 대두되었다.

하지만 97~99년들과는 달리 대형 밀리언셀러가 대거 탄생하였고 그중에서 아동도서들이 지속적으로 베스트셀러에 진입하여 출판사들이 대거 아동도서시장으로 출판 영역을 확대해 나갔으며, 경제 경영 외국어 컴퓨터 등의 실용서들이 강세를 이어갔다.

특히 신화와 예술을 결합한 "이윤기의 그리스 로마 신화" 등과 같이 다양한 분야를 접목한 Fusion Book과 재미와 지식 정보를 결합한 Edutainment Book 등이 많은 인기를 누렸다.

2. 한국 출판 현황

2.1 출판사 현황

2.1.1 신고현황

2003년 12월말 현재 신고된 한국 출판사는 20,782개사로 2002년 19,135개사보다 8.6%의 증가 추세를 보였다. 1987년 10월, 정부의 출판 활성화 조치에 따라 신규 등록이 자유화되면서 당시 3,000개 정도에 불과했던 출판사 수는 1988년도에 4,397개(46.4% 증가)로 증가하는 등 해마다 지속적인 증가세를 나타내고 있고, 2003년 2월 27일 시행된 「출판 및 인쇄진흥법」에서 출판사·인쇄소를 등록제에서 신고제로 전환함에 따라 앞으로도 꾸준히 출판사·인쇄소는 늘어날 것으로 전망

된다. 그러나 2003년 한국의 출판사 20,782개사 가운데 71.6%에 해당하는 14,871개사가 서울 지역에 있어 한국 출판 산업의 수도권 편중 현상이 해마다 심한 것으로 나타났다.

2.1.2 출판 실적

한국의 출판사 수는 IMF 위기를 맞은 1997년에도 2.4% 증가하여 301개사가 늘어났으며 2003년에는 8.6% 증가한 1,647개사가 새로 등록하였다. 그러나 이러한 외형적 성장에 비해 출판사로 등록은 해 놓고도 단 한 권의 책도 발행하지 않은 출판사 수는 2003년 전체 출판사의 92.7%에 해당하는 19,258개사로 2002년의 17,645개사보다 9.1%가 증가한 것으로 나타나 내용적인 면에서는 여전히 문제점을 드러내고 있다.

이와 같은 한국 출판 업계의 무실적 현상은 1987년을 기점으로 해마다 늘어나 1988년에는 전체 출판사 중 50.7%를 기록하면서 절반을 넘기 시작한 이후 매년 꾸준히 증가세를 나타내고 있다. 2003년에는 무려 92.7%의 출판사가 무실적 출판사로 2003년 총발행 종수 35,371종의 도서 출판을 전체 출판사의 겨우 7.3%가 담당하고 있는 것으로 나타났다.

2.2 도서 발행 현황

2003년 한 해 신간 도서의 발행량을 살펴보면, 총 35,371(만화 포함)종에 1억 1,145만 224부로 책 한 종당 평균 3,150부가 10,975원 가격으로 발행되었던 것으로 집계되었다. 발행 종수는 전년(2002년)대비 2.2%가 감소되었고, 발행 부수는 5.1%가 감소된 것으로 집계되었다.

2.2.1 분야별 발행 추이

총 35,371종의 발행량 가운데 순수과학 분야가 12.2% 증가하여 가장 크게 늘어난 분야로 나타났다. 철학은 11.5%, 문학은 10.2%의 증가를 보였다. 반면, 총류는 26.2%가 감소하여 가장 많이 줄었고, 학습 참고서(16.7%)와 아동 도서(14.4%) 순으로 줄었다. 만화가 9,081종 발행되어 전체 발행 종수의 25.6%로 가장 많이 발행된 분야로 나타났다. 이밖에 문학(5,586종), 아동(5,219종) 순으로 나타났다. 반면, 총류는 152종 발행되어 순수과학 466종과 더불어 발행량이 적은 분야로 집계되었다.

2.2.2 분야별 발행 부수 현황

발행 부수의 경우 총 111,450,224부로 집계되어 전년(117,499,547부) 대비 5.1%의 감소를 보였다. 전년대비 가장 많이 늘어난 분야는 철학 분야로 35.5%의 증가를 보였다. 이밖에 순수 과학 25.5%, 문학 14.6%, 역사 12.8%의 순으로 전년보다 발행 부수가 늘어난 것으로 나타났다. 반면, 아동은 20.9% 감소되어 가장 크게 줄었고, 총류 14.1%, 학습 참고 11.9%, 만화 7.1% 순으로 줄어든 것으로 집계되었다.

발행 부수가 가장 많은 분야로는 만화로 33,359,330부가 발행되어 전체 발행 부수의 29.9%를 차지한 것으로 나타났다. 이밖에 학습 참고(18.6%), 아동(14.1%), 문학(13.1%) 등의 분야로 집계되었다.

2.2.3 평균 발행 부수, 평균 정가 및 평균 발행 면수

도서의 한 종당 평균 발행 부수는 3,150부로 전년 같은 기간(3,246부) 대비 2.9%가 줄었다. 종당 평균 발행 부수가 가장 많은 분야는 학습 참고서로 10,759부, 가장 적은 분야는 사회과학 분야로 1,575부로 집계되었다. 도서의 평균 정가는 10,975원으로 전년 같은 기간 대비 8.2%가 줄어든 것으로 나타났다. 가장 비싼 분야는 기술 과학으로 18,411원, 그 다음은 사회과학(18,211원), 학습 참고서(15,699원) 순이었으며, 가장 저렴한 분야는 만화(3,860원), 문학(9,282원), 아동(9,293원) 순으로 나타났다. 한 권당 평균 면수는 251쪽으로 전년도의 247쪽에 비해 1.6%가 늘었다. 가장 면수가 많은 분야는 평균 412쪽의 기술과학 도서인 반면 아동은 평균 101쪽으로 전체 분야 가운데 가장 면수가 작은 분야로 나타났다.

2.2.4 외국 도서 번역 출판 현황

전체 발행 종수 가운데 번역서가 차지하고 있는 비중은 29.1%(10,294종)로 나타났다. 전년(10,444종)에 비해서는 1.4%의 감소를 보였다. 이 중 만화가 3,600종 발행되어 34.9%로 가장 많았고, 아동(2,048종), 문학(1,749종), 사회과학(849종) 순으로 집계되었다.

2.3 인쇄소 현황

2003년 12월 31일 현재 신고된 인쇄사는 모두 6,269개사이다. 전년대비 3.6% 증가하였으며 지역 분포별로 보면 서울 지역이 1,210개사로 전체의 19.3%를 차지하고 있고, 다음이 경기지역으로 866개사, 경남이 436개사, 대구가 431개사 등의 순으로 나타났다. 그러나 사업자 등록증만 발부 받고 인쇄사 신고를 하지 않은 채 영업을 하고 있는 영세 업소들이 상당수 있는 것으로 추산되는데 이들을 포함하면 현재 한국에서 8,000개 내지 10,000여개 이상의 인쇄사가 있을 것으로 추산된다.

2.4 서점 현황

'한국서점조합연합회'가 조사한 2003년말 현재 한국의 서점 수는 전년도에 비해 2.15%가 감소한 2,325개소로서 감소 비율은 줄어들고 있지만 1997년 이후 지속적으로 감소하는 추세를 보이고 있다. 서점 수 감소의 원인은 서점의 대형화 추세, 인터넷 서점 및 대형 마트의 도서 취급점 확대 등에 따른 가격 경쟁력 저하 등을 들 수 있다.

3. 한국 출판의 주요 정책

3.1 출판 산업 진흥을 위한 기반 조성

3.1.1 파주출판문화정보산업단지 조성 지원

파주출판문화정보산업단지는 기획, 생산, 유통 등 출판 산업의 세 요소를 집적화시키고, 관련 산업의 협업화와 유통 구조 개선을 통해 대외 경쟁력을 강화하기 위해 조성되었다.

파주출판문화정보산업단지 사업 협동 조합이 사업 주체가 되어 경기도 파주시 교하면 산남리, 문발리, 서패리 일원 약 47만평(1단계 265,000평, 2단계 205,000평)에 1994년부터 준비 과정을 거쳐 1998년 부지 조성 등 기반 공사를 시행하였다. 2001년 6월 건축 공사 착공을 시작으로 2002년 9월 보진재 인쇄사가 공사를 완료하여 영업을 하고 있으며 2004년 10월 현재 출판사, 인쇄사, 지류 회사, 물류 회사, 유통 업체 등 총 90개사가 입주했다.

건축 중인 출판사 14개사, 준비 중인 출판사 55개사 등이 2005년 입주를 목표로 하고 있다. 2005년말까지 총 80개 업체의 건축물이 완성되어 150개 업체가 입주할 예정이다.

파주단지토지기반조성사업은 한국토지공사가 맡고 있으며 한국산업단지공사가 관리를 맡고 파주출판협동조합이 사업을 추진하여 출판·인쇄 시설 이외에 출판물종합유통센터, 아시아출판문화정보센터 등이 입주되는 종합적인 출판 도시를 건설하고 있다.

사업 주체인 파주출판문화정보산업단지 사업 협동 조합에서는 출판 정보 교류 및 출판 관련 각종 행사를 개최하기 위하여 아시아출판문화정보센터를 2004년 9월에 건립하였다.

동 센터는 부지 5,423평, 연건평 3,836평 규모의 지하 1층, 지상 4층으로 건립되었으며 2003년과 2004년에 2회에 걸쳐 파주 어린이 책 한마당 행사를 치르는 등 출판 문화 관련 공연·전시장으로 활용되고 있다.

현재 동 센터에는 (사)출판유통진흥원, (사)한국전자출판협회 등 출판 관련 단체가 입주하고 있으며 동 센터의 공공 목적을 위해 센터의 운영 주체로 (재)출판도시문화재단을 2003년 12월에 설립하였다.

3.1.2 출판물종합유통센터 건립 지원

출판물종합유통센터는 파주출판단지 내 핵심 시설로서 현대화된 첨단 유통 설비와 유통 시스템을 갖추어 출판물의 보관, 판매, 배송, 정보 등을 일괄 처리할 수 있는 종합 물류 시설이다. 첨단 자동화 시설을 갖추어 단지에 입주하는 출판사뿐 아니라 한국내 출판사, 서점, 인터넷 서점 등의 공동 집배송 센터 역할을 병행할 수 있다.

파주 단지 남쪽에 위치한 출판물종합유통센터는 2002년에 착공하여 2004년 6월에 준공되었는데 지상 3층의 총연면적 15,000평의 건축물로서 문화산업진흥기금 100억원 융자 지원과 민자 488억원 등 총 사업비 588억원으로 건립되었다.

출판물종합유통센터의 주요 설비는 도서 분류 및 박스 분류 시스템(Sorting System), 입체 자동화 창고(Automated High Rack System), 자동화 입고 장치(Digital Picking System), 자동 제어 운송 시스템(Conveyor Automation & Control System), 창고 관리 정보 시스템(Warehouse Management System) 등이다.

3.1.3 출판 유통 현대화 사업 지원

출판 유통 현대화 사업에는 1차 년도인 2001년~2002년도에 국비 11억원을 지원하여 유통 도서 DB 포맷으로 국제 표준인 ONIX(ONline Information eXchange)를 채택하여 유통 도서 DB를 구축(37만8,000건)하였다.

2차 년도인 2002년~2003년에는 도서 DB를 대폭 확충하고 보완하였으며(기구축 DB 중 90,000건 보완, 신간 도서 정보 65,000건 구축), 출판사 및 대형 유통 회사의 도서 정보 입력 시스템 개발, 출판사·도매상·서점 간에 신속하고 정확한 수발주를 할 수 있는 전자 상거래 시스템을 개발하였다.

3차 년도인 2004년 현재까지 신간 도서 DB 15,000건 구축, 출판사와 서점을 위한 표준 업무 관리 시스템 구축, 출판 유통 현대화관리 시스템 구축, 출판 유통 현대화 시스템 시범 사업 및 교육 홍보 사업을 실시하고 있다.

이와 함께 임시 조직체인 출판유통현대화추진위원회를 2003년 6월에 법인 형태로 전환, (주)북센(구 한국출판유통), 한국출판협동조합, 두산동아, 대한출판문화협회, Yes24 등 대표를 이사로 하는 (사)출판유통진흥원을 설립하여 출판 유통 현대화 사업을 본격적으로 추진하게 되었다.

특히 2차 년도 사업에는 (주)북센이 5억원, 한국출판협동조합이 2억5,000만원, 두산동아가 1억원을 민자 투자 형식으로 출연하였으며 3차 년도에는 (주)북센 1억원, 한국출판협동조합 1억원, 잡지협회 1억원 등 민간 투자 약정을 체결하여 동 사업의 필요성에 대해 출판 및 유통 업계가 관심과 의지를 표시하는 등 사업 추진이 지속 진행되고 있다.

2004년 출판 유통 현대화 사업의 확산 및 활용을 위해 출판사 방문 교육(120개

출판사), 출판 유통 현대화 사업 안내 세미나 개최(150개 출판사 참석, KOEX), 홍보 안내문 배포(180개 출판사 대표 및 주요 출판 기자) 등 홍보·교육 활동을 하였다.

또한 동 사업을 추진하고 있는 (사)출판유통진흥원(www.booktrade.or.kr)은 한국의 출판 유통 기술을 선진국 수준으로 끌어올리기 위한 연구·조사 및 국제 기구와의 협력 등을 통하여 선진 출판 유통 기술을 신속히 한국에 소개하고 나아가 출판 유통에 관한 국제 표준의 제정시 일정 역할을 담당하는 등 한국의 출판 유통 기술에 관한 최첨단 전문가 조직으로 발전할 계획이다. 이에 따라 연구 용역 사업으로 "한국의 출판 유통 실태 조사 및 발전 방안 연구 조사" 보고서를 2003년 12월에 발간하였으며 국제 출판 유통 포럼 개최 사업, 물류 현대화 사업 등을 추진할 계획이다.

3.1.4 전자 출판 산업 육성 지원

인터넷을 통한 온라인 전자 출판물(e-book)에 대한 부가가치세는 2004년 7월 1일부터 면세 대상에 포함되었다. 그러나 무형의 온라인 전자 출판물은 음향과 영상이 혼재되어 있으므로 ' 전체 면수 중 70% 이상의 면수가 문자나 그림으로 구성돼 있는 것'으로서 문화관광부장관이 정한 기준에 적합한 것으로 한정되고, 「음반·비디오물 및 게임물에 관한 법률」의 적용을 받는 것은 제외된다.

2004년부터는 전자 출판 납본·인증 시스템이 가동되어 전자책 활성화에 전기를 마련하였다. 그밖에 전자책 수익 모델 구축, 전자책 유통 활성화, 이 달의 우수 전자책 선정(12종), 우수저작물 전자책 제작 지원(250종), 한국의 명저 전자책 제작 지원(10종), 멀티미디어 전자책 제작 등을 지원하였다. 또한 전자책 허브사이트 구축과 전자책 이용자 증대를 위한 기초 연구 작업을 비롯해, 전자 출판 대중화를 위한 전자책 산업전을 개최하였다.

3.1.5 한국출판문화진흥재단 기금 확충

1969년 설립 당시 출판 금고 기금은 회원 가입금, 국고 보조금 등 총 918만원이었으나 1974년부터 「문화예술진흥법」이 발효됨에 따라 문예진흥기금을 연차적으로 지원 받게 되었고, 또 1985년부터는 5차례에 걸쳐 공익 자금 지원금을, 2001년에는 문화산업진흥기금을 지원 받음으로써 2003년 12월 현재 한국출판문화진흥재단의 기금 조성액은 약 245억원에 이르게 되었다.

3.1.6 불법·불량 출판물 추방 운동 전개

문화관광부는 유해 간행물을 한국사회로부터 근절시키기 위해 경찰 등 관계 기관과 수시로 불법 출판물 실태 조사 및 단속을 실시하고 있으며 관련자에 대하여는 사법 조치를 의뢰하나 일부 할인점, 온라인 서점 등에서 도서 정가제를 위반하고 있다. 2004년 9월 현재 도서 정가제 위반 건수는 총 130건으로 이에 대해 과태료가

117,700,000원 부과되었다.

3.2 문화관광부 학술 부문 도서 지원

학술 출판에 대한 지원은 다음과 같은 이유에서 그 필요성이 제기된다.

첫째, 학술 출판은 한 국가의 지식 축적의 성과로 문화와 과학 기술 발전의 핵심적 역할을 담당하고 있고, 학술 출판이 위축될 경우 학문의 공동화 현상이 초래될 우려가 있으므로 시장 논리 차원에서 벗어나 국가적 차원에서 지원하여야 한다.

둘째, 학술 출판은 일반 도서에 비해 두 배 이상 제작 단가가 높은 반면, 수요층이 제한되어 매출 기반이 취약하여 이에 대한 국가적 보전이 필요하다.

셋째, 1999년 한국 출판 시장이 완전 개방됨에 따라 한국 학술 출판의 대외 경쟁력 제고를 위해서도 적절한 지원이 필요하다.

이에 따라 문화관광부는 최근 1년간 발행된 학술 분야 신간 도서를 대상으로 각 출판사의 신청을 받아, 각 분야별로 학계 및 관련 전문가 2~7명으로 선정심사위원회를 구성하고 전체 예비 심사, 분야별 전문 심사, 전체 본심사, 최종 심사 등 4단계의 공정하고 신중한 심사 절차를 거쳐 우수 학술 도서를 선정하였다.

독자적 학술 연구 성과가 돋보이고 학문의 보급 발전에 기여한 도서, 상업성을 떠나 출판 문화 향상에 기여한 학술 부문 도서, 고도의 전문성과 기획력이 탁월한 도서 등을 기준으로 선정하였고 다른 기관으로부터 출판비를 지원 받아 발행된 도서는 제외하였으며, 2004년에는 2003년 7월 1일부터 2004년 6월 30일 사이에 발행된 신간도서 2,820종 2,928권의 신청을 받아 9개 분야에서 250종을 선정하였다. 2004년 문화관광부 추천 우수 학술 도서로 선정된 도서에 대해서는 1종당 1,000만원 상당의 선정 도서를 구입하여 한국 공공 도서관, 해외 문화원 등에 배포하였다.

3.3 인쇄 산업 지원 육성

3.3.1 파주인쇄산업단지 조성

서울 중구 지역의 열악한 인쇄 환경 개선을 위해 57개 인쇄 업체가 참여해 조성하고 있는 파주인쇄산업단지는 2003년에 토지 조성공사를 완료하고 2004년부터 입주를 시작해 2006년 말까지는 대부분의 업체가 공사를 마무리해 입주할 예정이다.

1992년부터 추진된 이 단지는 67,000여평의 부지에 1,350억원이 투입되어 최첨단 시설과 친환경 공단으로 조성되며 수출 활성화와 고품질 인쇄물 제작에 기여하게

된다. 파주인쇄공단은 수도권 지역에 난립되어 있는 인쇄 공장의 협동화·집적화를 통해 21세기 첨단 산업 시대에 적합한 시설의 자동화, 현대화를 이룬 첨단 인쇄 전문 단지를 조성하자는 목적으로 추진되었으며 전문성과 생산성을 제고하고 인쇄 산업 각 분야의 기업 상호간 경쟁력을 강화함으로써 파주출판문화정보산업단지에 이어 출판 인쇄 산업의 기반 시설을 육성하는데 도움이 될 것으로 보인다. 2004년에는 세종과학인쇄, 주식회사 KTC 등 4개 업체가 공사를 진행 중이며 2005년도 25개 업체, 2006년도 18개 업체가 입주할 예정이다.

3.3.2 국제 인쇄 산업전 개최

대한인쇄문화협회 주최로 한국 인쇄 산업 발전을 위해 열린 제14회 국제인쇄산업전시회(KIPES)가 2004년 7월 9일부터 13일까지 서울 삼성동 코엑스전시장에서 개최되었다. 18개국 189개 업체가 참여한 이번 전시회에는 옵셋 인쇄기 라미네이팅기, 종이 재단기, 스크린 인쇄장비, CTP 등이 출품되어 큰 관심을 모았다. 이번 전시회에는 2003년도 싱가폴에서 있었던 아시아 인쇄물 콘테스트 수상작 특별전을 비롯하여, 대한인쇄문화협회와 청주고인쇄박물관이 공동으로 종이 제작 시연을 위한 고인쇄 체험관을 설치하여 옛 인쇄 방식을 직접 체험할 수 있는 기회를 제공하는 등 다채로운 부대 행사도 개최하였다.

3.3.3 해외 전시회 참가

인쇄물 수출 촉진을 위해 대한인쇄문화협회가 주관이 되어 2003년 4월 24일부터 27일까지 일본 동경에서 개최된 국제도서전에 한국인쇄관을 처음으로 마련, 참가하였다. 2004년 10월 6일부터 10일까지 개최된 독일 프랑크푸르트 도서전에는 정부의 지원을 받아 $72m^2$의 한국인쇄전시관을 마련, 25개사가 인쇄물을 출품하여 350여건에 300만 달러의 수출 상담이 이루어졌다.

3.3.4 인쇄 시설 현대화 추진

한국에서 가동 중인 인쇄 기기는 대부분 수입에 의존하고 있어 업계가 시설 현대화에 어려움을 겪고 있다. 이에 2004년에는 파주인쇄공단 입주 업체를 비롯한 인쇄사들이 시설 현대화를 통해 수출 증대 및 생산성을 제고할 수 있도록 시설 현대화 자금으로 문화산업진흥기금 25억원을 지원하였다.

3.4 출판 산업 국제 교류 확대

변화하는 출판 환경에 적응하고, 출판의 국제 교류를 통해 한국 출판 산업의 국제 경쟁력을 제고시키기 위해 다양한 사업들을 전개하였다. 2005년 프랑크푸르트도서전의 주빈국 참가 준비를 내실 있게 준비하였고, 서울국제도서전 개최와 세계 유수

도서전 등에 참가하여 세계의 출판 동향을 파악, 선진 출판 기술을 한국에 도입하고 있다.

注 释

거점 (據點)	[名]	据点
격감 (激減)	[名]	锐减，锐降
고인쇄 (古印刷)	[名]	古印刷
공익 자금 (公益資金)	[名]	公益资金
꽃마울	[名]	蓓蕾
납본 (納本)	[名]	呈送样书
눈여겨보다	[他]	关注，注意
돋보이다	[自]	突出
돌파구 (突破口)	[名]	突破口
라미네이팅기 (laminating機)	[名]	层压机
멀티미디어 (multimedia)	[名]	多媒体
면수 (面數)	[名]	版面数
무성하다 (茂盛—)	[形]	繁荣，茂盛，盛行
무실적 (無實績)	[名]	无实绩，无成果
문고판 (文庫版)	[名]	丛书版
물류 회사 (物流會社)	[名]	物流公司
민자 (民資)	[名]	民间资本，民资
밀리언 셀러 (million seller)	[名]	销售过百万（的商品）
부가가치세 (附加價值稅)	[名]	增值税，附加价值税（VAT）
불황탈출 (不況脫出)	[名]	摆脱不景气
빈약하다 (貧弱—)	[形]	贫乏
선도하다 (先導—)	[自]	引领，引导
세미나 (Seminar)	[名]	讨论会
소량 생산 (少量生產)	[名]	少量生产
수발주 (受發注)	[名]	接单和订购
순수문학 (純粹文學)	[名]	纯文学
시연 (試演)	[名]	试演
신고제 (申告制)	[名]	申报制
신장 (伸張)	[名]	扩张

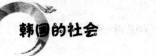

에세이 (essay)	[名]	随笔，小品文
옵셋 인쇄기 (offset印刷機)	[名]	平版印刷机
와중 (渦中)	[名]	混乱情况
인터넷 서점 (Internet書店)	[名]	网上书店
일괄 (一括)	[名]	全部
전자 상거래 시스템 (電子商去來system)	[名]	电子商务系统
전집류 (全集類)	[名]	全集类
직지 (直指)	[名]	《直指》（朝鲜时期的佛门书籍）
착공 (著工)	[名]	开工
처세서 (處世書)	[名]	讲解如何处世的书籍
추방 (追放)	[名]	驱逐，放逐
추이 (推移)	[名]	推移
탄탄하다	[形]	坚实，牢固
터널 (tunnel)	[名]	隧道，坑道
팽배 (澎湃)	[名]	高涨
포럼 (forum)	[名]	论坛
한보 사태 (韓寶事態)	[名]	韩宝事件（韩国1997年的金融舞弊案）
해금 (解禁)	[名]	解禁
허브사이트 (hub site)	[名]	集线器网站
호스티스 (hostess)	[名]	女招待，舞女
DB 포맷 (database format)	[名]	数据库格式
ONIX (ONline Information eXchange)	[名]	在线信息交换

練 習

1. 서로 관련된 것을 연결하여 보세요.

A	B
1945~1961	New millennium을 통한 변화의 바람
1961~1972	권위주의적 출판활성기
1973~1987	매출의 격감과 대형작의 부재
1988~1996	불황 탈출은 계속되어야 한다
1997	자본주의적 외형신장기
1998	출판활성 준비기
1999	통제속 출판정착기
2000~2001	IMF, 불황속의 풍요

2. 빈칸에 알맞은 말을 넣어 보세요.

(1) 전쟁 이후 1,2 공화국까지는 전쟁 전후의 황량한 세태속에서 우선적으로 전쟁을 통한 분단의 아픔과 갈등을 보여주는 작품들과 (   ) 소설이 대부분을 이루었다.

(2) 1973~1987 이 시기에는 대부분의 베스트셀러가 상업주의 시비와 무관하지 않아 "(   )"이라는 용어가 등장하기까지 했다.

(3) 80년대에는 사회과학류의 베스트셀러 진입이라는 특이한 현상이 나타났다. (   )적 관심이 상당수 지식인들에게 불러일으켰으며 금서들의 해금으로 인한 일시적인 판매 붐이었다.

(4) 군사혁명으로 시작된 (   ) 제3공화국은 개발이라는 명분아래 지독한 독재를 감행함으로써 일체의 저항과 사상이 용납되지 않아 자연적으로 창작행위는 경직될 수 밖에 없었다.

(5) 1999에는 외국 작가들의 득세가 심했으며 한국 작가의 경우, (   ) 작가들의 작품들이 초강세를 보였다.

(6) 2000~2001년에는 (   )들이 지속적으로 베스트셀러에 진입하여 출판사들이 대거 아동도서시장으로 출판 영역을 확대해 나갔으며, 경제 경영 외국어 컴퓨터 등의 (   )들이 강세를 이어갔다.

(7) 2000년도와 2001년의 한국 출판은 완전한 불황의 터널을 벗어나지 못한 상태에 (   )이 심화되는 양극화 현상이 계속되었다.

(8) 한국의 출판사 수는 (   ) 위기를 맞은 1997년에도 2.4% 증가하여 301개사

가 늘어났으며 2003년에는 8.6% 증가한 1,647개사가 새로 등록하였다.
(9) 인터넷을 통한 온라인 전자 출판물에 대한 부가가치세는 2004년 7월 1일부터 (   ) 대상에 포함되었다.
(10) 출판물종합유통센터의 주요 설비는 (   ) 시스템(Sorting System), (   ) (Automated High Rack System), (   ) 장치(Digital Picking System), (   ) 시스템(Conveyor Automation & Control System), (   ) 시스템(Warehouse Management System) 등이다.

3. 빈칸에 알맞은 것을 골라 보세요.

(1) 80년대에는 (   )의 베스트셀러 진입이라는 특이한 현상이 나타났다.
   A. 사회과학류　　　　　　　　B. 풍자소설
   C. 학술 출판　　　　　　　　　D. 전쟁소설

(2) 한국 출판 업계의 무실적 현상은 1987년을 기점으로 해마다 늘어나 1988년에는 전체 출판사 중 (   )를 기록하면서 절반을 넘기 시작한 이후 매년 꾸준히 증가세를 나타내고 있다.
   A. 50.7%　　　　　　　　　　B. 50%
   C. 60%　　　　　　　　　　　D. 70%

(3) 분야별 발행 추이를 보면 2003년 한국 출판업의 총 35,371종의 발행량 가운데 (   ) 분야가 12.2% 증가하여 가장 크게 늘어난 분야로 나타났다.
   A. 철학　　　　　　　　　　　B. 역사
   C. 만화　　　　　　　　　　　D. 순수과학

(4) 분야별 발행 부수로 보면 2003년 한국 출판업의 발행 부수가 가장 많은 분야로는 (   )로 33,359,330부가 발행되어 전체 발행 부수의 29.9%를 차지한 것으로 나타났다.
   A. 철학　　　　　　　　　　　B. 역사
   C. 만화　　　　　　　　　　　D. 순수과학

(5) 문화관광부는 최근 (   )년간 발행된 학술 분야 신간 도서를 대상으로 각 출판사의 신청을 받아 우수 학술 도서를 선정하였다.
   A. 1　　　　　　　　　　　　B. 2
   C. 3　　　　　　　　　　　　D. 4

(6) 한국의 서점 수는 1997년 이후 지속적으로 감소하는 추세를 보이고 있다. 서점 수 감소의 원인은 (　　) 등을 들 수 있다.
A. 인터넷 서점 도서 취급점 확대
B. 서점의 대형화 추세
C. 가격 경쟁력 저하
D. 대형 마트의 도서 취급점 확대

(7) 2003년 한국 도서의 한 종당 평균 발행 부수는 (　　)로 전년 같은 기간 대비 2.9%가 줄었다.
A. 10,759부   B. 1,575부
C. 3,246부   D. 3,150부

(8) 2003년 한국 도서의 평균 정가는 10,975원으로 전년 같은 기간 대비 8.2%가 줄어든 것으로 나타났다. 가장 비싼 분야는 (　　)으로 18,411원이었다.
A. 학습 참고서   B. 기술과학
C. 문학   D. 만화

(9) 2003년 12월말 현재 신고된 한국 출판사는 (　　)개사로 2002년보다 8.6%의 증가 추세를 보였다.
A. 4,397   B. 14,871
C. 19,135   D. 20,782

(10) 1969년 설립 당시 출판 금고 기금은 총 918만원이었으나 여러 차례 기금을 지원 받음으로써 2003년 12월 현재 한국출판문화진흥재단의 기금 조성액은 (　　)억원을 초과하였다.
A. 100억   B. 200억
C. 300억   D. 400억

4. 다음의 질문에 대답하여 보세요.

(1) 출판활성 준비기에는 체계로서의 베스트셀러가 무엇입니까?
(2) 한국 정부는 인쇄 사업을 지원하기 위해서 어떤 정책을 실시하고 있습니까?
(3) 1988~1996 (자본주의적 외형신장기)에는 출판의 두드러진 특징은 무엇입니까?
(4) 파주출판문화정보산업단지에 대해 간단히 설명해 보십시오.

(5) 아시아출판문화정보센터에 대해 간단히 설명해 보십시오.
(6) 2001부터 2004년까지 한국 정부에서는 어떻게 출판 유통 현대화 사업을 지원하였습니까?
(7) 이 글에 의하면 한국 정부가 학술 출판을 지원하는 이유는 무엇입니까?
(8) 문화관광부는 어떻게 우수 학술 도서를 선정합니까?
(9) 한국은 인쇄 사업을 지원하기 위하여 서울 국제인쇄산업전시회 독일 프랑크푸르트 도서전 등 전시회에서 어떻게 준비하고 참가하였습니까?
(10) 한국은 어떤 조치를 실시함으로써 전자 출판 산업 육성을 지원하고 있습니까?

5. 500자 이내의 중국어로 본문내용에 근거하여 다음 문제를 서술하여 보세요.

(1) 한국의 출판사
(2) 한국의 출판 추진 정책

제9과 한국의 방송

1. 한국의 방송사(放送史)

한국은 공영방송이 주축이며, KBS는 시청료와 광고료, MBC는 광고료로 운영되고, 공영방송의 광고업무는 한국방송광고공사가 담당한다. 민영으로는 SBS를 비롯하여 그리스도교계의 기독교방송(CBS)·극동방송·제주극동방송, 가톨릭계의 평화방송(PBC), 불교계의 불교방송(BBS) 등이 특수 목적으로 설립되어 재단법인으로 운영되고 있으며, 그 밖에 교육방송(EBS)·교통방송·바둑방송·낚시방송 등으로 갈수록 늘어나고 있는 추세이다.

한국의 방송은 일제강점기인 1927년 2월 16일 경성방송국(JODK)이 첫 방송을 시작하였고, 1939년까지 전국 5개 방송국이 개국하여 전국방송망을 갖추었다. 그러나 이때의 방송은 식민지정책을 효율적으로 수행하기 위한 수단으로 이용되어 철저한 언론통제가 이루어졌다. 광복 뒤, 한때 방송국이 미군정청에 이관되었으나 정부가 수립되고 방송사업을 국영화하여 방송국의 이름을 중앙방송국이라 하였다.

1950년 6·25로 일시 중단되고, 전쟁이 끝난 뒤 본격적인 방송이 시작되었으며, 1954년에는 최초의 민영방송인 기독교방송(CBS)이 탄생하였다. 이어 1956년에 극동방송, 1959년에 최초의 민간상업방송인 부산문화방송이 개국하고, 1961년에 최초로 서울에서 설립된 상업방송인 한국문화방송(MBC)이 개국하고, 1963년에 동아방송(DBS), 1964년에는 후에 동양방송(TBS)으로 이름을 바꾼 라디오서울(RSC)이 개국하였다.

1965년부터는 FM방송을 시작하게 되어 1980년 언론통폐합이 단행되기까지 5개의 라디오방송국이 존재하였다. 한편 텔레비전방송은 1956년 상업방송인 HLKZ-TV(그후에 DBC로 개편)가 방송을 시작하여 1959년 화재로 없어지기까지는 초기 시험적인 단계였으며, 1961년에 한국텔레비전방송국(KBS-TV)이 서울·경기 일원에 방송을 시작하면서 본격화되었다. 1963년 텔레비전 시청료를 징수함으로써 재원을 확보하여 활기를 띠기 시작하였으며, 1964년 동양텔레비전방송주식회사(TBC-TV)도 서울과 부산에서 최초의 민영텔레비전방송국을 개국하였다. 1966년 KBS-TV가 전국방송망을 갖추었고, 이어 1969년 한국문화방송(MBC-TV)도 텔레비전방송국을 개국하였다.

1970년에는 금산위성통신지구국이 준공되어 위성중계에 돌입하였고, 1995년에는 통신위성 무궁화호를 발사하였다. 한편 1973년 KBS는 국영에서 공영으로 변모

하였다. 또한 텔레비전방송은 1980년 텔레비전 컬러화와 더불어 언론통폐합 이후 공영방송체제로 접어들었다. 이로써 TBC-TV는 KBS-TV에 흡수되었고, MBC-TV도 실질적인 편성권은 KBS-TV가 가지게 되었다. 라디오방송도 MBC를 제외한 모든 상업방송국이 KBS에 흡수되었다. 여기서 제외된 기독교방송·극동방송·아세아방송은 종교방송만 전담하게 되었다.

1980년 이후 줄곧 공영방송체제를 유지하고 있으며, 1990년에는 새롭게 라디오 방송분야에서 전문방송이 시작되어 4월 평화방송국(PBC)이, 5월 불교방송국(BBS)이, 6월에는 교통방송국(TBS)이 개국하였다. 1991년 3월 새로운 민영방송인 서울방송(SBS)이 개국하여 라디오 AM방송을 시작하였고, 12월에 텔레비전방송국을 개국하였다.

2000년 현재 한국의 AM방송은 5개 사업자에 총 59개의 방송국이 있고, FM방송은 90개의 방송국이 있다. 텔레비전 방송국은 61개이며, 유선방송국은 중계방송국 860개, 음악방송국 160개로 총 1,020개의 방송국이 있다. TV 보급대 수는 2002년 현재 1700만 대를 넘어섰고, 2000년 기준 종합유선방송 가입자 수는 100만 2866가구, 유선방송 가입자 수는 703만 6000가구이다.

각 분야에서 민주화가 진행되고 있지만 지금도 전파사업에 관해서는 정부개입이 있고 상대적으로 민방의 힘은 약체이다. 광고수입면에서도 텔레비전은 신문을 추월하기까지는 이르지 않았다. 1999년말 현안인 통합방송법이 성립되고, 위성에 의한 디지털통신·방송이 폭넓게 민간에게 개방되었다.

2. 한국 방송의 현황

2.1 방송 사업자 현황

지상파 방송은 텔레비전과 라디오로 세분되며, 텔레비전 방송은 KBS, MBC, EBS, 그리고 SBS를 포함한 12개지역 민방 사업자가 있으며 (이 중 경인방송은 2004년 12월 21일 방송위원회로부터 재허가 추천 거부되어 2005년 1월 1일부터 방송을 중단함), 라디오 방송은 KBS, MBC, SBS, EBS등 공·민영 방송 사업자와 9개의 특수 방송 사업자(종교 방송 5개, 교통 방송 2개, 국악 FM 방송 1개, 국제 방송 교류단 라디오 FM 1개)가 있다. 위성 방송으로는 2002년 3월에 개국한 스카이라이프(Skylife)가 있으며, 전체 가용 채널 169개 중 162개의 방송 채널을 운영하고 있다.

유선 방송은 종합 유선 방송 사업자(SO)와 중계 유선 방송 사업자로 나누어지며 2004년 6월 현재 119개의 종합 유선 방송 사업자가 있으며, 종합 유선 방송 사업자들이 운용할 수 있는 가용

채널은 평균 79.5개이며, 실제 운영 채널은 평균 74.2개인 것으로 나타났다. 중계 유선방송 사업자는 2001년 696개 사업자에서 2002년 638개 사업자, 2003년 408개 사업자, 2004년 6월에는 299개 사업자로 그 수가 대폭 감소하는 추세이다.

허가 승인 및 등록을 한 방송 채널 사용 사업자는 2001년 121개에서 2002년 165개로 전년 대비 36.4% 증가하였으나 2003년에는 123개로 2001년 수준으로 감소하였다가 2004년 6월 현재 159개(법인 기준)로 증가하였다. 음악 유선 방송의 경우 2004년 6월 등록 기준 72개 사업자로 2002년 이후 지속적으로 감소하고 있는 것으로 나타났다. 반면 전광판 방송은 2004년 6월 현재 등록 기준 53개 사업자가 있는 것으로 나타났다.

2.2 산업 시장 규모

2003년도 방송 영상 산업 시장 규모는 7조1,365억원으로 2002년 대비 2조3,398억원(25.1%)이 감소한 것으로 나타났다. 전체 방송 산업의 시장 규모의 감소는 지상파 방송 사업자와 방송 채널 사용 사업자의 서비스 매출액 감소에 큰 영향을 받았지만, 종합 유선 방송과 위성 방송은 유료 방송의 확대와 가입 가구 수의 증가에 의해 수익이 전년대비 증가하였다.

지상파 방송 42개 사업자의 총 매출액은 2002년 대비 884억원이 감소한 3조 5,482억원이었다. 총매출액이 감소한 것은 2002년의 경우 월드컵 특수로 인해 광고 수입이 큰 폭으로 증가하였으나, 2003년에 접어들면서 일상적인 순환 과정으로 돌아섰기 때문인 것으로 파악된다.

종합 유선 방송의 경우는 지상파 방송과는 달리 2002년 대비 36.3%의 성장을 이룩하여 1조 750억원의 매출액을 기록하였다. 이와 같은 종합 유선 방송의 매출액 증가는 종합 유선 방송의 수신료 수입, 광고 수입 및 인터넷 관련 수입, PPV 사업 수입, 기타 사업 수입 등이 전년대비 증가했기 때문인 것으로 나타났다. 반면 중계 유선은 SO로의 흡수 또는 폐업으로 인하여 전년대비 462억원의 매출액 감소가 나타났다.

159개의 방송 채널 사용 사업자는 상품 판매 수입의 급격한 감소에 의해 2002년 대비 2조 6,246억원 감소한 2조3,023억원의 매출을 보였다. 상품 판매 수입의 감소는 2002년과 2003년의 회계 기준의 변경에 따라 계상이 다르게 이루어져 명목상의 감소가 이루어진 것으로 분석되고 있다. 반면, 상품 판매 수입을 제외한 수신료 수입, 광고 수입, 프로그램 판매 수입, 기타 사업 수입에서는 전년대비 증가가 이루어졌다. 위성 방송은 가입자를 유인하기 위한 공격적 마케팅의 영향으로 2003년 1,496억원의 서비스 매출을 기록하여 전년대비 135.5%(861억 원)의 증가를 기록하였다.

방송 사업의 영리 매출 현황을 살펴보면, 총영리매출액은 2002년 5조1,681억원에서 2003년 6조3,359억원으로 전년대비 23.9% 증가하였다. 사업자별로는 지상파 방송사가 3조 5,079억원이며, 종합 유선 방송은 1조750억원, 중계 유선 방송은 615

억원, 방송 채널 사용 사업자는 1,542억원, 위성 방송은 1,496억원이다.

한국의 방송 산업 규모 (단위: 억원)

방송 사업자		2001	2002	2003
지상파	공영 방송	21,498	25,526	24,759
	지역 민방(12개사)	7,170	9,457	9,302
	특수 방송	1,054	1,382	1,421
	소 계	29,722	36,365	35,482
케이블TV	종합 유선	5,479	7,887	10,749
	중계 유선	1,853	1,077	615
	소 계	7,332	8,964	11,365
방송 채널 사용 사업자	상품 판매 수익	20,075	42,497	7,672
	그 외 수익	4,520	6,772	15,351
	소 계	24,595	49,269	23,023
위성 방송		-	635	1,496
매출액 합계		61,649	95,233	71,365

* 출처: 『2003/2004 방송 산업 실태 조사 보고서』

2.3 종사자 현황

국내 방송 산업에 종사하는 인력은 전년대비 큰 변화가 없는 것으로 나타났다. 2004년 6월 현재 방송 산업 종사자는 31,645명으로서 전년도의 31,934명보다 289명이 감소하였다. 이 중 지상파 방송사의 종사자 인력은 전체 종사자 인력의 44.7%인 14,135명으로 전년대비 109명이 증가하였으며, 특수 방송을 제외한 공영 방송, 민영 방송에서 종사자의 증가가 이루어졌다. 방송 채널 사용 사업자는 2004년 6월 현재 9,678명으로 전년보다 7명이 감소하였으며, 직종별로는 정규직은 5,834명, 계약직은 3,844명으로서 전년대비 정규직은 273명 증가하였으며 비정규직은 280명이 감소하였다.

종합 유선 방송(SO)은 6,499명으로서 전년대비 927명이 증가한 반면, 중계 유선은 2004년 6월 1,037명으로서 전년대비 1,315명이 감소하였다. 중계 유선의 인력 감소는 종합 유선으로의 통합 또는 흡수에 따른 자연스러운 현상이다. 위성 방송은 2004년 6월 전년대비 인력의 변화가 없는 296명이었다.

2.4 방송 사업자 경영 성과

2.4.1 지상파 방송사

① 방송 3사

방송 3사의 매출 현황을 살펴보면, KBS의 경우 2003년 영리 매출액은 1조2,342억원으로서 전년대비 590억원이 감소하였으며, MBC는 2003년 6,900억원으로서 전년대비 219억원이 감소하였으며 SBS는 2003년 6,101억원의 영리 매출을 기록하여 전년대비 2.7%(171억) 감소하였다.

2003년도 지상파 방송 3사의 방송 광고 매출은 전반적인 국가 경기의 하락에 영향을 받아 감소하였다. 방송사별로는 KBS의 경우 방송 광고 시장에서의 비중은 20.9%인 6,782억원으로서 전년도의 7,352억원보다 7.8%(570억원) 감소하였다. MBC는 전체 광고 시장의 19.4%인 6,294억원, SBS는 17.6%인 5,700억원을 기록했다. 한편 지상파 방송 3사의 방송 광고 매출에서의 광고 매출 비중은 지속적으로 감소하고 있다.

② EBS

EBS의 영리 매출 현황은 지상파 방송사의 전반적인 감소에도 불구하고 전년대비 35.9%(223억원)가 증가한 844억원이었다. 광고 매출은 276억원으로서 전년도의 246억원 보다 12.2%가 증가하였다. 당기 순이익의 측면에서 EBS는 44억원이었으며, 이익 잉여금은 273억원이었다.

③ 지역 방송사

지역 방송사의 경영 성과를 살펴보면, MBC 지방사는 4,448억원의 영리 매출을 기록하여 전년도의 3,452억원보다 28.9%의 증가를 기록하였다. SBS를 제외한 지역 민방사의 손익 계산서를 살펴보면, 11개 지역 민방사의 총매출액은 3,200억원으로서, 이 중 경인방송이 584억원, 부산방송 514억원, 대구방송 424억원, 광주방송 265억원의 순이었다.

MBC 지방사의 단기 순이익은 521억원이었으며, 11개 지역 민방사의 당기 순이익은 461억원으로서 각 지역 민방사별로는 41억9,000만원에 불과하였다. 방송 광고 매출 현황을 살펴보면, MBC 지방사는 4,031억원으로서 전년도의 3,935억원보다 2.4% 증가하는데 그쳤다. 지역 민방사의 경우는 2,755억원으로서 전년도의 2,666억원보다 3.3% 증가하였다.

④ 라디오 방송사

라디오 방송은 KBS, MBC, SBS, EBS 등 공·민영 방송 사업자와 9개의 특수 방송 사업자(종교방송 5개, 교통방송 2개, 국악 FM 방송 1개, 국제방송교류재단 라디오 FM 1개)가 있다. 이 중 공·민영 방송 사업자(지역 민방 및 지역 방송사 포함)를 제외한 9개의 특수방송 사업자의 경영 성과와 현황을 살펴보면, 총매출액은 1,421

억원이었다. 이 중 기독교방송이 608억원의 매출액을 기록하였으며, 다음으로 서울시 교통방송본부가 204억원, 평화방송 184억원 등의 순이었다. 이들 9개 특수 방송 사업자들의 당기 순이익은 마이너스 118억원으로 각 방송 사업자별로 평균 13.1억원의 마이너스 당기 순이익을 기록하고 있었다. 매출액 증가율을 살펴보면 2001년 대비 2002년은 33.3%의 증가를 기록하였지만, 2003년의 경우는 전년대비 7.8%의 성장을 기록하는데 그쳤다.

9개 특수 방송 사업자의 광고 수익은 719억원으로서 전년도의 770억원보다 감소하였다. 반면 협찬 수익은 170억원으로 전년도의 137억원보다 증가하였다.

2.4.2 유료 방송 시장
① 종합 유선 방송

2003년 종합 유선 방송 시장은 가입자 수의 증가, 중계 유선 방송 사업자의 SO 전환에 따른 사업자 수 증가, SO의 초고속 인터넷 수입 확대 등의 영향으로 지속적인 성장을 이룩하고 있다. 반면 동일 상업권역 내 복수 SO가 존재하게 되면서 SO간의 가입자 수 확보 경쟁은 더욱 심화되었다. 종합 유선 방송 서비스 가입 가구 수는 2004년 6월 현재 1,172만가구(69.01%)로 전년대비 24.7%의 증가를 보이고 있는 것으로 나타났다.

2003년 종합 유선 방송은 사업자간 인수 합병 시도로 인해 케이블 TV 업계 전반이 재편기에 접어들었다고 할 수 있다. 이와 같은 케이블 TV 업계의 인수 합병은 망 시설 개선과 영업 활동에 있어서 규모의 경제 실현을 통해 지상파 TV 방송과의 완전한 경쟁 체제를 유지하기 위한 사업 활동이라고 할 수 있다. 특히 앞으로 SO에 대한 대기업 소유 제한 철폐 및 외국인 지분 제한 완화 등 MSO 중심의 시장 재편은 더욱 가속화될 전망이다.

종합 유선 방송 사업자의 결합 사업자 현황을 살펴보면, 씨앤엠커뮤니케이션이 10개의 SO 사업자와 2개의 중계 유선을 운영하고 있으며, 중앙네트워크계열이 10개의 SO, 한빛계열이 10개의 SO, 현대백화점과 CJ가 각각 8개와 7개 SO를 소유하고 있다. 온미디어는 6개, 큐릭스와 태광산업이 6개의 SO를 운영하고 있다. 가입자 규모의 측면에서 씨앤엠커뮤니케이션이 1,005,934가구로 가장 많은 가입자를 확보하고 있으며, CJ와 현대백화점이 각각 973,169가구와 823,834가구를 확보하고 있다.

종합 유선 방송의 매출액은 수신료 수입, 광고 수입, 시설 설치 수입, 컨버터 대여 수입, 인터넷 관련 수입, 중계 유선 수입, PPV 사업 수입(2003년 새로운 매출액 구성 내역), 기타 사업 수입으로 이루어지며, 2003년 1조750억원으로서 2002년도의 7,887억원보다 2,863억원이 증가하였다. 종합 유선 방송은 2001년 이후 지속적인 성장을 거듭하고 있다.

제9과 한국의 방송

　종합 유선 방송의 매출액 구성 내역을 살펴보면 수신료 수입은 2002년 대비 35.5%(1,355)가 증가한 5,168억원이며 2001년 이후 35% 이상의 지속적인 증가를 보이고 있으며, 광고 수입의 경우도 2,616억원으로 전년대비 44.3%(803억원)가 증가하였다. 종합 유선 방송의 중요한 수입원으로 부상하고 있는 인터넷 관련 수입의 경우, 2002년 1,041억원에서 2003년 1,730억원으로 66.1%의 비약적인 성장을 기록하였으며, 앞으로 종합 유선 방송의 수익원인 PPV 사업도 2003년 사업 첫 해 15억원의 매출을 기록하였다.

　한편, 종합 유선 방송의 전체 매출액에서 비영리 사업 수입을 제외한 영리 매출의 경우 2003년 1조750억원으로서 전년대비 36.3%(2,863억원)가 증가하였다. 종합 유선 방송의 부가가치 생산액은 6,488억원이었으며, 영업 이익은 1,822억원으로서 전년도의 1,245억원보다 577억원이 증가하였다.

　세후 순이익으로 주주에게 귀속되고 주가 형성에 가장 직접적인 영향을 미치는 성장성 비율인 종합 유선 방송의 당기 순이익은 278억원으로 나타나 전년대비 감소한 것으로 나타났다.

　한편 손익 계산서 항목의 거래로 인하여 발생하는 이익인 이익 잉여금은 마이너스 892억원이었다. 2003년 이익 잉여금을 남긴 사업자는 서울(32개 사업자), 충북(3개 사업자), 경남(4개 사업자), 제주(1개 사업자)였다.

　② 중계 유선 방송

　중계 유선 방송은 SO로의 전환 및 SO에 흡수 병합됨으로써 사업주의 수치 및 사업자의 규모가 점차적으로 감소하고 있다. 총 254개 중계 유선 방송 사업자 중 209개 중계 유선 방송사의 매출액은 2003년 615억원이었다. 이러한 수치는 2002년 조사된 341개 사업자의 총매출액 1,076억원과 직접적으로 비교될 수는 없지만 업체별 평균 매출액을 비교해 보면 실질적인 매출액에서 전반적인 감소가 이루어졌다.

　③ 방송 채널 사용 사업

　2003년 방송 채널 사용 사업자의 구도는 MSP인 온미디어와 CJ미디어, 그리고 지상파 방송 3사의 자회사 PP의 경쟁 구도를 그대로 유지하고 있는 것으로 나타났다. 채널 사용 사업은 총 21개의 사업자가 74개 채널을 운영하고 있다. 대표적인 MPP인 온미디어의 경우 2004년 현재 12개의 채널을, CJ 미디어는 9개의 채널을 운영하고 있는 것으로 나타났다.

　특히, 지상파 방송 3사가 사업 다각화 전략으로 총 8개의 프로그램 제공 사업자들을 자회사로 운영하고 있다. 지상파 방송 사업자의 채널 사용 사업자에 대한 투자내역을 살펴보면, KBS는 KBS 스카이의 두 채널(KBS 스카이드라마, KBS 스카이스포츠)과 KBS 코리아를 운영하고 있다. MBC의 경우 진년과 마찬가지로 MBC 드라마넷에 65.2%의 지분을 포함하여 MBC 게임에 30.4%(MBC 플러스 65%), MBC ESS 스포츠에 8%(MBC 플러스 40%)의 지분을 가지고 있는 것으로 조사됐다. SBS의 경

우 SBS 골프 채널에 37.58%, SBS 스포츠 채널에 51%, 그리고 SBS 드라마 플러스에 80%의 지분을 소유하고 있는 것으로 나타났다.

2003년 방송 채널 사용 사업자의 매출액은 총 2조3,023억원이었다. 이러한 수치는 2002년도의 총 4조9,277억원보다 2조6,254억원이 감소한 것으로, 매출액 중 가장 큰 감소를 보인 부분은 상품 판매 수입으로서 전년도의 4조2,497억원에서 2003년 7,672억원으로 감소하였다.

홈쇼핑의 수익 감소는 LG 홈쇼핑, CJ 홈쇼핑 등 선발 홈쇼핑 방송 채널 사용사업자의 영업 개선의 불명확 및 가시청 가구 수 포화 근접으로 인한 외형 성장세 둔화의 지속 및 신규사의 시장 잠식에 의한 경쟁 심화로 시장 점유율의 하락, SO 송출 수수료 부담 증가에 의한 수익성 개선 지연 등이 중요한 요인으로 작용하고 있다. 수신료 수입, 광고 수입, 기타 사업 수입의 경우는 크게 증가하였다.

전국 159개 채널 사용 사업자의 2003년 방송 광고 매출 현황은 3,205억원으로서 2002년의 2,556억원보다 649억원이 증가하였다. 지역별 채널 사용 사업자의 방송 광고 매출 현황을 살펴보면 서울이 2,482억원(77.4%)으로 가장 많은 것으로 나타났으며, 다음으로 경기 22%(704억원), 강원 0.3%(9억6천만원), 부산(9억6천만원), 대전(5,600만원)의 순이었다.

④ 위성 방송

위성 방송 사업자의 매출액은 2002년 출범 이후 지속적인 가입자의 확대로 전반적인 수익 구조가 호전되고 있지만 적자 구조를 지속하고 있다. 2003년 한 해 동안 위성 방송 사업자는 1,496억원의 매출을 올려 전년대비 135.6%의 증가를 기록하였다. 위성 방송 사업자의 매출액 구성 내역 중 방송 사업 수익은 1,011억원이며, 기타 매출은 485억원이었다.

위성 방송 사업자의 영리 매출은 1,496억원으로서 전년대비 135.5% 증가하였다. 방송산업별 부가가치 생산액은 406억원이며, 영업 이익은 마이너스 165억원이었다. 위성 방송사업자의 당기 순이익은 마이너스 1,685억원이며, 이익 잉여금도 마이너스 2,970억원으로서 위성 방송 가입자의 확대가 이루어졌음에도 불구하고 여전히 경영의 정상화가 이루어지지 못한 것으로 나타났다.

위성 방송 가입자 현황을 살펴보면, 2002년 4월 17만 6,987가구에서 2004년 6월 현재 1,29만7,214가구로 증가하고 있다. 2005년 MBC, SBS 등 지상파 방송의 재전송이 가능해지면 가입 가구수가 크게 늘어날 것으로 전망되고 있다.

3. 방송 프로그램 제작 및 유통

3.1 지상파 방송사

2003년 지상파 방송사의 총제작비는 8,859억원인 것으로 나타났다. 이와 같은 수치는 전년도의 지상파 방송사의 총제작비 1조188억원보다 대폭 감소한 수치이다. 방송사별로는 KBS가 3,618억원으로서 전년도 대비 28.8%(809억원) 증가하였던 반면 MBC 본사는 1,769억원으로서 전년대비 4.0%(74억원)의 감소가 이루어졌으며, SBS도 2003년의 총제작비가 2,183억원으로 전년대비 24.6%(713억원) 줄어들었다. EBS는 390억원으로 전년도의 331억원보다 증가한 것으로 나타났다. 한편 민방의 총합계는 510억원으로 전년도의 911억원보다 큰 폭으로 감소하였다. 이와 같은 총제작비의 전반적 하락은 2001년 이후 지속적으로 나타나고 있으며, 이는 새로운 매체의 출현 및 지상파 방송 사업자들의 타 방송 사업에 대한 진출 확대에 기인한 바가 크다고 할 수 있다.

지상파 방송사의 총제작비는 전년대비 감소하였지만 외주 제작비는 증가한 것으로 나타났다. 2003년 지상파 방송사의 외주 제작비는 2,521억원으로서 2002년도의 2,004억원보다 25.8% 증가하였다. 총제작비에서 외주 제작비가 차지한 비율은 28.5%로 2002년도의 19.7%보다 큰 폭의 증가를 기록하였다. 각 방송사별로는 KBS의 경우 총제작비에서 외주 제작비가 차지한 비율은 32.5%(996억원)이었으며, SBS의 총제작비 대비 외주 제작비의 비율은 32.5%(768억원), MBC 본사는 32.1%(567억원)였다. EBS는 37.6%를 차지하였으며, SBS를 제외한 지역 민방 전체의 경우는 7.3%(38억)에 불과하였다. 한편, 지상파 방송사의 프로그램 국내 및 국외 구입비는 총 1,015억원으로서 2002년도의 1,206억원보다 감소하였다. KBS의 프로그램 국내 및 국외 구입비는 502억원, MBC(본사지역)는 287억원, SBS는 127억원, 기타 민방은 50억원인 것으로 나타났다.

지상파 방송사의 외주 프로그램의 저작권 현황을 살펴보면, KBS의 총외주 제작 편수 4,807편 중 방송사가 전부 저작권을 소유한 경우는 92.5%인 4,445편이며, 독립사 일부가 저작권을 소유한 경우는 362편인 것으로 나타났다. 이러한 수치는 2002년도에 비해 방송사가 전부 저작권을 소유한 비율이 높아졌다는 것을 보여주고 있다. MBC는 총외주 제작 편수 2,136편에서 독립사와 자회사의 저작권 소유 중 방송사가 저작권을 전부 소유한 경우는 92.4%인 1,973편이었다. SBS는 총외주 제작 편수 2,850편 중 방송사가 저작권을 전부 소유한 비율은 89%(2,536편)였다.

3.2 방송 채널 사용 사업자

방송 채널 사용 사업자의 연간 외주 제작 현황을 살펴보면, 총 8,977편에 제작비는 182억원인 것으로 나타났다. 가장 많이 제작한 장르는 편수로는 음악이 4,415편이 제작되었고 다음으로 교양(1,914편), 교육(1,571편), 오락(448편)의 순이었다. 금액으로는 교양이 89억원으로 가장 많은 금액을 차지하였으며, 다음으로 교육(55억원), 다큐멘터리(15억원), 스포츠(13억원) 등의 순이었다.

3.3 종합 유선 방송 사업자

방송 시간은 831,157.6시간이었으며, 연간 직접 제작 비용은 134억3,937만원이었다. 프로그램 제작 및 수급 현황을 자체 제작과 외부 제작으로 구분하여 살펴보면, 자체 제작의 경우 연간 총 504,791.7시간이 투입되었고, 장르별로는 생활 정보가 57,718시간으로 가장 많은 것으로 나타났으며, 다음으로 오락이 56,485시간, 교양(47,021시간), 보도(42,384시간)의 순이었다. 제작 비용 측면에서는 오락이 87억9,700만원이며, 다음으로 교양이 60억3,800만원, 보도(26억3,900만원), 생활 정보(25억8,900만원)의 순으로 나타났다. 외주 제작의 경우 제작 시간은 총 69,871.5시간이었으며 SO 교환을 통한 제작은 172,241.3시간이었다.

3.4 HDTV 프로그램 제작 수급 및 편성 현황

지상파 방송사의 디지털 방송 실시에 따른 HDTV 프로그램의 편성 비율이 점차적으로 증가하고 있는 것으로 나타났다. 지상파 방송사의 HDTV 프로그램 제작 수급(자체 제작, 외주 제작, 국외 수급)의 전체 현황을 살펴보면, 총 3,243분이었으며, 이 중 자체 제작은 1,873시간, 외부 제작은 1,370시간이었다. HDTV 프로그램 제작 비용은 자체 제작의 경우 642억원이었으며, 외부 제작은 267억원이었다.

지상파 방송사의 HDTV 프로그램 제작 세부 현황을 살펴보면, KBS의 자체 제작은 총제작 시간 707시간으로 비용면에서는 179억원이 투여되었으며, MBC는 자체 제작 시간이 665시간, 비용면에서는 198억원이 투여되었다. EBS는 41시간에 10억원, SBS는 460시간에 255억원이 투여되었다. 외부 제작의 경우 KBS는 821시간에 비용은 107억원, MBC는 148시간에 22억원, SBS는 402시간에 139억원이 투여된 것으로 나타났다.

4. 주요 정책

디지털 기술의 발전은 방송·통신 융합 서비스를 가능하게 할 뿐만 아니라, 방송 자체적으로도 제작 시스템, 매체 수용 환경의 변화와 함께 전반적인 방송 산업의 가치마저도 이동하는 방송 환경의 변화를 야기하고 있다.

이러한 흐름에 부응하여 문화관광부는 1998년부터 '방송영상산업진흥계획'을 수립하여 방송 영상 산업의 제작 기반을 구축하기 위한 다양한 지원 체계를 마련하여 시행하고 있다. 특히 2003년 6월 문화산업의 핵심에 위치하고 있는 방송 영상 콘텐츠 산업과 디지털 방송시대에 걸맞는 콘텐츠 진흥 전략을 마련하기 위해 '방송 영상 산업 진흥 5개년 계획'을 마련하여 추진하고 있다.
 이 계획에 따라 문화관광부는 2003년부터 2007년까지 방송 영상 인프라 구축, 우수 방송 프로그램 제작 활성화 여건 조성, 디지털 방송 전문 인력 양성 기반 마련, 방송 프로그램 수출 활성화, 법·제도의 정비, 고객 참여 확대 및 성과 평가 제도 도입 등 방송 산업 전반에 걸쳐 분야별 7대 중점 과제를 추진하기로 하였으며 과제별 추진 전략은 다음과 같다.

과제별 추진 전략

1. 방송 프로덕션사 자생 기반 마련	디지털매직스페이스 등 집적 제작 인프라 조성
	방송 영상 투자 조합 설립 및 제작비 지원 내실화
	외주 제작 제도의 정책 실효성 확보
2. 공동 활용 인프라 구축	방송 영상 포털 사이트 구축
	디지털 방송 영상 아카이브 운영 확대
	방송 영상 제작 시설 인력 DB 구축
3. 방송 영상 전문 인력 양성 체제 구축	On-Off line 연수 시스템 구축
	현업인 재교육 확대
	소수 정예 전문 디렉터 양성
	방송 영상 민간 자격증 제도 도입
4. 유통 선진화 및 해외 진출 촉진	외주 전문 채널 설립 등 방송 콘텐츠 유통 촉진
	수출용 방송 콘텐츠 현지화 지원 확대
	국제 방송 견본시 개최 및 한·중·일 교류 확대
5. 방송을 통한 국가 브랜드 이미지 제고	아리랑 TV 영어 라디오 방송 실시
	해외 위성 방송의 실질적인 글로벌 네트워크 구축
	문화를 통한 국가 이미지 제고
6. 법·제도 정비	방송 영상 진흥 관련 법제화 추진
	방송 영상 산업 총괄 지원 기능 강화를 위한 기구 정비
7. 고객 참여 확대 및 성과 평가 제도 도입	민간 주도의 「방송영상진흥협의회」 구성·운영
	주요 사업 추진 성과의 정기적인 평가 시스템 도입

注　释

AM (Amplitude Modulation)	[名]	调幅
DB (database)	[名]	数据库
FM (Frequency Modulation)	[名]	调频
HDTV (High-Definition TV)	[名]	高清晰度电视
MPP (Multiple Program Provider)	[名]	多频道供应商
MSO (Multiple System Operator)	[名]	多系统经营者
MSP (Management Service Provider)	[名]	管理服务供应商
On-Off line	[名]	在线/不在线
PP (Program Provider)	[名]	广播频道供应商
PPV (Pay-per-View)	[名]	分次付费收视
SO (System Operator)	[名]	（相关）系统经营者，（相关）系统经营商，（相关）系统经营公司
가시청 (可視聽)	[名]	可接收，可收听
가톨릭 (Catholic)	[名]	天主教徒
개국하다 (開局―)	[他]	开设（邮电、广播）局
견본시 (見本市)	[名]	样品展示会
경인방송 (京仁放送)	[名]	京仁广播（公司），ITV（Incheon TV）
국제 방송 견본시 (國際放送見本市)	[名]	国际广播电视节（BCWW）
그리스도교 (Kristos教)	[名]	基督教
금산위성통신지구국 (錦山衛星通信地球局)	[名]	锦山卫星通信地面站
단행 (斷行)	[名]	坚决实行
당기 순이익 (當期純利益)	[名]	本期纯收益
디렉터 (director)	[名]	领军人物
디지털매직스페이스 [Digital Magic Space (DMS)]	[名]	数字神秘空间（DMS）
마이너스 (minus)	[名]	负数，赤字
민방 (民放)	[名]	民间广播
본사 (本社)	[名]	总公司
손익 계산서 (損益計算書)	[名]	损益计算书

스카이라이프 (Skylife)	[名]	Skylife
시청료 (視聽料)	[名]	接收费，收听费
씨앤엠커뮤니케이션 (C&M Communication)	[名]	C&M Communication（韩国最大的有线电视公司）
아카이브 (archive)	[名]	存档
온미디어 (Onmedia)	[名]	Onmedia公司
외주 (外周)	[名]	外部订购
위성 방송 (衛星放送)	[名]	卫星广播
유선 방송 (有線放送)	[名]	有线广播
인수 합병 (引受合併)	[名]	接管兼并
일원 (一圓)	[名]	一带
장르 (genre)	[名]	类型，形式
지분 (持分)	[名]	持有份额
지역 민방 (地域民放)	[名]	地区民间广播
집적 (集積)	[名]	集成
추월하다 (追越—)	[他]	超越
컨버터 (converter)	[名]	转换器
큐릭스 (Qrix)	[名]	Qrix公司
태광산업 (泰光産業)	[名]	泰光产业（公司）
특수 방송 (特殊放送)	[名]	特殊广播
프로덕션 (production)	[名]	生产，制作

练 习

1. 서로 관련된 것을 연결하여 보세요.

A	B
BBS	文化广播
CBS	商业广播
DBC	教育广播
EBS	基督教广播
KBS	和平广播
MBC	首尔收音机
PBC	首尔广播
RSC	韩国广播公司
SBS	佛教广播

2. 빈칸에 알맞은 말을 넣어 보세요.

(1) 한국은 (   )이 주축이며, KBS는 (   )료와 (   )료, MBC는 광고료로 운영되고, 공영방송의 광고업무는 (   )가 담당한다

(2) 1954년에는 한국 최초의 민영방송인 (   )이 탄생하였다. 이어 1956년에 극동방송, 1959년에 최초의 (   )인 부산문화방송이 개국하고, 1961년에 최초로 서울에서 설립된 상업방송인 (   )이 개국하였다.

(3) 한국의 라디오 방송은 KBS, MBC, SBS, EBS 등 공·민영 방송 사업자와 (   )개의 특수 방송 사업자(종교방송 (   )개, 교통방송(   )개, 국악 FM 방송 (   )개, 국제방송교류재단 라디오 FM (   )개가 있다.

(4) 종합 유선 방송의 매출액은 (   )수입, (   )수입, (   )수입, (   )수입, 인터넷 관련 수입, 중계 유선 수입, (   )수입, 기타 사업 수입으로 이루어진다.

(5) (   )방송은 2004년 12월 21일 방송위원회로부터 재허가 추천 거부되어 2005년 1월 1일부터 방송을 중단하였다.

(6) 한국의 위성방송으로는 2002년 3월에 개국한 (   )가 있다.

(7) 디지털 기술의 발전은 방송·통신 (   )서비스를 가능하게 할 뿐만 아니라, 방송 자체적으로도 제작 시스템, 매체 수용 환경의 변화와 함께 전반적인 방송 산업의 가치마저도 이동하는 방송 환경의 변화를 야기하고 있다.

(8) 한국 문화관광부는 1998년부터 '(   )'을 수립하여 방송 영상 산업의 제작 기반을 구축하기 위한 다양한 지원 체계를 마련하여 시행하고 있다.

(9) 1961년에 최초로 서울에서 설립된 상업방송인 (   )이 개국했다.

(10) 1964년 동양텔레비전방송주식회사(TBC-TV)도 서울과 (   )에서 최초의 민영텔레비전방송국을 개국하였다.

3. 빈칸에 알맞은 것을 골라 보세요.

(1) 한국의 방송은 일제강점기인 (   )년 2월 16일 경성방송국(JODK)이 첫 방송을 시작하였다.
    A. 1927   B. 1928
    C. 1939   D. 1930

(2) 1954년에는 최초의 민영방송인 (   ) (CBS)이 탄생하였다.
    A. 극동방송   B. 기독교방송
    C. 부산문화방송   D. 동양방송

제9과 한국의 방송

(3) 1995년에는 통신위성 (　　)호를 발사하였다.
　　A. 새마을호　　　　　　　　B. 신촌호
　　C. 무궁화호　　　　　　　　D. 비둘기호

(4) 1990년에는 새롭게 라디오방송분야에서 (　　)방송이 시작되어 4월 평화방송국(PBC)이, 5월 불교방송국(BBS)이, 6월에는 교통방송국(TBS)이 개국하였다.
　　A. 전문　　　　　　　　　　B. 국제
　　C. 종교　　　　　　　　　　D. 교육

(5) 라디오 방송은 KBS, MBC, SBS, EBS 등 공·민영 방송 사업자와 (　　)개의 특수 방송 사업자(종교방송 5개, 교통방송 2개, 국악 FM 방송 1개, 국제방송교류재단 라디오 FM 1개)가 있다.
　　A. 6　　　　　　　　　　　 B. 7
　　C. 8　　　　　　　　　　　 D. 9

(6) 한국 문화관광부는 앞으로 (　　)에서 주도하는 '방송영상진흥협의회'를 구성·운영함으로써 고객 참여 확대 및 성과 평가 제도 도입를 하기로 하였습니다.
　　A. 정부　　　　　　　　　　B. 민간
　　C. 정부와 민간　　　　　　　D. 중소기업

(7) 한국 문화관광부는 방송 영상 방면의 전문 인력을 양성하는 체제를 구축하기로 하였는데 그 주요 조치는 (　　)과 같은 조치들이다.
　　A. On-Off line 연수 시스템 구축
　　B. 현업인 재교육 확대
　　C. 소수 정예 전문 디렉터 양성
　　D. 방송 영상 민간 자격증 제도 도입

(8) 한국의 방송 채널 사용 사업자의 연간 외주 제작 현황을 살펴보면, 가장 많이 제작한 장르는 편수로는 (　　)이 4,415편이 제작되었다.
　　A. 교양　　　　　　　　　　B. 교육
　　C. 음악　　　　　　　　　　D. 오락

(9) 종합 유선 방송 사업자의 가입자 규모를 살펴보면 (　　)이/가 1,005,934가구

로 가장 많은 가입자를 확보하고 있다.
A. 온미디어 B. 씨앤엠커뮤니케이션
C. CJ D. 현대백화점

(10) 한국의 방송 산업 규모를 보면 2003년 한국 케이블 TV 시장은 (　　　)억원이 달하였다.
A. 615 B. 5,479
C. 7,887 D. 10,749

4. 다음의 질문에 대답하여 보세요.

(1) 2003년 한국의 홈쇼핑 수익 감소는 무엇이 중요한 요인으로 작용하고 있습니까?
(2) 예를 들어서 지상파 방송 3사의 방송 채널 사용 다각화 전략을 간략히 설명해 보십시오.
(3) 각종 방송 사업자에 관한 다음 약어가 무슨 뜻인지 해석해 보십시오. MPP/MSO/MSP/PP/SO
(4) 지상파 방송은 텔레비전과 라디오로 세분되는데 한국 텔레비전 방송과 라디오의 현황을 간단히 소개해 보십시오.
(5) 2003년 한국의 종합 유선 방송는 왜 2002년 대비 36.3%의 성장을 이룩하여 1조 750억원의 매출액을 기록하였습니까?
(6) 2004년까지의 한국 지상파 방송 3사의 경영 실적을 서술해 보십시오.
(7) 한국의 지상파 방송사 총제작비의 전반적 하락은 2001년 이후 지속적으로 나타나고 있는데 그원인은 무엇입니까?
(8) 디지털 기술의 발전을 부응하여 한국의 문화관광부는 어떤 계획을 수립하여 방송산업을 추진해 오고 있습니까?
(9) 한국 문화관광부의 '방송 영상 산업 진흥 5개년 계획'에 의하면 문화관광부는 2003년부터 2007년까지 어떤 조치를 실시함으로써 유통 선진화 및 해외 진출을 촉진할 예정입니까?
(10) 한국 문화관광부는 2003부터 2007년까지 방송을 통해 국가 브랜드 이미지를 제고하기로 하였는데 그 구체적인 해당 과제를 서울해 보십시오.

5. 500자 이내의 중국어로 본문내용에 근거하여 다음 문제를 서술하여 보세요.

(1) 한국의 방송사
(2) 한국 방송의 주요 정책

제10과 한국의 신문

1. 한국 신문사(新聞史)

1883	10.31.	첫 신문《한성순보》(官報) 창간
1896	4.7.	첫 민간신문《독립신문》창간
1898	3.2.	《경성신문》(황성신문 전신) 창간
1898	4.9.	첫 일간지《매일신문》창간
1899	12.4.	《독립신문》폐간
1904	7.18.	《대한매일신보》창간
1907	7.24.	법률 제1호 光武신문지법 공포
1913	1.1.	첫 어린이 신문《붉은 저고리》창간
1920	3.5.	《조선일보》창간
1920	4.1.	《동아일보》창간
1940	8.10.	《조선일보》《동아일보》 폐간호 발행
1945	11.22.	《서울신문》창간
1946	10.6.	《경향신문》창간
1949	2.25.	《태양신문》(한국일보 전신) 창간
1950	11.1.	《The Korea Times》창간
1954	6.9.	《한국일보》창간
1957	4.7.	한국신문편집인협회 창립.《독립신문》창간 예순 한 돌인 이날을 '신문의 날'로 제정. <신문윤리강령> 채택
1960	7.17.	첫 어린이일간지《소년한국일보》창간
1960	8.1.	《서울경제신문》창간
1960	12.	한국, IPI(국제언론인협회) 가입
1961	2.11.	IPI 한국위원회 발족
1961	6.28.	최고회의, 언론정책 25개항 발표. 조석간제 폐지
1961	10.13.	신문발행인협회(한국신문협회) 창립
1961	10.23.	신문 매일 8면 발행
1964	8.2.	언론윤리위원회법안 국회 통과
1964	8.17.	한국기자협회 창립
1964	9.22.	《중앙일보》창간

1968	9.26.	첫 스포츠신문《일간스포츠》창간
1972	8.30.	기자 20명 남북적십자회담 취재차 방조. 조산기자 23명 서울방문
1980	5.17.	국가보위입법위원회 언론통폐합
1980	8.2.	언론인 대량해직
1980	11.4.	신문협회·방송협회, 언론통폐합 결의
1980	12.26.	언론기본법 국회 통과
1981	1.1.	신문 매일 12면으로 늘림
1981	6.22.	한국언론연구원 창립
1988	4.1.	16~20면으로 늘림
1988	5.15.	《한겨레신문》창간
1988	11.26.	전국언론노동조합연맹 창립
1988	12.10.	《국민일보》창간
1989	2.1.	《세계일보》창간
1989	9.1.	32면으로 늘림
1991	11.1.	《문화일보》창간
1994	7.20.	40면으로 늘림
1995	5.14.	제44차 IPI서울총회 열림

2. 한국 신문 일반

2.1 분류

한국에서 발행되는 신문들을 발행규모로 분류하면 크게 전국지와 지방지로 나눌 수 있다. 전국지는 분산인쇄를 통하여 전국으로 배달이 가능한 중앙지들이고, 지방지는 각 지역에서 발행되는 지방신문들을 들 수 있다. 그리고 이는 그 발행형태의 정기성에 따라 일간지와 주간지로 구분되는데, 대부분의 신문이 일간의 형태로 발행되고 있다.

한편 신문의 내용에 따라 시사·생활정보를 종합적으로 다루는 일반지와 문화신문·경제신문·스포츠신문과 같은 특수지로 구분할 수 있다. 또한 정기구독이나 가판에 의하여 유료판매되는 유가지와 지역신문과 같이 광고수입에만 의존하는 무가지로 나눌 수도 있다. 한편 신문의 질적 수준에 따라 고급지·대중지 등으로 나뉘지만 아직 한국신문에 대한 이러한 구분에는 상당한 의견차가 있다.

2.2 지면구성

신문카르텔에 의하여 제한되어 오던 지면이 1988년 16면으로 증면되고 1989년

《한국일보》를 필두로 주요 일간지들이 휴간 없는 발행과 증면경쟁을 벌였다. 편집구성상 변화로는 정치·외신·경제·사회·문화면으로 구분 게재하는 획일적인 지면구성을 탈피하여 신축적이고 일관성 있는 제작으로 지면을 융통성 있게 다루고 있다.

따라서 1면에 가장 큰 뉴스만을 선별해 독립면으로 싣고 나머지 부분은 개성 있는 지면배치를 시도하여 뉴스별로 관계지면을 넓히거나 새로운 지면을 구성하기도 하는 종합적 편집을 하고 있다.

또한 분야별로 특집화된 종합가이드면이 생겼으며 독자페이지가 확대되고 지방뉴스면이 독립되거나 늘어났다. 또한 경제면과 스포츠면이 증가되었고 증권에 대한 관심이 높아짐에 따라 증권면이 독립구성으로 되었으며 인물동정 지면도 확대되었다.

한편 각종 생활정보로 구성되는 특집판에는 1개 지면에 1개 테마를 할애한 와이드특집이 수시로 등장하고 사진·컷·장식물과 컬러사진이 늘어난 디자인편집을 함으로써 <읽는 신문>에서 <보는 신문>으로 변모해 가고 있다. 또한 증면에 따른 가용면적의 증가로 종래의 전면 세로짜기에서 가로짜기 지면으로 바뀌었다.

2.3 취재·편집

하나의 뉴스가 지면에 시각화되기까지는 취재와 편집의 과정을 거치게 된다.

편집이란 넓은 의미로는 편집계획부터 취재, 원고청탁, 수집, 삭제, 첨가, 취사선택, 레이아웃, 교정 등 편집국의 전반적인 작업이 모두 포함되나, 좁은 의미로는 기사의 취사선택, 레이아웃, 교정 등 주로 편집부의 작업만을 말한다.

취재가 원료공급이라면 편집은 제품생산이라 할 수 있다. 취재는 독자에게 흥미있고 중요한 시의적(時宜的)인 뉴스를 찾아내서 그에 대한 자료를 수집하는 활동으로 각부 기자, 전국지사·지국, 세계의 통신망 그리고 기고가들에 의하여 이루어지며 편집은 편집부의 단독작업으로 행해진다.

주요 일간지의 경우 취재기자 인원은 사회부 20~56명, 문화부 7~24명, 정치부 15~23명, 경제부 13~50명, 사진부 12~26명, 국제부 7~38명이며, 편집부 35~72명, 교정부에는 13~38명 정도가 있다. 그 밖에 과학부와 특집부가 취재의 성격에 따라 설치되기도 한다. 해외특파원 파견과 주요 외국통신사 및 일간지와의 특약으로 외신보도에도 힘쓰고 있다.

취재는 마감시간까지 원고를 편집부에 넘김으로써 그 활동이 끝나고 편집부에서는 넘겨받은 기사들을 효과적으로 배열·전시하여 독자가 읽기에 편하게 만든다. 편집의 역할과 기능으로는

첫째, 독자의 시선을 끌고

둘째, 가독성(readability)을 높이며

셋째, 뉴스의 중요도를 등급화하고

넷째, 많은 뉴스의 흐름 속에서 그 주류를 정리하며
다섯째, 신문의 특성을 살려 독자에게 친숙감을 주는 것이다.

편집부는 원고를 받아서 강판에 이르기까지 뉴스가치의 판단과 레이아웃을 위한 권한을 갖는데 그 내용으로는 기사의 취사선택권・원고첨삭권・기사배정권・제목결정권・조판권・강판권・개판권・호외발행권 등이 있다. 이 중 강판권은 편집국을 대표하는 편집부의 권한으로 그 지면의 담당 편집기자가 그 권한을 가진다. 따라서 편집기자는 강판할 때 입회하여 최종확인을 하여야 한다.

한편 최근 주요 일간지의 편집경향은 1면을 중심으로, 그 날의 최대관심사를 집중 보도하는 몇 페이지의 종합뉴스면을 마련하여 최대한으로 활용하는 종합편집을 추구하고 있으며, 뉴스가치를 일원화하고 뉴스의 흐름을 연관 있게 구성하는 편집방침을 세우고 있다.

2.4 신문기자

신문사 종사자 수는 꾸준히 증가하고 있다. 이러한 증가현상은 1987년 6・29선언을 계기로 언론기본법 폐지 등 언론환경의 변화로 신문의 창간이 자유로워졌기 때문이다. 신문사 종사자들을 각 부서(국)별로 살펴보면 편집국이 9673(43.1%)으로 가장 많고 다음이 관리・사업부문으로 8488(37.8%), 제작부문 3962(17.6%)의 순이다. 한편 신문기자직은 그 입사시험이 언론고시라고 불릴 만큼 높은 수준을 요구하고 있으나 일부 군소신문사의 난립으로 자질 미달의 기자들이 기사화를 미끼로 취재대상에게 협박 및 금품요구를 하는 등 사회적 물의를 일으키기도 한다.

또한 각 신문사들의 증면경쟁으로 인한 기자들의 과중한 작업량으로 기사의 부실화를 초래하거나 특종에 대한 심리적 압박과 확인 없는 취재보도로 종종 잘못된 보도를 내기도 한다. 책임 있는 신문을 제작하려는 많은 언론인들의 노력으로 신문윤리강령과 그 실천요강을 제정하여 자율적인 규제를 하는 등, 공정한 사회적 임무와 책임을 다하여야만 한다.

또한 과학을 비롯한 각종 전문분야에 대한 관심증가로 이를 보도하기 위한 전문기자 양성에 힘쓰며, 언론노조 활동을 통하여 편집권 독립을 주장하고 신문종사자들의 경제적 환경개선 및 산업안전・재해보상에 관해 교섭하고 있다. 전문직업인으로서 기자는 자신의 노력뿐만 아니라 취재・보도의 자유로운 활동을 보장하는 제도적 보완이 함께 할 때 비로소 그 책임을 다할 수 있다.

2.5 용지

한국신문에 사용되는 용지는 대부분 하급갱지(下級更紙)로 표면이 거칠고 색은 갈색을 띤 백색이며 내구력은 약하나 잉크 흡착력이 좋다. 이것은 쇄목(碎木)펄프를 주원료로 한 것으로 햇빛이나 공기에 의해 잘 변색되며 장기간 보존하기에는 부적당하다. 대부분 선진국에서는 이보다 질좋은 중성지를 사용하고 있다. 1990년 현재 신문용지 생산능력은 약 50만t이다.

2.6 판매

신문사간의 경쟁을 자율적으로 자제해왔던 카르텔이 6·29선언 이후 완전히 무너짐에 따라 증면 및 판매경쟁이 가속화되고 있다. 신문의 판매경로는 크게 정기구독과 가두판매로 나뉘며 무가로 배포되는 경우도 있다. 무가지의 경우 신문사간 발행부수를 늘리기 위한 과당경쟁현상으로 신문판매의 정상화를 해치는 요인이 되기도 한다. 주요 판매경로인 정기구독의 경우 배달인력 부족과 인건비 상승으로 각 보급소 운영이 어려워져 신문배달체계 개선이 큰 문제로 대두되고 있다.

특히 증면으로 인하여 배달물량은 늘었으나 1인당 배달능력은 줄어 배달인력이 수요에 못 미치기 때문에 배달능력 감소와 함께 인건비 상승을 초래하였으며 비현실적인 구독료 책정은 신문용지대와 배달인건비 등을 감안한 합리적 운영을 어렵게 하고 있다. 따라서 구독료의 현실화와 과당경쟁 지양으로 공정판매를 추구하며 배달인력난을 해결하기 위하여 한 지국이 각 신문 보급을 한꺼번에 맡는 공동판매제를 실시하는 것이 바람직하다.

2.7 경영

1970년대 이후 계속된 언론기업의 성장추세와 함께 신문업계는 기업적 측면을 강조하는 경향이 두드러졌다. 신문사의 주요 수입원으로는 신문판매대금과 광고요금을 들 수 있는데, 광고수입은 광고물량의 증가추세로 지속적인 증가를 하고 있으나 발행부수는 거의 답보상태이므로 광고와 판매대금의 비율은 현격한 차이를 보이고 있다. 이것은 판매량의 증가추세가 광고량의 증가추세를 따르지 못하는 데에도 원인이 있지만, 그보다도 신문판매에 드는 비용부담이 더욱 가중되고 있기 때문이다.

안정세에 있는 신문들조차 현상유지를 웃도는 성장을 위하여 최소한도의 확장지를 무가로 배포해야 되는 판매경쟁, 지방 원거리 독자를 위한 전용수송망 확보, 가정배달을 위한 배달인력 확보 등이 판매비의 큰 몫이 되어 경영에 부담이 되고 있다.

또한 각 신문사마다 CTS방식의 제작과정을 도입하고 새로운 뉴스 전달매체인 전자신문·전광판 등의 뉴미디어 개발에 막대한 금액을 투자함에 따라 경영상태는 더욱 어려워졌다. 또한 일부 유력지를 제외한 대부분의 신문들은 제작비 증가에 못 미치는 광고수입 때문에 경영이 악화되고, 광고게재 단가의 덤핑사태까지 일어나 일부 신문은 도산상태에 빠지거나 폐·휴간되는 사태까지 일어났다.

3. 한국 신문의 현황

3.1 등록 현황

3.1.1 개관

1987년 「정기간행물의 등록 등에 관한 법률」(이하 「정간법」이라 함)이 제정되면서 이전의 언론 통폐합 조치에 따른 '1도 1사' 체제가 폐지되고 정부의 규제가 완화되자 일간지가 양적으로 팽창하기 시작했다. 문화관광부에 등록된 일간지는 1986년까지 30여개에 불과했으나 1990년에는 90여개, 1996년에는 118개 신문이 등록되었다. 그러나 1998년의 경제 한파로 신문 수가 줄었다가 1999년에는 113개사, 2000년에는 119개사가 등록하여 IMF 이전 수준을 회복했다. 이후 등록 일간지 수가 꾸준히 증가하기 시작하여 2002년에는 125개사, 2003년에는 134개사, 2004년에는 135개사로 증가했다. 2004년 12월말 현재 문화관광부에 등록된 일간지 135종을 지역별로 구분하면 중앙(서울)이 58종(43%), 지방이 77종(57%)으로 지방이 더 많다.

3.1.2 신문 시장의 과열 경쟁

신문사들은 과거 어느 때보다 급변하는 시장 환경에 처하게 되었다. 2001년 7월 신문고시가 재도입되고 2003년 공정거래위원회가 신문고시 위반에 대해 직접 규제할 수 있도록 신문고시가 개정되었으나, 불공정 거래 행위가 줄고 있지 않다는 지적이 계속되고 있다. 예를 들어, 공정거래위원회가 2003년 9월 실시한 신문 시장 실태조사에 따르면 신문 독자 가운데 약 70%가 '신문 선택시 경품에 영향을 받았다'고 응답했다고 한다.

2004년 1월 중앙일보와 조선일보가 자동 이체 독자들에게 구독료를 할인하는 제도를 도입하여 저가 경쟁이 시작되었다. 신문사의 가격 경쟁은 낮은 구독료 비율과 높은 광고 수익 비율이라는 특징을 지닌 한국 신문 산업에 광고 비중이 더욱 커질 수 밖에 없는 결과를 초래하고 있다.

유료 신문 시장의 판매 경쟁이 치열한 가운데 무료 배포 신문이 신문 판매 경쟁에 가세하고 있다. 2002년 출근길 지하철 주변에서 무료로 배포하는 무료 신문 '메트로'가 처음으로 등장한 후 같은 해 '데일리 포커스'가 시장에 가세, 본격적인 무료지 경쟁 체제에 돌입했다. 2003년 11월 17일 문화일보가 무료 배포지 'AM 7'을 창간하고, 2004년 들어서는 '굿 모닝 서울' 등 종합 일간지 외에도 스포츠 기사를 중점적으로 다루는 '스포츠 한국' 등이 발행하게 됨에 따라 무료 배포 신문 시장은 경쟁이 더욱 치열해지고 있다.

3.2 신문사 경영 현황

3.2.1 개요

2003년도의 한국 총광고비는 6조8,023억원으로 2002년도의 6조8,442억원에 비해 0.6% 역성장하였다. 2002년 광고비가 전년대비 19.8% 성장한 사상 최대 규모였던 점을 감안한다면 그 감소 폭은 미미한 수준으로 볼 수 있다. 이는 뉴미디어 부문이 고성장을 기록했기 때문으로 보인다. 부문별로는 TV가 3% 감소한 2조3,671억원, 신문이 6.4% 감소한 1조8900억원, 라디오 2,751억원, 잡지가 5,006억원이다. 2003년도 4대 매체의 광고비 점유율 합계는 74.1%로 TV가 34.8%, 신문이 27.8%, 라디오 4.0%, 잡지 7.5%로 나타났다. 특히 신문 광고비 점유율은 2001년도부터 계속해서 줄어드는 추세다.

3.2.2 종합 일간지의 경영 현황

금융감독원에 공시가 의무화된 자산 70억원 이상의 종합 일간지들의 지난해 매출액은 총 1조9,312억원으로 전년대비 11.9% 감소하였다. 당기 순이익 추이를 보면 신문 산업은 전반적으로 침체의 늪에 빠져 있는 것으로 보인다.

중앙지 3개사(내일신문, 조선일보, 중앙일보) 및 지방지 7개사(강원일보, 광주매일, 대전일보, 매일신문, 부산일보, 전남일보, 제주일보)가 2003년도 흑자를 기록했지만, 최근 5년간 꾸준히 흑자를 기록한 종합 일간지는 조선일보와 부산일보 두 신문사밖에 없다.

중앙지 중 흑자를 기록한 조선일보도 2002년 538억원보다 약 56.7% 줄어든 순이익을 올리는 데 그쳤다. 반면 내일신문은 전년보다 185.7% 성장한 21억5,700만원의 흑자를 기록했다. 신생 신문사인 내일신문이 3년 동안 연속 흑자를 기록하고 있는 것은 대부분의 신문사들이 적자를 기록하고 있다는 점에서 시사하는 바가 크다. 방만한 경영에서 벗어나 신문사별로 특정 분야 및 구독자를 선택, 집중한다면 살아남을 수도 있다는 것을 보여준다.

지방지의 경우 평균 매출액이 중앙지의 10분의 1 정도에 불과하고, 낮은 구독료 회수율과 무신탁 광고의 남발 등으로 만성적인 적자에서 쉽게 헤어나지 못하는 구조적 맹점을 안고 있다.

이런 상태에서 중앙지를 흉내내는 편집 전략은 큰 도움이 되지 않을 것이라고 본다. 지역 밀착성 기사로 중앙지와 차별화된 상품을 공급하는 전략을 부단 없이 추구하여야 할 것이다. 동아일보는 약 172억원, 한겨레신문과 세계일보는 비슷하게 28억원 정도의 적자를 기록했다. 국민일보와 문화일보는 5년 연속 적자에서 벗어나지 못하고 있으며, 서울신문 역시 최근 3년간 적자 기조이다. 한국일보는 일간스포츠 매각으로 2001년도에 일시 흑자를 기록했지만 2003년도 547억원에 이르는 적자를 기

록하여, 최근 임금 삭감 및 퇴직금 누진제 폐지와 같은 특단의 조치를 강구하고 있는 중이다.

최근 5년간의 당기순이익에서 바로 유추할 수 있듯이 종합 일간지들의 경영 지표(수익성/안정성)는 상당히 열악하다. '수익성'은 기업이 경영 활동에서 발생하는 각종 비용을 보전하고 이익을 낼 수 있는 능력을 말하는 것이고,' 안정성'은 단기 채무의 변제 능력과 자금 사정에 대한 정보를 통해 회사의 안정 상태를 파악하는 것이다.

수익성 분석에서 대표적으로 사용되는 매출액 영업이익률(영업이익/매출액×100)은 기업의 영업 활동에서의 이익 발생 능력을 나타내는 지표로 그 비율이 마이너스를 보이는 경우 기업이 수익 창출을 하지 못하고 있다는 것으로 장기간 지속될 경우 회사의 재무 상태는 급속도로 악화될 수 있다. 매출액 순이익률(당기순이익/매출액×100)은 회사의 자본 구조를 포함한 모든 형태의 기업 활동에 대한 효율성 및 수익성을 나타낸다. 매출액 영업이익률과 매출액 순 이익률이 플러스를 보인 신문은 조선일보, 중앙일보, 내일신문 등 순이익을 기록한 신문들뿐이고 나머지 신문들은 마이너스를 기록했다.

안정성 분석에서 대표적으로 사용되는 유동비율(유동자산/유동부채×100)은 단기 채무 상환 능력을 가늠할 수 있는 잣대로 일반적으로 그 비율이 200% 이상인 경우 안전한 기업으로 평가한다. 부채비율(부채/자기자본×100)은 타인 자본과 자기 자본 간의 관계를 나타내는 것으로 일반적으로 100% 이하이면 안정적인 것으로 보고 있다. 중앙지에서 이 두 조건을 충족시키는 신문은 조선일보와 내일신문 뿐이다. 경향신문, 국민일보, 세계일보, 한국일보 등은 자본이 잠식되어 경영이 매우 불안정한 상태를 보였다.

3.2.3 경제지와 스포츠지의 경영 현황

2002년도에 비해 경제지 6개사 모두 매출액이 감소했다. 스포츠지 중에서는 굿데이, 스포츠투데이가 매출액이 증가했고, 일간스포츠, 스포츠서울, 스포츠조선은 매출액이 감소했다. 매일경제는 연속 흑자를 이어갔고, 한국경제는 전년도 흑자에서 적자로 반전됐다. 서울경제, 디지털타임스, 전자신문은 2002년도 마찬가지로 순손실을 기록했다. 스포츠지 중에서는 스포츠서울과 스포츠투데이만이 전년도에 이어 순이익을 기록했고, 스포츠조선은 전년도 적자에서 흑자로 전환했다. 일간스포츠, 굿데이는 전년도에 이어 순손실을 기록했다.

경영지표 측면을 보면 경제지, 스포츠지 중에서 전자신문과 스포츠서울이 상대적으로 높은 안정성을 보인 반면 나머지 신문은 안정성이 높지 않다. 또한 매일경제, 스포츠서울, 스포츠조선, 스포츠투데이가 매출액 영업이익률이 플러스인 반면 나머지 신문은 마이너스를 기록했다.

한편, 디지털타임스, 서울경제, 굿데이는 자본이 잠식된 상태다. 스포츠지의 경영

난은 스포츠 산업의 침체와 대형 스포츠 스타의 부재에 그 원인이 일부 있으며, 무료 신문의 등장이 큰 변수로 작용했다고 볼 수 있다. 무료 신문이 수도권 지하철의 오전 가판 시장을 30~40% 이상을 차지했기 때문이다. 그러나 고급 스포츠·연예 콘텐츠의 개발을 통하여 무료 신문에 적극적으로 대응하지 못하고 안이하게 대처한 경영 방식 때문이라는 지적도 눈 여겨 볼 필요가 있다.

3.2.4 지방 일간지의 경영 현황

지방지 중 유동비율이 200% 이상, 부채비율이 100% 이하인 신문은 부산일보뿐이다. 매출액 영업이익률과 매출액 순이익률이 플러스인 신문은 강원일보, 대전일보, 매일신문, 부산일보뿐이다.

지방지들의 평균 매출액이 중앙지의 10분의 1 정도에 불과하고, 낮은 구독료 회수율과 무신탁 광고의 남발 등으로 만성적인 적자에서 쉽게 헤어나지 못하는 구조적 맹점을 안고 있음은 앞서 지적한 바와 같다. 지역 밀착성 기사로 중앙지와 차별화된 상품을 공급하는 전략을 통하여 외적으로는 경쟁력을 높이고 내적으로는 생산성과 효율성을 제고하는 경영 목표와 전략이 시급히 요구된다고 본다.

4. 주요 정책

4.1 「지역신문발전지원특별법」

지역 신문의 건전한 발전 기반을 조성하여 여론의 다원화, 민주주의의 실현 및 지역 사회의 균형 발전에 이바지함을 목적으로 한 「지역신문발전지원특별법」이 2004년 3월 제정·공포되었다. 문화관광부 산하에 '지역신문발전위원회'와 '지역신문발전기금'을 설치하는 것이 주요 골자이다. 「지역신문발전지원특별법」은 지원 대상 신문에 대해
▶ 1년 이상 정상적으로 발행하고
▶ 광고 비중이 총지면의 2분의 1을 넘지 않아야 하며
▶ 발행부수공사(ABC)에 가입해야 한다는 등의 자격 요건을 설정했다. 또 지배주주나 발행인, 편집인이 대통령령으로 정한 지역 신문의 운영 등과 관련해 금고 이상의 전과를 갖고 있는 경우도 지원 대상에서 제외시켰다.

지역신문발전위원회는 문화관광부 장관이 위촉하는 9명 이내로 구성하며, 이 안에는 국회 문광위원장이 교섭 단체와 협의해 추천하는 3명과 신문협회, 기자협회, 한국언론학회가 각각 추천하는 인사 3명이 포함된다고 법은 명시하고 있다.

「지역신문발전지원특별법」에서 위임된 사항과 그 시행에 관하여 필요한 사항을 규정하기 위한 시행령은 지역 순회 토론회 개최 및 공청회 개최 등을 통하여 각계의 의견을 수렴하고, 관계 부처 협의, 법제처 심사 등을 거쳐 2004년 10월 5일 공포되

었다.

시행령은 우선 지원 기준으로

△ 발행인과 편집 종사자 대표가 동등하게 참여해 편집에 관한 규약을 제정·시행하는 등 편집 자율권을 보장하고 있을 것

△ 기금 지원을 신청한 날 전 1년 이내에 지역 신문 운영과 관련해 당해 지역 신문사, 지배 주주, 발행인, 편집인 그 밖의 임·직원이 벌금형 이상의 형사 처벌을 받지 않았을 것

△ 기금 지원을 신청한 날 전 1년 동안 종사자에 대한 건강 보험, 국민연금 보험, 고용 보험 및 산업 재해 보상 보험의 보험료의 미납액이 없을 것을 규정했다.

지역신문발전위원회는 위의 기준을 모두 충족하는 지역 신문을 대상으로

△ 최대 주주와 특수 관계자의 주식 소유 비율의 정도

△ 부채 비율의 정도

△ 시민 단체나 지역 인사로 구성된 자문위원회를 구성하여 정기적으로 운영하는지 여부 등을 종합적으로 고려해 우선 지원 대상을 선정하게 된다.

기금의 관리·운용에 관한 사무는 문화관광부 장관이 정하여 고시하는 언론 관련 법인에 위탁한다고 명시했다. 2004년 11월에 지역신문발전위원회 위원이 위촉되고 지역 신문 업무 위탁 기관으로 한국언론재단이 지정되어, 지역 신문 발전 계획의 수립 등을 위한 준비 작업을 진행하고 있다.

4.2 언론 피해 구제 제도의 개선

언론 인권 강화를 위한 조치도 새롭게 마련되었다. 언론 피해의 종합적 해결에 어려움을 겪고 있는 국민들에게 제반 언론 피해의 궁극적 해결책을 종합적으로 제공하고자 언론중재위원회 내에 '민간언론피해상담센터'가 2004년 4월 설치되었다.

'민간언론피해상담센터'는 언론 관련 제반 법률 상담(피해자 및 언론사), 정정, 반론, 추후 보도를 위한 중재 신청 상담 및 안내, 중재 신청에 따른 사실 조사 기능 활성화, 언론 피해 사전 예방 차원의 언론사, 공·사기업, 지자체, 행정 각부 등에 대한 교육 및 홍보, 법률 구조 기관과의 피해 구조 협의 등의 업무를 수행하고 있다.

독자의 신문 기사와 광고에 대한 불만을 신속하게 처리함으로써 언론의 건전한 발전에 이바지하며 신뢰도를 향상시키기 위한 독자 불만 처리제가 신문윤리위원회에 도입되어 운영되고 있다.

4.3 문화미디어국의 신설

문화관광부는 직제 개편을 통하여 '문화미디어국'을 신설하였다. 급격히 변화하는 미디어 환경에 대응하고 문화의 그릇으로서의 미디어 산업에 대한 체계적 육성을 위하여 문화미디어국을 신설하게 된 것이다.

인터넷 언론의 부상 등 새로운 미디어 환경에 대응하는 미디어 산업선진화 지원 조직 체계가 필요하다는 인식과 미디어에 대한 저널리즘적 논란에서 벗어나 산업적 정책 수행을 위한 조직 체계의 마련이 필요하다는 인식에서 문화미디어국을 신설하였다.

또한, 문화 콘텐츠 산업 진흥을 위한 업무량 확대에 대처하고자 하는 것도 문화미디어국 신설의 한 원인이 되었다.

문화미디어국은 종래의 미디어와 함께 새로이 부각되는 인터넷 등 디지털화에 따른 뉴미디어 산업을 포함한 미디어의 체계적 종합 진흥 시책의 수립과 함께 출판·인쇄 산업의 유통 현대화, 인프라 구축 등 출판 산업 진흥과 전자 출판 산업의 육성 기능을 강화하고, 방송·통신 융합 등 환경 변화에 대응하여 방송 콘텐츠 진흥 업무도 강화하게 된다.

注 釋

가독성 (可讀性)	[名]	可读性
가로짜기	[名]	横向排版
가세하다 (加勢—)	[名]	加剧，使升级
가판 (街販)	[名]	街道零售
갱지 (更紙)	[名]	新闻纸
과당경쟁 (過當競爭)	[名]	过度竞争
괄목하다 (刮目—)	[名]	刮目相看
군소신문사 (群小新聞社)	[名]	众多小报社
금고 (禁錮)	[名]	禁锢，监禁
기고가 (寄稿家)	[名]	投稿人，投稿者
난립 (亂立)	[名]	乱立，乱建
답보상태 (踏步狀態)	[名]	踏步状态
덤핑 (dumping)	[名]	倾销
레이아웃 (layout)	[名]	编排，版面设计
무가지 (無價紙)	[名]	免费报纸
물의 (物議)	[名]	公众的批评
미끼	[名]	鱼饵
반론 (反論)	[名]	反驳

배달 (配達)	[名]	发送
보급소 (普及所)	[名]	（报纸）发行所
세로짜기	[名]	纵向排版
순손실 (純損失)	[名]	净亏损
시의적 (時宜的)	[名]	合时宜的，有时效性的
와이드특집 (wide 特輯)	[名]	大型特辑，超长特辑
외신 (外信)	[名]	外国通信，外国报导
웃돌다	[他]	超过（某一数额）
원고첨삭 (原稿添削)	[名]	原稿增删
유가지 (有價紙)	[名]	有偿报纸
융통성 (融通性)	[名]	灵活性
이체 (移替)	[名]	转（账）
인건비 (人件費)	[名]	劳务费
인물동정 (人物動靜)	[名]	人物动向
일간지 (日刊紙)	[名]	日报
입회 (立會)	[名]	到场，在场
자질 미달 (資質未達)	[名]	不够资格
잣대	[名]	尺度，标准
저널리즘 (journalism)	[名]	新闻业
전광판 (電光版)	[名]	灯光图文版
전국지 (全國紙)	[名]	全国性报纸
정기구독 (定期購讀)	[名]	定期订阅
조판권 (組版權)	[名]	排版权
종사자 (從事者)	[名]	从事者
주간지 (週刊紙)	[名]	周报
중앙지 (中央紙)	[名]	中央报纸
증면 (增面)	[名]	增加版面
지면 (紙面)	[名]	版面
지방지 (地方紙)	[名]	地方性报纸
지역신문 (地域新聞)	[名]	地区性报纸
취사 (取捨)	[名]	取舍
카르텔 (cartel)	[名]	卡特尔，企业联合，商业联合体
컷 (cut)	[名]	截图
테마 (theme)	[名]	主题

통폐합 (統廢合)	[名]	合并, 兼并
퇴직금 누진제 (退職金累進制)	[名]	退休金累进制
특단 (特段)	[名]	特别
특약 (特約)	[名]	特约
특종 (特種(←特種記事))	[名]	特种报导
특집판 (特輯版)	[名]	特辑版, 专辑版
펄프 (pulp)	[名]	纸浆
현상유지 (現狀維持)	[名]	现状维持
호외발행권 (號外發行權)	[名]	号外发行权
휴간 (休刊)	[名]	停刊
IPI (International Press Institute)	[名]	国际新闻学会 (IPI)

練 習

1. 서로 관련된 것을 연결하여 보세요.

A	B
1883	《동아일보》 창간
1920	《서울신문》 창간
1945	《세계일보》 창간
1950	《중앙일보》 창간
1964	《한겨레신문》 창간
1988	《The Korea Times》 창간
1989	첫 신문 《한성순보》(官報) 창간

2. 빈칸에 알맞은 말을 넣어 보세요.

(1) 편집이란 (   )로는 편집계획부터 취재, 원고청탁, 수집, 삭제, 첨가, 취사선택, (   ), 교정 등 편집국의 전반적인 작업이 모두 포함되나, (   )로는 기사의 취사선택, 레이아웃, 교정 등 주로 편집부의 작업만을 말한다.

(2) 신문기자직은 그 입사시험이 (   )라고 불릴 만큼 높은 수준을 요구하고 있으나 일부 군소신문사의 (   )으로 (   )의 기자들이 기사화를 미끼로 취재대상에게 협박 및 금품요구를 하는 등 사회적 (   )를 일으키기도 한다. 또한 각 신문사들의 (   )으로 인한 기자들의 과중한 작업량으로 기사의 (   )를 초래하거나 특종에 대한 심리적 압박과 확인 없는 취재보도로 종

종 잘못된 보도를 내기도 한다.

(3) 신문의 판매경로는 크게 (   )과 (   )로 나뉘며 무가로 배포되는 경우도 있다. 무가지의 경우 신문사간 (   )를 늘리기 위한 과당경쟁현상으로 신문 판매의 정상화를 해치는 요인이 되기도 한다.

(4) 신문사의 주요 수입원으로는 (   )과 (   )을 들 수 있는데, 광고수입은 광고물량의 증가추세로 지속적인 증가를 하고 있으나 발행부수는 거의 (   ) 이므로 광고와 판매대금의 비율은 현격한 차이를 보이고 있다.

(5) 2004년 1월 중앙일보와 조선일보가 (   ) 독자들에게 구독료를 할인하는 제도를 도입하여 (   )이 시작되었다. 신문사의 가격 경쟁은 낮은 (   ) 비율과 높은 (   ) 비율이라는 특징을 지닌 한국 신문 산업에 광고 비중이 더욱 커질 수밖에 없는 결과를 초래하고 있다.

(6) 한국에서 발행되는 신문들을 발행규모로 분류하면 크게 (   )와 (   ) 로 나눌 수 있다.

(7) 신문은 그 발행형태의 정기성에 따라(   )와 (   )로 구분되는데, 대부분의 신문이 일간의 형태로 발행되고 있다.

(8) 신문은 한편 신문의 내용에 따라 시사·생활정보를 종합적으로 다루는 (   )와 문화신문·경제신문·스포츠신문과 같은(   )로 구분할 수 있다.

(9) 신문은 정기구독이나 가판에 의하여 유료 판매되는 (   )와 지역신문과 같이 광고수입에만 의존하는 (   )로 나눌 수도 있다.

(10) 하나의 뉴스가 지면에 시각화되기까지는 (   )와 (   )의 과정을 거치게 된다.

3. 빈칸에 알맞은 것을 골라 보세요.

(1) (   )은 편집국을 대표하는 편집부의 권한으로 그 지면의 담당 편집기자가 그 권한을 가진다.

    A. 강판권   B. 조판권
    C. 개판권   D. 호외발행

(2) 신문사 종사자 수는 꾸준히 증가하고 있다. 이러한 증가현상은 (   )년 6·29선언을 계기로 언론기본법 폐지 등 언론환경의 변화로 신문의 창간이 자유로워졌기 때문이다.

    A. 1985   B. 1986
    C. 1987   D. 1988

(3) 신문사간의 경쟁을 자율적으로 자제해왔던 (   )이 6·29선언 이후 완전히 무너짐에 따라 증면 및 판매경쟁이 가속화되고 있다
  A. 한국문화국   B. 카르텔
  C. 언론통폐합   D. 문화미디어국

(4) 2002년 출근길 지하철 주변에서 무료로 배포하는 무료 신문 '(   )'가 처음으로 등장했다.
  A. 메트로   B. 굿모닝 서울
  C. AM 7   D. 스포츠 한국

(5) 지역 신문의 건전한 발전 기반을 조성하여 여론의 다원화, 민주주의의 실현 및 지역 사회의 균형 발전에 이바지함을 목적으로 한 「   」이 2004년 3월 제정·공포되었다.
  A. 신문발전법   B. 지역신문발전법
  C. 지역신문발전지원법   D. 지역신문발전지원특별법

(6) 다음의 편집의 역할이 아닌 것을 고르십시오.
  A. 독자의 시선을 끌고
  B. 가독성(readability)을 높이며
  C. 뉴스의 중요도를 등급화하고
  D. 신문을 판매하는 것

(7) 신문카르텔에 의하여 제한되어 오던 지면이 1988년 16면으로 증면되고 1989년 《   》를 필두로 주요 일간지들이 휴간 없는 발행과 증면경쟁을 벌였다.
  A. 한국일보   B. 조선일보
  C. 서울신문   D. 중앙일보

(8) 신문사 종사자들을 각 부서(국)별로 살펴보면 (   )이 9673(43.1%)으로 가장 많다. 다음이 관리·사업부문으로 8488(37.8%), 제작부문 3962(17.6%)의 순이다.
  A. 편집국   B. 제작부문
  C. 관리·사업부   D. 사회부

(9) 언론 피해의 종합적 해결에 어려움을 겪고 있는 국민들에게 제반 언론 피해의 궁극적 해결책을 종합적으로 제공하고자 언론중재위원회 내에 '민간언론피해상담센터'가 (　　)년 4월 설치되었다.
   A. 2002　　　　　　　　　　　B. 2003
   C. 2004　　　　　　　　　　　D. 2005

(10) 「지역신문발전지원특별법」은 지원 대상 신문이 되려면 광고 비중이 총지면의 (　　)을 넘지 않아야 한다.
   A. 1/2　　　　　　　　　　　B. 1/3
   C. 1/4　　　　　　　　　　　D. 1/5

4. 다음의 질문에 대답하여 보세요.

(1) 이른바 4대 매체, 중앙지 3개사, 지방지 7개사란 각각 어떤 것을 가리킵니까?
(2) 2004년 한국에서 '문화미디어국'을 신설하였는데 이 기관은 왜 설치했으며 어떤 기능을 수행하고 있습니까?
(3) 「지역신문발전지원특별법」에 의하면 지원 대상 신문이 되려면 어떤 조건이 필요합니까?
(4) '민간언론피해상담센터'는 어떤 업무를 수행하고 있습니까?
(5) 어떻게 유동비율과 부채비율을 가지고 기업의 경영 상황을 판단합니까?
(6) 각종 생활정보로 구성되는 특집판에는 1개 지면에 1개 테마를 할애한 와이드 특집이 수시로 등장하고 사진·컷·장식물과 컬러사진이 늘어난 디자인편집을 함으로써 신문에 어떤 변화를 가져왔습니까?
(7) 편집의 역할과 기능은 무엇입니까?
(8) '민간언론피해상담센터'는 어떤 업무를 수행하고 있습니까?
(9) 왜 신문사 종사자 수는 꾸준히 증가하고 있습니까?
(10) 2004년 3월 「지역신문발전지원특별법」이 제정·공포된 목적이 무엇입니까?

5. 500자 이내의 중국어로 본문내용에 근거하여 다음 문제를 서술하여 보세요.

(1) 한국 신문의 역사
(2) 한국 신문의 주요 정책

제11과 한국의 잡지

1. 한국의 잡지사(雜誌史)
1.1 전환기
8·15부터 6·25발발 전까지의 시기는 한국 잡지사상 혼란기이자 새로운 출발기였다. 이 시기에는 문예지·종합지·전문지들뿐 아니라 지방지·기관지 등 각종 형태의 잡지들이 간행되었다. 지방간행종합지로서 1945년 대구에서 간행된 《건국공론(建國公論)》의 경우, 창간호 3만 부가 매진되는 등 발행부수·판매면에서도 급신장하였으나, 당시의 사회적 여건과 경영상의 미숙으로 곧 폐간하고 말았다. 《여성문화》와 《신천지》는 각각 광복 후 최초의 여성지, 최초의 종합지라는 점이 주목되고, 이 시기의 아동지들은 비록 혼란 속에서 발행되었음에도 그 내용이 충실하여 현재 아동지들의 기본적 틀로 자리잡았다. 1948년 5월 남조선 단독정부가 수립되자 좌익계열의 잡지는 점차 사라지게 되었다. 1949년 3월과 8월 《신태양(新太陽)》 《문예(文藝)》가 각각 창간되었는데, 그 문학사적 가치가 높고 한민족문화창달에도 큰 영향을 미쳤다.

1.2 복구기
6·25로 잡지계 역시 어려운 상황이었으나 그 후 1961년까지 급속한 성장을 거듭하여 무려 1400여 종의 잡지가 창간되었다. 1·4후퇴 후 부산을 거점으로 모인 잡지인들은 의욕을 가지고 잡지 창간에 박차를 가하였다. 《자유예술(自由藝術)》 《희망》 《자유세계(自由世界)》 《새벗》 등이 간행되었고 대구에서는 육군종군작가단이 《전선문학(戰線文學)》을 창간하였다. 이 밖에도 《역사학보(歷史學報)》 《국어국문학(國語國文學)》 《동국사학(東國史學)》, 학생 대상의 《수험연구(受驗研究)》 등이 나왔고, 《사상계(思想界)》의 전신인 《사상(思想)》이 국민사상지도원(國民思想指導院)에 의해 간행되었다.

1953년 휴전은 잡지계의 새로운 전환점이 되었고 잡지문화는 더욱 활발해졌다. 그 해 4월 《사상》은 《사상계》로 새출발하여 본격 학술종합지로 자리를 잡기 시작하였는데, 《사상계》는 8·15 이후 세대의 의식을 주도할만큼 큰 역할을 했다. 같은 해 9월 대구에서 창간된 《학원(學園)》은 학생잡지로서 1960년대 한국문단 형성에 일조하였다. 그 밖에 《문화세계(文化世界)》《문학춘추(文學春秋)》《현대공론(現代公論)》 등의 종합지가 등장하였고 《동광》의 맥을 이어 1954년 창간된 《새벽》

은 자유당정권을 비판하는 글을 싣기도 하였다. 그 뒤 여성지와 오락지도 등장하였는데 《새가정》《여성계》《여원(女苑)》《주부생활》《아리랑》《명랑(明朗)》 등이 이에 해당한다.

문예지로는 박남수(朴南秀)·김이석(金利錫)·오영진(吳泳鎭) 등의 월남문인(越南文人)들이 창간한 《문학예술(文學藝術)》이 문인들에게 활기를 준 데 이어, 1955년 1월에 창간하여 오늘날까지 현존하는 전통의 문학지인 《현대문학》 역시 문인들의 활동무대가 되었다. 《문예》《문학인》《자유문학》《한글문예》《문학평론》, 시 전문지인 《시작(詩作)》《시영토(詩領土)》《시정신(詩精神)》《현대시》《서정시》《신시학(新詩學)》 등도 이 시기에 나온 잡지이다. 한편 이때 창간된 《국제영화(國際映畵)》《영화세계(映畵世界)》《영화예술(映畵藝術)》《시나리오 문학》 등의 영화 잡지를 포함, 법률·의학·교육·종교 등 학술지·전문지도 등장하였으나 단명하였다.

1.3 성장기

5·16 이후 현재에 이르는 이 시기의 잡지계의 특징을 보면 대략 다음과 같다.

첫째, 잡지의 대형화와 함께 <읽는 잡지>에서 <보는 잡지>로의 변화가 일어났다.

둘째, 언론기업체인 동아일보사·중앙일보사·조선일보사·경향신문사 등에서 다투어 여러 종류의 잡지를 간행하기 시작하면서 제2차신문잡지시대(1964~)를 열었다.

셋째, 주간잡지의 붐을 들 수 있는데 1965년 한국일보사에서 《주간한국》을 발행한 이래 각종 주간지가 창간되었고 독자들에게 쉽게 파고들었다.

넷째, 잡지의 전문화 현상이 두드러졌다.

다섯째, 각 잡지사는 기업화의 길을 모색, 독자확보를 위한 치열한 경쟁을 벌이게 되었는데 현재 이러한 경쟁이 가장 치열한 분야는 여성지로 볼 수 있다.

여섯째, 잡지의 유통구조가 다양해져 예전에는 서점을 통한 위탁판매가 주류를 이루었으나 오늘날에는 외판제도와 가두판매 및 정기구독신청 형태로 판매된다.

제3공화국 수립과 더불어 독자에게 초점을 맞춘 편집을 체계화한 본격적인 잡지들이 나타나기 시작, 이후 1964년 말까지 100여 종의 새로운 잡지가 창간되는 등 1970년대에 이르는 동안 잡지는 형태면·분야면에서 발전을 거듭하였다. 1964년 이후 창간된 대표적 잡지들로는 《신동아(新東亞, 64년 9월 복간)》《월간중앙(月刊中央)》《정경연구(政經研究, 뒤에 政經文化로 개칭)》《월간 다리》《자유(自由)》《자유공론(自由公論)》《아세아(亞細亞)》 등의 종합지와 《샘터》《동서문화(東西文化)》

《문화비평》《새마을》《자유교양》 등의 일반 교양지가 있다. 이 중《아세아》는 대중에게 판매되는 잡지로서는 처음으로 가로 쓰기를 시도하였고 1970년 2월에 창간된《뿌리깊은 나무》가 그 뒤를 이었다.《씨알의 소리》《기독교사상》《경향잡지》와 같은 종교잡지가 일반인들에게도 널리 인식되었던 것도 주목할 만하다.

《주부생활》《여성중앙》《여성동아》《직업여성》《신여원(新女苑)》 등의 여성지와《영어세계》《소년중앙》《여학생》《어깨동무》《학생과학》《새소년》《진학(進學)》《합격생》 등의 아동지·학생지도 이 시기에 창간되었다.

문예지로는《월간문학》《현대시학(現代詩學)》《시문학(詩文學)》《수필문학》《문학사상》《새시대문학》《심상(心象)》 등이 있고, 계간지인《창작비평》《문학과 지성》이 각각 1965년 1월, 1970년 4월에 창간되어 1980년 7월에 강제 폐간당하기까지 잡지를 통해 학파를 구성하였다는 업적뿐만 아니라 당시 지식인의 정신적 기저로서의 역할을 수행해 잡지의 권위를 세웠다.

한편 1968년 9월에 창간된《선데이서울》은 주간지 시대의 개막을 주도하여《주간여성》《주간경향》 등이 잇따라 나오면서 주간오락문화지로 자리잡았다. 그러나 창간 목적과 달리 점차 상업화경향을 띠게 되면서 저급화하여 사회적 지탄을 받기도 하였고《선데이서울》은 1992년 12월 통권 1192호를 끝으로 폐간되었다.

1980년 실권을 장악한 신군부세력은 정의사회 구현이라는 명분 아래 사회 각 분야에 대한 대대적인 숙정(肅正)작업을 벌였다. 그해 7월 31일과 11월 28일 두 차례에 걸친 정화조치에 의해 외설로 비난 받던《명랑》《아리랑》 등의 오락지와 15개 주간지,《창작과 비평》《문학과 지성》 등 월간 104개지, 계간 16개지 등 총 172개 잡지가 등록을 취소당하게 되었다. 이같은 조치는 부록발행·무가지(無價誌)의 영리행위·조기발행 관행·외설지 범람 등을 규제하는 준기능적 측면도 없지 않았으나, 결과적으로 잡지계의 사기를 크게 위축시키는 계기가 되었다.

그러나 잡지계는 오늘날까지 양적·질적으로 꾸준히 성장하여 1988년, 등록의 자유화를 이루었고 1991년의 잡지수는 총 4965종으로 월간 2168개지, 주간 1338개지, 계간 662개지, 격월간 401개지, 연간 138개지, 일간 100종을 기록하였다. 최근에는《주간조선》《시사저널》《TV저널》 등의 주간지 창간이 다시 붐을 이루고 있으며, 동시에 주간지의 고급화도 이루어지고 있다.

1982년 10월 아동을 대상으로 하는 만화 월간지《보물섬》이 창간된 이래《만화왕국》《주간 만화》 등 월간·격주간·주간 형태의 만화잡지가 잇따라 창간되었고 또 경영면에서 자리를 잡아가고 있는 것도 최근 잡지계의 새로운 경향이다. 한편 잡지 발전에 발맞추어 고정독자를 대상으로 하는 전문지가 늘고 있으며 그 분야는 더욱 세분화되어가고 있다.《월간골프》(70년 7월 창간)《기계설계기술》(86년 10월 창간)《컴퓨터매거진》(88년 6월 창간) 등이 그 예로, 잡지의 전문화와 세분화는 바람직한 현상이라 할 수 있다. 1991년에는《넥서스 정보센터》 등의 플로피디스크를

이용한 컴퓨터디스켓잡지가 처음으로 등장했는데 400면 분량을 디스켓 1장에 담고 있다.

매년 11월 1일은 한국잡지발행인협회(현 한국잡지협회)가 1908년 11월 1일 최남선이 《소년》지를 창간한 날을 기념하여 1965년에 제정한 <잡지의 날>로, 기념식을 거행하며 잡지문화발전에 기여한 유공자들에게 잡지문화상을 시상하고 있다.

2. 한국 잡지의 현황

2.1 등록 현황

문화관광부와 각 시도에 등록된 월간 이하 잡지수는 2004년 11월 기준으로 3,926종이며, 이 중 각 시도에 등록된 잡지수는 2,219종이다. 한국잡지협회에 따르면 2004년 11월말 현재 잡지 종사자 수는 약 4만여 명으로, 매출액은 연간 1조원으로 추정하고 있다.

잡지 회사 형태로 보면, 개인 기업이 가장 많고 주식회사, 법인체, 유한회사 순이며, 대형 종합 잡지사는 (주)서울문화사, (주)중앙 M&B, (주)웅진닷컴 등으로 주식회사 법인체가 대부분이다. 잡지 발행 형태는 월간지 발행이 주종을 이루고 있다.

정기 간행물 등록 현황을 살펴보면 2000년도에는 6,435종, 2001년도 6,884종, 2002년도 7,027종으로 점차 늘어나다가 2003년도에는 6,688종으로 다소 줄어들었고 2004년 11월 현재 6,895종이다.

월간, 격월간, 계간, 반년간의 신규 등록은 2000년도 663종, 2001년도 638종으로 감소하다가 2002년도에는 681종으로 다소 증가하였으나 2003년도에는 633종으로 다시 감소하였다.

폐간은 2000년도에는 378종, 2001년 418종, 2002년 648종, 2003년 888종으로 계속 증가하고 있음을 볼 수 있다. 한편, 교양 잡지, 문학 잡지 등은 광고보다 판매 수익에 크게 의존하고 있는 형태이다. 정기구독자 구성비 또한 잡지 특성에 따라 회원제로 운영되는 유가 전문지는 정기 구독 의존도가 비교적 높은 편이나 이와는 반대로 광고를 주수입원으로 하는 무가지 경우는 정기 구독자가 거의 없다고 볼 수 있다.

인터넷 홈페이지 개설은 70%에 육박하고 있음에도 웹진의 상업화는 아직 미흡한 수준이며, ISSN 코드 표기는 60% 넘게 하고 있으나 활용은 극소수로, 유통 정보화를 통해 ISSN 코드 상용화 및 활용도를 높여야 할 것으로 보인다. 2004년도 11월 현재 ISSN을 받은 한국 간행물은 총 8,312종이다.

2.2 잡지 배포·판매 부수

잡지 시장에서 광고는 매우 큰 역할을 하고 있으며 이로 인한 여러 가지 문제점들도 많이 지적되고 있다. ABC 제도의 정착은 이러한 문제점을 해결하는데 큰 역할을 할 수 있다. ABC(Audit Bureau of Circulations: 발행부수공사기구) 제도는 투명성 제고를 통해 잡지사의 경영 합리화와 광고 발전에 기여한다. 발행 부수는 잡지사의 재원인 판매 및 광고 수입과 깊은 관계를 가지고 있기 때문이다.

인쇄 매체의 광고비 중 잡지 매체가 차지하는 비중은 약7.5%로 신문, TV, 라디오에 비해 매우 낮은 편이지만, 부수에 대한 정보는 발행사, 광고주, 광고 회사의 경영과 광고의 과학화를 위한 필수적인 기본 자료이다. 따라서 발행 부수에 대한 정보는 궁극적으로는 사회 발전을 위해 필요하게 된다.

2.3 광고 시장

현재 한국 광고량 집계는 크게 제일기획과 한국광고데이터(KADD) 등 두 곳에서 집계하고 있다. 그러나 이 두 곳의 집계가 현재 이루어지고 있는 광고 시장의 크기를 제대로 반영하지 못하고 있다. 이는 제일기획과 한국광고데이터(KADD)의 광고량 집계가 광고 대행사를 기준으로 했기 때문인데, 실제 잡지 광고의 대부분은 광고 대행사를 통하지 않고 직접 잡지사와 광고주간의 계약을 통하여 이루어진다는 점을 고려할 때 실제 잡지 광고량은 훨씬 크다고 추측할 수 있다.

제일기획의 조사에 따르면 2003년 매체 총광고비는 전년대비 6조8,023억원으로 0.6%의 감소율을 보였다. 매체별로 살펴보면, TV는 2조3,671억원, 라디오 2,751억원으로 전파 매체에 총 2조6,422억원의 광고비를 지출하였는데, 이는 전년도 2002년의 2조7,175억원에 비해 약 753억원이 감소한 것이다. 신문의 경우 1조8,900억원, 잡지는 5,465억원의 광고비를 지출하여, 인쇄 매체에 총 2조3,906억원의 광고비를 지출하였다. 이는 전년도 2002년의 2조 5,665억원에 비해 1,759억원의 감소세를 보였다. 또한 전파 매체와 인쇄 매체의 전체 광고비에 대한 구성비를 보면, 전파 매체의 경우, 2002년 39.7%에서 38.9%로 감소하였고, 인쇄 매체의 경우도 2002년 37.5%에서 35.1%로 감소하였다.

KADD에서 조사한 결과는 전년대비 1.4% 감소한 6조6,112억원으로 매체별로 살펴보면 TV 광고가 2조3,553억원으로 3.1%, 라디오 광고는 2,274억원으로 1.6%, 잡지 광고가 3,019억원으로 7.6% 감소한 것으로 나타났으며 신문 광고의 경우 KADD 집계상으로 0.3% 성장한 것으로 집계되었지만 신문 광고의 경우 실제 판매가를 고려한다면 전년대비 하락한 것으로 추정된다.

그러나 한국잡지협회가 회원사를 대상으로 하여 광고 대행사를 통한 광고 집행 외 광고주와의 직접 계약에 의한 광고 집행 등을 포함한 총광고비를 조사한 결과 잡지 산업의 전체 광고비는 8,675억원으로 추산되었다.

잡지의 광고비를 잡지별로 구분하였을 때, 여성지에 대한 광고비가 연간 3,206억원, 월 267억원으로 가장 높게 나타났다. 그 다음으로 산업기술정보잡지의 연 광고

비가 1,158억원, 월96억원으로 나타났으며, 경제, 생활 정보, 여행 교통 관광, 시사 잡지 등의 순으로 나타났다. 반면, 성인 잡지의 경우 월 1억원으로 광고비가 가장 적게 나타났는데, 이는 그 종수가 적기 때문이기도 하다. 그러나 학술 연구 잡지는 그 종수가 54종임에도 불구하고, 광고비가 월 2천만원 가량으로 연간 3억원에 불과하며, 법률 고시, 문학 잡지 등도 광고비가 미미하게 나타나 있어 잡지간의 광고비 차이가 큰 것을 볼 수 있다.

2.4 잡지의 구조

한국 신문 기업은 주력 분야라고 할 수 있는 인쇄 신문 외에 여러 종류의 잡지를 소유하고 있다. 예외 없이 모든 신문들이 잡지를 발행하고 있으며, 그 종수는 많게는 한 신문사가 20여종 가까이 발행하는 경우까지 있다.

일간 신문사가 잡지를 발행하면 여러 가지 면에서 이점을 갖는다. 우선 인쇄 시설과 사옥 등 고정 자산을 별도의 투자 없이 이용할 수 있고, 기사의 취재와 작성면에서도 취재 과정에서 얻은 부산물들을 활용할 수가 있다. 또한 잡지의 홍보와 마케팅 면에서도 일간지를 이용할 수 있어 매우 유리한 위치에 있다.

신문 기업이 발행하는 출판물들은 일반적인 출판 상품과는 구별되는 특성을 갖고 있다. 일반 출판 상품은 그 사용 가치가 오래 보존될 수 있어 일정한 시공간적 경계를 경과한 이후에도 그 상품 가치가 급격하게 떨어지지 않는다. 하지만 신문사에서 발행하는 잡지라는 출판 상품들은 인쇄 상품과 동일한 상품 속성을 강하게 갖고 있다. 왜냐하면, 이들 출판 상품들은 인쇄 신문과 마찬가지로 일정한 발행 주기를 벗어나면 상품 가치가 급격하게 하락하기 때문이다. 또한 발행되는 지역과 국가를 벗어났을 때도 정보 상품으로서의 사용가치는 거의 제로화되는 경향을 갖고 있다. 신문 기업이 발행하는 잡지 출판 상품들은 인쇄 신문과 마찬가지로 시공각적인 제약을 강하게 받는 상품인 것이다. 이들 출판 잡지 상품들은 인터넷 신문에 통합하여 제공했을 때는 여러 가지 요인들로 인해 '시너지 효과'가 발생한다.

2.5 잡지의 세분화

2004년 현재 한국에서 발행되고 있는 여성지를 살펴보면 잡지의 전문화·세분화 경향을 잘 알 수 있다. 세분화는 세대별, 분야별로 전개되었는데, 분야별 전문화가 한 세대를 대표하기도 하고, 세대별 전문화가 분야를 형성하기도 했다.

컴퓨터 잡지의 세분화 또한 새롭게 나타난 잡지계의 경향이다. 특히 기술 분야의 전문지는 새로운 기술 발달과 함께 분화되었으며 컴퓨터의 급속한 발전은 컴퓨터, 게임 등의 전문화된 잡지로 발전했다. 생활 정보지의 경우 분야가 너무 상세하여 한 분야로 묶어두기 어려울 정도로 세분화되는 경향을 보였다. 인터넷 환경의 변화와 컴퓨터 산업의 세분화에 발맞추어 컴퓨터 잡지의 세분화가 이루어지는 양상을 띠었다.
　전문 잡지사들은 전문인들을 대상으로 하기 때문에 높은 판매 수익을 기대하기보다는, 그 전문 분야와 관련이 있는 광고 수입으로 운영되는 경우가 많다. 이러한 광고 수입 의존도는 그 잡지가 얼마나 전문인만을 대상으로 하는 잡지인가에 따라 차이를 보여주고 있다. 실제로 전문인들을 대상으로 하는 경우, 일반인들을 대상으로 하는 잡지에 비해서 광고의 효과가 더 크게 나타날 수 있기 때문이다.
　그러나 앞서 언급한 바와 같이 특정 전문인 집단을 대상으로 깊이 있는 정보를 제공할 수 있는 전문지의 필요성이 인터넷의 등장과 함께 더더욱 세분화되어 가는 수용자들의 욕구와 맞물려서 많은 발전 가능성이 있다고 본다.
　최근 컴퓨터와 네트워크의 발달로 해당 분야에 대한 관심이 증가되고 있다. 컴퓨터 관련 잡지의 특징은 컴퓨터와 네트워크 사이언스 관련 분야의 연구자들은 물론이고 일반인들이 컴퓨터를 사용하면서 전문가에 준하는 정보들을 계속적으로 원하고 있다는 사실이다. 다시 말해, 컴퓨터와 네트워크분야는 일정 부분 전문지의 성격을 띰에도 불구하고, 일반인들의 가세로 인해 컴퓨터 관련 전문지의 양적 증가와 세분화를 가져오고 있다는 특징을 띠고 있다.
　최근에는 컴퓨터와 인터넷 관련 잡지의 세분화 경향이 더욱 두드러진다. 컴퓨터 프로그램 하드웨어 부문의 잡지뿐만 아니라, 웹 디자인과 웹 관리와 같은 다소 전문적인 지식을 제공하는 전문지들이 꾸준한 증가세를 이루고 있다. 이의 원인으로서는 앞서 말한 일반인의 전문가적 지식에 대한 요구뿐만 아니라, 상업적으로도 벤처 기업의 출현과 더불어 이런 분야를 다루는 잡지들이 대거 창간되었기 때문이다. 이러한 컴퓨터와 네트워크 관련 잡지의 성장은 앞으로 디지털 관련 분야에 있어서의 전문지가 밝은 전망을 가지고 있으며, 이에 대한 지속적인 인력 수급이 필요하다는 것을 예상할 수 있다.

3. 주요 정책
　잡지 산업은 전반적인 한국 경제의 저성장 추세로 전체가 어려움을 겪고 있다. 특히 온라인 시장의 약진으로 오프라인 잡지 산업 시장의 위축 추세가 지속 확대될 것으로 전망됨에 따라 한국 정부는 잡지의 자생적인 발전을 최대한 보장하고 대내외적으로 잡지 산업의 경쟁력이 제고될 수 있도록 제도적·정책적·법적 지원을 강화하고 이러한 목표를 추진하기 위해 첫째, 잡지 콘텐츠 디지털화 기반 구축 사업, 둘째, 잡지 전문 인력 양성 및 연구 기능 강화, 셋째, 우수 잡지 육성 및 지원, 넷째, 관련 법·제도 정비 등을 추진하고 있다.

3.1 잡지 콘텐츠 디지털화 기반 구축 사업

잡지 산업의 진흥을 위한 잡지 콘텐츠 디지털화 기반 구축 사업은 기존의 오프라인 잡지가 담고 있는 문자나 그림 정보를 인터넷이라는 새로운 형태의 커뮤니케이션 방식을 통해 독자에게 콘텐츠 정보를 온라인으로 전달하기 위한 가장 효율적이고 합리적인 방식이며, 잡지에 담긴 콘텐츠 정보들을 국민에게 유료 또는 무료로 제공하기 위한 시스템 구축을 말한다.

이는 잡지 매체가 가지고 있는 오프라인의 한계를 인터넷이라는 디지털 기술과의 접목을 통해 극복할 필요성이 있으며, 컴퓨터, 디지털 기술, 정보 통신 기술 등으로 인한 잡지 매체 환경 변화에 대응하고 잡지 통합 서비스 시스템을 구축하여 향후 잡지 유통 등 잡지 업계 전반의 시너지 효과를 극대화하는데 목적이 있다.

3.2 잡지 전문 인력 양성 및 연구 기능 강화

잡지계의 현안 과제 중의 하나인 잡지 전문 인력 양성을 위한 잡지 제작의 주체인 기자, 편집 전문가, 디자이너 등 다양한 인력의 개발을 목적으로 한국잡지교육원을 개설·운영해 오고 있다. 잡지 산업은 전문성이 요구되는 정보·지식 산업이라는 점에서 전문 잡지 고급 인력 양성이 필요하며 부족한 전문 인력의 양성과 잡지인의 재교육에 관심을 기울여야 한다. 또한, 잡지 산업 관련 대학과 산학 협동을 통하여 잡지 전문 인력 양성 및 공동 연구 기능을 강화하는 노력을 더욱 기울일 것이다.

3.3 우수 잡지 육성 및 지원 등

한국의 잡지 산업은 업체 규모의 영세성, 전근대적인 유통 구조 등의 구조적 취약성의 문제를 안고 있다. 잡지 산업의 산업적 기반의 강화를 위하여 잡지 유통 서비스 시스템 현대화를 출판 유통 시스템과 연계해 구축·추진하며, 잡지금고의 확충, 우수 잡지 육성 및 지원 강화, 우편 제도의 개선, 사랑의 잡지 보내기 운동을 추진하여야 할 것이다.

3.4 관련 법·제도 정비 추진

한국 국회에서 문화 미디어 산업 관련 법·제도를 산업적 측면에서 지원하기 위하여 「신문법」 등 관련 법령을 정비하고자 개정이 추진되고 있다. 잡지 산업 분야도 「정기간행물의 등록등에 관한 법률」과 「출판·인쇄진흥법」과 연계하여 잡지 문화산업의 진흥을 위한 법적 측면에서 제도 정비를 검토해야 할 것이다. 제도적으로는 잡지 산업의 진흥을 꾀할 수 있는 잡지 금고의 확충, 우수 잡지의 육성 및 지원 강화, 우편 제도의 개선, 잡지 산업의 국제화 추진, 한류 문화 수출 시장으

로 부각하고 있는 중국, 일본, 동남아 시장에 한국 잡지의 해외 수출을 위한 정책 지원, 잡지 유통의 현대화, 남북 잡지 교류 등 지원 정책 영역을 넓혀가야 한다.

注 释

1.4후퇴 (1.4後退)	[名]	1.4后退（朝鲜战争时期1951年1月4日韩国军队从首尔撤军）
가두판매 (街頭販賣)	[名]	街头零售
격월간 (隔月刊)	[名]	双月刊
계간지 (季刊誌)	[名]	季刊
교양잡지 (敎養雜誌)	[名]	教养杂志
기관지 (機關誌)	[名]	机关杂志
넥서스 정보센터 (Nexus情報center)	[名]	《Nexus信息中心》
단명하다 (短命—)	[形]	夭折，昙花一现
대행사 (代行社)	[名]	代理社，代理公司
마케팅 (marketing)	[名]	销售
맞물리다	[自]	衔接
미미하다 (微微—)	[形]	微不足道
박차를 가하다 (拍車—加—)	[词组]	促进
발발 (勃發)	[名]	爆发
발행부수공사기구 (發行部數公査機構)	[名]	发行量核查局（ABC）
배포 (配布)	[名]	分发，发送
벤처 기업 (venture企業)	[名]	风险企业
부수 (部數)	[名]	份数
붐 (boom)	[名]	热潮，流行
사옥 (社屋)	[名]	公司建筑
사이언스 (Science)	[名]	科学
산학 협동 (産學協同)	[名]	产学协同
선데이서울 (Sunday—)	[名]	《周日首尔》
세분화 (細分化)	[名]	细分化
숙정작업 (肅正作業)	[名]	整顿工作
시너지 효과 (Synergy效果)	[名]	协同效果

韩国的社会

신규등록 (新規登錄)	[名]	新注册
여성지 (女性誌)	[名]	女性杂志
오프라인 잡지 (Off-line雜誌)	[名]	非在线杂志
외판제도 (外販制度)	[名]	推销制度
웅진닷컴 (熊津.(dot) com)	[名]	熊津.com
웹설계 (web設計)	[名]	网络设计
웹진 (webzine)	[名]	网络杂志
육박하다 (肉薄—)	[自]	接近
일조하다 (—助—)	[自]	有助于
제로화되다 (zero化—)	[自]	变为零
주력분야 (主力分野)	[名]	主要领域
지탄 (指彈)	[名]	指责，谴责
집계하다 (集計—)	[他]	总计
커뮤니케이션 (communication)	[名]	交流
플로피디스크 (floppydisk)	[名]	软盘
하드웨어 (hardware)	[名]	硬件
현안 (懸案)	[名]	悬案，悬而未决之事
홍보 (弘報)	[名]	广告，宣传
ABC (Audit Bureau of Circulations)	[名]	发行量核查局（ABC）

练 习

1. 서로 관련된 것을 연결하여 보세요.

A   B
아동지   《건국공론(建國公論)》
지방간행종합지   《여성문화》
영화잡지   《학원(學園)》
여성지   《영화세계(映畵世界)》
학생잡지   《샘터》
일반교양지   《어깨동무》

2. 빈칸에 알맞은 말을 넣어 보세요.

(1) 《   》와 《   》는 각각 광복 후 최초의 여성지, 최초의 종합지라는 점이 주목된다.

(2) 잡지의 유통구조가 다양해져 예전에는 서점을 통한 위탁판매가 주류를 이루었으나 오늘날에는 (   )와 (   ) 및 (   ) 형태로 판매된다.

(3) 한편 1968년 9월에 창간된 《   》은 주간지 시대의 개막을 주도하여 《주간여성》《주간경향》 등이 잇따라 나오면서 주간오락문화지로 자리잡았다.

(4) 매년 11월 1일은 한국잡지발행인협회(현   협회)가 1908년 ( )월 ( )일 최남선이 《   》지를 창간한 날을 기념하여 1965년에 제정한<잡지의 날>로, 기념식을 거행하며 잡지문화발전에 기여한 유공자들에게 잡지문화상을 시상하고 있다.

(5) 현재 한국 잡지 회사 형태로 보면 (   ) 기업이 가장 많고 주식회사, 법인체, (   ) 순이다. 잡지 발행 형태는 (   ) 발행이 주종을 이루고 있다.

(6) 8·15부터 6·25발발 전까지의 시기는 한국 잡지사상 (   )이자 새로운 출발기였다.

(7) 문예지로는 박남수(朴南秀)·김이석(金利錫)·오영진(吳泳鎭) 등의 (   )들이 창간한 《문학예술(文學藝術)》이 문인들에게 활기를 준 데 이어, 1955년 1월에 창간하여 오늘날까지 현존하는 전통의 문학지인 《   》 역시 문인들의 활동무대가 되었다.

(8) 현재 한국 광고량 집계는 크게 (   )과 한국광고데이터(KADD) 등 두 곳에서 집계하고 있다.

(9) 잡지계의 현안 과제 중의 하나인 잡지 전문 인력 양성을 위한 잡지 제작의 주체인 기자, 편집 전문가, 디자이너 등 다양한 인력의 개발을 목적으로 (   )을 개설·운영해오고 있다.

(10) (   ) 잡지의 세분화 또한 새롭게 나타난 잡지계의 경향이다. 특히 기술 분야의 전문지는 새로운 기술 발달과 함께 분화되었으며 컴퓨터의 급속한 발전은 컴퓨터, 게임 등의 전문화된 잡지로 발전했다.

3. 빈칸에 알맞은 것을 골라 보세요.

(1) 《   》는 대중에게 판매되는 잡지로서는 처음으로 가로 쓰기를 시도하였고 1970년 2월에 창간된 《뿌리깊은 나무》가 그 뒤를 이었다.
   A. 시문학   B. 아세아
   C. 직업여성   D. 정경연구

(2) 잡지의 광고비를 잡지별로 구분하였을 때, (   )에 대한 광고비가 연간 3,206억원, 월 267억원으로 가장 높게 나타났다.
　　A. 아동지　　　　　　　　　　B. 교양지
　　C. 여성지　　　　　　　　　　D. 종합지

(3) 잡지 시장에서 (   )는 매우 큰 역할을 하고 있으며 이로 인한 여러 가지 문제점들도 많이 지적되고 있다.
　　A. 광고　　　　　　　　　　　B. 방송
　　C. 뉴스　　　　　　　　　　　D. 아동지

(4) 2004년 현재 한국에서 발행되고 있는 여성지를 살펴보면 잡지의 (   )·세분화 경향을 잘 알 수 있다.
　　A. 다양화　　　　　　　　　　B. 저급화
　　C. 고급화　　　　　　　　　　D. 전문화

(5) 1982년 10월 아동을 대상으로 하는 만화 월간지 《   》이 창간된 이래 《만화왕국》《주간 만화》등 월간·격주간·주간 형태의 만화잡지가 잇따라 창간되었고 또 경영면에서 자리를 잡아가고 있는 것도 최근 잡지계의 새로운 경향이다.
　　A. 여학생　　　　　　　　　　B. 소년
　　C. 보물섬　　　　　　　　　　D. 소년중앙

(6) 매년 11월 1일은 한국잡지발행인협회(현 한국잡지협회)가 1908년 11월1일 최남선이 《   》지를 창간한 날을 기념하여 1965년에 제정한 <잡지의 날>로, 기념식을 거행하며 잡지문화발전에 기여한 유공자들에게 잡지문화상을 시상하고 있다.
　　A. 여학생　　　　　　　　　　B. 소년
　　C. 보물섬　　　　　　　　　　D. 소년중앙

(7) 1991년에는 《   》등의 플로피디스크를 이용한 컴퓨터디스켓잡지가 처음으로 등장했는데 400면 분량을 디스켓 1장에 담고 있다.
　　A. 기계설계기술　　　　　　　B. 컴퓨터매거진
　　C. 넥서스 정보센터　　　　　　D. 월간골프

(8) (　　　)년 휴전은 잡지계의 새로운 전환점이 되었고 잡지문화는 더욱 활발해졌다. 그 해 4월 《사상》은 《사상계》로 새출발하여 본격 학술종합지로 자리를 잡기 시작하였는데, 《사상계》는 8·15 이후 세대의 의식을 주도할만큼 큰 역할을 했다.
    A. 1953　　　　　　　　　　B. 1954
    C. 1955　　　　　　　　　　D. 1956

(9) 6·25로 잡지계 역시 어려운 상황이었으나 그 후 1961년까지 급속한 성장을 거듭하여 무려 1400여 종의 잡지가 창간되었다. (　　　)후퇴 후 부산을 거점으로 모인 잡지인들은 의욕을 가지고 잡지 창간에 박차를 가하였다.
    A. 1·4　　　　　　　　　　B. 1·5
    C. 6·25　　　　　　　　　　D. 8·15

(10) 한국의 잡지 산업은 업체 규모의(　　　), 전근대적인 유통 구조 등의 구조적 취약성의 문제를 안고 있다.
    A. 취약성　　　　　　　　　　B. 세분화
    C. 다양화　　　　　　　　　　D. 영세성

4. 다음의 질문에 대답하여 보세요.

(1) 5·16 이후 현재에 이르는 잡지계의 특징을 찾아 보십시오.
(2) 한국 잡지 산업은 전체가 어려움을 겪고 있습니다. 한국 정부는 잡지의 발전을 위하여 어떤 목표를 설정하여 어떻게 추진하고 있습니까?
(3) 신문 기업이 발행하는 출판물과 일반적인 출판 상품과는 어떤 구별이 있습니까?
(4) 컴퓨터 관련 잡지의 특징은 무엇입니까?
(5) 일간 신문사가 잡지를 발행하면 어떤 면에서 이점을 갖습니까?
(6) 잡지의 세분화란 무엇입니까?
(7) 최근에는 왜 컴퓨터 프로그램 하드웨어 부문의 잡지뿐만 아니라, 웹 디자인과 웹 관리와 같은 다소 전문적인 지식을 제공하는 전문지들이 꾸준한 증가세를 이루고 있습니까?
(8) 잡지 산업의 진흥을 위한 잡지 콘텐츠 디지털화 기반 구축 사업은 뭘 가리킵니까?
(9) 한국의 잡지 산업은 어떤 문제점을 안고 있습니까?
(10) 한국 국회에서 문화 미디어 산업 관련 법·제도를 산업적 측면에서 지원하기 위

하여 어떻게 하고있습니까?

5. 500자 이내의 중국어로 본문내용에 근거하여 다음 문제를 서술하여 보세요.
   (1) 한국의 잡지사
   (2) 한국 잡지의 주요 정책

제12과 한국 인터넷(1)

1. 인터넷이 시작되기 전

1.1 인터넷 기초 기술 및 개념 제시

1960년대는 인터넷의 기반이 된 기초 기술 및 개념들이 만들어지는 시기였다. 1965년에 인터넷의 근간 기술이 되는 '패킷 스위칭'이라는 개념이 제안되었으며, '전송 품질', '메시지 서비스' 등의 개념이 제안되었다.

1.2 국가별 컴퓨터 네트웍 구성

1960년대말부터 1970년대에 걸쳐 미국, 영국 등을 중심으로 자국 내의 컴퓨터 네트웍을 구성하는 노력이 진행되었다. 대표적으로, 1969년에 미국에서는 ARPANET이 구축되었고, 영국에서는 JANET이 구축되었다.

2. 한국 인터넷의 모형 탄생—SDN

2.1 SDN 개통

1982년 5월 15일에 한국 인터넷의 시초가 되는 SDN 개통되었다. 서울대학교 컴퓨터공학과의 중형 컴퓨터와 구미의 전자기술연구소 (현 한국전자통신연구원)의 중형컴퓨터가 1200bps 전용선으로 연결되었으며, 1983년 1월 한국과학기술원(KAIST)의 중형 컴퓨터가 SDN에 연결됨으로써 통신망으로서의 구색을 갖추게 되었다. 이 SDN에 연결된 컴퓨터들 사이의 통신 프로토콜이 현재 인터넷에서 사용되는 TCP/IP가 사용되었기 때문에 한국 인터넷의 시초라고 하겠다.

2.2 UUCP와 USENET

SDN은 1983년 8월에 UUCP를 사용하여 네덜란드의 mcvax 컴퓨터와 연결되었고, 같은 해 10월에 미국의 hplab의 컴퓨터와 연결되었다. UUCP는 UNIX에 설치되어 있는 프로토콜이므로 추가적인 설치 부담이 없다는 장점이 있어 해외뿐만 아니라 한국의 네트웍 노드를 확산하는데 있어서도 이점을 갖고 있었다. 이 시기에 미국 내에서는 ARPANET에 참여하지 않은 대학 및 연구소들을 연결하는 CSNET이 구성되어 있었다. SDN은 1984년 12월에 CSNET과 연결되었으며, 1990년 정식으로 미국의 인터넷에 연결될 때까지 CSNET을 통하여 기술 교류의 장으로서 활용되었다.

미국 정부의 ARPANET 접속 제한 정책에 의해 FTP 서비스 등은 사용할 수 없었고, 다만 전자 우편 서비스와 USENET의 뉴스 서비스만을 사용할 수 있었다. 그런데, 국제선 사용료 부담으로 USENET 자료의 상당량을 마그네틱 테이프에 옮겨진 상태로 우편을 통해 받아야 했다.

2.3 한글 전자우편

1983년 KAIST에서 '한글 Mail System의 개발에 관한 연구'로 석사학위 논문이 발표되었고, 한글 전자 우편에 관한 시험을 시작하게 되었다. 1985년에 한글 전자 우편 프로그램과 한글 에디터인 hvi라는 프로그램이 개발되면서 SDN에서는 한글을 사용하여 전자 우편을 전송하고 수신하는 것이 가능하였다. 그리고, 1984년 5월에 데이콤에서 DACOM-Net 상에서 상용 전자 우편 서비스를 시작하였다. 다만, 이 때 전자 우편을 위해 사용된 프로토콜은 X.400으로 지금 일반적으로 사용되고 있는 프로토콜과는 차이를 갖는다.

2.4 Asianet

1983년에 만들어진 네덜란드, 미국, 그리고 한국 간의 네트웍을 시초로 하여, 이들이 각각 유럽, 미국, 아시아 지역의 컴퓨터 네트웍의 연결점으로서의 역할을 담당하게 되면서, 일본, 한국, 호주, 미국, 싱가포르, 인도네시아, 캐나다, 네덜란드 등을 아우르는 국제 네트웍인 'AsiaNet'이 구성될 수 있었다.

3. 국제 인터넷과의 연결

3.1. kr 도메인과 IP 주소 사용

1980년대 후반에 들어와서 본격적으로 한국 인터넷이 다국적 인터넷에 참여하게 되는 주요한 일련의 사건들이 진행되었다. 1986년 7월에 최초로 IP 주소를 할당 받았으며, 1987년에는 .kr 산하의 2,3단계 도메인에 관한 규격이 설계되어 한국을 대표하는 국가 코드 도메인인 .kr이 공식으로 사용되기 시작하였다. 그리고, .kr 도메인 네임 서버로 KAIST에 있는 컴퓨터 등이 등록되어 한국뿐만 아니라 국제적으로 .kr을 도메인 네임으로 사용하는 컴퓨터들에 자유롭게 접속할 수 있는 기반이 마련되었다.

3.2 민간 기구 중심의 인터넷 정책 수립 활동

인터넷이 한국 국내로 그리고 국제적으로 그 사용 범위가 확장되면서, 한국 인터넷이 체계적이고 효율적으로 운용될 수 있도록 관장하는 기구가 필요하게 되었다. 이러한 기능을 수행하기 위한 조직으로 1988년에 대학과 연구소를 주축으로 하는

'학술전산망협의회 (ANC)'가 구성되었다.

ANC는 학술전산망의 대표들과 필요한 위원들이 참여하는 '조정위원회(ANC Steering Committee)'와 네트워크 운영 관련 실무자들이 참여하는 기술위원회인 'SG-INET'의 소위원회로 구성되었다.

ANC는 한국 인터넷 사회를 대표하는 위치를 차지하였으며, 한국 도메인 이름 및 IP 주소의 사용과 할당을 조정하고, 해외 전산망과의 연결을 조정하며 국제적인 네트워크 협의회의 한국 대표로서 활동하였다. 그 후 ANC는 1994년에 들어와서 'KNC', 1998년에 '인터넷주소위원회(NNC)'로 변화되면서, 인터넷 정책을 수립하고 제안하는 민간 기구로서의 활동을 계속해서 진행하였다.

3.3 PC 통신

인터넷을 중심으로 한 통신 서비스를 위한 노력과 더불어, 1980년대에는 또 다른 형태의 통신 방식이 보급되기 시작했다. 'PC 통신'이 그것인데 1984년 데이콤의 "한글메일"로 시작된 서비스는 1986년부터 '천리안'이라는 이름으로 통합되었다. 1988년에 시작된 '케텔(KETEL)'은 이후 '하이텔'로 개편되면서 가장 대표적인 PC 통신 서비스가 되었다. PC 통신이 인터넷과 병행하여 존재하는 독립된 서비스로 운용되어 오다가 1995년에 와서는 인터넷 상용망을 이용해 인터넷 접속 서비스를 제공하게 되었다. PC 통신이 갖는 가장 큰 의의는, 온라인상에서의 '동호회'라는 개념이 만들어지는 계기를 제공했다는 것이다.

3.4 PACCOM 프로젝트

1989년 미국에서 하와이대학을 중심으로 일본과 호주, 뉴질랜드를 연결하는 'PACCOM'이 기획되었다. 한국에서는, 당시 SDN에 참여한 여러 기관들이 하와이까지의 56Kbps 전용선의 1년 사용료를 공동 부담하기로 하고 이를 위해 하나'(HANA)'라는 기구를 설립했다.

1989년 3월, KAIST의 중형컴퓨터에서 청량리 전화국을 경유하여 인공위성 송수신 센터인 금산지국을 거쳐 인공위성을 통해 미국 하와이대학을 56Kbps로 전용선으로 연결하는 '하나망'이 만들어졌다. 이전까지의 UUCP, BITNET, CSNET을 통한 국제회선의 연결은 패킷 단위의 종량제 과금으로 국제 회선을 경유하는 인터넷 사용은 상당히 제한적으로 이루어졌으나, PACCOM 연결 후에는 비교적 자유로운 사용이 가능하게 되었다. 당시 인터넷 응용의 트래픽 점유 순위는 FTP, Mail, Telnet, Archie, DNS 순으로 나타나고 있다.

1992년 8월에 주요 게이트웨이 장비 및 하나망과 SDN의 네트워크 운영 기능이

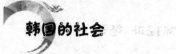

KAIST에서 한국통신(KT)로 이전되었다. 이후에 KT연구소의 하나망은 KT의 상용 인터넷인 KORNET의 모태가 되었다. '하나망'이 구성된 이후로부터 SDN은 국내망을 지칭하고, 국제 인터넷에 연결된 망을 '하나망'이라고 칭하게 되면서 SDN은 서서히 이름을 잃어가게 되었고, 1993년 ANC의 기술위원회에서 더 이상 SDN이라는 이름을 사용하지 않기로 결정하였다.

3.5 PCCS '85 - 국제 최초 컴퓨터 네트웍 관련 국제학술대회

1985년에 전 세계적으로 컴퓨터 네트웍 관련 학술대회로서 처음 시도되는 국제 학술대회 중의 하나인 PCCS가 KAIST 주최로 쉐라톤 워커힐에서 한국, 미국, 일본, 유럽 및 동남아의 컴퓨터통신 및 인터넷 전문가 300여 명이 참석한 가운데 개최되었다. 비슷한 성격의 컴퓨터 네트웍 관련 국제 학술대회가 1990년대 초에 가서야 다시 개최되었을 정도로, 기술적으로 상당히 선도적인 학술대회였다. 당시의 국제 컴퓨터 네트웍 분야에서의 한국의 적극적이고 주도적인 참여를 보여주는 것이기도 하다. 그리고, PCCS를 계기로 1986년부터 한국과 일본의 컴퓨터 통신 전문가들이 모이는 JWCC가 한국과 일본에서 교대로 매년 개최되게 되었고, 계속 참가국들이 확대되어 국제 학술대회인 ICOIN 으로 발전되었다.

4. 교육계와 연구계를 중심으로 인터넷 확산

4.1 국가기간망 사업

1983년 7월, '행정전산망', '금융전산망', '교육·연구전산망', '국방전산망', '공안전산망'을 포함하는 '국가5대기간전산망사업' 계획안이 수립되었고, 이 사업을 추진하기 위한 법적 근거로서 1986년 5월 법률 제3848호 '전산망보급확장과 이용촉진에 관한 법률'이 제정되었다. 한국 정부는 이 법에 의거하여 국가기간전산망사업 추진과 관련 정책의 심의·조정을 담당하는 '전산망조정위원회'를 설치하여 정부주도로 국가기간망을 구축하기 시작했다. 1988년 6월에 '교육·연구전산망'을 '연구전산망(KREONET)'과 '교육망 (KREN)' 하여 추진하기로 결정하였다. 연구망은 과학기술처 산하에 있는 시스템공학센터(현 한국과학기술정보연구원)을 중심으로, 그리고, 교육망은 교육부 산하에 있는 서울대학교를 중심으로 하여 각각 구축에 들어갔다. 연구전산망은 KREONet으로, 그리고 교육망은 KREN로 2004년 현재까지도 주요 대학 및 연구소를 잇는 전산망으로 사용되고 있다.

4.2 실무자 중심의 자발적인 기술 연구 활동

1991년에 ANC 산하의 TG-INET을 재정비하여 SG-INET을 구성하였으며, SG-INET에서는 네이밍, 라우팅, 한글, 보안 워킹그룹 등의 분과위원회를 구성하여 기술

제12과 한국 인터넷(1)

을 개발하고 도입하며 운영하는 활동을 수행하였다. 이러한 결과 네이밍 워킹 그룹에서 KRNIC을 설립의 기초를 제공하였고, 한글 워킹그룹에서의 한글 메일 IETF 표준안을 만들었으며, 보안 워킹그룹에서의 CERT Korea를 구성하는 등의 성과를 거두었다. SG-INET에는 당시 망운영과 관련된 교육망, 연구망, KAIST, 한국전자통신연구원(ETRI), 충남대, 전산원, 데이콤, KT 등의 실무진들이 활발히 참여하였다.

4.3 한국망정보센터 (KRNIC)

1992년 ANC 관할 하에 한국의 인터넷을 대상으로 통합된 망 정보 관리 기능서비스를 제공하기 위해 '한국망정보센터(KNIC)'이 설립되었다. 이전까지 개별 네트워크별로 망 정보 관리 기능을 수행하여 왔고, ANC의 기술위원회가 한국 IP 주소 할당을 위한 조정 기능과 도메인 네임 등록 기능 등을 수행하였다. 한국의 인터넷 규모가 커지고, 세계적으로도 대륙별, 국가별로 망정보센터를 설치하는 추세에 따라 한국망정보센터를 설립하게 된 것이다.

1993년 1월부터 KAIST에서 한국망정보센터를 위탁 운영하다가 1994년 9월에 한국전산원으로 그 주요 기능이 이전되었고, 1999년 6월에 KRNIC이라는 독립된 법인이 만들어지면서 국내망 정보 관리 기능을 전담하게 되었다. 그리고, 2004년에 '인터넷주소자원법'에 근거하여 '인터넷진흥원'이 만들어져서 한국 인터넷 주소 자원 관리 기능을 담당하게 되었다.

4.4 한글 인코딩 표준

전자 메일을 위한 기존의 프로그램들은 영문자와 숫자를 사용하는 경우에만 메일 내용에 아무런 손상없이 전달될 수 있었고, 한글을 사용하는 경우에는 메일 내용이 손상되어 수신자가 메일을 제대로 읽을 수 없는 한계를 갖고 있었다. 1991년 12월 KAIST에서 한글을 내용의 손상없이 영문자와 숫자의 조합으로 변환에 관한 '한글 인코딩 규격안(ISO2022-KR)'에 따라 한글 전자메일 프로그램인 '한글elm'을 개발하였다. 이 때 사용된 한글 인코딩 방식을 발전시켜 "Korean Character Encoding for Internet Messages" 라는 제목으로 1993년에 한국에서는 최초로 국제 인터넷 표준화 기구인 IETF의 RFC 문서를 등록하였다.

4.5 월드와이드웹의 시작

1990년대에 국제적으로 인터넷에 '월드와이드웹(WWW)'이라는 인터넷 사용의 기술의 혁신적인 변화가 일어났다. 한국에서도 1994년에 KAIST의 인공지능연구센터에서 한국 첫 웹 사이트인 cair.kaist.ac.kr를 구축하여 운영하기 시작하였다. 그

리고, WWW 기술을 한국에 소개하고 보급하는 연구자들의 모임이 만들어졌고 이를 통하여 한국에 WWW의 보급이 가속화될 수 있었다.

4.6 한국학술전산망워크숍

1990년대에는 국제적으로 그리고 한국 국내적으로 인터넷의 기술이 비약적으로 발전하는 시기였다. 이를 반영하듯 1993년에 제1회 한국학술전산망워크숍(KRNET)이 서울에서 개최되었다. 이 워크숍은 그 후 연 1회로 지속적으로 개최되고 있으며, 한국내외 인터넷 관련 기술의 동향을 소개하고 기술 전문가들간의 기술 교류 및 협력을 도모하는 역할을 담당하고 있다.

5. 상용 인터넷

5.1 상용인터넷 서비스 개시

1990년대 중반에는 대학교와 연구소에서만 제한적으로 사용되던 인터넷이 일반 회사 및 가정까지 인터넷이 보급되는 계기들이 만들어졌다. 1994년 6월 한국통신이 'KORNET'을, 10월 데이콤이 'DACOM InterNet'을, 그리고 11월에 (주)아이네트기술이 나우콤과 함께 '누리넷(nuri.net)' 서비스를 시작하였다. 이렇게 시작된 상용 인터넷 서비스는 2004년에 이르러 30여 개의 서비스 업체가 참여하는 한국 주요 산업으로 발전하게 되었다.

5.2 KIX – 상용 인터넷 연동 센터

상용 인터넷들이 연동될 수 있도록 한국전산원을 중심으로 연동센터 KIX 가 구축되었다.

우선, 1995년 2월 교육망, 연구전산망 등이 연동되었고, 3월 이후 아이네트, 나우콤 등 상용 인터넷 서비스 사업자(Internet Service Provider, ISP) 11개 기관이 연동되었다. 같은 해 11월, 한국 인터넷 연동 및 운영을 한국전산원, 한국통신, 데이콤을 중심으로 한다는 'IX 체계'에 협의하여 1996년 12월까지 상용 ISP는 상용IX (한국통신, 데이콤) 으로 이관되었다. 그리고, 1999년 6월 한국 주요 ISP사들이 참여하는 '한국인터넷연동협의회'에서 'KINX 연동센터'를 구축하였다.

5.3 인터넷 대중 매체

1995년 3월 중앙일보를 필두로 하여 10월에 조선일보가 '디지털조선일보' 서비스를 시작하였다.

1996년 9월 아이네트의 '이미지(im@ge)'의 창간을 시작으로, 종이 인쇄를 동반하지 않고 웹 사이트로만 운영되는 '웹진'(웹매거진의 약자)가 급격히 확산되기 시작했다. 그리고, 1996년 '인터파크'와 '롯데인터넷백화점'이 개설되면서 상가에서 물건을 구매하는 것이 아니라 웹 사이트에서 물건을 검색하고 구매하는 'e-commerce'의 시대가 열리게 되었다.

5.4 인터넷 엑스포

1990년대 후반은 인터넷의 보급이 크게 증가하고 있던 시기였다. 이러한 인터넷의 보급을 더욱 독려하고 더불어 구축된 인터넷을 활용하는 이벤트로서 1996년에 국제적으로 'Internet Expo'가 인터넷 상에서 개최되었다. 이 행사는 물리적인 전시관을 구축하는 것이 아니라 인터넷에 웹 사이트가 전시관의 기능을 하도록 하여, 급격하게 발달하고 있는 WWW 기술과 인터넷 기술을 다양하게 시험해 볼 수 있는 기회가 되었다. 특히나, 한국에서는 web 기반 서비스를 기획하는 venture들에게 자신들의 기술을 대외적으로 소개하고 발전시킬 수 있는 기회가 되었고, 대중 언론 매체들의 온라인 참여를 더욱 독려하는 계기가 되었다. 또한, 한국의 공공 기관이 web site를 구축하도록 촉진하는 계기가 되었다.

6. 초고속 인터넷

6.1 초고속 인터넷의 광범위한 보급

1990년대 말까지, 일반 가정의 인터넷 서비스 가입자들은 전화선을 이용하여 최고 56Kbps의 속도로 인터넷을 접속할 수 있었다. 1998년 7월 두루넷이 cable TV를 이용하여 1Mbps정도의 초고속 인터넷 서비스를 시작하고, 하나로통신과 KT가 ADSL을 이용한 초고속 인터넷 서비스 경쟁에 뛰어들면서 2002년 초고속 인터넷 가입가구 1000만을 돌파하였다. 초고속 인터넷의 광범위한 확산을 통해 전체 가구의 삼분의 이가 가입했다. 이러한 초고속 인터넷의 비약적인 발전은 다양한 멀티미디어 서비스의 확산을 유발하고 방송과 통신의 융합, 휴대폰전화의 인터넷 제공을 통한 유비쿼터스 사회로의 진화 기반을 마련하였다.

6.2 초고속 인터넷의 확산의 배경

1990년대 말, 인터넷에서 제공되는 서비스에 대한 요구가 증가하고 아직 개별 가정으로의 인터넷 보급이 보편화되지 못한 시기에 인터넷 사용 서비스를 제공하는 '인터넷까페' 혹은 'PC방'이 생겨나기 시작했다. 1995년 9월 15일, 서울 종로구에서 문을 연 '네트(NET)'가 한국 최초의 '인터넷 까페'이다. 점차적으로 그 수가 증가하면서 1999년 말에는 15,150개로 증가하였다. PC 방을 중심으로 온라인 게임의 사용자가 증가하였다. 1998년 전략시뮬레이션 게임인 '스타크래프트'가 PC 방을 중심으로 일반인들에게 애용되었다. 그리고, 청소년 층을 중심으로 이러한 온라인 게임에

대한 수요가 높아지게 되었고, 결국 일반 가정에까지 인터넷이 보급되도록 하는데 크게 기여했다고 할 수 있다. 인터넷을 기반으로 한 온라인 주식 거래 서비스를 사용하면 주식 거래장에 직접 방문하지 않아도 주식 거래를 손쉽게 할 수 있고, 인터넷 뱅킹 서비스를 통해 은행에 직접 가지 않아도 출금, 이체 등의 은행 업무를 편리하게 마칠 수 있게 되었다. 이러한 편리성으로 인터넷 뱅킹의 경우 2001년 11월 현재 전체 인구의 30%에 해당하는 1,131만 명의 사용자가 등록된 것으로 조사되었다.

7. 사회적인 영향

7.1 인터넷의 부정적인 영향

인터넷은 우리의 일상 생활에 편리함을 제공함과 동시에 사회에 부정적인 영향을 끼치고 있다. 특히나 온라인게임이나 음성적인 정보에 중독되어 일상적인 생활이 불가능해지는 경우가 늘어나는가 하면, 자살을 기획하고 실행하는 웹 사이트가 만들어지고, 해킹 등의 방법으로 타인의 정보를 도용하는 범죄가 발생하고 있다. 부적절한 내용의 메일을 무제한적으로 살포하여 많은 사람들의 시간을 불필요하게 낭비하게 하는 스팸 메일, 그리고 메일을 통해 컴퓨터 바이러스를 살포하여 업무를 정지시키는 등의 부정적인 사건들이 인터넷을 중심으로 일어나고 있다.

7.2 대책과 노력

1995년에 정보통신부에서 통신의 부정적인 영향을 방지하고 심의하는 '정보통신윤리위원회'가 구성되었다. '인터넷 범죄 수사 센터', '인터넷 중독 예방 상담 센터', '불법 스팸 대응 센터', '인터넷 침해 사고 대응 지원 센터' 등의 기구들이 정부와 민간의 협력 하에 구성되어 인터넷의 사회적 부정적인 영향에 대처하기 위한 활동을 진행하고 있다.

7.3 개인의 자유와 부정적인 내용 간의 균형

부정적인 영향을 대처하기 위한 활동이 개인의 표현의 자유를 침해할 소지가 있어 이러한 활동을 견제하는 노력도 함께 진행되고 있다. 2000년에 한국정통부가 '정보통신망이용촉진을 위한 법률'을 개정하면서 '인터넷내용등급제'를 법제화하려다가 시민 단체들의 반대에 부딪쳐 무산되었다. 그리고, 2002년에 전기통신사업자가 정통부장관의 명령에 의해 특정한 정보의 취급을 제한하는 것을 허용했던 전기통신사업법 제53조의 조항에 대하여 헌법재판소에서 일부 위헌판결을 내리기도 하였다.

8. 네티즌

인터넷을 통한 일반 시민들의 정치적이고 사회적인 의견이 개진되게 된 것은 1990년대 초부터이다. 1994년 UN의 개발 도상국 지원 프로그램인 'SDNP'의 일환으로 한국 SDNP 호스트를 당시 한국 YMCA 전국연맹에 구축하였다. 인터넷이 제공하는 익명성과 접속의 용이성 등으로 인해 보다 다양한 사람들이 인터넷에 다양한 사이트를 개설하고 운영하며 다양한 의견들을 개진할 수 있게 되었다. 1997년 8월 기존의 한국 국가 대표팀 서포터스 클럽이 '붉은악마(Red Devil)'로 이름을 확정짓고, 2000년 11월 붉은악마 홈페이지를 개설하여, 2002년 FIFA 한일 월드컵 응원의 주요동력이 되었다. 또한, 2002년 6월 미군장갑차에 여중생 2명이 사망하는 사건이 발생했는데, 이에 대한 네티즌의 촛불시위 및 온라인에서의 추모 움직임이 전국적으로 이어졌다. 그리고, 2002년 12월, 대통령선거에서 인터넷을 중심으로 구성된 정치인팬클럽인 노사모를 비롯한 많은 네티즌 그룹이 온/오프라인에서 활발한 선거운동을 펼쳤다. 이러한 네티즌은 인터넷이라는 매체를 통해 갑작스럽게 등장한 것이라기보다 1990년대 초부터 PC통신을 중심으로 만들어진 '동호회'가 그 매체를 달리하면서 발전하여 형성된 것이라 할 수 있다.

약어 풀이

ANC	学术网协议会	Academic Network Committee
DNS	域名服务器	Domain Name Server
ETRI	韩国电子通信研究院	Electronics and Telecommunication Research Institute
FTP	文件传送[输]协议	File Transfer Protocol
ICOIN	国际信息网络会议	International Conference on Information Network
IETF	互联网工程任务组	Internet Engineering Task Force
IX	网络交换（局/中心）	Internet Exchange
ISP	互联网服务提供者	Internet Service Provider
JWCC	微机通信研讨会	Joint Workshop on Computer Communications
KAIST	韩国科学技术院	Korea Advanced Institute of Science and Technology
KINX	韩国互联网中立交换中心	Korea Internet Neutral eXchange
KIX	韩国互联网交换中心	Korea Internet eXchange

KNC	韩国网络委员会	Korea Network Committee
KNIC	韩国网络信息中心	Korea Network Information Center
KREONET	韩国研究环境开放网络	Korea Research Environment Open Network
KREN	韩国研究教育网	Korea Research and Education Network
NNC	互联网地址委员会	Number and Name Committee
PACCOM	太平洋通信网络计划	Pacific Communications Networking Project
PCCS	太平洋微机通信讨论会	Pacific Computer Communications Symposium
RFC	请求评仪，Internet标准（草案）	Request For Comment
SDN	系统发展网络	System Development Network
SDNP	全球可持续发展(信息)网计划	Sustainable Development Network Program
UUCP	Unix到Unix的拷贝	Unix-to-Unix Copy
WWW	World Wide Web，万维网）（简称WWW或3W）	World Wide Web

注　释

게이트웨이 장비 (gateway裝備)	[名]	网关设备
나우콤 (Nowcom)	[名]	Nowcom公司
네이밍 (naming)	[名]	命名
네티즌 (netizen)	[名]	网民
노사모 (盧사모(←盧武鉉을 사랑하는 모임))	[名]	爱卢会
도메인 네임 등록 (domain name 登錄)	[名]	域名注册
두루넷 (Thrunet)	[名]	Thrunet公司
라우팅 (routing)	[名]	邮件路由
마그네틱 테이프 (magnetic tape)	[名]	磁带
멀티미디어 서비스 (multimedia service)	[名]	多媒体服务
불법 스팸 (不法Spam)	[名]	非法垃圾文件
붉은악마 (—惡魔)	[名]	"红魔"

상용 인터넷 연동 센터 (商用Internet連動 center)	[名]	商用互联网联网中心
서포터스 (supporters)	[名]	支持者
송수신 센터 (送收信center)	[名]	收发中心
스타크래프트 (Star-craft)	[名]	《星际争霸》（游戏）
아이네트 (iNET)	[名]	iNET公司
에디터 (editor)	[名]	编辑
워크숍 (workshop)	[名]	研讨会
워킹그룹 (working group)	[名]	工作组
웹매거진 (web magazine)	[名]	网络杂志
웹진 (web (maga)zine)	[名]	网络杂志
유비쿼터스 (ubiquitous)	[名]	无所不在的
이벤트 (Event)	[名]	活动
이체 (移替)	[名]	转帐
인코딩 규격안 (encoding規格案)	[名]	编码规格方案
인터넷 뱅킹 서비스 (internet banking service)	[名]	网上银行服务
인터넷까페 (internet café)	[名]	网吧
전략시뮬레이션 게임 (戰略simulation game)	[名]	战略模拟游戏
종량제 과금 (從量制課金)	[名]	从量制收费
중형컴퓨터 (中型computer)	[名]	重型计算机
청량리 (清涼里)	[名]	清凉里
출금 (出金)	[名]	提款
통신 프로토콜 (通信protocol)	[名]	通信协议
트래픽 점유 (traffic佔有)	[名]	占有流量
패킷 스위칭 (packet switching)	[名]	封包交换（技术）
하와이대학 (Hawaii大學)	[名]	夏威夷大学
해킹 (hacking)	[名]	黑客行为
호스트 (host)	[名]	主机
Archie (Archie)	[名]	Archie（Internet上一种用来查找其标题满足特定条件的所有文档的自动搜索服务工具）
cable TV (cable TV)	[名]	有线电视

FIFA (Federation Internationale de Football Association)	[名]	国际足球联盟（FIFA）	
Internet Expo	[名]	网上世博会	
IP 주소 할당 (IP住所割當)	[名]	IP地址分配	
Red Devil (Red Devil)	[名]	"红魔"（韩国世界杯啦啦队名称）	
Telnet (Telnet)	[名]	Telnet（用于远程联接服务的标准协议或者实现此协议的软件,可实现远程登录）	
venture	[名]	风险	
YMCA (Young Men's Christian Association)	[名]	基督教青年会（YMCA）	

练 习

1. 서로 관련된 것을 연결하여 보세요.

A	B
Telnet	域名服务器
Internet Expo	文件传送协议
IP 주소 할당	网上世博会
DNS	IP地址分配
SDNP	韩国互联网交换中心
FTP	可持续发展网络计划
KIX	远程联接标准协议

2. 빈칸에 알맞은 말을 넣어 보세요.

(1) 1982년 5월 15일에 한국 인터넷의 시초가 되는 (   ) 개통되었다.

(2) 1983년 7월, '(   )전산망', '(   )전산망', '(   )전산망', '(   )전산망', '(   )전산망'을 포함하는 '국가5대기간전산망사업' 계획안이 수립되었고, 이 사업을 추진하기 위한 법적 근거로서 1986년 5월 법률 제3848호 '전산망보급확장과 이용촉진에 관한 법률'이 제정되었다.

(3) 1983년 (   )에서 '한글 Mail System의 개발에 관한 연구'로 석사학위 논문이 발표되었고, 한글 전자 우편에 관한 시험을 시작하게 되었다.

제12과 한국 인터넷(1)

(4) KT연구소의 (　　) 은 KT의 상용 인터넷인 KORNET의 모태가 되었다.

(5) 인터넷이 한국 국내로 그리고 국제적으로 그 사용 범위가 확장되면서, 한국 인터넷이 체계적이고 효율적으로 운용될 수 있도록 관장하는 기구가 필요하게 되었다. 이러한 기능을 수행하기 위한 조직으로 1988년에 대학과 연구소를 주축으로 하는 '(　　)(ANC)'가 구성되었다.

(6) 1980년대 한국에서는 또 다른 형태의 통신 방식이 보급되기 시작했다. 'PC 통신'이 그것인데 1984년 데이콤의 "한글메일"로 시작된 서비스는 1986년부터 '(　　)'이라는 이름으로 통합되었다.

(7) 1990년대에는 국제적으로 그리고 한국 국내적으로 인터넷의 기술이 비약적으로 발전하는 시기였다. 이를 반영하듯 1993년에 제1회 (　　)(KRNET)이 서울에서 개최되었다.

(8) 1995년 3월 (　　)를 필두로 하여 10월에 조선일보가 '디지털조선일보' 서비스를 시작하였다.

(9) 1995년 9월 15일, 서울 종로구에서 문을 연 '네트(NET)'가 한국 최초의 '(　　)'이다. 점차적으로 그 수가 증가하면서 1999년 말에는 15,150개로 증가하였다.

(10) 1996년 '인터파크'와 '롯데인터넷백화점'이 개설되면서 상가에서 물건을 구매하는 것이 아니라 웹 사이트에서 물건을 검색하고 구매하는 "(　　)"의 시대가 열리게 되었다.

3. 빈칸에 알맞은 말을 골라 보세요.

(1) (　　)년대는 인터넷의 기반이 된 기초 기술 및 개념들이 만들어지는 시기였다.
　　A. 1950　　　　　　B. 1960
　　C. 1970　　　　　　D. 1980

(2) 1983년 1월 (　　)(KAIST)의 중형 컴퓨터가 SDN에 연결됨으로써 통신망으로서의 구색을 갖추게 되었다.
　　A. 한국과학기술원　　B. 서울대학교
　　C. 경희대학교　　　　D. 한국전산망협의회

(3) (　　)년에 한글 전자 우편 프로그램과 한글 에디터인 hvi라는 프로그램이 개발되면서 SDN에서는 한글을 사용하여 전자 우편을 전송하고 수신하는 것이 가능하였다.)
　　A. 1983　　　　　　B. 1984
　　C. 1985　　　　　　D. 1986

(4) (   )년대 후반에 들어와서 본격적으로 한국 인터넷이 다국적 인터넷에 참여하게 되는 주요한 일련의 사건들이 진행되었다.
   A. 1960   B. 1970
   C. 1980   D. 1990

(5) (   )년에는 .kr 산하의 2,3단계 도메인에 관한 규격이 설계되어 한국을 대표하는 국가 코드 도메인인 .kr이 공식으로 사용되기 시작하였다.
   A. 1985   B. 1986
   C. 1987   D. 1988

(6) (   )년에 시작된 '케텔(KETEL)'은 이후 '하이텔'로 개편되면서 가장 대표적인 PC 통신 서비스가 되었다.
   A. 1988   B. 1989
   C. 1990   D. 1991

(7) PC 통신이 인터넷과 병행하여 존재하는 독립된 서비스로 운용되어 오다가 (   )년에 와서는 인터넷 상용망을 이용해 인터넷 접속 서비스를 제공하게 되었다.
   A. 1994   B. 1995
   C. 1996   D. 1997

(8) 1992년 8월에 주요 게이트웨이 장비 및 하나망과 SDN의 네트워크 운영 기능이 KAIST에서 (   )로 이전되었다.
   A. 한국전산원   B. 한국망정보센터
   C. 서울대학교   D. 한국통신

(9) (   )년에 한국 정보통신부에서 통신의 부정적인 영향을 방지하고 심의하는 '정보통신윤리위원회'가 구성되었다.
   A. 1995   B. 1996
   C. 1997   D. 1998

(10) 1990년대에 국제적으로 인터넷에 (   )이라는 인터넷 사용의 기술의 혁신적인 변화가 일어났다.
   A. KR   B. http
   C. PC방   D. 월드와이드웹

4. 다음의 질문에 대답하여 보세요.

(1) 인테넷의 부정적인 영향에 대해서 좀 얘기해보십시오.
(2) 인터넷의 부정적인 영향이 어떻게 극복할 수 있습니까?
(3) 인터넷에서 우리나라의 인터넷약사에 관한 자료를 찾아보고 한국과 대조해서 어떤 차이가 있는지 생각해보십시오.
(4) 인테넷의 부정적인 영향을 대처하기 위한 활동이 개인의 표현의 자유를 침해할 소지가 있어 이러한 활동을 견제하는 노력도 함께 진행되어야 합니다. 한국정통부가 어떻게 노력하고 있는지 설명해보십시오.
(5) 뭘로 인해 보다 다양한 사람들이 인터넷에 다양한 사이트를 개설하고 운영하며 다양한 의견들을 개진할 수 있게 되었습니까?
(6) 언제 인터넷을 통한 일반 시민들의 정치적이고 사회적인 의견이 개진되게 되었습니까?
(7) 무슨 홈페이지가 2002년 FIFA 한일 월드컵 응원의 주요동력이 되었습니까?
(8) 2002년 12월, 대통령선거에서 인터넷을 중심으로 구성된 정치인팬클럽인 뭘 비롯한 많은 네티즌 그룹이 온/오프라인에서 활발한 선거운동을 펼쳤습니까?
(9) 한국 인터넷의 확산에 대해서 좀 얘기해보십시오.
(10) 한국망정보센터에 대해서 좀 얘기해보십시오.

5. 500자 이내의 중국어로 본문내용에 근거하여 다음 문제를 서술하여 보세요.

(1) 한국 인터넷의 약사
(2) 인터넷의 사회적인 영향

제13과 한국 인터넷(2)

1. 인터넷 인프라
1.1 백본망
1.1.1 인터넷 교환센터(IX)

한국 인터넷교환노드(Internet eXchange)는 한국전산원의KIX (www.kix.ne.kr), KT의KT-IX (www.kornet.net), 데이콤의 Dacom-IX(www.bora.net), 케이아이엔엑스의 KINX(www.kinx.net), 한국전산원의 부산지역 IX인 BIX(www.busanix.net)에서 서비스를 제공하고 있다. 비영리 공공인터넷망은 한국전산원의 KIX를 중심으로 연동되고, 상용 ISP들은 주로KT-IX, Dacom-IX 또는 KINX를 통해 연동되고 있으며, 부산-경남 지역은 한국전산원의BIX를 중심으로 연동되어 운영되고 있다.

1.1.2 상용망

현재 한국 인터넷 상용망은 (주) KT (KORNet), (주)데이콤(BORANet), (주)온세통신(onsetel), 하나로텔레콤(HANANet), (주)두루넷(Thrunet), (주)엔터프라이즈네트웍스(GNGIDC), 드림라인(DreamX), 삼성네트웍스(주), (주)파워콤(POWERCOMM) 등78개 업체가 인터넷 서비스를 제공하고 있다.

1.1.3 비영리망

한국의 비영리망은 주로 광대역통합 연구개발망(KOREN), 국제연구망(APII/TEIN), 초고속 연구망 (KREONET), PUBNET과 PUBNETPLUS를 중심으로 하는 공공망 등이 인터넷 서비스를 제공하고 있다.

1.1.4 해저 광케이블망

현재 한국에 육양되어 운용 중인 국제 해저 광케이블은 총 11개(APCN, APCN-2, CKC, CUCN, C2C, EAC, FLAG, FNAL, KJCN, RJK, SMW-3)로 총용량은 약 19Tbps에 이른다. 2005년에는 해저 광케이블을 이용한 국제 전송로의 비중이 99.5% 이상에 이를 것으로 보이며, 이 추세는 지속될 것으로 보인다. 2004년까지 진행되던 세계통신시장의 불황이 2005년 호전될 것으로 보임에 따라 국제 해저 케이블 시장이 재편될 전망이다.

1.2 가입자망

1.2.1 유선망

한국 인터넷 이용자 수는 2004년 12월 말 현재 3,158만 명을 넘어서고 있으며, 고속인터넷 가입자 수는 2005년 4월말 현재 1,217만 명이다. 2003년 12월 기준 1,110만 명과 비교하면 성장이 거의 없는 상태이기 때문에 초고속인터넷 사업은 성숙기에 접어들어 거의 포화 상태에 다다랐다고 할 수 있다. 따라서 사업자 간 신규 고객을 유치, 기존 고객을 유지를 위한 회선 품질 고양 및 다양한 부가 서비스 경쟁이 치열한 상태이다.

향후 궁극적으로는 모든 가입자망 구조를 FTTH 광가입자망으로 구성해 TPS(Triple Play Service)를 제공할 수 있는 방향으로 발전하는 것이 바람직하지만 투자비 부담이 높아지기 때문에 과도기적으로 교환국에서 분배 노드까지만 광케이블로 구성하고 분배노드에서부터는 VDSL, 이더넷으로 구성하고 있다.

1.2.2 무선망

무선통신이란 일반적으로 전기통신사업법에 규정된 기간통신사업의 기간통신 역무 중 주파수를 할당받아 제공하는 역무를 말하며, 이동전화, 개인휴대통신, 이동통신(2GHz 대역 IMT-2000), 무선호출, 주파수공용통신(TRS: Trunked Radio System), 무선데이터, 위성 휴대통신 등으로 구분할 수 있다.

이동전화는 CDMA 기술을 바탕으로 지속적으로 사용자가 늘어나고 있다. W-CDMA 방식의 경우 한국은 2003년 12월 상용화되어 현재 384Kbps 속도로 서비스를 제공 중이며 상용 네트워크에서 최대 2Mbps까지 고속데이터 서비스가 가능하다. 또한 Convergence/Ubiquitous가 기술 개발의 화두가 되면서 무선통신영역에서 다양한 기술이 나타나고 있으며, 이동전화, 디지털 멀티미디어방송(DMB), 휴대인터넷(WiBro) 등 통신, 방송, 인터넷이 점차적으로 통합되어가고 있으며 통합의 속도도 빨라지고 있다.

2. 인터넷 서비스

2.1 검색

검색에서 차츰 그 영역을 넓혀간 포털은 현재는 커뮤니티와 뉴스는 물론 엔터테인먼트까지 모두 포함하는 거대 서비스로 진화했지만 그 시작과 기본은 검색 서비스이다. 최근 검색 서비스의 특징적인 부분은

2002년 무렵부터 시작된 지식검색 형태의 서비스이다. 지식검색 서비스는 사용자로부터 생성된 질문과 답을 카테고리별로 정리하고 검색이 가능하도록 해 사용자에게 제공하는 형태로써 다른 나라의 검색 서비스에서는 찾아보기 힘든 서비스이다.

2.2 게임

한국 전체 게임시장은 2004년 4조5,000억 원 규모로 연평균 10.1%의 고도성장을 보이고 있다. 향후 2007년에는 6조2,069억 원의 시장이 형성될 전망이다.

온라인 게임들은 2003년 한 해 동안 전체 게임 수출량의 80%를 차지하며 한국시장 뿐만 아니라 해외사장의 흐름도 주도하고 있다. 2004년부터 나타난 온라인 게임의 흐름은 캐주얼 게임, 스포츠 게임을 통해 게임 시장 자체를 늘리고 있는 것이며, 정통 온라인 게임들도 더욱 대형화되고 있다. 또한 고기능 핸드폰의 보급이 늘어남에 따라 핸드폰용3D게임 제작이 활발해지고 있다.

2.3 온라인 음악 서비스

2004년은 온라인 음악 시장이 실질적으로 시작한 해로 볼 수 있다. 특히 블로그와 미니홈피로 인한 BGM시장은 폭발적인 성장을 이루었다. 또한 최근들어 대표적인 온라인 음악사이트였던 벅스뮤직이 유료화를 선언했으며 SK텔레콤과, KTF, LG텔레콤은 각각 온/오프라인 음악다운로드 서비스를 시작했거나 준비하고 있다.

2.4 e-러닝

교육인적자원부에서는 2004년에 공교육 내실화를 위한 e-러닝지원체제종합발전 방안과 e-러닝을 통한 국가 인적자원 개발전략을 발표하고, e-러닝법 제정을 추진중에 있다.

EBS수능강의는 VOD형태의 e-러닝 기반을 구축했다는 점에서 의의가 크다. 2004년10월 현재 누적회원 가입자 수는1,177,726명이고 1일 평균 웹 접속자 수는 1,201,166명이며 1일 평균 VOD 이용 편수는 145,230편이다(EBS통계). EBS는 2004년12월에 수능 동영상 서비스를 DMB 서비스로 제공할 계획을 발표했다.

2.5 인터넷 뉴스

종이 신문시장이 수익성 악화의 늪에 빠져 있는 가운데 인터넷 뉴스 관련 서비스는 지속적으로 확장되고 있다. 특히 다음(www.daum.net), 네이버(www.naver.com), 야후 (www.yahoo.co.kr) 등의 기존 포털 사이트가 뉴스 서비스를 시작하면서, 인터넷 포털의 미디어적 위력이 더욱 강화되었다.

오마이뉴스(www.ohmynews.com), 프레시안(www.pressian.com), 아이뉴스24 (www.inews24.co.kr) 등의 인터넷 신문은 독자층에 대한 서비스를 지속하고 있다.

2.6 광고

한 조사에 따르면, 2005년 한국 인터넷광고 시장은 2004년 3,300억 원에 비해 25% 더 성장한 4,120억 원에 이를 것으로 보고 있다. 그 중 가장 괄목할 만한 성장을 거둔 부문은 키워드 광고로, 2004년 2,160억 원 수준에서 33%나 증가한 2,890억 원 규모에 이를 것으로 전망했다.

2004년 총 3,300억 원 규모를 보인 한국 온라인 광고 시장 중 검색광고 시장이 2,160억 원 규모에 달한 것으로 집계되었다. 향후 키워드 검색광고 시장이 2004년 전체 인터넷 광고 대비 60%에서 2005년에는 3,100억 원으로 전체 대비 77%까지 성장이 예측되고 있다.

2.7 커뮤니티

2004년 한국 인터넷 커뮤니티에서 가장 주목할 만한 부분은 미니홈피, 블로그와 같은 개인 중심 커뮤니티 분야이다.

개인미디어의 서비스의 폭발적인 성장은 수동적이고 정보를 읽는 데만 익숙하던 사용자들을 콘텐츠의 생산자로 만드는 큰 변화를 가져왔다. 이러한 개인 중심 커뮤니티가 기존 커뮤니티와 대별되는 특징은 다음과 같이 요약할 수 있다. 정보 이용자 중심에서 정보 생산자 중심으로의 변화, 불특정 참여자 중심에서 지인 중심으로의 변화, 폐쇄에서 개방으로의 변화이다.

3. 인터넷 이용자

3.1 한국 인터넷 이용률 및 이용자 수

인터넷 상용화 10년과 더불어 3,000만 이터넷이용자 시대가 도래했다. 2004년 12월 기준 한국 인터넷 이용자수는 3,158만 명이며, 인터넷 이용률은 전년대비 4.7% 상승한 70.2%에 이르고 있다. 한편, 매년 10%p이상 증가하던 인터넷 이용률은 2002년 이후 증가폭이 다소 둔화되고 있어 인터넷 이용의 진입층은 줄어들고 활용층이 증가하고 있음을 알 수 있다.

연령별로 살펴보면, 정보화과정의 선도계층이었던 30대이하의 경우 인터넷 이용률이 계속 증가해 공히 95% 수준을 넘었으며, 상대적으로 인터넷 이용률이 저조하던 30대 이상의 경우도 증가세가 두드러진 것으로 나타났다. 6-19세의 인터넷 이용률이 96.2%로 가장 높았으며, 다음으로 20대 95.3%, 30대 88.1% 등의 순이었다. 반면, 전년 대비 인터넷 이용률 증가폭은 40대가 10.9%p로 가장 컸으며, 다음으로

50대와 30대가 각각 8.3%p, 7.4%p이었다.

3.2 인터넷 이용형태

3.2.1 인터넷 이용시간

한국 인터넷 이용자는 주평균 약 11.7시간 인터넷을 이용하고 있으며, 47.9%가 10시간 이상 인터넷을 이용하고 있는 것으로 나타났다.

남성이 여성에 비해 주평균 1.8시간 정도 인터넷을 많이 이용하고 있었으며, 연령별로는 20대의 인터넷 이용시간이 16.1시간으로 가장 길었다.

3.2.2 인터넷 이용장소

인터넷 이용자의 대부분(90.5%)은 가정에서 주로 인터넷을 이용하고 있으며, 다음으로 PC방 25.8%, 직장 24.8%, 학교 18.2% 등의 장소에서의 이용이 많은 것으로 조사되었다. 20대이상 남성의 경우 직장에서 인터넷을 이용하는 비율이 상대적으로 높았으며, 6-19세와 20대가 학교에서 인터넷을 이용하는 비율이 높았다. PC방의 경우 성별로는 남성, 연령별로는 20대 이하가 주로 이용하고 있는 것으로 조사되었다.

3.2.3 인터넷 이용목적

인터넷을 이용하는 주된 목적은 '자료·정보검색(70.2%)'이며, 다음으로 '게임(53.6%)', '전자우편(30.2%)' 등의 순으로 나타났다. 한편, 20대 이하의 경우 타 연령대에 비해 '채팅·메시전'을 위한 인터넷 이용 비율이 높으며, 여성 및 20-30대에서는 '쇼핑·예약'을 위해 인터넷을 이용하는 비율이 상대적으로 높았고, 대체로 연령대가 높을수록 '신문·뉴스'를 위한 인터넷 이용 비율이 높았다.

3.3 가구 인터넷 이용환경

한국 전체 가구 중 인터넷 접속이 가능한 가구는 72.2%이고, 컴퓨터 보유 가구 기준으로는 97.9%가 인터넷 이용이 가능한 환경을 갖추고 있는 것으로 나타났다.

한편, 인터넷 접속이 가능한 가구의 86.0%는 xDSL방식으로 인터넷에 접속하고 있으며, 13.5%는 케이블모뎀을 통해 인터넷을 이용하고 있어 인터넷가능가구의 대부분은 초고속인터넷에 연결되어 있는 것으로 조사되었다.

3.4 사업체 인터넷 이용현황

한국전산원의 '2004 정보화통계집'에 따르면 전국의 종사자수 5명 이상 사업체 중 네트워크가 구축되어 있는 사업체의 비율은 55.1%(27만 4천개 사업체)로 나타났다. 이는 지난해보다 2.4%p증가한 것이지만, 2002년에서 2003년 사이의 증가율인 12%p보다는 현격히 줄어든 결과이다. 업종별로 네트워크 구축률을 살펴보면, 금융보험업이 95.5%로 가장 높은 반면 농림수산업이 45.2%로 가장 낮은 것으로 나타났다. 중공업과 석유화학, 건설업 부문의 구축률이 작년 동기 대비 다소 감소하였으나, 다른 업종의 네트워크 구축률은 지난 3개 년 간 지속적으로 증가해온 것으로 나타났다. 또한 네트워크의 연결 형태를 보면, LAN이 88.8%로 가장 많이 사용되고 있는 것으로 나타났으며, 이는 전년에 비해 3.1%p정도 증가한 결과이다.

인터넷 접속이 가능한 사업체는 전체의 85.9%인 42만 6천여개로 추정되어 전년 같은 기간의 79.7%인 37만 5천개보다 6.2%p가량 증가한 것으로 나타났다. 사업체 부문의 인터넷 접속률은 꾸준한 증가 추세에 있는 것으로 나타났다. 업종별로 인터넷 접속 가능 사업체 비율을 파악한 결과, 전년에 이어 금융보험업(99.7%)이 가장 높은 비율을 나타냈으며, 농림수산업(68.8%)은 가장 낮은 것으로 나타났다. 또한 업종별 인터넷 접속률 증감 추이에서도 농림수산업을 제외한 전 업종에서 인터넷 접속률이 지속적으로 증가해온 것으로 나타났다. 또한 인터넷 접속이 가능한 42만 6천여 개의 사업체 중 64.6%인 27만 5천여 개 사업체가 'xDSL'을 이용하여 인터넷에 접속하고 있는 것으로 나타났으며, 다음으로 '전용회선'을 이용하고 있는 사업체 비율이 18.6%으로 나타났다. 업종별로는 금융보험업(55.0%)이, 조직형태별로는 국가/지방자치다체(72.9%)에서 '전용회선' 이용이 가장 많은 것으로 나타났다.

4. 인터넷 관련 정책

4.1 인터넷 주소 정책

현재 IPv4기반의 IP정책과 도메인 관리 체계 등은 미국 중심의 국제민간기구인 국제인터넷주소관리기구(ICANN)에서 관리하고 있다. 따라서 이런 관리 체계에서 국익을 확보하고 주소자원 활용의 적정성을 확보하기 위해서는 국가적 개입이 불가피하다. 이런 공적 자원인 인터넷 주소에 대한 관리업무는 속성상 공무에 해당한다. 서울행정법원은 2003년 인터넷 주소자원관리 업무가 국가 사무의 일부라는 점을 밝혔고 2004년 1월 '인터넷주소자원에 관한 법률'을 제정하게 되었다.

2004년 1월 29일에 공포된 '인터넷주소자원에 관한 법률'에 따라 2004년 7월 24일 '인터넷주소자원에 관한 법률 시행령'및 2004년 7월 30일 동시행규칙이 제정되어 법령의 체계가 완비되고 법률의 시행에 들어가게 되었다. 법률의 주요내용은 다음과 같다.

인터넷주소자원에 관한 법률은 인터넷 주소자원의 개발 및 이용을 축진하고 인터넷 주소가 공정하고 적정하게 사용될 수 있도록 할 책무를 국가에 부여하고 있다.

그리고 기본계획의 수립, 시행, 개발 및 표준화, 국제 협력 등의 업무를 정보통신부 장관에게 맡기고 있는데, 인터넷주소자원의 개발·이용축진 및 관리에 관한 기본계획에는

① 인터넷 주소자원의 개발·이용촉진 및 관리를 위한 기본목표,
② 인터넷 주소자원의 현황 및 수급에 관한 사항,
③ 인터넷 주소자원의 개발 및 표준화에 관한 사항,
④ 인터넷 주소의 사용자 보호 및 분쟁해결에 관한 사항,
⑤ 인터넷 주소자원과 관련한 국가·지방자치단체 및 민간의 협력에 관한 사항,
⑥ 인터넷 주소자원과 관련된 국제협력에 관한 사항,
⑦ 인터넷 주소자원의 개발·이용 촉진 및 관리를 위한 재원의 조달 및 운용에 관한 사항,
⑧ 기타 사항을 포함하도록 하고 있다.

법적으로 인터넷 주소자원 관련 정책에 관한 추진체계는 정보통신부 장관, 인터넷주소정책심의위원회, 인터넷주소정책실무위원회, 인터넷진흥원, 인터넷주소관리기관, 인터넷주소관리대행기관, 인터넷주소분쟁조정원원회 등이 있다.

인터넷주소자원에 관한 법률은 도메인 이름의 등록·및 이전 등에 대한 시장질서에서 타인의 정당한 권리를 침해하는 도메인 이름 등록을 방지하고 부정한 목적의 도메인 등록을 금지하고 있다.

4.2 IPv6활성화 정책

IPv6보급축진계획의 목표는 IPv6기반의 차세대 인터넷 산업과 서비스를 육성함으로써 인터넷 소비국에서 생산강국으로 도약하는 것이다.

IPv6보급·축진정책의 핵심전략은 특화된 분야를 선택하여 집중 개발함으로써 한국내외 시장에서 경쟁력 있는 통신장비와 단말기를 개발하고, BcN, Wibro, 홈네트워크, RFID/USN등 IT839전략의 유관사업들과의 연계를 추진하는 것이다. 또한, 정부 및 공공 연구 분야에서 선도적으로 보급하여 초기시장을 조성하고 정부와 산업체, 연구소와 사용자 간의 협력체계를 강화하는 것이다.

IPv6보급축진계획에는 IPv6기반 유무선 통합 차세대 인터넷 사용기술 개발, IPv6응용서비스 개발보급촉진, IPv6홈네트워크 서비스 개발보급, IPv6시범망 구축 및 인프라 확충, IPv6주소자원관리 및 IPv6 DNS 시범서비스 도입, 표준화 및 시험 인증제도 도입, 국제협력, 홍보, 교육강화 등의 내용이 담겨 있다.

기존 IPv4 인터넷 주소체계가 내포한 문제들에 대한 해결책으로 IPv6주소체계를 선행적으로 도입, 적용하는 것은 통신서비스 품질 향상과 서비스 고도화를 가능케

할 것으로 예상된다. 휴대용 컴퓨터나 PDA와 같은 이동단말들의 성능 향상과 무선 통신 기술의 발전이 IPv6와 접목될 때 새로운 형태의 서비스를 탄생시킬 수 있을 것이다.

4.3 인터넷 비즈니스 활성화 정책

4.3.1 인터넷 비즈니스 촉진

인터넷 비즈니스의 지속적 성장을 위해서는 경제력 있는 중·장년층으로의 수요 확산, 인터넷 광고 등 신규시장 활성화 등을 통한 자금 유입이 중요한 요소이다. 이를 위해 한국 정부는 2004년에 YTN과 공동으로 연중 기획시리즈 캠페인 '4050 I♡Internet-인터넷 세상 속으로'를 실시했고, 인터넷 광고 시장의 신뢰 구축 및 확산을 위해 인터넷 광고 기반 기술, 광고 효과 측정 등 표준화 사업을 지원하고 있다.

한국 정부는 2005년에는 인터넷 비즈니스 활성화, 인터넷 산업 기반 육성, 자율규제 역량강화를 목표로 다양한 인터넷 비즈니스 정책을 추진할 예정이다. 이를 위해 인터넷 비즈니스, 마케팅, 웹 호스팅 등 분야별 맞춤형 정책을 발굴·추진하고, IT신기술 기반의 비즈니스 모델 발굴, 인터넷 광고 용어·기술·효과측정 방법론 표준화, 무선 인터넷 활성화, 소액 결제시장 활성화를 위한 연구를 통해 인터넷을 고부가가치 산업군으로 성장 촉진하며, 인터넷 역기능 방지 등 건전한 인터넷 활성화를 위한 기업의 자율적인 규제활동을 지속적으로 지원할 계획이다.

4.3.2 m-커머스 활성

무선 인터넷 시장 규모는 2004년 약 2조 4천억 원, 2005년 2조 9천억 원 2006년에 3조 5천억 원 규모에 이를 것으로 예상되는 등 데이터 서비스를 중심으로 개별 가입자의 평균 지출액(ARPU)의 규모도 증가하고 있으며, WCDMA망이 활성화할 경우 무선 인터넷 서비스는 더욱 가속화될 전망이다.

신속하고 간편한 무선 인터넷 접속을 위해 도입한 '모바일 주소(WINC: Wireless Internet Number of Contents)'를 더욱 확대하고 있다. 또한 이동통신 사업자들간 번호이동성 제도를 시행함으로써 기존에 이동통신 단말기 번호가 가지고 있던 락인(lock-in)효과를 배제함으로써 사업자들로 하여금 이용자들에게 더욱 다양한 m-커머스의 콘텐츠나 서비스를 선보이도록 유도했다.

한편, LBS서비스가 야기할 수 있는 사생활 침해 가능성 문제를 인지하고 가입자 위치정보를 보호할 수 있는 적절한 절차와 기술적인 방법을 체계적으로 정리해 '위치정보의 보호 및 이용등에 관한 법률(안)'을 마련해, 공청회, 토론회, 관계부처 협의, 국무회의, 국회 본회의를 거쳐 2005년1월27일 공포되어 2005년7월 중에는 시행될 예정이다.

注 释

%p (%point)	[名]	百分点
공교육 (公教育)	[名]	公共教育
공정하다 (公正—)	[形]	公正
공히 (共—)	[副]	一共
광가입자망 (光加入者網)	[名]	光用户网
국제인터넷주소관리기구 (國際 internet住所管理機構)	[名]	国际互联网域名与地址管理机构
기간통신 (基幹通信)	[名]	主干通信
대별되다 (大別—)	[自]	粗分，大致区分
대역 (帶域)	[名]	带宽
락인효과 (lock-in效果)	[名]	锁定效应
마케팅 (marketing)	[名]	销售
미니홈피 (mini homepa(ge))	[名]	微型主页
백본망 (backbone網)	[名]	主干网
벅스뮤직 (Bugs music)	[名]	Bugs（公司）music（服务）
블로그 (blog)	[名]	博客
상용망 (商用網)	[名]	商用网
엔터테인먼트 (entertainment)	[名]	娱乐
역기능 (逆機能)	[名]	负面影响
역무 (役務)	[名]	工作，业务
웹 호스팅 (Web hosting)	[名]	虚拟主机
육양되다 (育養—)	[自]	培养
이더넷 (Ethernet)	[名]	以太网（属网络低层协议，通常在OSI模型的物理层和数据链路层操作）
적정하다 (適正—)	[形]	正确
책무 (責務)	[名]	职责，职务
카테고리 (category)	[名]	类别
캠페인 (campaign)	[名]	活动
커뮤니티 (community)	[名]	社区
케이블모뎀 (cable modem)	[名]	缆线调制解调器

케주얼 게임 (casual game)	[名]	休闲游戏
키워드 광고 (key word廣告)	[名]	关键词广告
포화 상태 (飽和狀態)	[名]	饱和状态
한국전산원 (韓國電算院)	[名]	韩国电算院
홈네트워크 (Home network)	[名]	家庭网络
화두 (話頭)	[名]	话题
ARPU (Average Revenue Per User)	[名]	每用户平均收入（ARPU注重的是一个时间段内运营商从每个用户所得到的利润）
BcN (Broadband Convergence Network)	[名]	宽带融合网络（BcN）
BGM (background music)	[名]	背景音乐（BGM）
Convergence	[名]	融合
ICANN (The Internet Corporation for Assigned Names and Numbers)	[名]	互联网名称与数字地址分配机构（ICANN）
IPv6 (Internet Protocol version 6)	[名]	互联网协议第6版（IPv6）
IT839전략 (IT839戰略)	[名]	IT839战略（韩国信息科技领域中运用8个服务项目、建立3种基础建设及培育9种新成长动力）
LAN (local area network)	[名]	局域网（LAN）
lock-in효과 (lock-in效果)	[名]	锁定效应
M-commerce	[名]	移动电子商务
path-dependent	[名]	路径依赖
RFID (Radio Frequency Identification)	[名]	无线射频识别（RFID）
TPS (Triple Play Service)	[名]	超高速三网合一服务（TPS）（指通过一个ADSL同时提供电话[VoIP]、宽带上网和广播电视[IP－TV]等三项服务，是新一代兼容和复合型有线通讯服务）
USN (ubiquitous sensor network)	[名]	无线不在的传感器网络（USN）

VOD (Video-On-Demand)	[名]		视频点播（VOD）
WCDMA (Wideband Code Division Multiple Access)	[名]		宽频码分多址（WCDMA）
Wibro (wireless broadband)	[名]		无线宽带（Wibro）

练 习

1. 서로 관련된 것을 연결하여 보세요.

A
APII/TEIN
BIX
BORANet
Dacom-IX
DreamX
GNGIDC
HANANet
KINX
KIX
KOREN
KORNet
KREONET
KT-IX
POWERCOMM
PUBNET과 PUBNETPLUS공공망
Shubburo
Thrunet

B

인터넷 교환센터(IX)

상용망

비영리망

2. 빈칸에 알맞은 말을 넣어 보세요.

(1) 인터넷 이용자의 대부분(90.5%)은 (　　)에서 주로 인터넷을 이용하고 있다.

(2) 인터넷을 이용하는 주된 목적은 '(　　　)(70.2%)이며, 다음으로 '(　　　)(53.6%)',(　　) (30.2%)' 등의 순으로 나타났다.

(3) 한국의 전체 가구 중 인터넷 접속이 가능한 가구는 (　　)%이고, 컴퓨터 보유 가구 기준으로는 (　　)%가 인터넷 이용이 가능한 환경을 갖추고 있는 것으로 나타났다.

(4) 인터넷 접속이 가능한 사업체는 전체의 (　　) %인 42만 6천여 개로 추정되어 전년 같은 기간의 79.7%인 37만5천개보다 6.2%p가량 증가한 것으로 나타났다.

(5) 연령별로 살펴보면, 정보화과정의 선도계층이었던 (　　)대이하의 경우 인터넷 이용률이 계속 증가해 공히 (　　)% 수준을 넘었으며, 상대적으로 인터넷 이용률이 저조하던 (　　) 대 이상의 경우도 증가세가 두드러진 것으로 나타났다.

(6) 2004년부터 나타난 온라인 게임의 흐름은 캐주얼 게임, 스포츠 게임을 통해 게임 시장 자체를 늘리고 있는 것이며, 정통 온라인 게임들도 더욱 (　　) 되고 있다. 또한 고기능 핸드폰의 보급이 늘어남에 따라 핸드폰용 (　　)제작이 활발해지고 있다.

(7) 최근들어 대표적인 온라인 음악사이트였던 (　　)이 유료화를 선언했으며SK텔레콤과, KTF, LG텔레콤은 각각 온/오프라인 음악다운로드 서비스를 시작했거나 준비하고 있다.

(8) 2004년 한국 인터넷 커뮤니티에서 가장 주목할 만한 부분은 (　　), 블로그와 같은 개인 중심 커뮤니티 분야이다.

(9) 현재 IPv4기반의 IP정책과 도메인 관리 체계 등은 미국 중심의 국제민간기구인 (　　)에서 관리하고 있다.

(10) EBS수능강의는 VOD형태의 (　　) 기반을 구축했다는 점에서 의의가 크다.

3. 빈칸에 알맞은 말을 골라 보세요.

(1) 2005년에는 해저 광케이블을 이용한 국제 전송로의 비중이 (　　) 이상에 이를 것으로 보이며, 이 추세는 지속될 것으로 보인다
　　A. 99.5%　　　　　　　　　　B. 99%
　　C. 95%　　　　　　　　　　　D. 95.5%

(2) 이동전화는 (　　) 기술을 바탕으로 지속적으로 사용자가 늘어나고 있다.
　　A. VOD　　　　　　　　　　　B. BGM
　　C. CDMA　　　　　　　　　　D. TPS

(3) 최근 검색 서비스의 특징적인 부분은 2002년 무렵부터 시작된 (　　)검색 형태의 서비스이다.
　　A. 지식검색　　　　　　　　　B. 광고검색
　　C. 회사검색　　　　　　　　　D. 정보검색

(4) (　　　)년은 온라인 음악 시장이 실질적으로 시작한 해로 볼 수 있다.
   A. 2002　　　　　　　　　　　B. 2003
   C. 2004　　　　　　　　　　　D. 2005

(5) 종이 신문시장이 수익성 악화의 늪에 빠져 있는 가운데 (　　) 관련 서비스는 지속적으로 확장되고 있다.
   A. 방송뉴스　　　　　　　　　B. TV뉴스
   C. 신문뉴스　　　　　　　　　D. 인터넷 뉴스

(6) 여성 및 20-30대에서는 '(　　)'을 위해 인터넷을 이용하는 비율이 상대적으로 높았다.
   A. 채팅　　　　　　　　　　　B. 메시전
   C. 쇼핑·예약　　　　　　　　D. 뉴스

(7) 업종별로 네트워크 구축률을 살펴보면, (　　)이 95.5%로 가장 높은 반면 농림수산업이 45.2%로 가장 낮은 것으로 나타났다.
   A. 중공업　　　　　　　　　　B. 금융보험업
   C. 석유화학　　　　　　　　　D. 건설업

(8) 비영리 공공인터넷망은 한국전산원의 (　　)를 중심으로 연동되고, 상용 ISP들은 주로 KT-IX, Dacom-IX 또는 KINX를 통해 연동되고 있으며, 부산-경남 지역은 한국전산원의 BIX를 중심으로 연동되어 운영되고 있다.
   A. IX　　　　　　　　　　　　B. KIX
   C. ISP　　　　　　　　　　　D. DreamX

(9) 서울행정법원은 2003년 인터넷 주소자원관리 업무가 국가 사무의 일부라는 점을 밝혔고 (　　)년 1월 '인터넷주소자원에 관한 법률'을 제정하게 되었다.
   A. 2003　　　　　　　　　　　B. 2004
   C. 2005　　　　　　　　　　　D. 2006

(10) 2004년부터 나타난 온라인 게임의 흐름은 (　　), 스포츠 게임을 통해 게임 시장 자체를 늘리고 있는 것이며, 정통 온라인 게임들도 더욱 대형화되고 있다.
   A. 스포트 게임　　　　　　　　B. 음악 게임
   C. 3D게임　　　　　　　　　　D. 캐주얼 게임

4. 다음의 질문에 대답하여 보세요.

(1) 한국의 상용망과 비영리망을 각각 열거해보십시오.
(2) 한국 IPv6보급·축진정책의 핵심전략은 무엇을 추진하는 것입니까?
(3) IPv6보급축진계획에는 어떤 내용이 담겨있습니까?
(4) 한국 정부는 2005년에는 인터넷 비즈니스에 관한 어떤 정책을 추진할 예정입니까?
(5) 한국의 초고속인터넷 사업은 성숙기에 접어들어 거의 포화 상태에 다다랐다고 하는 근거는 무엇입니까?
(6) 무선망에 대해서 좀 설명해보십시오.
(7) 개인미디어의 서비스의 폭발적인 성장은 어떤 변화를 가져왔습니까?
(8) 개인 중심 커뮤니티가 기존 커뮤니티와 대별되는 특징은 무엇입니까?
(9) IPv6보급·축진정책의 핵심전략은 무엇입니까?
(10) 한국 정부는 중·장년층으로의 수요 확산, 인터넷 광고 등 신규시장 활성화 등을 통한 자금 유입을 하기 위해서 2004년에 YTN과 공동으로 무엇을 실시했습니까?

5. 500자 이내의 중국어로 본문내용에 근거하여 다음 문제를 서술하여 보세요.

(1) 한국의 인터넷 인프라
(2) 한국의 인터넷 추진 정책

제14과 인터넷 언론과 전통 언론의 상호작용

1. 인터넷 언론의 발전과 언론의 개념 변화

언론의 사전적 의미는 '말이나 글로 자기의 사상을 발표하는 일'이다. 근대 사회가 출현하고, 매스미디어가 대중화하면서 언론은 매스미디어와의 연관성 속에서 사회적 의미를 구체화시켜 나갔다. 즉, 현대사회에서 '언론은 전문적인 조직체계를 지닌 집단이 뉴스를 취재하고, 편집, 논평하여 매스미디어를 통해 보도하는 행위'를 일컫는다.

사회는 지속적으로 다원화되어가는 반면, 매스미디어에 투하되는 자본이 늘어나면서 의사소통 채널은 집중화되는 양상을 나타낸다. 매스미디어는 이 과정에서 정보나 의견의 사회적 소통을 통제함으로써 새로운 권력의 원천이 되고 있다. 매스미디어가 전문화되면 될수록, 언론조직 내부의 정보 처리 전략(gate keeping)은 엄격해질 수밖에 없고 균형 잡힌 의견의 스펙트럼은 적어지게 된다. 뿐만 아니라 매스미디어의 상업화 전략은 공적인 의사소통을 탈정치화시키는 핵심적인 역할을 수행한다.

궁극적으로 볼 때, 매스미디어의 발전은 곧 본래 언론이 갖고 있던 의미를 상실케 한다. 언론의 행위 주체여야 할 시민들은 매스미디어의 소비자로 전락하게 되고, 나아가 정치 참여의 기회 또한 그만큼 좁아지게 된다. 인터넷 언론의 부상은 매스미디어가 중심축으로 자리잡으면서 발행한 여러 가지 왜곡된 언론질서를 회복하는데 결정적인 단초를 제공해주고 있다.

인터넷 언론의 기본적인 특성은 PC통신에서 이어받은 성격이 강하다. 인터넷 보편화되기 이전 한국 4대 PC통신인 하이텔, 천리안, 나우누리, 유니텔 등에서 운영하는 전자 게시판과 토론실은 독자적인 여론을 생성할 수 있는 대안적 미디어로 주목받아 왔다. 게시판은 불특정 다수 이용자가 자유롭게 메시지를 작성할 수 있는 공개된 공간이다. 특히 하이텔의 '큰마을', 천리안의 '천리안 플라자', 나우누리의 '열린 광장', 유니텔의 '플라자' 등은 주로 사회적인 문제의식이 표출되는 정치적인 공간으로 자리잡았다. 토론실은 모든 이용자들이 제약 없이 접근할 수 있다는 점은 게시판과 동일했다. 그러나 토론실의 개설, 토론주제의 제안과 진행이 토론실을 개설한 의장과 참여자들의 합의에 의해 진행된다는 점에서 게시판과는 차별성이 있었다.

PC통신이 지니고 있는 대안 미디어적 성격은 쌍방향성, 익명성, 시공간 제약 극복

등 매스미디어와 상이한 커뮤니케이션 속성으로부터 유래한다. 즉, PC통신에서는 익명으로 다수 대 다수(many to many)의 쌍방향적 커뮤니케이션이 가능하므로 모든 이용자들이 취재원(news source)인 동시에 저널리스트로서의 역할을 수행할 수 있다. 또한 이용자들의 신분이 노출되지 않고 자신이 게재한 의견이나 정보에 관해서 책임을 강제하지 않으므로 매우 자유롭게 의사소통 행위에 참여할 수 있는 것이다.

인터넷 등장 이후, PC통신 게시판이나 대화방과 같은 형태가 아니라 실험적이며, 독자적이 저널리즘의 형식을 갖춘 인터넷 신문이 발달하게 되었다. 특히 인터넷 패러디 신문을 표방한 딴지일보(www.ddanzi.com, 1998년7월6일)의 등장은 인터넷 기술이 대안적 저널리즘에 적용될 수 있음을 보여주었다. 딴지일보는 직설적 사회 풍자와 신랄한 독설로 사이트 개설 두 달 만에 조회수 100만을 넘어서는 엄청난 대중적 인가와 호응을 끌었다.(《한겨레》, 1998년9월 29일자)

딴지일보가 인터넷에서 대중적인 인기를 확보한 것은 철저한 실험정신에 입각했기 때문이다. 정치인을 스모 선수의 몸 사진과 합성한다던가 영화의 한 장명에 끼워 넣어 폭소를 자아내게 만드는 화상처리기술을 도입하고, 정치인들의 공식 직함이나 이름마저도 철저하게 비틀어 비판과 독설의 대상으로 삼았다.

오마이뉴스의 창간은 인터넷 신문에 대한 시각을 완전히 바꾸어 놓을 정도로 획기적인 것이었다. 2000년 2월 창간한 오마이뉴스는 기존의 인터넷 신문과는 완전히 차별되는 새로운 언론 모델을 창출했다. 오마이뉴스는 종합일간지 규모의 인터넷 신문을 시민기자 중심으로 원형하면서 신문과 방송 등 제도화된 언론과 경쟁 가능한 사회적 영향력을 창출한 것이다. 오마이뉴스는 2003년 12월 현재 3만 명의 회원기자를 확보하고 있으며, 이들 회원기자들은 1일 160-220개의 뉴스를 송고하고 있는 것으로 나타났다.

오마이뉴스가 대중적으로 성공하면서 인터넷 신문의 창간이 줄을 이었는데, 그중 단기간에 대중적 인기와 사회적 영향력을 확보한 인터넷 신문은 프레시안이다. 2001년 9월 창간한 프레시안은 기존 신문사에 몸담고 있던 중견 언론인들이 모여 만든 인터넷 신문이다. 프레시안은 오마이뉴스와 다르게 심층 취재, 논평에 초점을 맞춘 인터넷 신문을 지향하고 있다.

한국에서 인터넷 언론 특히 인터넷 신문이 짧은 역사에도 불구하고 엄청나게 성장할 수 있었던 원인은 전통적인 언론이 보수 편향적이고 언론권력화의 양상을 보여주기 때문에 나타난 결과이다.

2. 인터넷 언론과 전통언론의 상호 작용(오마이뉴스를 중심으로)

2.1 새로운 언론 모델로서 오마이뉴스

오마이뉴스가 새로운 언론 모델로서 주목받는 이유는 일반 시민들을 기자로 참여하게 했다는 점이다. 오마이뉴스는 '모든 시민이 기자다'라는 모토 아래 전문기자와 시민기자가 결합한 언론 모델을 구축했다. 2003년 12월 현재 시민기자의 수는 3만 명을 넘어서고 있다. 이들 시민기자들은 뉴스의 제공자이자 동시에 소비자로서 양자의 역할을 모두 수행한다.

오마이뉴스의 성공은 뉴스는 전문가가 생산한다는 전통적 저널리즘 개념을 다시금 돌아보아야 할 필요성을 제기한다. 오마이뉴스 자체조사에 의하면 시민기자 3만 29명 중 남자가 차지하는 비중은 전체회원 규모의 76.6%로 여자보다 월등히 많았으며, 1회 이상 기사를 쓴 시민기자는 전체의 33.4%선인 것으로 나타났다. 오마이뉴스의 시민기자들은 20대, 30대가 전체의 72.9%로 시민기자들의 주축을 이루고 있다.

오마이뉴스시민기자들의 연령별 현황

구분	계	10대	20대	30대	40대	50대	60대 이상
인원수	30029	2942	11522	10373	4318	970	304
(%)	(100)	(8.47)	(38.4)	(34.9)	(14.38)	(3.23)	(1.01)

* 출처: 오마이뉴스, 2003년 12월 11일자.

오마이뉴스 시민기자들의 직업별 분포는 매우 다양하게 나타났는데, 그중 대학생과 회사원의 비중이 가장 높은 것으로 나타났다. 오마이뉴스 시민기자들의 직업별 분포에서 가장 흥미로운 점은 언론인이 2,136명이나 참여하고 있다는 사실이다. 이들 언론인들은 자신이 소속된 신문이나 방송에 싣지 못한 기사들을 오마이뉴스에 게재하는 형태로 활동한다.

시민기자들이 다양한 직업군으로 구성되면서, 오마이뉴스는 전통적인 언론 모델과는 다소 상이한 형태의 전문성을 구축할 수 있었다. 가령 교육 문제의 경우에 전통적인 언론 모델에서는 교육청이나 학교 출입기자들이 취재에 의존해서 기사를 작성할 수밖에 없는데, 오마이뉴스의 경우에는 교사나 학생들까지도 취재에 참여할 수 있는 기회를 주기 때문에 다양한 의견과 사실들이 표출될 수 있다.

오마이뉴스의 사례에서 주목할 점은 전문기자와 시민기자의 관계이다. 오마이뉴스의 전문기자는 심층보도와 시민기자들이 작성한 기사의 뉴스 가치를 판단하여 지면을 구성하는 역할을 한다. 즉, 시민기자들이 기사를 작성하면, 일단 '생나무' 난에 먼저 게재되고 전무기자들이 뉴스 가치를 판단해서 지면 별로 분류한다. 생나무는 편집부가 정식기사로 채택하지 않은 것으로 이 과정을 통해 정확성을 결여한 기사나 명예훼손, 프라이버시 침해 사유가 있는 기사들은 걸러진다.

오마이뉴스는 창간 초기부터 시민기자들의 기사작성을 돕기 위해 '기자 만들기' 프로그램을 운영하고 있으며, 시민기자들의 참가를 활성화하기 위해 기사의 형식에 제한을 두지 않고 있다. 그리고 오마이뉴스는 시민기자가 작성한 기사의 저작권 개념도 유연하게 적용하고 있는데, 시민기자들은 자신들이 취재한 기사를 오마이뉴스 뿐만 아니라 다른 인터넷 신문에 기고할 수 있는 권리를 갖는다.

오마이뉴스는 시민기자들과 소수 전문기자들이 주축이 됐기 때문에, 전국 종합일간지 수준의 뉴스를 제공하는 데에는 한계가 있을 수밖에 없다. 오마이뉴스는 이 문제를 해결하기 위해 연합통신과 제휴관계를 통해 기본 뉴스를 제공받는 방법을 채택했다.

오마이뉴스가 짧은 시간에 성장할 수 있었던 또 다른 원동력은 인터넷의 기술적 특성을 적절하게 구현했다는 점이다. 오마이뉴스는 인터넷 뉴스 서비스로는 최초로 각 기사단위에 독자 게시판을 제공하여, 독자들이 기사를 읽고 바로 자신들의 의견을 제시할 수 있도록 했다. 기사와 게시판을 연계하는 형태의 뉴스 제공은 현재 상당수의 한국 인터넷 언론들이 따라하고 있다.

그리고 오마이뉴스는 메시지 수정이 용이한 인터넷의 특성을 활용하여 중요한 사안의 경우, 수시로 기사를 갱신하여 속보성을 강화했다. 이러한 서비스는 독자들로 하여금 현장 중계방송을 보는 것과 같은 흥미와 긴장감을 느끼게 하고, 사건의 진행 상황을 일목요연하게 전달한다는 점에서 매우 효과적이다.

오마이뉴스를 일반인들에게 널리 알리는 계기가 된 김영삼 전 대통령의 고대 강연의 경우 현장중계 형태로 1신에서 25신까지 순차적으로 보도됐으며 (2000년10월 13일자), 정몽준 국민통합21 대표의 노무현 후보에 대한 지지 철회 보도의 경우에도 25신까지 이어졌다.

오마이뉴스는 발행 초기에 기존에 매스미디어에서 보도하지 않던 내용들을 적극적으로 취급하면서 일종의 대안언론으로서 주목받기 시작했다. 오마이뉴스가 자체적으로 선정한 2000년 특종 20을 보면 오마이뉴스는 기존 언론이 잘 취급하지 않던 '미군 관련 사건', '매향리 사건', '재벌 비판', '언론 비판' 등과 같은 주제를 적극적으로 보도하면서 전통언론의 뉴스원이 되거나 시민들의 주목을 받았다.

그러나 오마이뉴스가 전통언론과 경쟁관계를 형성할 만큼 정치·사회적 영향력을 갖게 된 결정적 계기는 김대중 대통령으로의 정권 교체와 노무현 대통령의 집권 등 정치질서 변화에 있다.

김대중 정권은《조선일보》,《중앙일보》,《동아일보》등 보수 일간지들이 한국 정부에 대한 비판을 강화하는 가운데, 오마이뉴스를 비롯한 인터넷 신문들과 호의적인 관계를 형성하기 시작했다. 특히 오마이뉴스 창간 1주년 기념 인터뷰는 시사하는

바가 매우 컸다.

　발행 초기에 오마이뉴스는 유력 정치인에 대한 인터뷰에 많은 노력을 집중했는데, 정치인들의 입장에서 보면, 인터넷 신문과 인터뷰함으로써 인터넷 신문의 주요 독자인 20-30대 계층에게 자신의 이미지를 부각시킬 수 있다는 장점이 있고, 신생 매체의 입장에서는 인터뷰 대상이 지니는 사회적 지위나 저명성이 전이될 수 있다는 장점이 있다.

　노무현 대통령의 집권은 정치 사회적 영향력의 단계를 넘어 법제도적으로 오마이뉴스가 전통적인 언론의 지위를 확보하는 단계로 나아갈 수 있을 것이라는 전망을 낳게 한다. 오마이뉴스는 2002년 봄에 치러진 민주당의 대통령 후보 경선 과정을 대대적으로 보도하는 한편, 이회창 후보의 병역비리 파문을 새롭게 제기하는 등 반(反)이회창, 친(親)노무현 논조를 뚜렷하게 드러냈다.

　지난 15대 대통령 선거 과정에서 오마이뉴스의 인기는 창간 이래 가장 높았다고 할 수 있다. 오마이뉴스는 2002년 한 해 동안 기존의 접속 통계를 모두 갱신했는데, 그 중요시점은 민주당 대통령 후보 경선, 이회창 후보 아들 병역비리 보도[1], 정몽준 후보가 노무현 후보 지지 철회 등이었다. 정몽준 후보가 노무현 후보 지지 철회를 발표하던 2002년 12월 18일의 경우 하룻동안 오마이뉴스를 접속한 사람들이 연인원 623만 명 규모인 것으로 나타났다[2]. 오마이뉴스는 이날, '정몽준 폭탄 터졌지만 승리는 노무현' 등이라는 네티즌들의 선거 참여를 독려하는 기사를 내보내기도 했다.

　이 같은 사실을 토대로 할 때, 대통령 선거 과정에서 노무현 지지 세력 및 젊은 시민들이 오마이뉴스를 중심으로 결집한 것으로 해석할 수 있다. 실제로 2003년 2월 3일 노무현 대통령 당선자는 대통령 당선 후 최초로 언론매체로서는 유일하게 오마이뉴스와 독점 인터뷰를 하면서 전반적인 정국 현안에 대해 소상히 설명했다. 오마이뉴스와의 인터뷰는 당시 많은 사회적 파장을 몰고 왔는데, 한나라당은 이 인터뷰가 언론을 편가르기하는 매우 부정적인 시도라고 비판하고 나섰다.

　오마이뉴스의 정치 사회적 영향력이 커지면서 자연스럽게 전통언론과 경쟁관계를 형성했으나, 오마이뉴스가 법 제도적인 측면에서 언론매체로 인정받는 데는 여러 가지 우여곡절이 뒤따랐다. (《조선일보》, 2003년 2월 25일자)

　2001년 3월 23일 오마이뉴스 기자가 인천국제공항 중앙기자실에서 쫓겨난 사건이 벌어졌다. 이 사건은 여러 경로로 공론화 되었으며, 인천지방법원이 오마이뉴스 최경준 기자가 제출한 '인천국제공항출입기자실출입및취재방해금지가처분신청'을

---

[1] 이 보도로 인해 오마이뉴스는 인터넷 신문으로는 최초로 명예훼손 소송에는 패소한다. 서울지방법원은 한나라당 측이 낸 손해배상 소송에서 오마이뉴스 측이 6,000만 원을 배상하라는 판결을 내렸다.
[2] 오마이뉴스에 의하면 정몽준 국민통합21 대표가 노무현 후보에 대한 지지 철회를 했던 날이자 대통령 선거 하루 전날이었던 12월 18일 오마이뉴스 페이지뷰는 1,910만 1,690쪽이었다. 이를 반복 접속자를 포함한 방문자 수로 따지면 약 623만 명인 것으로 나타났다.

받아들이는 것으로 결말이 이어졌다(《한겨레》, 2001년8월 1일자). 이 판결을 계기로 출입처 이용에 있어 인터넷 신문도 전통언론과 동일하게 취급되는 계기가 마련된다.

오마이뉴스가 지난 대통령 선거를 앞두고 실시된 민주당 대통령 후보 경선과정에서 후보자 초청 토론회를 실시하자, 서울시 선관위가 오마이뉴스를 언론기관으로 볼 수 없다며 후보자 초청 토론회를 금지시킨 사례가 있었다. 선관위의 이러한 조치에 대해 2002년 2월 9일 언론 주무부처인 문화관광부가 오마이뉴스에 대해 '사실상 언론의 기능을 수행하는 새로운 형태의 언론'이라는 유권해석을 내린 바 있다. 이 사건으로 말미암아 정간법, 방송법, 선거법 등을 개정해야 한다는 공론이 형성됐다.

노무현 정부가 집권하면서 인터넷 신문에 대한 제도적 보장이 강화됐다. 2003년 3월부터 시행에 들어간 '청와대출입기자등록등에 관한 규정'에 의하면 청와대 출입기자로 등록하기 위해서는 한국신문협회, 한국방송협회, 한국기자협회, 인터넷신문협회, 인터넷기자협회, 한국사진기자협회, 한국TV카메라기자협회, 한국온라인신문협회, 서울외신기자클럽 등에 추천을 받도록 되어 있다. 이와 같은 사실은 청와대가 인터넷 신문에게 전통언론과 동등한 자격을 부여하고 있음을 의미한다.

오마이뉴스의 성장 과정에서 한 가지 눈여겨볼 점은 2002년 1월을 기해 오마이뉴스는 새 편집국장 정운현 전 《대한매일신문》을 신임 편집국장으로 임명하고, 김당, 정지환과 같은 중견 언론인들을 채용했다는 사실이다(《한겨레》, 2002년1월 11일자). 인터넷 시민 미디어의 성격을 전면에 내세우던 오마이뉴스가 중견 언론인들을 채용하고, 컬럼을 강화한 것은 전문성을 강화하려는 움직임으로 파악할 수 있다.

오마이뉴스가 기존 언론의 조직체계를 일부 수용한 것과는 반대로 신문과 방송 등 전통적인 언론매체들은 인터넷 신문의 기법들을 활발히 채택하고 있다. 인터넷 한겨레가 시민기자제를 채택했으며, 인터넷 조선일보의 경우에는 인쇄신문과 독립적인 인터넷 신문을 구축하기 위해 인터넷 신문의 지면을 대대적으로 개편하고 서비스를 차별화하고 있다. 신문뿐만 아니라 방송의 대응 또한 적극적인데, 기독교 방송이 인터넷에 노컷뉴스(www.nocutnews.co.kr)를 개설했으며, 문화방송도 독자적인 뉴스 서비스를 하는 아이엠 뉴스(www.imnews.com)를 개설했다.

2.2 오마이뉴스와 전통언론의 상호 작용

오마이뉴스의 성장은 기존 언론질서에도 적지 않은 영향을 미쳤다. 오마이뉴스에 대한 기존 언론의 관심은 지속적으로 증대되고 있음을 알 수 있다. 기존 언론들의 오마이뉴스에 대한 관심 증가는 오마이뉴스의 영향력이 그만큼 커졌음을 나타내는 매우 상징적인 지표이다.

오마이뉴스의 성장 과정은 언론개혁, 노무현 대통령 당선 등을 매개로 언론매체들이 진보와 보수로 양분되어 서로 갈등하는 과정과 중첩되어 있다. 오마이뉴스는 창간과 함께 이러한 갈등구조 속으로 편입됐으며,《조선일보》,《동아일보》,《중앙일보》 등 보수 일간지와 대척점을 형성하기 시작했다.

특히 김대중 정부가 신문사 세무조사, 신문고시 제정 등을 통해 신문시장을 규제하려는 움직임을 보이자 언론사들을 언론개혁을 찬성하는 입장과 반대하는 입장으로 나뉘어 첨예하게 대립했다. 특히 언론개혁에 반대하는《조선일보》,《동아일보》,《중앙일보》등이 정권 비판의 핵심 축으로 자처하고 나서면서 언론개혁을 매개로 한 언론간의 갈등은 사회적 논쟁을 불러일으켰다.

진보와 보수로 나뉘어 대립하는 언론개혁 국면에서 오마이뉴스의 등장은 진보적인 언론들에게 있어서는 연대의 대상, 보수적인 언론에게 있어서는 견제의 대상이 됐다.

2000년 2월 창간한 오마이뉴스는 2001년 접어들면서 폭넓은 대중적 인기와 정치적 영향력을 확보했다. 특히 오마이뉴스는 김대중 대통령, 노무현 해양수산부 장관 등 유력 정치인들과 연쇄 인터뷰 실시하고, 그 내용이 다른 언론을 통해 인용 보도되면서 일반 시민들에게 널리 알려지게 됐다.

인터뷰 기사 외에 전통적인 언론들이 오마이뉴스를 언급하는 경우는 주로 네티즌들의 여론 동향에 집중됐다.《한겨레》의 경우에는 '온라인 민심 기행' 코너를 두어 오마이뉴스와 인터넷 한겨레에 시민들이 올린 의견을 활발하게 인용 보도했다.《조선일보》의 경우에는 네티즌들에 대해 부정적인 내용을 담은 기사들을 많이 보도했는데, 세계무역센터 테러사태에 대한 네티즌들의 주장을 보도하면서, 오마이뉴스 독자 게시판에 나타난 일부 의견을 토대로 오마이뉴스 독자들이 반미 성향을 가지고 있는 것처럼 보도하여 오마이뉴스 측의 반발을 사기도 했다.

인터넷 신문의 규범적 모델이 도출됐을 때, 인터넷 신문은 시민들이 자율적으로 참여하여 공적 사안에 대해 자신들의 의견이나 주장을 제시하고, 정보를 공유하는 활동을 통해 건전한 여론을 형성하는 공간으로 작용해야 한다. 오마이뉴스의 사례는 완전한 것은 아니지만 시민들이 자발적으로 참여하는 언론 모델을 수립했다는 점에서 부분적으로 이와 같은 규범 모델에 접근하고 있다고 볼 수 있다.

그렇지만 현재 오마이뉴스의 성공을 낙관하기에는 어려운 부분이 있다. 그것은 오마이뉴스의 성장은 매우 복잡한 정치 사회적 맥락 속에서 이루어졌기 때문이다.

우선 오마이뉴스를 필두로 한 인터넷 신문이 한국 사회에서 급속도로 활성화된 배경에는 전통적인 언론매체에 대한 불신, 상대적으로 진보적인 김대중, 노무현 집권, 정치 참여에 대한 시민들의 열망 등 정치적 요소가 강력하게 작용했다. 오마이뉴스는 창간 초기부터 진보와 보수로 나뉘어 서로 대치하던 한국 사회의 언

제14과 인터넷 언론과 전통 언론의 상호작용

론질서 속으로 급속히 편입됐다. 이 과정에서 오마이뉴스는 한겨레와 같은 진보적인 언론과는 적절한 연대와 상호 작용을 통해 자신의 존재를 알리고, 영향력을 확대하는 기회를 확보할 수 있었다.

오마이뉴스가 짧은 시간에 전통적인 언론매체와 경쟁할 만큼 영향력을 확보한 가장 중요한 이유는 무엇보다도 시민들이 자유롭게 참여할 수 있는 인터넷 시민 미디어 구축이라는 아이디어에 있다. 뉴스는 물론 모든 미디어 콘텐츠는 반복 사용이 어려운 매우 소모적인 특성을 지닌다. 그러므로 미디어를 원활하게 운영하기 위해서는 끊임없이 새로운 콘텐츠를 제공해야 한다. 오마이뉴스는 뉴스의 소비자인 시민들이 직접 기사를 작성할 수 있도록 하여 이 문제를 해결했다. 현재 오마이뉴스에 가입한 시민기자가 3만 명을 넘어섰다는 사실에서 알 수 있듯이 오마이뉴스가 확보한 정치적·사회적 영향력의 근원은 오마이뉴스에 자발적으로 참여한 시민들이다.

영향력 확대라는 부문에 한정했을 때, 오마이뉴스가 기획한 취재 아이템 중에서 가장 성공적인 것은 인터뷰였다. 오마이뉴스는 초기부터 인터뷰에 많은 공을 들였다. 정치인들의 입장에서 볼 때 인터넷 신문과 인터뷰는 20-30대 젊은 층과 접촉의 기회를 폭넓게 제공한다는 점에서 매력적이었으며, 인터넷 신문의 입장에서 인터뷰 대상자의 저명성이 신문으로 전이될 수 있다는 점에서 역시 매력적이다.

오마이뉴스의 영향력이 커지면서 《조선일보》와 같은 보수언론의 오마이뉴스에 대한 공세가 강화된 거세 알 수 있듯이 오마이뉴스의 성장은 보수 편향적이 한국 언론에 적지 않은 영향을 미쳤을 것이라고 예상할 수 있다. 뿐만 아니라 오마이뉴스가 성장하면서 신문과 방송 등 기존 언론매체들도 인터넷을 통한 뉴스 서비스를 강화하는 등 적극적인 대처를 시작했다. 인터넷 신문은 대안적 매체에 머무르지 않고 정치적, 사회적 영향력을 확보하기 위해 주력하고, 반대로 전통적인 언론은 인터넷 신문의 특성을 적극적으로 수용하는 '인터넷과 매스미디어'의 상호 참조 현상은 앞으로 한국 언론질서의 변화를 예측하게 하는 중요한 단초가 될 수 있다.

오마이뉴스는 대선 개표가 끝난 12월 19일 밤 대한민국의 언론권력이 교체됐다고 주장하고 나섰다. 이 선언은 인터넷 시민 미디어로서 오마이뉴스의 이미지를 퇴색시키고 있다.

오마이뉴스가 스스로 새로운 언론권력임을 자처하고, 제도적인 언론의 범주에 편입했을 때에도 시민들이 오마이뉴스를 열린 정치의 공간으로 받아들일지는 미지수이다. 새로운 언론 모델로서 오마이뉴스의 성공 가능성은 이제부터 새로운 시험대에 올랐다고 해도 과언이 아니다.

注　释

공론 (公論)	[名]	公众话题
공을 들이다 (功—)	[词组]	下功夫
공적 (公的)	[名]	公共的
국민통합21 (國民統合21)	[名]	国民整合21（党）
기고하다 (寄稿—)	[他]	投稿
대안언론 (對案言論)	[名]	针对性言论
대척점 (對蹠點)	[名]	相对点
대화방 (對話房)	[名]	聊天室
독설 (毒舌)	[名]	恶毒攻击，大肆攻击
매스미디어 (massmedia)	[名]	大众媒体
매향리 사건 (梅香里事件)	[名]	梅香里事件（驻韩美军在梅香里射击场长期扰民事件）
모토 (motto)	[名]	格言，信条
보수 편향적 (保守偏向的)	[名]	偏向保守的
비리 (非理)	[名]	事件，丑闻
비틀다	[他]	告吹，失败
상이하다 (相異—)	[形]	不同
생나무 (生—)	[名]	新手
선관위 (選管委)	[名]	选举管理委员会
세계무역센터 테러사태 (世界貿易center terror事態)	[名]	（美国）世贸大厦恐怖袭击事件（9·11事件）
소상히 (昭詳—)	[副]	清楚详细地
송고하다 (送稿—)	[自]	投稿
스모 ((日)相撲)	[名]	相扑
스펙트럼 (spectrum)	[名]	范围
시사하다 (示唆—)	[他]	说明
신 (Scene)	[名]	场
쌍방향성 (雙方向性)	[名]	双向性
연합통신 (聯合通訊)	[名]	联合通讯（社）
우여곡절 (迂餘曲折)	[名]	迂回曲折

유력 정치인 (有力政治人)	[名]	权威政治人士
유연하다 (悠然—)	[名]	宽松
익명성 (匿名性)	[名]	匿名性
일간지 (日刊紙)	[名]	日报
자처하다 (自處—)	[自,他]	自居，自封
저널리스트 (journalist)	[名]	新闻工作者
전야제 (前夜祭)	[名]	前夜祭
전이되다 (轉移—)	[自]	转移
제휴관계 (提攜關係)	[名]	合作关系
조회수 (照會數)	[名]	查询数
차별되다 (差別—)	[自]	区别对待
첨예하다 (尖銳—)	[形]	尖锐
취재원 (取材源)	[名]	报导来源
칼럼 (column)	[名]	专栏
커뮤니케이션 (communication)	[名]	交流
투하되다 (投下—)	[自]	投下
패러디 신문 (parody新聞)	[名]	模仿性报纸
폭소 (爆笑)	[名]	爆笑，搞笑
표방하다 (標榜—)	[名]	标榜
표출되다 (表出—)	[自]	表现
프라이버시 (privacy)	[名]	隐私
플라자 (plaza)	[名]	广场
필두 (筆頭)	[名]	首

練習

1. 서로 관련된 것을 연결하여 보세요.

A   B

　　　　　　　　　　(어떤 사건이나 소설 등의) 현장이나 무대
　　　　　　　　　　광장
매스미디어　　　　　 대중 전달 매체
모토　　　　　　　　 빛을 프리즘 등 분광기(分光器)로 분해했을 때 생기는
스펙트럼　　　　　　 무지개와 같은 빛깔의 띠.
신　　　　　　　　　 사람끼리 말이나 글자·음성·몸짓 등으로 사상·감정을
저널리스트　　　　　 전달하는 일
커뮤니케이션　　　　 사생활이나 집안의 사적인 일, 또는 그것이 공개되지
컬럼　　　　　　　　 않고 간섭받지 않는 개인의 자유
패러디　　　　　　　 신문·잡지·방송의 기자나 편집자·기고가(寄稿家) 등을
프라이버시　　　　　 통틀어 이르는 말
플라자　　　　　　　 신문·잡지의 기사. 단평란 또는 시사 평론.
　　　　　　　　　　어떤 저명 작가의 시구나 문체를 모방하여 풍자적으로 꾸민
　　　　　　　　　　 익살스러운 시문
　　　　　　　　　　표어. 좌우명

2. 빈칸에 알맞은 말을 넣어 보세요.

(1) 인터넷 보편화되기 이전 국내 4대 PC통신인 (　　　), (　　　　), (　　　　),
　　(　　　) 등에서 운영하는 전자 (　　　)과 (　　　)은 독자적인 여론을 생성할
　　수 있는 (　　　)적 미디어로 주목받아 왔다.
(2) PC통신이 지니고 있는 대안 미디어적 성격은 (　　　)성, (　　　)성, (　　　) 등
　　매스미디어와 상이한 커뮤니케이션 속성으로부터 유래한다.
(3) 오마이뉴스는 '(　　　　　　　)'라는 모토 아래 (　　　) 기자와 (　　　) 기자가
　　결합한 언론 모델을 구축했다.
(4) 오마이뉴스의 시민기자들은 (　　　)대, (　　　)대가 전체의 72.9%로 시민기자
　　들의 주축을 이루고 있다.
(5) 오마이뉴스 시민가자들의 직업별 분포는 매우 다양하게 나타났는데, 그중
　　(　　　)과 (　　　)회사원의 비중이 가장 높은 것으로 나타났다.

제14과 인터넷 언론과 전통 언론의 상호작용

(6) 영향력 확대라는 부문에 한정했을 때, 오마이뉴스가 기획한 취재 아이템 중에서 가장 성공적인 것은 (　　)였다.

(7) 오마이뉴스는 창간 초기부터 시민기자들의 기사작성을 돕기 위해 '(　　)' 프로그램을 운영하고 있으며, 시민기자들의 참가를 활성화하기 위해 기사의 형식에 제한을 두지 않고 있다.

(8) 오마이뉴스는 인터넷 뉴스 서비스로는 최초로 각 기사단위에 독자 게시판을 제공하여, 독자들이 기사를 읽고 바로 자신들의 의견을 제시할 수 있도록 했다. (　　)와 (　　)을 연계하는 형태의 뉴스 제공은 현재 상당수의 한국 인터넷 언론들이 따라하고 있다.

(9) 오마이뉴스는 전국 종합일간지 수준의 뉴스를 제공하는 데에는 한계가 있을 수밖에 없다. 오마이뉴스는 이 문제를 해결하기 위해 (　　)과 제휴관계를 통해 기본 뉴스를 제공받는 방법을 채택했다.

(10) 언론개혁에 반대하는 《조선일보》, 《(　　)일보》, 《(　　)일보》 등이 정권 비판의 핵심 축으로 자처하고 나서면서 언론개혁을 매개로 한 언론간의 갈등은 사회적 논쟁을 불러일으켰다.

3. 빈칸에 알맞은 것을 골라 보세요.

(1) 2003년 조선일보에서 오마이뉴스를 언급한 기사 건수는 52건이고 한겨레에서 오마이뉴스를 언급한 기사 건수는 (　　)이다.
A. 86　　　　　　　　　　　B. 98
C. 35　　　　　　　　　　　D. 19

(2) 오마이뉴스 자체조사에 의하면 시민기자 3만 29명 중 남자가 차지하는 비중은 전체회원 규모의 (　　)%로 여자보다 월등히 많았으며, 1회 이상 기사를 쓴 시민기자는 전체의 33.4%선인 것으로 나타났다.
A. 66.6%　　　　　　　　　　B. 76.6%
C. 86.6%　　　　　　　　　　D. 96.6%

(3) 오마이뉴스 시민기자들의 직업별 분포에서 가장 흥미로운 점은(　　)이 2,136명이나 참여하고 있다는 사실이다
A. 언론인　　　　　　　　　　B. 정치인
C. 기자　　　　　　　　　　　D. 변호사

(4) (　　) 대통령의 집권은 정치 사회적 영향력의 단계를 넘어 법제도적으로 오

마이뉴스가 전통적인 언론의 지위를 확보하는 단계로 나아갈 수 있을 것이라는 전망을 낳게 한다.
A. 노무현   B. 김영삼
C. 김대중   D. 노태우

(5) 오마이뉴스의 전문기자는 (   )와 시민기자들이 작성한 기사의 뉴스 가치를 판단하여 지면을 구성하는 역할을 한다.
A. 체육보도   B. 사회보도
C. 뉴스   D. 심층보도

(6) 오마이뉴스를 일반인들에게 널리 알리는 계기가 된 (   ) 전 대통령의 고대 강연의 경우 현장중계 형태로 1신에서 25신까지 순차적으로 보도됐으며 (2000년10월13일자), 정몽준 국민통합21 대표의 노무현 후보에 대한 지지 철회 보도의 경우에도 25신까지 이어졌다.
A. 박정희   B. 전두환
C. 김영삼   D. 노무현

(7) 오마이뉴스와의 인터뷰는 당시 많은 사회적 파장을 몰고 왔는데, (   )은 이 인터뷰가 언론을 편가르기하는 매우 부정적인 시도라고 비판하고 나섰다.
A. 한나라당   B. 열린우리당
C. 민주당   D. 민주자유당

(8) (   )년 3월 23일 오마이뉴스 기자가 인천국제공항 중앙기자실에서 쫓겨난 사건이 벌어졌다.
A. 2000   B. 2001
C. 2002   D. 2003

(9) 오마이뉴스가 전통언론과 경쟁관계를 형성할 만큼 정치・사회적 영향력을 갖게 된 결정적 계기는 (   ) 대통령으로의 정권 교체와 노무현 대통령의 집권 등 정치질서 변화에 있다.
A. 김영삼   B. 전두환
C. 노태우   D. 김대중

(10) 《   》의 경우에는 '온라인 민심 기행' 코너를 두어 오마이뉴스와 인터넷 한겨레에 시민들이 올린 의견을 활발하게 인용 보도했다.
   A. 한겨레   B. 조선일보
   C. 주간한국   D. 동아일보

4. 다음의 질문에 대답하여 보세요.

(1) 현대사회에서 언론은 어떤 행위를 가리킵니까?
(2) 오마이뉴스의 특징은 무엇입니까?
(3) 한국에서 인터넷 언론 특히 인터넷 신문이 짧은 역사에도 불구하고 엄청나게 성장할 수 있었던 원인은 무엇입니까?
(4) 이 글에 의하면 오마이뉴스가 짧은 시간에 성장할 수 있었던 원동력은 무엇입니까?
(5) 어떤 사건들이 일어난 후에 오마이뉴스가 정치·사회적 영향력을 갖게 되었음을 알 수 있습니까?
(6) 2002년 2월 9일 언론 주무부처인 문화관광부가 오마이뉴스에 대해 '무엇'이라는 유권해석을 내린 바 있습니까?
(7) 오마이뉴스의 성장 과정은 한국 언론계에 어떤 변화를 가져왔습니까?
(8) 왜 현재 오마이뉴스의 성공을 낙관하기에는 좀 어렵다고 합니까?
(9) 오마이뉴스의 언론인들은 어떤 형태로 활동합니까?
(10) 오마이뉴스의 경우에는 왜 다양한 의견과 사실들이 표출될 수 있습니까?

5. 500자 이내의 중국어로 본문내용에 근거하여 다음 문제를 서술하여 보세요.

(1) 새로운 언론 모델로서의 오마이뉴스
(2) 오마이뉴스와 전통언론의 상호 작용

제15과 한류 일반

1. 한류의 정의

한류(韓流)란 한국 가수들의 노래, TV드라마, 영화 등 한국 대중문화가 중국대륙, 대만, 일본 등 동아시아 국가와 지역에서의 유행과 열기를 지칭하는 신조어라고 할 수 있다. 본래 중국어로 같은 발음인 한류(寒流)는 시베리아에서 몰아치는 찬 바람을 뜻하는 것이다. 그런데, 한국의 댄스음악과 드라마, 패션 열풍이 동아시아 여러 지역에 몰아쳐 본래의 의미를 바꾸고 이제는 새로운 의미의 한류(韓流)로 거듭나게 되었다.

한류는 중국 대륙을 뛰어넘어 홍콩과 대만, 베트남 등 동남아까지 거센 물결을 일으키고 있다. 이것은 한국의 문화가 동아시아의 대중적 문화영역에서 독특한 기능을 하고 있으며 이것은 10대 중심인 대중문화의 특성을 파악할 수 있을 뿐만 아니라 특수한 영역에서의 문화접변 현상이 전체적인 문화상을 변화시키는 동아시아 국가들의 문화적 특성을 고찰할 수 있다고 생각된다. 동일한 의미로 특히 중국에서는 '한국 팬'의 의미를 가지고 있는 하한쭈(哈韓族)와 '한국 마니아'란 뜻의 한미(韓迷)라는 언어가 새롭게 생겨나고 있으며, 이것을 단순한 문화접변 현상의 결과로 나타난 언어의 생성으로 한정하기에는 그 파급효과와 영향력이 상당히 크게 자리잡고 있다.

2. 한류의 배경

중국에서 한류가 본격적으로 몰아친 것은 1998년 대만에 2인조 남성 댄스 가수 '클론'이 상륙하면서부터이다.[1]

일본의 댄스보다 힘이 넘치고 무술을 보는 듯한 극적인 구성의 클론의 댄스는 중국인들의 맘을 사로잡았으며, 무엇보다 쉬운 멜로디로 따라 부르기 쉬운 노래들로 일찍이 한류의 길잡이 역할을 하였다. 초기 한류의 유형은 몇몇의 인기가수들에 의해서 확산된 한국대중가요의 형태로 진행되었다고 볼 수 있다.

---

[1] 1996년 일약 스타덤에 오른 한국의 가수로 남성 그룹으로 구준엽 강원래로 구성되어 있다. 뛰어난 가창력과 더불어 안무를 겸비한 클론은 40만장이라는 기록적인 앨범 판매량과 함께 대만 팝 차트를 석권하였고, 현지 팬들의 우상으로 자리잡으며 클론스타일을 유행시켰다.

제15과 한류 일반

　단지 1~2년만에 중국 본토와 홍콩은 물론 베트남 등 중화 상권이 미치는 동남아에까지 확산되어 이제 한류의 물결은 단지 연예인 몇 명의 유명세를 넘어서서 가요, 음반은 물론이고 드라마, 영화, 게임 심지어 음식과 옷과 헤어스타일에 이르기까지 퍼져가고 있다. 지금 중국 대륙에서 안재욱[1]은 최고의 남성으로 손꼽히고 있으며 베이비복스, 이정현 등의 여자가수들의 인기는 거의 폭발적이라고 할 수 있다.

　이러한 중국을 포함한 동아시아에 불고 있는 한류의 열풍에 대하여 홍콩의 권위있는 주간지 아주주간에서는 "할리우드 블록버스터나 맥도널드 햄버거가 중국 대륙을 퍼져나가는 기세와 조금도 다르지 않다." "불같이 뜨거우면서도 청량제같이 시원하다. 한국인의 식습관처럼 불고기와 소주의 결합, 즉 '얼음과 불의 이중주'같다."라고 표현했다.

　그러면 이러한 한류를 어떻게 발생하게 되었는가? 중국을 포함한 동아시아에 불고 있는 한국대중문화 붐에 대해서는 다음과 같은 몇 가지 이유가 제시될 수 있다.

　첫째, 같은 유교문화에 뿌리를 두고 있어 정서적 공감이 가능하며 이것이 적절한 시기에 동아시아인들의 구미를 돋구었다는 것이다. 특히 몇 해 전 전통유교 사상과 적절한 로맨스가 가미되어 한국에서도 인기를 끌었던 '사랑이 뭐길래'라는 드라마가 최근 중국에서 선풍적인 인기를 끌었다는 데에서 이러한 이유가 확연히 드러난다. 한국에서 서구화가 본격적으로 진행되던 때에 전통적인 가치관을 대표하는 구세대와 톡톡 튀는 신세대의 가치관의 대립을 주제로 방영된 이 드라마는 당시 선풍적인 인기를 끌었다. 그러나, 현재 중국도 구세대와 신세대의 가치관의 차이로 고민하고 있으며 이러한 사회상을 반영할 수 있는 드라마로 재미와 감동을 더했다는 평가를 받고 있다. 또한 노인층의 소외와 젊은 계층의 극단적 반감을 완화시키고 조화와 화합을 아름답게 그려낸 드라마는 중국인들이 부담 없이 볼 수 있는 프로그램이었다고 할 수 있겠다.

　둘째, 한국의 문화는 미국문화와 일본 문화를 소화한 뒤 그것에 다시 한국만의 독특한 색깔을 잘 가미하였다는 것이다. 지금 중국은 개방화의 물결을 타고 있다고는 하지만 아직 미국의 급진적 개방문화를 받아들이기에는 많은 어려움이 있으며, 할리우드 영화보다는 한국의 영화를 선호하는 가능성이 있다. 이러한 중국의 급속한 산업화가 초래한 중국 내의 문화적 충격과 혼란을 한국풍의 문화가 완충역할을 해주고 있는 것이다. 그리고 일본문화를 대하는 데에 있어서 중국인들은 문화의 내용을 따

---

[1] 안재욱은 한국의 배우 겸 가수로 활동하고 있으며 현재 중화문화권 국가에서 가장 인기있는 스타로 군림하고 있다. 2000년 8월 베이징 공인 체육관에서의 첫 단독 콘서트에서는 1만 6,000명의 관객이 참가했으며 그의 인기는 현재 중국의 최고배우라고 해도 손색이 없다. 중국내 삼성전자 지주회사형태로 운영되고 있는 '삼성전자 중국투자유한공사'는 안재욱을 광고모델로 하여 한해 20억 달러 매출을 올린다고 한다.

지기에 앞서 과거 일본의 만행을 이유로 일본문화에 대한 거부감을 가지고 있다. 이러한 상황에서 미국과 일본의 문화 그리고 한국 특유의 열정적이고 로맨틱적 요소가 접목된 현대 한국대중문화는 중국인들의 구미를 당기지 않을 수 없는 것이다.

셋째, 중화 상권의 문화적 중계기지 역할을 하던 홍콩이 더 이상 그 역할을 하지 못하자 그 틈새를 한국의 대중문화가 파고든 것이다. 10여 년 전만 해도 홍콩영화의 붐이 전 아시아 지역에 불어 스타배우를 만들어 내었고 수익을 창출하는 수단이 되었다. 그러나, 반복적 폭력성과 일률적인 내용전개로 그 영향력은 그리 오래가지 못하였다. 이러한 홍콩의 문화적 영향력이 줄어드는 시기에 한국의 대중문화가 확산할 수 있는 계기를 만들어 가게 되었다.

마지막으로 동아시아 청년문화의 변화이다. 특히 한류의 중심을 이루고 있는 중국 대륙에서의 청년문화를 개방개혁이후 급속도로 변모하고 있다. 최근 우리나라의 '베이징청년보'에서는 신세대(78~88년에 출생한 세대)의 특징으로

△자유와 쾌락을 중시한다
△자기중심적이고 행동이 과감하다
△기분과 품위를 중시하고 미적감각이 높다
△유행을 따르고 소비에 밝다는 점을 들었다.

물론 이것은 서구의 청년문화와 그리 다를 것은 없지만 미시적으로 살펴보면 저항적이면서도 자유분방한 동아시아 청년문화의 특성을 찾을 수 있다. 즉 지속적인 변화에 의한 가치관의 형성이 이루어지기 어렵다는 점이다. 급속한 경제성장 속에서 사회에 대한 불만, 자신의 정체성 확립이 가장 큰 문제로 자리잡고 있는 동아시아 청년문화의 본질은 서구문화에 대한 분별력 있는 저항과 동시에 自文化에 대한 융통성 있는 변화를 요구하는 것이라고 하겠다.

3. 한류의 영향

한류는 동아시아 10대 청소년들의 생활과 문화에 큰 영향을 주었다. 대만지역에서도 '전파'와 '온라인'을 넘어서 '먹거리'까지 한국 바람이 거세게 일고 있다. 클론부터 시작하여 S.E.S, 안재욱 등이 중국의 음반시장을 주도하고 있으며 '별은 내 가슴에', '질투', '가을동화' 등의 드라마가 선풍적인 인기를 끌며 드라마의 주인공들이 중국 대부분의 잡지 커버를 장식하고 있다. 이것은 단순히 10대 문화의 급변하는 현상 중의 하나로 볼 수 있을 뿐만 아니라 온라인과 오프라인을 통해 급속도로 통합화되는 문화적 가치변화로 볼 수 있다.

3.1 한류의 대중문화적 영향

동아시아의 전체적 대중가요들을 분석해 보면 정적인 동양적 가치를 보유하면서도 서구의 댄스음악의 도입으로 점진적인 변화가 이루어지고 있다고 할 수 있다. 물

론 거의 서구적 음악을 수용하고 자국의 방식으로 승화시킨 일본의 음악문화도 무시할 수 없지만 중국 대륙, 대만, 그 외의 동아시아 국가와 지역은 자국의 음악을 상업적으로 지원하고 발전시켜 나갈 체계적 시스템을 갖추지 못한 것이 현실이다.

예를 들면 한국 노래들이 중국에 들어오기 전까지, 즉 한류가 불어닥치기 전까지 중국에서의 음악은 정적인 노래가 주를 이루고 있었다. 한국에서도 개인의 음악적 노력과 성숙된 마니아 층의 확산으로 한국의 음악 문화는 급속도로 발전되어갔다. 4,5년 전 한국에서 신세대들에게 선풍적인 인기를 끌었던 것처럼 중국의 청소년들은 지금 한국의 댄스가수들에게 열광하고 있다. '한국의 음악이 열정적이고 젊음을 발산할 수 있어서 좋다'고 말하고 있으니, 한국과 일본에서 한 때 문제가 되기도 했던 댄스 위주의 역동적이고 감각적인 문제들이 그들에게는 크게 어필하고 있음을 알 수 있다.

다시 말해 중국과 동아시아의 젊은이들은 자국의 문화적 발달을 열망하고 있으나 현실적 어려움을 인식하고 있다고 할 수 있겠다. 그리하여 그 대안으로 한국의 문화를 받아들이고 있고 상대적 동질성을 부여하고 있다. 또한 이러한 현상에는 미국을 포함한 서구 문화에 대한 이질감과 일본에 대한 민족적 감정도 상대적으로 한국문화를 받아들이게 하는 원인이 되고 있다고 생각한다.

또한 한류를 이끌어나가는 한국연예인들의 노력은 지역과 시간, 연령층을 구분하지 않고 폭발적으로 이루어지고 있다. 그러나, 처음 동아시아 각국으로 한국의 문화 컨텐츠가 진출할 때에는 그리 순탄하지만은 않았다. 또한 소수 한국인들의 도덕성 결여로 2000년 10월 클론, 이정현, 베이비복스, 안재욱 등 한류의 주인공들로 공연할 예정이었던 한류열풍 콘서트가 주최사의 사기로 취소된 적이 있었다.

물론 공연기획사의 잘못으로 연예인들도 많은 피해를 보았지만, 그보다 중국팬들에게 큰 실망을 안겨주어 한때는 한류가 중국에서 많은 비판과 냉대를 받았었다. 그러나, 중국 콘서트를 개최한 안재욱과 NRG덕분에 다시 한류열풍이 한껏 달아올랐다. 안재욱의 밝고 건강한 이미지 덕분에 중국의 어느 신문에서는 이 콘서트를 '부모들이 안심하고 자녀에게 권할 수 있는 콘서트'라는 표현까지 써 가며 호평을 했다.

물론 콘서트가 이들의 인기를 유지시키고 한껏 북돋운다지만, 중국과 한국이라는 실제적 거리감이 있기 때문에 중국팬들이 한국연예인들을 접할 기회는 아주 적다. 때마침 다양한 미디어들이 가수들의 노래와 춤을 알리는 데에 기여하고 있다. 단적인 예로 뮤직비디오는 이제 단지 가수와 그 노래를 알리는데에서 나아가 하나의 큰 경쟁력 있는 문화산업으로 떠오르고 있다. 98년 '조성모'의 '투헤븐'에서는 드라마틱한 구성과 대스타들의 캐스팅으로 큰 화제를 불러 일으켰었다.

이 작품 이후 한국에선 2000년 한해에만 500여편이 제작될 만큼 뮤직비디오 산업은 매년 성장하고 있다. 이렇게 계속 생겨나는 뮤직비디오들이 한국 대중가수들의 노래와 춤 그리고 그들의 인기를 더욱 널리 퍼뜨리고 유지시키는데에 기여하고 있는 것이다. 그리고 이 뮤직비디오위주로 꾸며진 한국 케이블 TV프로그램의 수출도 한국 가요를 알리는데 기여하고 있다. 이 외에 중국 텐진 TV에 처음으로 정규편성되었던 '쇼킹엠(shocking M)', 싱가포르 공영방송에 방영된 한국 힙합 전문 프로그램 '힙합 더 바이브'도 한류를 유지해 나가는 중요 프로그램이다.

한국가수들의 선풍적인 인기와 마찬가지로 영화부문에서도 일어나고 있다. 이것은 한류의 주축이었던 가수들의 영역에서 다양한 문화컨텐츠로 서서히 확대되고 있음을 나타내는 것이다. 즉 종합예술로 일컬어지는 영화는 배우, 음악, 기술력, 자본의 조화로 이루어지는 것이다. '쉬리', 'JSA', '비천무' 등 한국영화가 중국대륙, 대만지역뿐만 아니라 베트남, 일본에서 연일 관객동원 기록을 경신하고 있으며, 이것은 현재 동아시아 여러 국가들이 한국 문화에 대한 선호가 지속적으로 이루어지고 있고 동시에 한국영화 역시 과거에 비해 비약적인 발전을 이루었다는 것을 나타내고 있다.

불과 몇 년 전만 해도 거액의 제작비를 들인 할리우드 영화에 길들어진 관객들은 스케일이 작고 지루한 한국영화에 관심을 가지지도 않았었다. 그러나 '쉬리'의 흥행을 시작으로 이제 한국영화는 다양한 소재와 작품성, 그리고 상업성을 갖추고 할리우드에 맞설만한 큰 힘을 가지게 되었다. 이에 중국 등 동아시아라는 거대한 대륙의 거대한 '하한쭈'들의 세력을 등에 업고 한국영화는 전에 없던 흥행을 맞고 있다. '한류'라는 맹류를 타고 아시아 합작 영화도 요즘 많이 만들어지고 있다. 이들은 '할리우드'에 맞서는 '아시아후드'고도 불리는 등 큰 영향력을 행사하고 있다.

물론 아시아 영화의 수준은 할리우드에 비교해 볼 때 자본력과 시장점유율이 떨어지는 것은 사실이다. 그러나 범람하는 불법복제와 서구문화에 대한 동아시아의 반항적 가치를 생각해 본다면 아시아 영화의 발전은 아시아의 토대하에서 이루어져야 한다는 각성이 불가피한 발상의 전환만은 아닐 것이다. 아시아적 가치가 영화속에 표현되고 그것에 걸맞는 기술력과 자본의 힘이 조화롭게 이루어진다면, 현재 새로운 변화

의 시기를 맞고 있는 아시아 영화는 독특한 영화적 색채를 가지고 상업적으로 예술적으로 성공을 끌어낼 수 있을 것이다.

3.2 한류의 경제적 영향

그럼 한류가 미치는 경제적 영향에 대해 알아보기로 하자. 최근 전반적인 세계 경제의 침체현상에도 불구하고 꾸준한 경제성장을 지속하고 있는 중국 시장을 겨냥한 다국적 기업들의 중국 진출이 가시화 되고 있으며 이것은 중국의 시장잠재력을 장기적으로 낙관하고 있기 때문이라고 생각한다.

한국의 기업들도 중국시장 진출을 모색하고 있으며 문화적 유사성과 제품의 질적

제15과 한류 일반

향상을 기반으로 중국시장 점유율 확대를 추진해 나가고 있다.[1]

그러면 중국 시장의 성장을 어떠한 관점으로 보아야 할 것이며 이것은 한류라는 문화현상과 어떻게 관련지을 수 있는가?

등소평이 개혁개방을 선언하며 경제개혁에 나선 1978년 이후 중국은 지속적인 경제성장을 이루었다. 이것은 1995년부터 지속되어온 중국의 GDP성장률을 통해서도 알 수 있듯이 개방개혁을 통한 경제적 성장이 지속적으로 유지되었다는 사실을 알 수 있다.

등소평은 건국 100주년인 2050년을 목표로 3단계 발전전략을 제시하였으며, 싼부저우(三步走)로 불리는 이 정책은 앞으로의 중국의 경제적 발전을 예측하게 하는 정책적 지표로 자리잡게 되었다.

첫 단계는 경제도약을 통해 중국 인민을 배불리게 먹게 하는 원빠오(溫飽) 수준으로 올려놓는 것으로 90년에 실현되었다. 두번째 단계는 가전제품도 갖추고 어느 정도 여유를 부리면서 살 수 있는 생활수준인 샤오캉(小康)으로 목표 년도인 2000년까지 상당부분 현실화되었다. 세번째 과정이 2050년까지 따통(大同)사회의 실현이다. 다시 말해 현대화의 실현을 통해 부강하고 문명화된 사회주의국가에 도달한다는 의미이다. 이러한 정책적 목표들은 체계적으로 추진되어 갔으며 이를 향해 중국은 1992년 중국 공산당 대표 대회에서 '사회주의 시장경제'를 내놓으며 본격적인 개방정책을 추진해 왔다.

그 예로서 제조기술을 도입한 지 15년만에 역수출하는 하이얼의 에어컨 기술과 개인기업과 외국기업의 비중이 40%를 넘게 차지하는 중국 경제의 현주소를 통해 알 수 있다. 세계 35국에 거점을 두고 있고 설치회선수 규모로 볼 때 세계 9위를 차지하는 중국의 대표적 IT기업인 화웨이(華爲)기술, 거대한 중국 시장만을 보고 투자하던 이전과는 달리 오늘날 외국기업들은 생산과 연구개발의 거점으로 중국을 활용하는 전략으로 바꾸어 가고 있다.[2]

---

[1] 재정경제부 장관은 "한국 경제의 유일한 희망이라고 할 수 있는 수출을 활성화하기 위해서는 중국 등 성장가능 시장에 대한 집중개척 노력이 필요하다"며, "문화관광부와 산업자원부 등 관련부처들이 중국의 세계무역기구(WTO) 가입과 오는 2008년 베이징 올림픽게임 특수, 최근 중국을 휩쓸고 있는 '한류(韓流)열풍'을 최대한 활용, 중국 수출을 늘리기로 했다"고 밝혔다.
이것은 중국이 가지고 있는 잠재력을 인정하는 동시에 한류라는 문화적 특수성을 경제적 효과로 파급시켜 나가는 노력으로 볼 수 있을 것이다.

[2] 2000년 에릭슨이 중국에 투자한 금액은 약 18억 달러 규모. 모토롤라는 약 20억달러를 중국에 신규투자하겠다고 발표했다. 자동화기기업체인 독일의 ＡＢＢ는 앞으로 3~4년 이내에 10억달러를 중국에 투자할계획이고 마이크로 소프트 역시 4000만달러를 투자할 계획이다. 예전과의 차이점은 13억 인구라는 거대한 중국시장만을 보고 들어오는 것이 아니라는 점이다. 시장잠재력을 바탕으로 한 판매의 거점이 아니라 생산과 연구개발까지 중국을 거점으로 삼는 전략으로 바뀌고 있다.
다시 말해, 중국의 해외기업들은 중국 본토기업으로 변신하려는 노력을 하고 있다고 할 수 있다. 그 좋은 예로 코카콜라는 최근 전통적인 라벨 디자인에서 중국 어린이를 만화화한 중국식으로 바꿨다. 이것은 중국에서 자리잡기 위한 노력의 하나일 뿐 아니라 현지화 전략의 예로써 시사하는 바가 크다고 볼 수 있다.

WTO의 가입과 더불어 중국의 경제 성장은 장기적 관점에서 지속적 성장을 할 것으로 판단된다.[1]

한류가 중화문화권에서 유행하는 한국 대중문화 열풍을 가리키는 일반적 의미로만 생각하기에는 그 범위가 넓어지고 있으며 문화적 파급효과도 더욱 심각해지고 있는 상황이다. 그리고 이제는 단지 연예인 몇 명이 '송출'에 성공한 정도를 넘어서서 대중가요, 음반은 물론 드라마, 영화, 게임 심지어 음식과 헤어스타일 분야에 이르기까지 '한류'가 급속도로 퍼져가고 있다. 물론 문화현상을 경제적 관점과 결부하여 파악하는 것에는 여러 가지 문제점들이 있으나, 대중문화의 본질과 현재 중국에서 유행하고 있는 한류의 중심세대가 10~20대임을 감안한다면 소비패턴의 변화를 통한 문화적 가치의 변화를 더욱 자세하게 파악할 수 있을 것이다.

물론 '한류'는 단순히 대중문화의 일반적 현상에 그치지 않는다. 그것은 새로운 콘텐츠산업과 그에 따른 부가가치 회로의 전개 양상이기도 하다.[2]

제조업 중심의 과거 경제 체제에서는 값싼 노동력을 배경으로 '메이드 인 차이나'가 세계 경제시장을 석권하였다. 이른바 콘텐츠 중심의 신 경제체제에서는 동아시아 전역에서 한국풍의 '한류'가 거세게 밀려가면서 다양한 부가가치를 창출하고 있는 셈이다.

사실 가전, 섬유, 신발 등의 제조업에서는 이미 중국이 한국을 앞서고 있으며 가격경쟁력 뿐만 아니라 기술경쟁력에서도 뒤지지 않는다는 보고서들이 나오고 있다.

합섬, 철강, 첨단공작기계, 디지털가전 등의 분야에서도 향후 5년 내에, 그리고 정보통신, 석유화학, 조선, 자동차 등의 분야에서는 향후 10년 내에 중국의 경제적 지위가 아시아 내에서 독보적일 것이라고 예측하고 있다. 그러나, 앞으로 한국이 범

---

[1] 2008년 베이징 올림픽은 중국의 시대가 도래했음을 보여 주는 상징이라고 할 수 있다. 중국의 WTO 가입은 앞으로 1-2%의 중국 국내 총생산(GDP) 증가 효과를 가져 올 것으로 세계 은행 등은 평가하고 있으며 2008년 베이징 올림픽도 중국경제 성장에 지대한 영향을 미칠 것으로 보고 있다. WTO가입과 올림픽 유치는 2010년에 GDP를 2000년의 두 배인 2조 2000억 달러로 늘리겠다는 중국 정부의 호언장담을 실현시켜 주는 촉매제다. 인민일보는 인터넷판 논설에서 '중국은 세계 경제가 침체에 빠져도 독야 청청할 수 있다' 고 자신한다. 엄청난 구매력을 갖춘 내수가 이미 중국경제의 중심 성장 엔진이 됐기 때문이다. 세계 제 2의 통신 시장인 중국은 앞으로 중국 고유의 독자 표준 모델인 TD-SCDMA로 방향을 정해 놓고 있다. 독일의 지멘스 미국의 모토롤라 등이 중국기업과 함께 TD-SCDMA 개발에 앞장 선다. 앞으로 방송을 주도할 HDTV도 중국 독자 표준을 만들어 나간다. 마이크로 소프트는 중국 시장을 겨냥한 독자 운영체제(OS)를 개발한다. 세계 인구의 1/4을 차지하는 중국 시장을 염두에 두지 않고는 제품 표준도 만들 수 없다는 얘기다.

[2] '한류' 돌풍의 주역 중의 한 사람인 가수 겸 텔런트 안재욱이 모델로 출연했던 삼성전자의 어떤 상품은 중국 시장에서 150%의 매출 신장을 보였다고 한다. 나아가 그를 보기 위해 중국대륙, 대만, 홍콩 등지의 여성팬들이 대거 입국해 관광수입을 올렸으며 이제는 관광상품으로도 한류의 영향을 이용하는 프로그램들이 계발되어 있다.

세계적인 기술과 문화의 통합사회에서 살아간다는 가정 하에서는 이러한 수치적 분석이 불필요한 것일수도 있다고 생각한다. 즉, 자국의 기업의 발전이 자국 문화의 발전과 지원 속에서 이루어지는 것이 아니라 상대방 국가에 대한 이해와 보편적 연계성 속에서 파악해야 하는 과정으로 이해해야 하기 때문이다.

따라서, 한류의 경제적 영향을 앞으로의 중국진출에 있어서 기업 이윤의 획득의 차원으로서만 판단할 것이 아니라 범 동아시아의 문화권 형성과 새로운 문화시장으로서의 역할을 함께 고려해야 할 것이다. 한국의 대중음악 산업은 1988부터 1997년까지 조용필 등 일부 스타에 힘입어 연간 12~30%의 고성장을 구가했으며 이것은 전세계 연평균 성장률 2%에 비해 엄청난 신장률이라고 할 수 있다. 비정상적인 대중음악시장을 가지고 있으면서도 동아시아 문화권에 한류라는 독특한 문화형태로 자리잡을 수 있었던 것은 한국음악이 가지고 있는 융합성과 서양음악에 동양적인 느낌을 가미한 댄스뮤직, 이것이 중국을 포함한 아시아의 청년문화에 영향을 주었다고 볼 수 있겠다.

3.3 문제점과 한계

그러나, 외형적인 성장에 비해 부가가치는 그리 높지 못한 편이다. 이것은 동아시아의 문화권 속에서 새로운 흐름으로 자리잡고 있는 한류의 가치를 금전적으로 파악한다는 한계를 극복하지 못한 것이기는 하나 한류가 소비패턴의 변화로 자리잡았고 그것이 또 하나의 문화를 형성한다고 한다면 통계적 자료 역시 중요한 시사점이 있다고 할 수 있겠다. 한류의 중심이라고 할 수 있는 한국의 대중음악 시장은 2000억 원으로 GDP(국내총생산)의 0.05%에 불과하다. 대부분의 선진국에서는 이 비율이 0.15% 수준으로 3배 정도 높은 수준을 유지하고 있다. 한국의 음악산업은 일본의 10분의 1, 미국의 20분의 1이다. 또한 이들 미국과 일본이 전세계 음악시장의 40% 이상을 차지하고 있다.

이처럼 부실한 제반 시설을 가지고 한류의 근원으로서의 명맥을 유지할 수 있느냐의 문제는 한류가 문화접변의 파급효과를 어떻게 해결해나가느냐의 문제와 맞물려 있다. 한류는 한국의 대중문화의 기반을 두고 있지만 현재 이들 문화는 각국의 정치, 경제, 사회적 상황 속에서 독자적인 문화형태로 발전해 나가고 있는 상황이다. 이것이 보편적인 청년문화와 그들의 반항성으로 대변되는 특수한 동아시아의 지역성을 감안하더라도 오랜 시간 유지되기는 어렵다고 판단된다. 또한 전 세계 대중문화를 이끌어 온 미국과 일본의 문화와는 별개로 동아시아 내에서 융화된 아시아적 문화형태로 자리잡았다고 볼 수도 없다.

동아시아의 여러 나라가 미국의 정치, 경제, 문화에 있어 독자적 지위를 갖고 있는 것에 대한 반감을 가지고 있으며 특히 내정간섭과 경제적 지위 약화를 극단적 시각으로 바라보고 있다. 또한 일본의 경우에는 과거 민족적 감정과 더불어 유교문화권

임에도 불구하고 수용하기 어려운 개방성으로 인하여 다소 문제점이 있는 것이 현실이다.[1]

산업은 제조업만 있는 것이 아니다. 음반도, 영화도, 드라마도, 게임도 모두 산업이다. 이름하여 '콘텐츠산업'이다. 지금 한국이 목도하는 '한류'는 한국 대중문화의 콘텐츠산업으로의 전환가능성을 보여준 시금석임에 틀림없다.

중화권에 부는 '한류'는 일시적 현상인가. 그것은 나름의 사회학적인 이유가 있는 현상이다. 중화 상권의 문화적 중계기지 역할을 하던 홍콩이 더 이상 그 역할을 하지 못하자 그 틈새를 한국의 문화가 파고든 것이라고 할 수 있다.

한류 현상은 일시적이 아닌 장기적인 관점에서 몇 가지 문제점들을 지적하였다.

문화 상품(소프트웨어)의 질적인 문제이다. 지금의 한류는 몇몇 스타의 인기몰이에 치우친 측면이 있다. 1980년대초 '영웅본색' '첩혈쌍웅' 등 홍콩영화가 한국 영화가를 풍미했다. 그러나 천편일률적인 스토리, 잔인한 살인 장면 등의 반복으로 그 인기는 그야말로 한 때의 열기로 끝나버렸다. 한류는 분명한 현상이지만 지나치게 스타 위주로 나가는 경향이 있다.

'한류'가 비문화, 비생산적인 측면은 없는지 되돌아 볼 필요가 있다. 대개 20대 전후의 대중가수 일색인 그들의 창법 등에 대해서는 이미 지적이 있었다. 가창력보다는 요란한 율동으로, 작품성보다는 외모만을 내세우는 듯한 양태는 분명 비문화적이라는 지적을 받을 수 있다. 그러기에 '한류'의 무분별한 중국 진출은 장기적으로는 한국 고유문화 발전에 방해가 될 지도 모른다. 중국의 문화 과도기에 '한류'들이 여과 없이 흘러 들어가면 궁극적으로 건전 문화 창조에 걸림돌이 될지 모른다.

현재 해외 진출을 기한 한국 음악은 대부분 댄스음악이다. 한류의 큰 흐름속에서 특정 가수 몇몇에 의해 중국을 포함한 동아시아의 10대 청소년들을 열광의 도가니에

---

1 2001. 8. 13 고이즈미 총리의 야스쿠니 신사참배에 대한 중국정부의 담화문
 1. 고이즈미 일본 총리는 중국 등 아시아 이웃 국가들 및 일본 국내의 강력한 반대 여론에도 불구하고, 1급 전범들의 위패가 있는 야스쿠니 신사 참배를 강행한 바, 중국 정부와 인민들은 이에 대해 강력한 불만과 분개를 표시하는 바임.
 2 일본 지도자의 이와 같은 잘못된 행동은 중·일관계의 정치적 기초를 파괴하고, 중국 인민들과 아시아의 많은 피해국 국민들의 감정을 손상시키는 행위이며, 또한 일본 정부가 역사 문제와 관련해 그간 내 놓았던 갖가지 정중한 태도와 약속을 위배하는 것임.
 3 중국은 향후 외교 경로를 통해 일본측에게 중국측의 엄정한 입장을 전달할 예정임.
 4 우리는 고이즈미 일본 총리가 "8.15"라는 민감한 날자에 참배하고자 했던 당초의 계획을 국내외적 압력 속에서 최종적으로 포기한 것과 또한 오늘 발표한 담화를 통해 일본의 침략 역사를 인정하면서 이에 대해 깊은 반성의 태도를 보인 데 대해 유의하고 있음.
 5 우리는 일본측이 言行一致의 태도로 중국측에 대한 그간의 정중한 자세와 약속을 충실히 이행할 것을 요구함.

몰아넣고 있는 것이다. 그러나, 서구의 여러 나라와 비교해 본다면 한국의 음악과 문화컨텐츠는 부실하다. 소프트웨어의 경쟁력도 현저하게 떨어지는 것이 현실이다.

注释

1급 전범 (1級戰犯)	[名]	甲级战犯
가미되다 (加味—)	[自]	调节，增加
가창력 (歌唱力)	[名]	演唱功力，唱功
강원래 (薑元來)	[名]	姜元来
공식 루트 (公式route)	[名]	正式途径
구준엽 (具俊燁)	[名]	具俊烨
군림하다 (君臨—)	[自]	主宰
다국적 기업 (多國籍企業)	[名]	跨国企业
대변되다 (代辯—)	[名]	代言
댄스음악 (dance音樂)	[名]	舞蹈音乐
독보적 (獨步的)	[名]	独创的
드라마틱하다 (dramatic—)	[形]	戏剧性的
라벨 디자인 (Label Design)	[名]	商标设计
로맨스 (romance)	[名]	浪漫
막중하다 (莫重—)	[形]	非常重要
마니아 (mania)	[名]	狂，迷
맥도널드 (Mcdonald)	[名]	麦当劳
먹거리	[名]	食品
메이드 인 차이나 (made in china)	[名]	中国制造
멜로디 (melody)	[名]	旋律
목도하다 (目睹—)	[他]	目睹
무역특화지수 (貿易特化指數)	[名]	贸易特化指数
문화접변 현상 (文化接變現象)	[名]	文化适应现象
뮤직비디오 (music video)	[名]	音乐录影带
미시적으로 (微視的—)	[名]	微观地
발상 (發想)	[名]	想法
범세계적 (汎世界的)	[名]	全世界范围的
베이비복스 (Babyvox)	[名]	Babyvox（组合）
블록버스터 (blockbuster)	[名]	强档片，大片

소비패턴 (消費pattern)	[名]	消费模式
스케일 (scale)	[名]	规模
스타덤 (stardom)	[名]	明星地位，明星身份
스토리 (story)	[名]	故事，情节
시금석 (試金石)	[名]	试金石
시사점 (示唆點)	[名]	说明
안무 (按舞)	[名]	编舞，配舞
안재욱 (安在旭)	[名]	安在旭
야스쿠니신사 참배 (靖國神社參拜)	[名]	参拜靖国神社
에릭슨 (Ericsson)	[名]	Ericsson（公司）
올림픽 유치 (Olympic誘致)	[名]	申办奥运会
운영체제 (運營體制)	[名]	操作系统
위패 (位牌)	[名]	牌位
유명세 (有名稅)	[名]	（俗）出名后的困扰和花销
이정현 (李貞賢)	[名]	李贞贤（歌星）
조성모 (曹誠模)	[名]	曹诚模（歌星）
중화 상권 (中華商圈)	[名]	中华经济圈
캐스팅 (casting)	[名]	出演
커버 (cover)	[名]	封面
크리에이터 (creator)	[名]	创造者
클론 (Clon)	[名]	酷龙（组合）
탤런트 (talent)	[名]	演员
투헤븐 (To Heaven)	[名]	《To Heaven》（歌曲名）
트로트 (trot)	[名]	trench（音乐形式）
팝 차트 (pop chart)	[名]	流行榜
패션 (fashion)	[名]	时尚
하이얼 (Haier (Group))	[名]	海尔（集团）
한껏	[副]	最大限度地，尽情地
햄버거 (hamburger)	[名]	汉堡包
합섬 (合纖)	[名]	合成纤维
회웨이 (華爲)	[名]	（中国）华为（公司）
힙합 (Hip-hop)	[名]	Hip-hop音乐，嘻哈音乐（一种起源于美国街头的黑人音乐）
힙합 더 바이브 (Hip-hop the Vibe)	[名]	《Hip-hop the Vibe》（嘻哈音乐专业节目）

| IT (information technology) | [名] | 信息技术（IT） |
| OS (operating system) | [名] | 操作系统 |

練 習

1. 단어와 알맞은 뜻풀이를 연결하여 보세요.

A	B
	대작 영화
라벨	둥근 빵에 햄버그스테이크를 끼운 샌드위치
맥도널드	배역을 정하는 일
멜로디	상표나 품명 따위를 인쇄하여 상품에 붙여 놓은 종이나 헝겊 조각
뮤직비디오	소리의 높낮이와 길이의 어울림(조화). 곡조나 음률
블록버스터	어떤 일이나 대상을 광적(狂的)으로 즐기고 좋아하는 사람
스타덤	연예인이나 텔레비전 드라마에 출연하는 배우
캐스팅	인기 스타의 지위 또는 신분
탤런트	주로 오디오 음반의 발매에 함께 그에 어울리는
마니아	영상을 추가하여 비디오 클립(video clip)으로
햄버거	제작되는 멀티미디어유형이다
	햄버거, 음료수와 같은 패스트푸드의 판매를 주로 하는 회사

2. 빈칸에 알맞은 말을 넣어 보세요.

(1) 중국에서 한류가 본격적으로 몰아친 것은 1998년 대만에 2인조 남성 댄스 가수 '(　　)'이 상륙하면서부터이다.

(2) (　　)로 2000년 10월 클론, 이정현, 베이비복스, 안재욱 등 한류의 주인공들로 공연할 예정이었던 '한류열풍 스타대열전' 콘서트가 (　　)로 취소된 적이 있었다.

(3) 한국의 기업들도 중국시장 진출을 모색하고 있으며 (　　)과 (　　)을 기반으로 중국시장 점유율 확대를 추진해 나가고 있다.

(4) 중국에서는 '한국 팬'의 의미를 가지고 있는 (　　)와 '(　　)'란 뜻의 한미(韓迷)라는 언어가 새롭게 생겨나고 있으며

(5) 초기 한류의 유형은 몇몇의 (   )들에 의해서 확산된 한국대중가요의 형태로 진행되었다고 볼 수 있다.

(6) '한류'는 단순히 대중문화의 일반적 현상에 그치지 않는다. 그것은 새로운 콘텐츠산업과 그에 따른 (   ) 회로의 전개 양상이기도 하다.

(7) 지금 한국이 목도하는 '한류'는 한국 대중문화의 (   ) 산업으로의 전환가능성을 보여준 시금석임에 틀림없다.

(8) (   )년 베이징 (   )은 중국의 시대가 도래했음을 보여 주는 상징이라고 할 수 있다.

(9) (   )의 가입과 더불어 중국의 경제 성장은 장기적 관점에서 지속적 성장을 할 것으로 판단된다.

(10) 제조업 중심의 과거 경제 체제에서는 값싼 (   ) 배경으로 '메이드 인 차이나(이말을 영어로 환원하면 (   ) (   )'가 세계 경제시장을 석권하였다.

3. 빈칸에 알맞은 것을 골라 보세요.

(1) 한류는 동아시아 (   ) 대 청소년들의 생활과 문화에 큰 영향을 주었다.
A. 10 B. 20
C. 30 D. 40

(2) 등소평은 우리나라 건국 100주년인 2050년을 목표로 (   )단계 발전전략을 제시하셨다.
A. 1 B. 2
C. 3 D. 4

(3) 싼부저우(三步走)로 불리우는 우리나라 정책의 세번째 과정이 (   )년까지 따통(大同)사회의 실현이다. 다시 말해 현대화의 실현을 통해 부강하고 문명화된 민주사회주의국가에 도달한다는 의미이다.
A. 2000 B. 2010
C. 2030 D. 2050

(4) 한국의 음악산업은 일본의 10분의 1, 미국의 20분의 1이다. 또한 이들 미국과 일본이 전세계 음악시장의 (   ) 이상을 차지하고 있다.
A. 30% B. 40%
C. 50% D. 60%

(5) 중화 상권의 문화적 중계기지 역할을 하던 (   )이 더 이상 그 역할을 하지 못하자 그 틈새를 한국의 문화가 파고든 것이라고 할 수 있다.
   A. 홍콩   B. 대만
   C. 북경   D. 상해

(6) 현재 해외 진출을 기한 한국 음악은 대부분 (   )이다.
   A. 전통 음악   B. 민요
   C. 정적인 노래   D. 댄스음악

(7) '삼성전자 중국투자유한공사'는 (   )을 광고모델로 하여 한해 20억달러 매출을 올린다고 한다.
   A. 장동건   B. 차인표
   C. 안재욱   D. 원빈

(8) 한류가 불어닥치기 전까지 중국에서의 음악은 (   )가 주를 이루고 있었다.
   A. 정적인 노래   B. 민요
   C. 댄스음악   D. 연극

(9) 흔히 말하는 콘텐츠사업에 속하지 않는 것을 (   )이다.
   A. 음반   B. 영화
   C. 드라마   D. 제조업

(10) 이글에 의하면 (   ), 철강, (   ), 디지털가전 등의 분야에서도 향후 5년 내에 중국의 경제적 지위가 아시아 내에서 독보적일 것이라고 예측하고 있다.
   A. 합선   B. 조선
   C. 자동차   D. 첨단공작기계

4. 다음의 질문에 대답하여 보세요.

(1) 한류(韓流)란 무엇입니까?
(2) '아시아후드'란 말은 무슨 뜻입니까?
(3) 우리나라 사람들은 왜 한국 영화를 선호하는 것입니까?
(4) 이 글에 의하면 우리나라 신세대의 특징은 무엇입니까?
(5) 1980년대초부터 한국 영화가를 풍미했던 홍콩영화는 왜 한 때의 열기로 끝나 버렸습니까?

(6) 우리나라의 싼부저우(三步走)로 불리는 발전 정책을 이야기해보십시오.
(7) 필자는 왜 '한류'의 무분별한 중국 진출은 장기적으로는 한국 고유문화 발전에 방해가 될 지도 모른다고 지적했습니까?
(8) 한류의 경제적 파급효과를 간단히 서술해보십시오.
(9) 한류 현상은 일시적이 아닌 장기적인 관점에서 지적한 문제점을 서술해보십시오.
(10) 2001. 8. 13 고이즈미의 야스쿠니 신사참배에 대한 우리나라 정부의 담화문에 대하여 얘기해보십시오.

5. 500자 이내의 중국어로 본문내용에 근거하여 다음 문제를 서술하여 보세요.

(1) 한류의 배경
(2) 한류의 영향

제16과 최근의 한류 현황

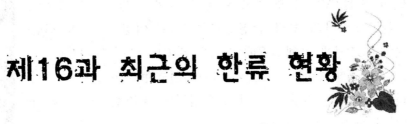

1. 지역별 한류 현황

1.1 중국

1.1.1 대륙

○ 중국 대륙에 대한 문화콘텐츠 수출은 2003년중 1,638만 달러로 2000년에 비해 8.9배 대폭 증가
* 방송프로그램 수출 : 2003년 615만 달러로 2000년보다 6배 증가
* 음반 수출 : 2003년 849만 달러로 2000년보다 14배 증가
* 영화 수출 : 2002년까지 대폭 증가했으나 2003년에 소폭 감소

대 중국 대륙 문화컨텐츠 수출현황(천달러,%)

	2000	2001		2002		2003	
방 송	985	2,487	(153.0)	3,663	(47.3)	6,149	(67.9)
영화(홍콩 포함)	282	1,044	(271.4)	1,862	(78.9)	1,740	(-6.5)
음 반	589	3,575	(507.3)	7,272	(103.4)	8,490	(16.8)
전 체	1,856	7,106	(282.9)	12,797	(80.1)	16,379	(28.0)

주) ( )내는 전년동기비 증감률
자료: 문화관광부, 영화진흥위원회, 한국무역협회

○ 중국 대륙 시청자들도 한국드라마의 내용이 멜로 일변도인 데다 지나친 상업성을 띠고 있어 일부 계층에서 식상해 하는 경향이 나타나고 있다.
* 중국 대륙의 세대별 한류선호 현황(문화컨텐츠 진흥원)
— 10대: 한국연예인에 열광하고 이들을 모방하는 것을 즐김.
— 20대: 한국의 전통문화와 한국기업 제품까지 선호
— 30대 이상: 10-20대에게만 주로 영향력을 행사하는 일시적인 대중문화로 폄하

1.1.2 대만

○ 2001년 KBS 드라마 "가을동화"가 타이베이 유선방송국 시청률 1위를 차지하면서 한류가 급속히 확산되어 드라마 수출이 크게 증가

* 대만의 유선TV 7개 등에서 한국 드라마를 방송하여 1999년 이후 한국드라마의 누적 방영편수는 35편 이상이며, 2003년 중 수출은 2001년에 비해 3.2배 증가한 810만 달러를 기록

* 그러나 최근 대만에서도 한국드라마 선호현상이 줄어들면서 SBS드라마 '올인'을 비롯해 고가로 수입하여 방영한 한국드라마들이 평이한 시청률을 올린다.

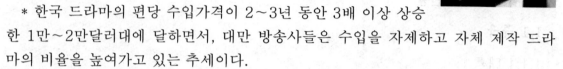

* 한국 드라마의 편당 수입가격이 2~3년 동안 3배 이상 상승한 1만~2만달러대에 달하면서, 대만 방송사들은 수입을 자제하고 자체 제작 드라마의 비율을 높여가고 있는 추세이다.

○ 2003년중 영화수출도 전년대비 5배 가까이 늘어났으나 음반수출은 전년대비 38.2% 대폭 감소

대 대만 문화컨텐츠 수출현황(천달러,%)

	2001		2002		2003	
방 송	2,494	(192.7)	7,085	(184.1)	8,100	(14.3)
영 화	125	(20.8)	179	(43.2)	907	(406.7)
음 반	4,384	(76.4)	8,692	(98.3)	5,373	(-38.2)
계	7,003	(186.9)	15,956	(127.8)	14,380	(-9.9)

주) ( )내는 전년동기비 증감률
자료: 문화관광부, 영화진흥위원회, 한국무역협회

1.1.3 홍콩

○ 한국드라마 '가을동화', '겨울연가', '여름향기' 등이 상영되어 높은 시청률을 나타내 2002년까지 드라마수출이 크게 늘었으나 2003년에 감소

* 이는 SARS 등으로 TV에서 드라마 편성비중이 낮아진 데 기인

○ 영화 '여친소'(영어제목: Windstruck)는 2004년 6월 한국과 홍콩에서 동시 개봉되어 홍콩에서 795만 HK달러(12억원)의 흥행수입 달성

대 홍콩 문화컨텐츠 수출현황 (천달러, %)

	2001		2002		2003	
드라마	1,161	(995.3)	2,001	(72.4)	1,080	(-46.0)
음 반	3,588	(96.0)	7,523	(109.7)	5,595	(-25.6)

주) ( )내는 전년동기비 증감률
자료: 문화관광부, 영화진흥위원회, 한국무역협회

○ 일부 번화가의 TV, 핸드폰, 컴퓨터 매장에 삼성과 LG의 점유율이 높아지면서 이들 품목의 대홍콩 수출도 증가
  * 핸드폰은 최근 저가의 중국 대륙제품에 밀려 수출 감소

대 홍콩 상품 수출 추이(백만달러, %)

	2000		2001		2002		2003		'04. 1~7월	
TV	21	(16.4)	7	(-68.8)	21	(223.7)	52	(145.8)	84	(384.9)
핸드폰	628	(28.7)	730	(16.2)	1,268	(73.8)	1,342	(5.9)	628	(-11.0)
컴퓨터	298	(87.1)	451	(51.5)	755	(67.2)	1,750	(131.9)	1,474	(70.3)
합 계	947	(29.7)	1,188	(25.4)	2,044	(72.1)	3,144	(53.2)	2,186	(37.7)

주) ( )내는 전년동기비 증감률
자료: 한국무역협회

1.2 일본

○ 최근 한류열풍이 가장 활발한 국가/지역로서 당초 가수 '보아'의 진출에서 한류가 시작되었으나 최근 드라마, 영화로까지 확산되고 있다. 이에 따라 드라마, 영화, 음반의 대일수출이 모두 급증하고 있다.
  * 드라마 수출 : 2003년중 628만달러로 전년대비 2.7배 증가
  * 영화 수출 : 2003년중 1,389만달러로 전년대비 2.1배 증가
  * 음반 수출 : 2003년중 3,224만달러로 전년대비 32.2% 증가

대 일본 문화컨텐츠 수출현황(천달러,%)

	2000	2001		2002		2003	
방 송	2,946	1,186	(-59.7)	2,311	(94.9)	6,276	(171.6)
영 화	5,281	5,758	(9.1)	6,582	(14.3)	13,893	(111.1)
음 반	23,842	23,731	(-0.5)	24,386	(2.8)	32,240	(32.2)
전 체	32,069	30,675	(-4.3)	33,279	(8.5)	52,409	(57.5)

주) ( )내는 전년동기비 증감률
자료: 문화관광부, 영화진흥위원회, 한국무역협회

<드라마>
○ 2003년 4월, NHK 위성방송채널에서 '겨울소나타'로 처음 전파를 탄 KBS 드라마 '겨울연가'는 일본에서 500억원 이상의 부가가치를 창출한 것으로 집계된다.
○ 2004년 4월부터는 지상파방송인 NHK 2TV를 통해 '겨울연가'가 5개월 동안 일본 전역에 방영되고 있어, 위성방송에 비해 매출이 세배 이상 증가할 것으로 추정

* 특히 DVD 타이틀과 OST 음반의 경우 완성 직전 단계 또는 완성단계까지 한국에서 제작돼 매출 효과가 대부분 국내 관련 산업에 귀속되고 있음.

* 주연배우들의 초상권 판매에 따라 창출될 매출 효과도 최소 100억원을 상회할 것으로 예상됨.

* 아사히신문, 요미우리 신문, NHK방송, TBS방송 등 현지 언론들은 아시아에서의 한류현상, 드라마 '겨울연가'등 한국영상물의 일본시장 주요 성공 요인으로 양국간의 유사한 정서를 들고 있다.

<'겨울연가'등 한국영상물의 성공요인(현지 언론 분석 종합)>

―가족간의 정(情)과 러브스토리를 접목하여 동아시아의 보편적 정서에 부합
―출연배우가 일본시청자들에게도 어필
―감성을 파고드는 직선적이고 성실한 대사
―멋진 풍광을 담은 아름다운 영상
―발라드 위주의 슬프고 아름다운 테마곡 및 삽입곡
―2002년 월드컵 공동개최로 인해 한국에 대한 친근감이 높아짐
―한국의 경제성장에 따른 대중문화 수요 급증에 부응한 공급 확대
―한국정부의 문화산업에 대한 우호적이고 적극적인 지원

<영 화>

○ 영화의 대일수출도 2000년 일본에서 '쉬리'가 흥행에 성공한 이후 2004년 들어 '스캔들', '실미도', '태극기 휘날리며' 등이 현지 흥행에 성공한다.

* 스캔들('04.5월~8월) : 60만명 관객 동원, 8억엔 수입
* 실미도('04.6월 개봉) : 7억엔 수입
* 태극기 휘날리며('04.6월 개봉) : 10억엔 수입
* 한류스타가 출연한 영화 '누구나 비밀은 있다'는 한국영화 사상최고액인 5백만 달러(60억원)에 수출

<음 반>

○ 가수 보아의 일본진출 성공

* 보아는 일본에서 앨범 판매수익, 라이센스 수익, 콘서트 수익, CF등 기타 수익으로 연간 600억원의 수입을 올림.
- 보아는 여섯 차례의 일본 콘서트에서 완전매진 기록(티켓 판매금액 약 2억 5,500만엔), 2002년 일본 진출 후 로열티 수입만 40억원 이상 추정
- 또한 일본 가요순위인 오리콘 차트 1위 랭크 및 일본에서 발표한 정규앨범 두장의 판매량 각각 100만장 돌파

1.3 기타 동남아국가
○ 미얀마, 베트남등 거의 모든 동남아 국가에서 한국드라마가 인기를 끌며 한국 연예인이 청소년들의 집중적인 관심을 받고 있다. 이에 따라 한국 패션, 한국어, 드라마 삽입곡, 한국음식, 한국제품이 유행하고 있다.

1.4 회교권
○ 말레이시아, 인도네시아 등 회교권에서도 한류현상이 발생하고 있어 회교도인 이슬람 민족에게도 전파될 수 있는 가능성을 보여주고 있다.

1.5 미주권
○ 2002년 멕시코의 공영방송 '메히껜세(Mexiquense)'에서 '별은 내 가슴에' '이브의 모든 것' 등 2편의 한국 드라마가 방영되면서 한류 붐이 크게 일어난다.
 * 한류열풍을 계기로 2004년 2월 멕시코의 명문 국립자치대학(UNAM)에 한국어과가 신설됨.
○ 미국 한인 방송에서 대장금이 'A Jewel in the Palace' 라는 제목으로 방영되면서 한인들은 물론 미국인들 사이에서 한국드라마 팬이 늘어나고 있음.

2. 한류의 영향 및 효과

2.1 문화콘텐츠 수출 증가
○ 2003년중 한국의 문화콘텐츠 수출은 2억 3,003만달러로 전년대비 8.9% 증가
○ 2003년중 한국의 방송프로그램과 영화 수출은 지속적으로 증가되는 반면, 음반수출은 2년 연속 감소세를 나타낸다.
 * 방송프로그램 : 2002년 이후 대폭적인 증가세를 나타내 2003년에는 3,308만달러로 전년대비 31.7% 증가
 * 영화 : 2000년 이후 지속적인 증가세를 나타내 2003년에는 3,098만달러로 전년대비 107.2% 대폭 증가
 * 음반 : 2001년까지 증가세를 보였으나 2002년 이후 감소세로 반전되어 2003년중 1억 6,598만달러로 전년대비 5.1% 감소

문화컨텐츠 수출 추이(천달러, %)

	2000	2001	2002	2003
방송	11,660 (7.6)	12,356 (5.9)	21,342 (72.7)	33,076 (31.7)
영화	7,053 (39.1)	11,249 (59.4)	14,952 (32.9)	30,979 (107.2)
음반	134,750 (48.5)	196,340 (45.7)	174,868 (-10.9)	165,975 (-5.1)
합계	153,463 (24.5)	219,945 (43.3)	211,162 (-4.0)	230,030 (8.9)

주) ( )내는 전년동기비 증감률
자료: 문화관광부

○ 2003년중 문화콘텐츠의 對한류지역 수출은 9,503만달러로 전년동기비 22.4% 증가한 반면, 비한류지역에 대한 수출은 1억 3,499만달러로 전년동기비 1.1% 증가에 그침

* 문화콘텐츠 총수출중 한류지역에 대한 수출비중은 2001년의 24.1% 수준에서 2003년에 41.3%로 크게 상승

○ 이처럼 한류지역 수출이 늘어난 것은 방송 및 영화 수출의 지속적인 증가에도 기인하나, 음반수출이 미미하나마 증가세를 유지한 데 기인한 것이다.

- 비한류지역 수출은 방송과 영화부문에서 한류국보다 더 높은 전년대비 2배 이상의 신장세를 나타냈지만 음반수출은 2년 연속 감소세를 나타낸다.

한류지역/비한류지역 문화컨텐츠 수출 비교(천달러, %)

		2001		2002		2003	
한류지역*	방송	8,648		16,538	(91.2)	23,099	(39.7)
	영화	6,927		8,623	(23.3)	16,540	(90.4)
	음악	37,343		52,476	(28.8)	55,392	(5.3)
	계	52,918		77,637	(46.7)	95,031	(22.4)
	비중	<24.1>		<36.8>		<41.3>	
비한류지역	방송	3,708		4,804	(29.6)	9,977	(107.7)
	영화	4,315		6,329	(53.8)	14,439	(135.9)
	음악	158,997		122,392	(-23.0)	110,583	(-9.7)
	계	167,020		133,525	(-20.0)	134,999	(1.1)
	비중	<75.9>		<63.2>		<58.7>	
총계		219,938	(43.3)	211,162	(-4.0)	230,030	(8.9)
		<100.0>		<100.0>		<100.0>	

주) ( )내는 전년동기비 증감률
* 한류지역: 중국 대륙, 대만, 일본, 홍콩, 싱가포르, 베트남
자료: 문화관광부, 영화진흥위원회, 한국무역협회

제16과 최근의 한류 현황

<방송프로그램>

○ 2003년중 한류지역에 대한 수출은 2,310만달러로 전년대비 39.7% 증가했으나, 비한류지역에 대한 수출은 998만달러로 전년대비 107.7% 대폭 증가

* 한류지역에 대한 수출은 2002년까지 크게 증가했으나, 2003년에는 비한류지역에 대한 수출 증가율이 더 높게 나타남.

― 한류지역에 대한 수출증가율 둔화는 홍콩, 베트남에 대한 수출감소에 기인한 것임. 비한류지역에 대한 수출증가는 한류지역에서의 한국드라마 인기 때문에 방송프로그램의 수출붐이 일어나면서 비한류국에 대한 수출마케팅도 활발하게 전개된 데 기인한 것임.

방송 프로그램의 지역별 수출(천달러, %)

	2001			2002			2003		
대만	2,494	(192.7)	<20.2>	7,085	(184.1)	<33.2>	8,100	(14.3)	<24.5>
중국대륙	2,487	(153.0)	<20.1>	3,663	(47.3)	<17.2>	6,149	(67.9)	<18.6>
일본	1,186	(-59.7)	<9.6>	2,311	(94.9)	<10.8>	6,276	(67.9)	<19.0>
홍콩	1,161	(995.3)	<9.4>	2,001	(72.4)	<9.4>	1,080	(-46.0)	<3.3>
싱가포르	974	(918.9)	<7.9>	945	(-3.0)	<4.4>	1,089	(15.2)	<3.3>
베트남	346	(72.1)	<2.8>	533	(54.0)	<2.5>	405	(-24.0)	<1.2>
한류국소계	8,648	(225.6)	<70.0>	16,538	(91.2)	<77.5>	23,099	(39.7)	<69.8>
비한류국	3,708	(-95.9)	<30.0>	4,804	(29.6)	<22.5>	9,977	(107.7)	<30.2>
전체	12,356	(7.6)	<100>	21,342	(72.7)	<100>	33,076	(55.0)	<100>

주) ( )내는 전년동기비 증감률, < >내는 비중
자료: 문화관광부

<영화>

○ 한류 지역에 대한 수출은 1,654만달러로 전년동기비 91.8% 대폭 증가하였으며, 비한류지역에 대한 수출은 1,444만달러로 전년동기비 128.1% 증가하여 한류지역에 대한 수출보다 더 높은 증가율을 나타난다.

○ 일본, 대만 등에 대한 수출은 지속적으로 증가한 반면, 중국 대륙에 대한 수출은 감소세를 나타낸다. 이는 중국 대륙의 외화수입 견제정책에 기인한 것이다.

○ 비한류지역에 대한 수출증가는 동유럽 등 신규 수출시장 개척 등 다변화 노력에 힘입은 것이다.

주요 한류지역별 영화 수출 현황(천달러, %)

	2001년		2002년		2003년	
일 본	5,758	(9.1)	6,582	(14.3)	13,893	(111.1)
중국 대륙(홍콩)	1,044	(275.5)	1,862	(78.4)	1,740	(-6.6)
대 만	125	(20.8)	179	(43.2)	907	(406.7)
한류지역소계	6,927	(36.8)	8,623	(24.5)	16,540	(91.8)
비한류지역	4,315	(77.9)	6,329	(60.4)	14,439	(128.1)
전 체	11,242	(59.5)	14,952	(33.0)	30,979	(107.2)

주) ( )내는 전년동기비 증감률
자료: 영화진흥위원회, 문화관광부

○ 해외상영도 큰 호조를 나타냄.

* '엽기적인 그녀', '스캔들' 등을 비롯해 다양한 영화들이 각국에서 관객동원에 성공

한류지역에서의 대표적인 한국영화 개봉 현황 및 극장 수입

영화명	개봉국	개봉년도	극장수입	
엽기적인 그녀	홍콩	2002	42만	(HK$)
조폭 마누라	홍콩	2002	930만	(HK$)
친 구	일본	2002	1억 3,491만	(JPY)
스캔들	일본	2004	5억2천만	(JPY)

자료: 씨네클릭 아시아

<음반>

○ 불법복제 증가 등으로 2002년 이후 수출이 부진세를 나타냈으나, 한류 지역에 대한 수출은 꾸준히 증가

* 특히 2004년에는 일본으로 겨울연가 OST 및 한국 연예인의 앨범 판매가 급증

해 수출이 크게 증가

음반 수출추이(천달러, %)

년도	2000		2001		2002		2003		'04.1-7월	
일 본	23,842	(140.8)	23,731	(-0.5)	24,386	(2.8)	32,240	(32.2)	37,015	(150.2)
중국대륙	589	(-31.5)	3,575	(507.3)	7,272	(103.4)	8,490	(16.8)	5,954	(56.8)
홍 콩	1,830	(-13.6)	3,588	(96.0)	7,523	(109.7)	5,595	(-25.6)	2,583	(-22.8)
대 만	2,485	(-24.8)	4,384	(76.4)	8,692	(98.3)	5,373	(-38.2)	5,427	(74.3)
싱가포르	1,112	(459.1)	1,906	(71.4)	3,552	(86.4)	2,042	(-42.5)	1,778	(32.9)
베트남	826	(161.0)	159	(-80.7)	1,051	(558.8)	1,652	(57.2)	168	(-70.8)
한류지역소계	29,684	(20.2)	37,343	(17.8)	52,476	(28.8)	55,392	(5.3)	52,925	(91.2)
비한류지역	105,066	(56.3)	158,997	(52.8)	122,392	(-23.0)	110,583	(-9.7)	73,640	(-21.3)
계	134,750	(48.5)	196,340	(45.7)	174,868	(-10.9)	165,975	(-5.1)	126,565	(28.6)

주) ( )내는 전년동기대비 증감률
자료: 한국무역협회

2.2 상품 수출증가

○ 한류지역 수출업체를 대상으로 한 무역협회의 설문조사(99개사 응답) 결과, 한류는 해당국 수출에 직·간접적으로 긍정적인 영향을 미치는 것으로 나타난다. 그러나 응답업체중 10%만 수출에 직접 도움이 되었다고 응답한 반면, 66.6%는 한류가 마케팅 및 영업전반에 있어 간접적으로 도움이 되었다고 응답하여 한국에 대한 바이어들의 이미지상승 효과가 가장 큰 것으로 나타난다.

한류와 영업·수출 활동과의 관계 응답결과

구 분	응답수(응답률)
직접적으로 상당히 도움이 되었다 (수출이 급격히 신장)	5 (5.0)
직접적으로 약간 도움이 되었다(수출이 완만히 신장)	5 (5.0)
한국 이미지 상승등으로 간접적으로 도움이 되었다	66 (66.6)
도움이 전혀 되지 않았다	23 (23.2)
총 계	99 (100.0)

자료: 한국무역협회, 한류현황설문조사

○ 한류 마케팅 성공 사례
<유니세이프>
* 중국 대륙에 유니폼을 수출하는 '유니세이프'는 고객에게 한국 가수 CD 등을 증정하는 마케팅으로 매출을 확대
* 2003년 수출: 15만 5천달러→ 2004년 상반기 수출: 14만 2천달러
<담앤담인터내셔널>
* 중국 대륙 현지 의류생산 업체 '담엔담 인터내셔널'은 한류스타가 자사제품을 착용한다는 사실을 마케팅하고, 중국 대륙에서 개최하는 패션쇼에 '난타' 공연을 삽입해 효과를 극대화 함.
<한국타이어>
* 중국 대륙에서 열린 한국 연예인 행사를 후원하여 홍보효과 극대화
○ 한류로 긍정적인 영향을 받은 업종은 의류, 화장품, 가전제품, 휴대폰 등 소비재가 대부분이다.

한류로 긍정적인 영향을 받은 업종 (응답업체수)

섬유	생활용품	전기전자	기계	농림수산품	화학공업	철강	플라스틱	기타	계
15	14	9	8	6	4	4	2	14	76

자료: 한국무역협회, 한류현황 설문조사

○ 소비재의 한류지역 수출을 분석한 결과, 휴대폰과 가전제품, 화장품은 한류지역에 대한 수출증가율이 비한류지역보다 높은 반면, 의류는 한류지역에 대한 수출이 비한류지역에 비해 저조하다. 이는 의류의 경우 디자인 및 상표복제의 보편화로 한류가 수출증가로 연계되지 못한 데 따른 것이다.

2000-2003년 평균 수출 증가율(%)

	한류지역	비한류지역	전체
휴대폰	51.2	34.4	38.2
가 전	12.4	10.3	10.8
의 류	-11.1	-6.0	-7.4
화장품	29.4	22.5	26.0

자료: 한국무역협회

<휴대폰>
○ 휴대폰 수출은 2002년까지는 한류의 영향으로 한류지역에 대한 수출신장율이 높았으나 2003년, 2004년 1~7월중에는 비한류지역에 비해 저조한 증가율을 나타

낸다. 이는 중국 대륙, 홍콩, 싱가폴 휴대폰 시장에서 자국산과의 치열한 경쟁에 따른 시장 점유율 하락에 기인한다.

한국의 휴대폰 수출추이 (백만달러, %)

지역명	2001년		2002년		2003년		'04.1-7월	
중국대륙	99	(594.4)	1,303	(1,215.6)	1,246	(-4.4)	279	(-64.5)
홍 콩	730	(16.2)	1,268	(73.8)	1,342	(5.9)	628	(-11.0)
싱가포르	308	(74.8)	437	(41.9)	416	(-5.0)	279	(9.5)
대 만	225	(5.5)	225	(0.4)	324	(43.7)	228	(39.7)
베트남	3	(40.2)	0	(-92.6)	59	(30,124)	50	(105.8)
일 본	2	(-91.4)	1	(-47.4)	8	(573.9)	1	(-86.0)
한류지역소계	1,717	(39.7)	3,619	(110.8)	3,774	(4.3)	1,465	(-24.4)
비한류지역	5,329	(24.5)	6,166	(15.7)	9,581	(55.4)	8,696	(80.5)
전 체	7,046	(27.9)	9,785	(38.9)	13,355	(36.5)	10,161	(50.4)

주) ( )내는 전년동기비 증감률
자료: 한국무역협회

<가전제품>
○ 삼성전자와 LG전자 제품의 품질이 한류마케팅과 맞물려 현지 판매가 호조를 나타냄.
  * 일본, 중국 대륙으로의 수출은 2003년 이후 급증하여 2004년 1~7월중 증가세를 지속한 반면, 대만과 홍콩, 베트남에 대한 수출은 감소세를 나타냄.
○ 비한류지역에 대한 수출도 3년 연속 두자리대의 증가율을 나타냈으나, 한류지역에 대한 수출증가율에는 미치지 못한다.

한국의 지역별 가전제품 수출추이 (백만달러, %)

국가/지역명	2001년		2002년		2003년		'04.1-7월	
중국대륙	676	(-0.9)	834	(23.4)	1,132	(35.8)	830	(49.7)
일 본	1,021	(-11.4)	958	(-6.2)	1,099	(14.7)	769	(46.0)
홍 콩	384	(-4.3)	409	(6.7)	503	(22.8)	433	(87.9)
대 만	103	(-24.8)	156	(47.8)	276	(76.7)	128	(-20.6)
싱가포르	125	(-24.2)	112	(-10.4)	97	(-14.0)	62	(13.2)

베트남	63	(-1.2)	80	(26.3)	99	(23.4)	56	(-0.3)
한류지역소계	2,418	(-6.7)	2,712	(12.2)	3,331	(22.8)	2,278	(43.8)
비한류지역	7,276	(-3.6)	8,048	(10.6)	9,279	(15.3)	6,668	(24.1)
전체	9,694	(-4.4)	10,760	(11.0)	12,610	(17.2)	8,946	(28.6)

주) ( )내는 전년동기비 증감률
자료: 한국무역협회

<의류>

○ 의류는 한류지역에 대한 수출감소세가 비한류지역보다 더 큰 것으로 나타났으며, 한류지역중 베트남과 중국 대륙만 증가세를 나타낸다.

* 일본은 장기불황 때문에 의류수출이 계속 감소해 왔으나, 대만과 홍콩에 대한 수출은 2004년 들어 감소세로 반전됨.

— '온앤온'은 2001년 8억 5천만원 수준이던 중국 대륙내 매출이 2002년 36억 8천만원, 2003년 131억원을 기록

— 2002년 이후 '클라이드, 주크, 톰보이, 지피지기, GIA, 쌈지, FUBU, 톰키드, 코코아' 등의 많은 한국 인기브랜드들이 중국 대륙 현지 백화점내에 매장을 개설함.

한국의 지역별 의류 수출추이 (백만달러, %)

국가/지역명	2001년		2002년		2003년		'04.1-7월	
일 본	748	(-26.7)	558	(-25.3)	440	(-21.1)	241	(-3.2)
중국대륙	147	(-3.9)	228	(55.2)	239	(4.9)	131	(1.7)
대 만	28	(34.6)	37	(33.0)	40	(8.3)	15	(-17.0)
홍 콩	22	(25.9)	29	(27.8)	39	(37.3)	13	(-55.5)
베트남	15	(3.8)	24	(61.1)	27	(13.5)	17	(24.0)
싱가포르	7	(3.3)	6	(-11.6)	5	(-8.5)	2	(-10.1)
한류지역소계	967	(-21.7)	882	(-8.7)	790	(-10.4)	419	(-5.4)
비한류지역	2,957	(-13.5)	2,762	(-6.6)	2,560	(-7.3)	1,353	(-2.3)
전 체	3,924	(-15.6)	3,644	(-7.1)	3,350	(-8.1)	1,772	(-3.1)

주) ( )내는 전년동기비 증감률
자료: 한국무역협회

* 화장품

○ 한류의 긍정적인 영향을 가장 많이 받은 품목으로 대만, 홍콩, 베트남에 대한 수출이 크게 증가

○ 대중국 대륙 수출은 2002년 이후 2년 연속 감소하였는데 이는 중국 대륙내 현지법인 생산이 본격화된 데 따른 것으로 중국 대륙내 판매금액은 크게 증가된다.

<태평양화학>

* 2002년 중국 대륙에서 971만달러의 매출을 올렸으나 2003년에는 두배 가까운 1,800만달러, 2004년 1/4분기에는 640만달러로 전년동기대비 2.5배 증가

— 이는 2002년 상하이에 공장을 설립하고 본격적으로 중국 대륙시장에 뛰어들던 시점에 한류(韓流)가 시작되어, 한국 여배우에 대한 소비자들의 호감이 구매로 이어진 것임.

<LG드봉>

* 베트남에서 인기리에 방영된 드라마 '모델'의 주연 여배우를 CF에 기용하여 2002년에 세계적 화장품 브랜드인 랑콤을 누르고 베트남 화장품 시장의 70%를 점유

— 드봉 화장품은 브랜드 인지도 1위를 고수하고 있으며 1세트 가격이 28만동임에도 불구하고 절찬리에 판매(근로자 월평균 임금: 30~70만동)

한국의 지역별 화장품 수출추이(백만달러, %)

국가/지역명	2001년		2002년		2003년		'04.1-7월	
중국대륙	36	(10.0)	35	(-4.6)	34	(-3.2)	20	(17.8)
일 본	7	(27.5)	11	(48.9)	15	(44.0)	9	(1.3)
대 만	5	(9.6)	6	(22.7)	8	(29.0)	7	(46.4)
홍 콩	6	(0.1)	8	(28.0)	9	(12.6)	7	(68.4)
베트남	3	(19.0)	4	(57.3)	5	(16.0)	4	(57.8)
싱가포르	2	(31.7)	2	(9.2)	2	(31.8)	2	(51.0)
한류지역소계	59	(9.6)	66	(11.9)	73	(10.6)	49	(28.9)
비한류지역	38	(14.3)	47	(23.7)	63	(34.0)	37	(2.8)
전 체	97	(10.8)	113	(16.7)	136	(20.5)	86	(15.9)

주) ( )내는 전년동기비 증감률
자료 : 한국무역협회

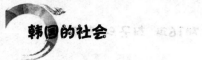

2.3 관광객 증가

○ 2003년 SARS 여파로 인해 관광객이 크게 감소하였으나 2004년 들어 7월까지 관광객수는 226만명으로 전년동기비 41.1% 대폭 증가

* 2004년 1-7월중 한류지역으로부터의 관광객은 174만명으로 전년동기비 46.8% 증가하여 전체관광객중 77%를 차지

* 이는 한국 관광객수의 50%를 상회하는 일본경기의 회복과 함께 일본, 동남아로부터의 한류스타관광이 늘어난 데 기인

* 드라마 '가을동화', '겨울연가' 등의 촬영지 투어 및 유명스타와의 만남 캠프, 콘서트 및 팬사인회 참가 등 외국인들의 흥미를 끌만한 스타관련 상품이 다수 개발되어 큰 호응을 얻음.

한국의 관광객 추이 (명, %)

	2001		2002		2003		'04.1-7월	
일 본	2,299,236	(-3.9)	2,244,917	(-2.4)	1,725,638	(-23.1)	1,225,762	(39.3)
대 만	121,849	(4.6)	129,172	(6.0)	185,571	(43.7)	169,181	(117.9)
홍 콩	196,908	(1.4)	168,720	(-14.3)	147,307	(-12.7)	86,434	(7.4)
태 국	41,666	(-27.9)	45,256	(8.6)	42,214	(-6.7)	35,655	(93.0)
중국대륙	222,170	(14.4)	237,904	(7.0)	190,486	(-19.9)	145,696	(93.4)
싱가포르	52,427	(-16.9)	60,908	(16.2)	59,323	(-2.6)	30,849	(44.9)
말레이지아	37,998	(-12.9)	62,608	(67.8)	72,780	(16.2)	36,440	(44.1)
베트남	7,811	(3.6)	8,919	(14.2)	7,924	(-11.2)	5,112	(41.2)
한류지역소계	2,980,065	(-2.9)	2,958,404	(-0.7)	2,431,243	(-17.8)	1,735,128	(46.8)
일본제외시	680,829	(0.6)	713,487	(4.8)	705,605	(-0.1)	509,366	(68.7)
비한류지역	788,682	(-8.7)	885,100	(12.2)	785,924	(-11.2)	526,019	(24.9)
전 체	3,768,747	(-2.7)	3,843,504	(2.0)	3,217,167	(-16.3)	2,261,147	(41.1)

주) ( )내는 전년동기비 증감률
자료 : 한국관광공사

2.4 국가이미지 개선효과

○ 한국 문화전파 및 국가이미지 제고

* 한류는 한국에 대한 지식이 없던 외국의 대중들에게 한국 대중문화를 전파함으로써 일부에 잔존하고 있는 가난, 전쟁, 권위주의적 억압과 투쟁 등 한국에 대한 부정적 이미지를 없애는 데 크게 기여

* 베트남에서는 현지 노동자 폭행 및 모욕 등으로 인해 퍼졌던 한국 기업에 대한 부정적 편견을 불식시키는 데도 기여

○ 일본내 재일교포에 대한 이미지 제고

* 한류는 일본인들로 하여금 한국문화, 한국인에 대한 친근감을 높여주어 일본에서 출생하고 성장했음에도 불구하고 투표권, 공무담임권 등 기본권을 부여받지 못하고 비공식적으로 차별 받아온 재일교포에 대한 인식을 높이는 효과도 가져옴.

注 释

A Jewel in the Palace	[名]	《宫中宝石》(《大长今》的英文名)
CF (commercial film)	[名]	电视广告
NHK (Nippon Hoso Kyokai)	[名]	日本广播协会(NHK)
OST (Original Sound Track)	[名]	影视原声大碟，电视原声带
TBS (Tokyo Broadcasting System)	[名]	东京广播公司
라이센스 (licence)	[名]	许可，特许
랭크 (rank)	[名]	排行榜
로열티 (royalty)	[名]	专利权，特许权
멜로 (Melo)	[名]	情节剧
미얀마 (Myanmar)	[名]	缅甸
바이어 (buyer)	[名]	商家，买家
반전 (反轉)	[名]	反转，逆转
발라드 (ballade)	[名]	叙事诗
상회 (上廻)	[名]	高于，高出
소나타 (sonata)	[名]	奏鸣曲
식상 (食傷)	[名]	反胃
아사히신문 (朝日新聞)	[名]	朝日新闻

韩国的社会

앨범 (album)		[名]	影集
어필 (appeal)		[名]	吸引
여친소 (女親紹(←내 女子親舊를 紹介합니다))		[名]	《野蛮师姐》[Windstruck]
올린 (ALL-IN)		[名]	《洛城生死恋》
외화 (外畵)		[名]	外国电影
요미우리신문 (讀賣新聞)		[名]	读卖新闻
유니폼 (uniform)		[名]	球衣
음반 (音盤)		[名]	唱片
이미지 파일 (image file)		[名]	图象文件
접목 (接木)		[名]	嫁接
초상권 (肖像權)		[名]	肖像权
캐주얼 (casual)		[名]	休闲装
캠프 (camp)		[名]	营地
쿼터 (quota)		[名]	配额
타이틀 (title)		[名]	字幕
투어 (tour)		[名]	旅行
폄하 (貶下)		[名]	贬低
플라스틱 (plastic)		[名]	塑料
호조 (好調)		[名]	好局面

練習

1. 서로 관련된 것을 연결하여 보세요.

A	B
모델	《实尾岛》
누구나 비밀은 있다	《生死谍变》
여친소	《大长今》
A Jewel in the Palace	《冬季恋歌》
가을동화	《夏日香气》
올인	《天桥风云》
여름향기	《星梦奇缘》
스캔들	《丑闻》
대장금	《爱上女主播》
겨울연가	《蓝色生死恋》
엽기적인 그녀	《太极旗飘扬》
쉬리	《洛城生死恋》
별은 내 가슴에	《我的野蛮女友》
실미도	《宫中宝石》
태극기 휘날리며	《野蛮师姐》
이브의 모든 것	《谁都有秘密》

2. 빈칸에 알맞은 말을 넣어 보세요.

(1) 드라마 '(   )', '(   )' 등의 촬영지 투어 및 유명스타와의 만남 캠프, 콘서트 및 (   ) 참가 등 외국인들의 흥미를 끌만한 스타관련 상품이 다수 개발되어 큰 호응을 얻었다.

(2) 베트남에서는 (   )(   )(   )(   ) 등으로 인해 퍼졌던 한국 기업에 대한 부정적 편견을 불식시키는 데도 기여한다.

(3) 일본, 대만 등에 대한 수출은 지속적으로 증가한 반면, 중국 대륙에 대한 수출은 감소세를 나타낸다. 이는 중국 대륙의 (   )(   ) 정책에 기인한 것이다.

(4) 한류지역은 일반적으로 (   ), (   ), 일본, (   ), (   ),(   )등 국가와 지역을 가리킨다.

(5) 보아는 여섯 차례의 일본 콘서트에서 완전매진 기록 (액 약 2억 5,500만

엔), 2002년 일본 진출 후 로열티 수입만 (   ) 억원 이상으로 추정된다.

(6) 2003년 4월, NHK 위성방송채널에서 '겨울소나타'로 처음 전파를 탄 KBS 드라마 '(   )'는 일본에서 500억원 이상의 부가가치를 창출한 것으로 집계된다.

(7) 한류스타가 출연한 영화 '(   )'는 한국영화 사상최고액인 5백만달러(60억원)에 수출했다.

(8) (   )년 멕시코의 공영방송 '메히껜세(Mexiquense)'에서 '별은 내 가슴에''이브의 모든 것' 등 2편의 한국 드라마가 방영되면서 한류 붐이 크게 일어난다.

(9) 미국 한인 방송에서 '(   )'이 'A Jewel in the Palace'라는 제목으로 방영되면서 한인들은 물론 미국인들 사이에서 한국드라마 팬이 늘어나고 있음.

(10) 2003년 한류지역에 대한 수출증가율 둔화는 홍콩, (   )에 대한 수출감소에 기인한 것이다.

3. 빈칸에 알맞은 말을 골라 보세요.

(1) 중국 대륙의 세대별 한류선호 현황에 의하여 한국의 전통문화와 한국기업 제품까지 선호하는 사람이 주로 (   ) 대 사람이다.
A. 10 B. 20
C. 30 D. 40

(2) 일본은 한류열풍이 가장 활발한 국가로서 당초 가수 '(   )'의 진출에서 한류가 시작되었다.
A. 보아 B. 안재욱
C. 이정현 D. 장나라

(3) 현지 언론 분석에 의하면 '겨울연가'등 한국영상물의 성공요인이 아닌 것이 (   )이다.
A. 가족간의 정(情)과 러브스토리를 접목하여 동아시아의 보편적 정서에 부합
B. 출연배우가 일본시청자들에게도 어필
C. 멋진 풍광을 담은 아름다운 영상
D. 많은 제작비

(4) 2002년 멕시코의 공영방송 '메히껜세(Mexiquense)'에서 '별은 내 가슴에' '(   )' 등 2편의 한국 드라마가 방영되면서 한류 붐이 크게 일어난다.
A. 태극기 휘날리기 B. 쉬리
C. 이브의 모든 것 D. 겨울연가

(5) 다음의 한류 지역이 아닌 곳을 고르십시오.
   A. 홍콩   B. 일본
   C. 대만   D. 런던

(6) (   )은 한류의 긍정적인 영향을 가장 많이 받은 품목으로 대만, 홍콩, 베트남에 대한 수출이 크게 증가했다.
   A. 음반   B. 핸드폰
   C. 화장품   D. 의류

(7) 2001년 KBS 드라마 '(   )'가 타이베이 유선방송국 시청률 1위를 차지했다.
   A. 겨울연가   B. 가을동화
   C. 여름향기   D. 쉬리

(8) 영화 '(   )'는 2004년 6월 한국과 홍콩에서 동시 개봉되어 홍콩에서 795만 HK달러(12억원)의 흥행수입 달성.
   A. 가을동화   B. 쉬리
   C. 여친소   D. 편지.

(9) (   )년 이후 '클라이드, 주크, 톰보이, 지피지기, GIA, 쌈지, FUBU, 톰키드, 코코아' 등의 많은 한국 인기브랜드들이 중국 대륙 현지 백화점내에 매장을 개설함.
   A. 2000   B. 2001
   C. 2002   D. 2003

(10) 베트남에서 인기리에 방영된 드라마 '(   )'의 주연 여배우를 CF에 기용하여 2002년에 세계적 화장품 브랜드인 랑콤을 누르고 베트남 화장품 시장의 70%를 점유했다.
   A. 이브의 모든 것   B. 여름향기
   C. 가을동화   D. 모델

4. 다음의 질문에 대답하여 보세요.

(1) 최근 중국정부는 어떤 조치를 통해서 외국문화에 대한 견제 정책을 시행하고 있습니까?

(2) 중국 대륙 시청자들은 연령별로 한국드라마 등에 대하여 각각 어떤 태도를 가지고 있습니까?

(3) 현지 언론의 분석을 종합하면 '겨울연가'등 한국영상물의 성공요인은 무엇입니

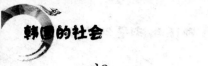

　　　까?
(4) 2003년 홍콩에 드라마수출이 감소되는 원인은 무엇입니까?
(5) 아사히신문, 요미우리 신문, NHK방송, TBS방송 등 현지 언론들은 아시아에서의 한류현상, 드라마 '겨울연가'등 한국영상물의 일본시장 주요 성공 요인이 뭐라고 했습니까?
(6) 최근 한국은 홍콩에 수출한 핸드폰이 왜 감소됐습니까?
(7) 중국 대륙에 유니폼을 수출하는 '유니세이프'는 어떻게 매출을 확대했습니까?
(8) 소비재의 한류지역 수출을 분석한 결과, 휴대폰과 가전제품, 화장품은 한류지역에 대한 수출증가율이 비한류지역보다 높은 반면, 의류는 한류지역에 대한 수출이 비한류지역에 비해 저조합니다. 그 원인은 뭡니까?
(9) 화장품의 중국 대륙 수출은 2002년 이후 2년 연속 감소한 원인은 무엇입니까
(10) 한류는 어떤 국가이미지 개선효과가 있습니까?

5. 500자 이내의 중국어로 본문내용에 근거하여 다음 문제를 서술하여 보세요.

(1) 지역별 한류 현황
(2) 한류의 영향 및 효과

韩国的社会

第一课　韩国教育史和教育的一般知识[1]

1. 韩国教育史

1.1 史前时代的教育

韩国史前时代的教育是无意识和无组织的，其全部内容为基于生活的知识与技术的学习及其传承、基于信仰的宗教活动及其传授、维持与保护种族的战争训练。

1.2 古朝鲜时代的教育

尽管古朝鲜时代在很大程度上依旧未摆脱原始的教育状态，但这一阶段已开始构建精神领域的框架来作为教育思想和理念的基础。可以说，"檀君神话"所反映的弘益人间的理念，不仅是古代人的生活哲学思想，还是一种教育哲学思想。从箕子朝鲜时代的《八条法禁》可以知道，这一时期的社会尊重人权，男女之间的道德约束严格，上下级关系分明，是一种家长制的社会。因此，这也成为一种韩民族的道德伦理教育，成为一种教化民众的教育方针。

1.3 三国时代的教育

在三国时代，开始实行由国家实施的学校教育。佛教和儒教对这一时期的教育产生了极其深远的影响。

高句丽的教育

从文献记载来看，高句丽首先设立的教育机构是太学。太学始建于372年（小兽林王2年），以儒教为教育理念，是国家设立的最高教育机构，也是对贵族等特殊阶层子弟进行官吏培养的机构。在高句丽，除官学太学之外，还有韩国最早的私学——经堂。经堂的教育对象为未婚子弟，从这一点来看，经堂类似于新罗的花郎道，高丽后期盛行的书堂可能也起源于此。

百济的教育

虽然没有文献记载的教育机构，但是从日本历史书籍《日本书纪》中有关日本与百济的文化交流的记载中可以知道，百济的学术水平很高。古尔王25年即258年，博士王仁被派遣到日本，传授了《论语》、《千字文》等经典书籍，近肖古王29年即374年，博士高兴编写了百济的史书《书记》。

新罗的教育

新罗在致力于完备国内制度的同时，还致力于发展既存的以"武"为中心的人才教育。这时出现了强化檀君固有精神的青年团体花郎道，新罗试图通过花郎道克服国家面临的困难。学校教育始于统一新罗时期，神文王2年即628年设立国学便是例证之一。国学由礼部掌管，庆德王时改称太学监，惠恭王时重新改称国学。教学内容为《周易》、《尚书》、《毛诗》、《礼记》、《春秋》等。与此同时，元圣王4年即788年在太学设立读书三品科，分为上品、中品、下品三个等级，作为任用官吏的标准。

1.4 高丽时代的教育

高丽时代的政治和社会经历了很大的变革，教育政策也再次发生变化。成宗时设立的国子

---

[1] 为排版方便起见，韩语课文中的所有表格不再译出。

监是高丽时代的最高学府，以儒教为理念，在教育方面发挥着主要作用。高丽的教育制度大体分为官学和私学两大类。官学有中央的国子监和学堂、地方的乡校，私学有十二徒和书堂。睿宗时，国子监改称国学，1109年又新设文武七斋，研究各方面的学问。国子监分为国子学、太学、四门学、律学、书学、算学等六学，每一门学问分别按照阶级和身份来决定入学资格。教育内容将《周易》、《尚书》、《周礼》、《礼记》、《毛诗》、《春秋》、《左氏传》、《公羊传》、《谷梁传》各作一经，将《孝经》、《论语》作为必修科目，由此可见，国子监的教育目的一方面是为了将贵族子弟培养成国家官员，另一方面也是为了研究儒教经典。高丽时期的乡校可以看作是在地方上设立的中等水平的官学教育机构，乡校学生中成绩优秀者可以在国子监学习。中央的学堂是类似于地方乡校的教育机构。私学十二徒与中央的国子监类似，由12类私学组成，虽然属于私立教育机构，但也接受国家监督。

1.5 朝鲜时代的教育

在朝鲜时代，性理学成为主流的精神目标和教育理念。基于性理学的儒教教育与其说是面向普通庶民的教育，不如说是为了实现某种政治理念而实施的教育。这一时期，在教育内容上，崇尚以经典为中心的人文教育，鄙视实业教育。并且，在教育对象和内容上具有较强的排他性。尽管如此，朝鲜时代的儒学教育使儒学成为当时生活的规范，为全体国民培养了道德上的伦理观，儒学学者的较为深入的学问体系也为韩国的教育思想和精神文化作出了贡献。朝鲜后期出现了实学思想，作为对性理学的批判，实学思想倡导一种实事求是的新学风。成均馆成为朝鲜时代的最高学府，中等教育机构有中央的四学和地方的乡校，私立教育机构有书院和私设的初等教育机构书堂。与之相关的教育行政由礼部掌管，这一时期还制定了"学令"和"经国大典"等各种教育法规，运行和监督教育机构。

成均馆实施儒学教育，教育内容分为以教授经术和文艺为主的讲读、制述、书法三种。乡校是一种自高丽时代即依靠地方财政运行的中等教育机构，朝鲜时代在府、牧、郡、县各设乡校一座，其功能为祭祀圣贤、教育儒生和教化地方百姓。书堂在朝鲜时代得到进一步发展，不能进入私学和乡校的8-16岁的儒生和平民的子弟在此学习儒学。书院是中宗38年即1543年丰基郡守周世鹏为颂扬高丽时代儒学家安珦的学问和德行而设立的，在此招募学生研修学问，此处最初叫做白云洞书院。

1.6 开化期的教育

19世纪末开港后，门户开放亦随之开始，教育方面也出现了源于近代教育思潮的新教育。近代学校首先是以1883年设立的同文学和1886年设立的育英公院等官学形式出现的。育英公院以两班子弟为对象，实施英语、自然科学、数学、地理等新式教育。私学大体可以分为基督教类学校和民间学校两类。19世纪80年代设立的基督教类学校有培材学堂、儆新学校、梨花学堂、贞信学校等。最早的民间学校是1883年在实施开港的元山设立的元山学舍，这也是韩国最早的近代学校。以1894年甲午改革为契机，开始实施新学制教育。新设学务衙门负责教育行政，废除了科举制度。1895年高宗通过《洪范14条》正式宣布接受近代教育，此后，又通过教育诏书再次强调了教育的重要性。同年又颁布了与培养教师有关的"汉城（现首尔）师范学校官制"，这也是韩国最早的近代式学校规范。官学作为近代学校，注重外语教育、教员培养、实业教育等方面。

1.7 日本帝国主义强占时期的教育

早期的教育方针集中在1911年公布的"朝鲜教育令"和"私立学校规则"。《朝鲜教育令》

规定"教育之本义为以（皇帝）有关教育的敕语之宗旨为基础，培养忠诚的国民"，其真实意图是为消除韩民族的民族意识，抹杀韩民族的文化，使韩民族绝对顺从日本帝国主义。此后，又制定了各种教育法令来补充相关的教育制度,学制为普通学校(3-4年)、高等普通学校(4年)、女子高等普通学校（3年）、实业学校（2-3年）、简易实业学校（无学习年限的限制规定）、专业学校（3-4年）。

3·1运动后，日本将其教育政策标榜为"文化政治"，1922年颁布了修改过的教育令。自此，韩国学生开始可以进入师范学校和大学。1938年3月日本帝国主义颁布了第三次朝鲜教育令，将教育完全转入战时体制，提出了"国体明征"、"内鲜一体"、"忍苦锻炼"等三个教育方针。1943年依据第四次朝鲜教育令"与教育有关的战时非常措施令"将教育彻底变为战时教育体制。在此之前的1941年4月将原为普通学校的小学改称为国民学校。

1.8 光复之后的教育

8·15光复后，韩国开始致力于建立基于新民主主义理念的教育政策。美军政时期的教育政策将以前的学制由双线型改为单线型，筹划教育行政自治化，重在完善新的教育制度，如教师的再教育、扫盲运动、恢复国语、扩充各级教育机构等。教育审议会于1946年6月将学制改为6·6·4制，将学校教育分为入学前教育、初等教育、中等教育、高等教育、特殊教育等5个阶段。1953年修改教育法，将学制改为6·3·3·4制，并延续至今。

1948年韩国政府成立后强调的教育口号为韩民族的民主主义教育。1949年12月制定并公布了《教育法》，将弘益人间定为教育的根本理念，开始为实现基于平等思想的教育机会均等之目标而努力。该法律也确立了教育自治制度，1952年选举出市郡教育委员，开始实施这一制度。

1961年其作用暂时中止，1964年自治制度部分内容再次恢复，1991年3月制定并公布了《关于地方教育自治的法律》，正式实现了教育自治制度。

20世纪60年代提出"祖国现代化"的口号，1962年设立教育大学和师范大学，用以培养教师队伍。1970年设立专业学校，1972年新设广播通信大学。到第四共和国上台的1973-1979年，韩国教育提出"拥有国籍的教育"的口号，大力实施反共安保和主体性等教育，并强化科学技术和产学合作教育，掀起了全国的科学化运动。特别是，实施了旨在开发教育的社会功能的新村教育运动，将其作为新村运动的一项内容。

1980年第5共和国执政，制定了7·30教育改革措施，确定了禁止补课、高校内申制和国家学历考试等改善大学入学考试制度的政策，将教育大学和广播通信大学升格为4年制大学、毕业定员制等一系列重要的教育政策。1981年文教部制定教育政策，确立了多项教育课题，如强化国民精神教育、扩大儿童学前教育、充实初中等教育、明确大学教育改革并提高办学质量、强化科技和职业教育、扩大社会教育、振兴国民体育、强化国际教育、整顿教育风气等，还确立了多项奖励教学方针，如强化国民精神教育、充实基础教育、振兴科技教育、充实全面教育等。

自8·15光复和1949年新教育法公布起，政府的教育振兴政策和韩国国民的教育热高潮使韩国教育获得了外在的爆炸性的增长。但是数量上的增长也带来了需要积极推动解决的问题，如年级过密、学校规模庞大、教职员工不足、教育设施落后等。中等教育在光复后也在数量上也取得了明显的增长。特别是从20世纪60年代起接受中等教育的机会大为增加，这种中等教育的普及现象很大程度上要归功于1968年实行的中学免试升学制度和从1973年开始实施的高等学校标准化措施。

进入 20 世纪 80 年代制定了中学教育义务化的政策，部分偏远地区和郡的中学实施了义务教育。而且，除正规学校之外，各产业公司还拥有附属的初中和高中，还设立了高等公民学校、高等技术学校、广播通信高等学校及具有中学水平的特殊学校，从而使获得中等教育的机会大为增加。光复后，与其他类型的教育相比，在学生数量及学校增加率上获得急剧增长的就是高等教育。小学（6 年）、初中（3 年）入学率接近 100%。尽管入学率如此之高，但由于财政资金来源问题，自 1985 年开始才将义务教育延长至 9 年。

高中的入学率也通过入学考试制度的改革，借助"标准化"政策，1999 年创下 97.3% 的记录。唯有幼儿园的入学率（5 岁儿童）停留在 50% 的水平。从教育内容上看，20 世纪 80 年代初以后，国民学校（1996 年改称初等学校）的 1-2 学年阶段由课程制改为综合课程制，进入 20 世纪 90 年代后，为迅速响应国际化要求，改革了部分课程，如全国所有小学生从 3 年级开始学习英语等。现行的第 6 次教育课程在教育课程和特别活动之外，还单设学校自我决定的时间，学校可以根据地区或学校的实际情况，开设特色课程（如学习英语、汉字、微机等）。

另外，学校运行的民主化和分权化也在实施之中，如 1991 年制定地方教育自治法，引进了公选制教育委员会制度，1996 年实现了学校运行委员会制度化等。20 世纪 90 年代后期还实施了不少新的政策，如以 1996 年加入经合组织（OECD）为契机，教育政策接受 OECD 教育委员会的审议等。

2. 韩国教育的一般知识

2.1 韩国宪法中有关教育的规定

① 所有国民具有根据自己的能力，均等接受教育的权利，

② 所有国民对其应受保护的子女应履行至少进行初等教育和法定教育之义务，

③ 义务教育是免费的，

④ 依法保障教育的自主性、专业性、政治上的中立性及大学的自律性，

⑤ 国家应当振兴终身教育，

⑥ 包括学校教育和终身教育在内的教育制度及其运行、教育财政及教师的地位等有关基本事项由法律规定。（大韩民国宪法第 31 条）

2.2 教育法

教育法是指规定与教育有关的国民的权利和义务、国家和地方自治团体的责任，制定与教育制度及其运行有关的基本事项的法律。

韩国的新教育法于 1997 年 12 月 13 日由法律第 5437 号制定。教育法全文共分为 3 章 29 条及附则。此法制定后，以前的《教育法》被废止。

韩国的教育是在弘益人间理念的指导下，以促进所有国民享有真正的生活、发展民主国家、实现人类共同繁荣为目的的。尊重教育之自主性和中立性的同时实施包括初等教育（小学）6 年和中等教育（中学）3 年的义务教育，中等教育根据财政条件，依据总统的规定依次实施。国家及地方自治团体制定并实施特殊教育、英才教育、幼儿教育、职业教育所需的措施。

2.3 教育人力资源部

教育人力资源部是指负责学校教育、终身教育及与学术有关事务的中央行政机关。教育人力资源部简称"教育部"，其作用是总揽并调整各部门的人力资源开发工作。教育副总理是政府四个分支中教育人力资源方向的小组组长，主持"人力资源开发会议"，对于有关人力资源

开发的主要事件在召开国务会议之前进行事先审议。教育人力资源开发会议由教育部、行政自治部、科技部、文化观光部、产业资源部、信息通信部、劳动部、企划预算处、女性部等9个部门长官出席。

教育人力资源部的编制为：长官、次官各1名，下属组织有：企划管理室、学校政策室、终身教育局、学术研究支援局、教育环境改善局、教育信息化局，直属机关有：国立中央图书馆、国史编纂委员会、学术院、国际教育振兴院、教员惩戒再审委员会、国立特殊教育院等。

韩国执行教育政策的中央教育行政机构是教育部，地方机构是市和道的教育委员会和教育监，下级组织是区、市、郡教育厅。教育人力资源部编制为2室6局，执行学校教育、终身教育及与学术有关的业务。教育人力资源部等全部教育行政组织的职员为国家教育公务员，实行任命制，唯有市道的教育监由当年教育委员会选出，副教育监由当年的教育监推荐，再由总统任命。1952年实施地方自治制度后，以市、郡为基本单位实施教育自治制度，设立郡教育区法人，审议机构为审议初等教育的郡教育委员会，执行机构为郡教育监。

教育人力资源部的前身为文教部。1946年中央行政机构改编时，8.15解放之后组建的韩国教育委员会独立出来，改称文教部，在美军政末期的1948年被正式设立。美军政管理时期废除了解放时由6个课编制而成的学务局，在接受由韩国教育人员构成的韩国教育委员会、韩国教育计划委员会等咨询的同时，引进美国的教育制度设立了文教部。作为中央行政部门之一，摆脱了过去自日本强占时期保留下来的殖民地教育制度，下设1室（秘书室）、5局（普通教育局、高等教育局、科学教育局、文化局、编修局）。

1961年10月公布《政府组织法》，文教部作出进一步调整，如另设企划调整官室和奖学室等，而文化事务交由新设的文化公报部负责，1983年体育事务交由新设的体育部负责。

此后，文教部仍负责了韩国教育和文化的全部事务，但仍单独设立有文化部，1990年12月，文教部被改编成为单纯负责谋划和执行学校、教育任务的教育部。

1980年代文教部的组织与人员随教育规模的扩大而增加，1993年金泳三政府上台后，适应行政组织缩减和教育自律化的趋势，将文教部再次调整为2个室、3个局、6个审议官、30个课。

1990年改称为教育部，根据2000年12月修改的政府组织法，2001年1月29日改称为教育人力资源部，机构调整为2个室、6个局、3个审议官、36个课，功能亦有所扩大。

2.4 教师节

教师节是为尊重教师、振奋教师士气、提高教师地位而制定的纪念日。韩国的教师节为每年的5月15日。

青少年红十字会成员在设立教师节上发挥了重要作用。1958年5月8日（红十字日）青少年红十字成员拜访、慰问了病中的、退休的、生活困难的教师，并首次提议设立教师节。1963年5月26日青少年红十字中央学生协议会（JRC）将5月26日定为教师节，举办感谢师恩的活动，自1965年又将时间变更为世宗大王诞辰日5月15日，由各级学校和教职团体主管，组织活动。

之后，1973年根据政府政务改革的方针，限制谢恩活动，暂时废除了教师节，但部分学校仍继续在这一天举行纪念活动，1982年为了形成尊敬教师的良好风气，又恢复教师节，并延续至今。

在教师节当天将举办各种庆祝仪式，政府向在教育方面做出重大贡献的教育人士颁发勋章，并进行表彰和奖励，同时给予获奖者参观国内外各产业的机会。

韩国政府大力提倡各部门和各级机关拜访教师、给教师写慰问信等活动。各级小学中学同学会、青少年团体、女性团体及其他社会团体也自发地举行感谢师恩活动，尤其是开展"拜访昔日恩师"的活动，向恩师表示感谢，增进了师生关系，还开展送温暖活动，慰问那些已退休且尚处病中或生活困难的教师。

一线学校的学长和在校学生还邀请昔日的恩师和现在的老师，共同举行"恩师之夜"的庆祝活动，感谢师恩，向恩师献上康乃馨。同时，教师节当天还会举办弘扬教师作用的特别演讲、座谈会和茶话会等活动。

第二课　韩国的教育制度

1. 韩国教育制度的现状

1.1 教育制度的意义

韩国现行学制的框架是由1949年的《教育法》和1951年修订法律确定的，从1962年起师范学校改为2年制教育大学，1963年在初中之后开设5年制实业高等专业学校，1970年在高中之后开设2-3年制的专业学校，自1972年开始开设广播通信初级大学，自1973年开始开设广播通信高等学校，1981年广播通信初级大学升格为4年制大学，教育大学也升格为4年制，1982年新设了开放大学。

韩国的学制具有单线型特征，主干学制为6-3-3-4制，分为初等学校（小学）、中学校（初中）、高等学校（高中）、大学校（大学）几个阶段，主干学制的教育时间共为16年。初等学校为基础学校，大学是最高级别的学校，中等和高等学校为中间层次的学校。

培养教师的教育大学和师范大学的年限跟普通大学相同，但此外还有2-3年的专业大学以及加上2年的预科学制共为6年的医科大学。高中分为人文系列和实业系列，但这仅仅是按教育课程中人文、实业课目所占比例划分而已。也有综合高等学校，在同一学校内综合提供人文、实业系统的教育课程。

除主干学制外，还有一种社会教育机构，即公民学校（3年）和高等公民学校（1-3年）系统，还有一种实用性技术教育机构，即技术学校（1-3年）和高等技术学校（1-3年）。事实上，这使得韩国的学制具有复线型的特征。

此外，还有为盲童、聋哑人、精神残障者设立的特殊学校，由广播通信系统设立的广播通信初中、高中、大学，企业为产业工人设立的附设初中、高中及夜校，还有开放大学、学士学位认定制等。学前的教育机构有幼儿园等。

1.2 成立过程和目的

纵观世界各国教育的发展过程，学校教育制度大体分为两大类，一类为计划型，即由国家积极实施，设立基本组织进行管理，另一类为自生型，即根据社会的需要，有关的社会团体和个人设立学校，因而形成相应的教育系统。

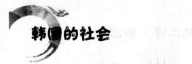

韩国的教育制度可以说属于前者,因为韩国的学校教育制度是在大韩民国政府成立后,制定颁布《教育法》后形成了新的教育制度。虽然存在过日本殖民统治时期的教育制度,但是韩国政府成立后依据新的《教育法》,清除了日本殖民统治时期的残余影响,由国家执行民主的教育制度,从这一点上说,韩国正式的学校教育制度应是从建立新政府之后开始的。

1.3 主干学制和教育理念

《教育法》共有11章117条,条目众多,是规定韩国教育理念、宗旨、行政体制、教育机构的种类和系统、各级学校教育目的等重要事项的基本法。

该法第1章总则的第1条就韩国的教育理念规定如下:

教育是在"弘益人间"的思想指导下,唤醒所有国民的正直人格,使之具备自主生活能力和公民应有的素质,服务于民主国家的发展,为实现人类共同繁荣的理想作出贡献。

该法第2条又提出了为实现上述目标规定的7条教育方针。

① 传授维持身体健康和成长所需的知识,同时使受教育者具有坚韧不拔的气魄;

② 培养热爱国家、热爱民族的精神,为维持和发展国家的自由独立进而为世界和平作出贡献;

③ 继承和弘扬民族文化,为创造和发展世界文化而努力;

④ 培养探索真理的精神和科学的思考能力,开展创造性的活动和合理的生活;

⑤ 热爱自由,有责任感,并以信誉、协同、互敬互爱精神参与社会活动;

⑥ 培养审美情趣,鉴赏和创作高雅的艺术作品,喜欢大自然,有效利用业余时间,开展文明和谐的活动;

⑦ 勤俭节约,务实,并身体力行,成为有才能的生产者和贤明的消费者,开展健全的经济生活。

教育法提出上述教育理念的目标后,又规定了教育的主干系统。该法第81条规定:使所有国民都能不分信仰、性别、社会地位、经济地位,根据其自身的能力接受平等的教育,该法还设置了6-3-3-4制的一元制主干学制(单线学制)。

2. 韩国的教育制度和形态

2.1 学前教育(幼儿教育)

学前教育是指幼儿入学接受义务教育之前接受的教育。其机构包括幼儿园、幼稚园和儿童之家等,其中幼儿园是指在进入幼稚园之前对3-4岁的孩子进行的教育,幼稚园指3-5岁儿童在上小学前接受的1-3年的幼儿教育,儿童之家指保护职业女性2-5岁子女的机构。以前这种儿童之家只负责照料孩子,近来也开始对孩子进行教育。

可以这样说,在上述教育机构中,具有学校教育性质的机构只有幼稚园。幼稚园的教育课程是以教育部令形式制定公布的,其中规定了正式的教育内容和教育宗旨。教育法第146条规定:"幼儿园的宗旨是哺育幼儿,给幼儿适当的环境,以促进其身体的发育"。为了实现这一目的,实施下列具体目标:

第一,培养健全、安全、愉快生活所需的日常习惯,促进身体所有机能的协调发展。

第二,使之感受集体生活的乐趣,并培养相应的兴趣,使之开始萌发协同、自主、自律精神。

第三,使之开始正确理解身边的社会生活和环境。

第四,引导他们正确使用语言,培养对童话、图画书的兴趣。

第五,通过音乐、游戏、绘画、手工或其他方法,培养他们对创作表现的兴趣。

2.2 初等学校教育

初等学校教育是以实施国民生活所需的基础性初等普通教育为目的而成立的义务教育机构(韩国《教育法》第 93 条)。

普通教育与专门教育、职业教育不同,是指无论在社会上的何种部门工作或从事何种职业,作为一个人所必须接受的基础性的思想教育和一般教育。基础性的初等教育是指义务教育的最初阶段,是中学教育和大学教育的基本,其内容是初级性的教育。初等学校是宪法保障接受无偿教育的无偿义务教育机构,这也是初等学校的特点。但是,因为儿童无法自己保障接受教育的权利,因此所有的国民都有义务让自己保护的子女至少接受初等教育和法律所规定的教育。

从形式上看,学校教育分为初、中、高三级教育是世界的惯例。初等教育指国民的基础教育,韩国《教育法》第 8 条规定,"所有公民享有权利享受 6 年的初等教育和 3 年的中等教育。

初等教育表现为初等学校教育,韩国的初等学校教育的目的是培养学生在日常生活中所需的基本能力,形成正确的生活态度,为全面素质的提高打好基础。

因此,为了实现教育的目标,初等学校应努力达到如下要求:

第一,培养能够正确地理解和使用日常生活中所需国语的能力。

第二,理解个人、社会、国家的关系,培养道德心和责任感、公德心和协同精神。尤其是正确理解乡土和民族的传统及现状,强化民族意识,培养独立、自尊的作风,同时培养国际协作精神。

第三,培养科学地观察和思考日常生活中的自然事物和现象的能力。

第四,培养正确理解和处理日常生活中的数量关系的能力,培养对衣食住和职业等的基本理解和技能,培养奋发进取和独立生活的能力。

第五,音乐、美术、文艺等能使人更加活泼快乐,要培养相关的基本理解能力和技能。

第六,使儿童加深对保健的理解,培养良好的习惯,使身心协调发展。

如上所述,韩国教育法明确提出了初等学校的教学目标,其中包括国语、道德、社会、自然、算术、应用、音乐、美术、体育等 9 项教育内容。这也是为了教授学生一些生活中最基本的知识和技能,使其作为一个国民能够顺利的适应不断变化的生活。但是初等教育存在的严重问题之一就是班级人数过多的问题,农村班级人数不足,教室多有剩余,但首尔和其他大城市一个班级内人数仍然较多。

2.3 中等学校教育

中等学校教育是初等学校教育之后实施的 6 年教育的总称,即 3 年的初中和 3 年的高中,两者独立进行教育。中学的教育目的在《教育法》中有明确规定,在初等学校教育的基础上以进行中等普通教育为目的。为了实现这一总目标,应努力完成下述四个目标:

第一,进一步发展和扩充初等学校的教育成果,培养其作为国家栋梁所应具有的品德和素质。

第二,传授社会所需的职业知识和技能,培养尊重劳动的精神和行为,培养其决定适合自己个性的未来发展方向的能力。

第三,促使学生参加校内外的各种自律性活动,培养表达正确感情和公正批评的能力。

第四,促使学生锻炼身体、增强体质,使之成为拥有健全思想的有作为者。

为了实现上述目标,将教育课程分为课程和特别活动两部分实施,课程分为必修课和选修课两种,必修课包括道德、国语、数学、英语、社会、体育、科学、音乐、美术、技术、商业等,选修课包括汉语、计算机、环境等所需课程。特别活动由年级活动、学校活动、课外小组活动构成。

韩国的中等学校教育在过去50年间在数量上取得了史无前例的进展,也因此带来了几个问题:

第一,中等教育人数的剧增导致教育质量低下。由于学校平均人数过多,增加了有效授课和学校生活指导方面的困难,致使教育质量大为降低。

第二,教育人口的增加加重了政府的财政负担。免试入学需新建中学校舍,高校平均化需要巨额财政投资,这些都使中等教育财政更加陷入困境,私立学校财政也更为困难。

2.4 高等教育(大学)

大学教育是以指知性开发和高度的职业专门教育及技能习得为目的的教育。过去仅有极少数被选中者才能在高等教育机构接受教育,但是今天无论何人,只要达到相应能力,就可以接受到最大限度的教育,因为机会均等、对外开放,所以,教育还伴随着自律与民主。大学门槛的放宽使高等教育急剧膨胀,增长迅速。解放当时,韩国包括4年制大学和短期高等教育机构在内,学生总数约为7900名,但是,1998年专业学校为36万人,4年制为134万人,研究生为9.7万人。同人口总数相比,应该说这种数量的增长是十分可观的。高等教育机构的数量也有发展,现有专业大学120个、教育大学11个、4年制大学119个。

造成上述膨胀的原因有很多,如韩国国民传统的乡约热,还有与民主社会相适应的大学开放等等。不仅如此,虽然韩国教育部严格限制学生定员名额,但解决复读生问题和吸引国外学生到韩国学习,增加了各种学校的定员数额,也是导致学生数量增加的原因。还有81年实施毕业定员制而实行增加招生30%的制度也是其中的一个原因。由于大学教育的急剧膨胀,很多人提出需提高教育质量和充实教育内容等意见。大学设立基准令明确规定了教育设施、图书、教授等的标准,大大影响了大学应具备的外在条件。尤其需要注意的是新出现的短期高等教育机构——广播通信大学,此类大学现正在迅速成为一种短期的高等教育机构。这种大学是为了确立社会教育体系而实施的教育,以上班族为对象通过电台广播和通信媒体等实施教育,同时也于冬夏两季在散布于全国各地的合作大学进行现场教学。

3. 韩国的部分教育类型

3.1 职业教育

1883年聘请中国人教授工业技能可以说是韩国现代职业教育的开端。此后,1911年公布《朝鲜教育令》开始设立农业学校、工业学校、简易实业学校,1951年修改《教育法》,明文规定中高等学校要选择一定比例以上的实业课程,1963年制定《产业教育振兴法》,确定了实业教育的法律地位。

1981年12月制定《职业训练基本法》,正式实施工人职业训练,以提高工人地位,发展国民经济。1982年设立韩国职业训练管理公团,整合原有的职业训练团体,提高管理和运行的效率。1991年修改《职业训练基本法》,提供了实施在职训练的法律依据,同时实现了开发未升学青少年职业能力的产学协同训练的制度化。

由于技术集约型产业的发展,需要新的技术工人,各种专业大学正在培训相关的专业人才。

除正规教育机构外,公共机构负责的青少年职业学校、企业职业训练所、国家认证的职业训练所等也在培训众多的技师和技工。另一方面实施国家技术资格测试制度,目的是提高职业教育的质量,并设立职业训练研究所开展职业教育研究。

3.2 终身教育

1973年由联合国教科文组织韩国委员会主办的终身教育发展讨论会公开提倡实施终身教育,此后,又召开了多次学术大会,探索终身教育的理念。1980年韩国宪法第29条第5款和第6款新规定了振兴国家终身教育的义务。1982年制定颁布《社会教育法》,为实施终身教育打下了基础。

现行宪法第31条第5款规定"国家应该振兴终身教育",明确规定了国家承担终身教育的义务。广播通信高等学校、韩国广播通信大学、企业附设特别班、开放大学等的设立反映了终身教育的理念。1984年德成女子大学、梨花女子大学设立了附设教育机构——终身教育院后,明知大学、淑明女子大学、汉阳大学、西江大学等大学也分别设立了适合本大学特点的终身教育院。

3.3 特殊教育(残障者教育)

1881年(高宗18年)绅士游览团的报告和俞吉浚的《西游见闻》中已经介绍了欧洲和美国等地的特殊教育,但创建韩国特殊教育的重要人物则是朝鲜末期的天主教传教士。1894年美国北监理会的医疗传教士R.S.Hall建立了韩国最早的特殊学校平壤女盲学校并教授盲文,1903年传教士A.F.Moffet夫人建立了男盲学校。此后,Hall于1909年(高宗3年)又建立平壤聋儿学校,后与女盲学校合并成平壤盲哑学校。日本强占朝鲜时期,在首尔建立了韩国最早的官立特殊学校济生院盲哑部。1935年牧师李昌浩建立了平壤光明盲哑学校,这是韩国人自己最早创建的特殊教育学校。

光复之后,一批有志之士在大邱等韩国全国各地建立了私立特殊教育机构。1949年制定颁布了《教育法》,特殊儿童的教育权得到法律的保障,1960年韩国的特殊教育取得了量的增加和质的提高。特殊教育机构也大量增加,1990年设有国立学校3所,公立学校29所,私立学校72所(占全部学校的69%),共计104所学校。从六十年代后期开始,大学开始设立特殊教育科,专门负责培养特殊学校的教师。1977年制定颁布了《特殊教育振兴法》,增加了特殊儿童获得公共教育的机会,并制定了特殊教育振兴的中长期计划,除教育之外,还加强了福利方面的措施,如学生的无偿教育和私立特殊学校的财政补助等。

3.4 英才(尖子学生)教育

在韩国的传统教育中,并没有英才教育的特殊体制,但是过去的教育形式大部分是一对一,或在少数学生组成的小团体内进行学习。因此,尖子学生可以根据自己的能力在任何方面都可以进行快速、广泛、深入的学习。

8·15之后,韩国引进了西欧式的教育制度,教育人口数量激增,教育实现了普遍化、大众化、平均化,但同时未能给予尖子学生开发自身能力的机会。

为尖子学生提供特殊的教育方式始于20世纪。70年代艺体能高等学校和80年代新设的科学高等学校可以看做是韩国英才教育的第一步。1984年大田科学高等学校、全南科学高等学校、庆南科学高等学校相继建立,成为正式的英才教育机构,虽然尚存不足,但这是韩国英才教育的正式开始,仍具有重大意义。

现在韩国的英才教育尚处初级阶段,仅通过建立特殊学校,为极其有限的少数儿童提供机

会，年龄仅限于中学水平，同分布于各级学校的约 40 万名英才级学生相比，英才教育基础尚十分薄弱，今后应当广泛发现尖子学生，在普通学校也要实施相应的教育，扩大英才教育的范围，提高教育的质量。

3.5 义务教育

韩国自 1950 年 6 月 1 日开始实施义务教育，但在 1948 年《宪法》、1949 年 12 月《教育法》中已经出现了有关义务教育的规定，1952 年还制定了《教育法施行令》。宪法第 31 条就义务教育规定：①所有国民具有根据能力均等接受教育的权利，②所有国民具有使子女至少接受初等教育和法律规定的教育的义务，③义务教育为无偿教育。

而且，教育法第 8 条规定：①所有国民具有接受 6 年（跳级或提前毕业时，应从 6 年中扣除相应年数）初等教育和 3 年（跳级或提前毕业时，应从 3 年中扣除相应年数）中等教育的权利，②国家和地方自治团体应当设立所需的学校，实施义务教育，③所有国民具有使受保护的子女接受上述教育的义务。

各地方 1994 年以郡为单位实施中等义务教育，1993 年初等学校入学率达到 98.7%，初中入学率达到 99%，可以说初等学校的义务教育已经完全实现。

自 2001 年开始，初中无偿义务教育在韩国全国推广开来，初中无偿义务教育 1985 年从岛屿和偏远地区开始，1994 年扩大到邑和面地区，2001 年扩大到市、广域市、特别市，2004 年实现了全体国民的 9 年制义务教育。

4. 韩国开始讨论改革现有学制

学制改革讨论正式开始：由 6-3-3-4 制改为 5-3-4-4 制

（东亚日报）

"根据产业发展的需要和学生成长发展的变化，将基本学制由 6-3-3-4 制改为 5-3-4-4 制与学制相关的讨论备受韩国国民的关注。学界多次提出学制改革的必要性，现执政党已经参与到相关法律的修改，教育人力资源部也将共同研究改革方案，其最终结果令人关注。"

△ 基本学制

1945 年光复之后，在美军政主导下组建的教育改革审议会 1946 年制定了 6-6-4 制和 6-3-3-4 制并行的单线型学制，但实际上执行的主要是 6-6-4 制。

但是 1951 年改为现在的 6-3-3-4 制，一直持续了 54 年，期间虽有部分修改和补充，但仅限于增加了职业技术领域和 2 年制初级大学及专科大学、特殊目的的高等学校等多样化的学校类型。

△ 改革的必要性

开放国民党教育委员会议员计划在国会召开"知识社会学制发展方案讨论会"，公开讨论学制改革问题。韩国教育开发院资深研究委员将做"初等学校原 6 年的授课年限压缩 1 年，高等学校授课年限由 3 年延为 4 年"的主题发言。

一般高中毕业者的 81%，实业高中毕业者的 60% 以上都要考大学，过度的升学热和以高考为主的教育妨碍了符合学生个性和能力发展的前途教育。

专家解释称，只有适当改革，使学生能够自由地选择学制，才能提高国家竞争力和人力资源的生产力。

专家称，小学中学及大学教育课程为 16 年，时间太长，学生进入社会的年龄过大，实际上扼杀了高中毕业后参加社会生活再进入大学之路，尤其是学生成长发展很快，却仍将小学低年级与高年级合为 6 年成为一大教育问题。

国民共同基本教育课程（1-10 学年）和此后的升学及就业准备过程（11-12 学年）脱节，小学中学 9 年义务教育与发达国家相比时间过短，都是存在的问题。

△ 如何改革？

专家提出了 5-3-4-4 学制的方案，即将小学课程压缩 1 年，将高中延长为 4 年，充实高中教育。这也是美国和法国等国所采用的学制。

高中四年课程中，前两年为国民共同基本教育课程，后两年以选修课程为主，集中进行升学和就业准备教育。

此外，专家还将向国会提交《教育基本法》和《初中等教育法》修改方案，主张将入学年龄由 6 周岁减至 5 岁，入学之前 1 年的幼儿教育纳入义务教育并逐步实施。

△ 历时 10 年的大工程

韩国教育部虽未明确表示进行学制改革，但称将参与相关的公开讨论。

韩国教育部认为，如果将学制改革编入人力资源开发基本计划进行讨论、政策研究、舆论调查、并修改相关法令，需要 10 年左右的时间。

教育部的有关人士称，如果有人提出相关法律的修改方案，将会对此进行讨论；因为必须研究诸如授予教员资格、确定预算、将现行的 3 月份的学期制改为 9 月份的方案，所以肯定会耗时很久。

第三课　韩国的大学

1. 大学入学制度的变迁史

1.1 各大学单独考试期（1945~1953）

这一时期实施大学单独考试制，由各大学自行负责录取适合接受大学教育的人员。

半岛解放后，1948 年成立了韩国政府，实施大学全权处理大学入学考试事务的方针，由大学当局自身通过协定的方式决定考试科目和考试时间等事项。

由于当时招生不能达到规定数额，实施推迟征兵的特惠政策，使得大学入学考试无法实现自律性，为此，韩国政府进行了强调大学入学考试公共性的制度改革。

1.2 大学入学国家联考和正式考试并行期（1954）

这一时期引进了大学入学国家联考制度，与各大学正式考试同时实施。这样将入学资格赋予了适于接受大学教育者，提高了大学的权威和质量。但是，各大学的正式考试又给考生带来了双重负担，而且，女生和退伍军人又享有特惠政策等，因此，这种制度并未充分发挥其效力，制度变革又回到了起点。

1.3 各大学单独考试和免费录取并行期（1955~1961）

在实现高中教育正常化、选择合适人才接受大学教育的原则指导下，各大学实行免试录取

或各大学单独实施入学考试。尤其是在免试录取时，最早运用内申（内部呈报）制，重视全面的评价，为高中教育正常化作出了贡献，但也因此拉大了各校之间的差异，导致教育质量低下。

1.4 大学入学资格国家考试期（1962~1963）

1962年，大学的正式考试变为同时具有资格考试和选拔考试性质的大学入学资格国家考试。1963年，国家考试只进行资格考察，由各所大学分别进行正式考试，录取学生。国家考试的本意是阻止那些非法入学者和无资格者并提高大学的质量，但是，却侵犯了大学入学考试的主体——大学的自律性。

1.5 各大学单独考试期（1964~1968）

这一时期，为了扩大大学的自律性，大学入学考试又变为各大学单独考试制。考虑到大学入学考试的公众性，政府给予最小限度的指导，各大学自律录取合适人选。但是，由于入试管理的不彻底和一些私立大学招生超过定额，造成大学教育质量的低下，还出现了报考一流大学的热潮，加剧了大学之间的差距，使人们又重提大学入学考试的公共性问题。

1.6 大学入学预备考试和正式考试并行期（1969~1980）

在这段时期，为提高大学教育质量，同时促进高中教育的正常化，国家实行大学入学预备考试和各大学分别进行正式考试的双向并行的政策。这段时间的大学入学考试制度基本上将选择学生的自律权赋予了大学，同时，为解决大学入学考试自律性导致的负面因素，通过大学入学预备考试，国家进行适当的介入，以确保考试的公共性。但是由于中学的免试升学制和高中教育标准化政策的实行等，使中等教育逐渐普及，导致大学教育需求剧增，但是大学定员却并未大幅增长，引发了高考的激烈竞争，大学入学考试的公共性问题再次抬头。

1.7 大学入学预备考试和高中内申制并行期（1981）

自1979年开始，大学入学预备考试的对象将专科大学包括在内，这样造成了大学定员的急剧膨胀，应试者的90%都可以达到合格线，使得合格线仅有其名却无其实。另外，由于课外辅导过热、预备考试和正式考试的双重负担、高中生活制度等问题，部分人主张废除正式考试，主张废除大学入学预备考试的合格线。

1980年实施7·30教育改革措施，以高中教育运行正常化、改善录取方法为目标，为消除当时以升学为目标的课外辅导过热现象，废除了各大学作为大学入学考试录取方法的正式考试，依据高中内申成绩和预备考试成绩来录取新生。1982年废除了预备考试的合格线。1981年的新生录取就是依照大学入学预备考试成绩和高校内申成绩进行的。这一年因为废除正式考试造成了极大的混乱，还出现了定员不足却仍有因竞争过热导致落榜等奇特现象。

1.8 大学入学学历考试和高中内申并行期（1982~1985）

这一时期的特征是，高中内申成绩反映比率的扩大，大学入学预备考试改名为大学入学学历考试，废除了合格线，努力解决了1981年入学考试过程中所出现的问题。具体来说，就是以大学入学学历考试成绩50%以上和高中内申成绩30%以上为标准录取新生；废除合格线；与以往一样，继续保持对产业工人的特惠政策；公开大学入学学历考试试题和答案等。

1.9 大学入学学历考试、高中内申及论述考试并行期（1986~1987）

这一时期采取的是依据大学入学学历考试成绩和内申成绩的机械相加所得的总分来录取新生的制度，但引起了大学的学生录取权的萎缩等各种非教育性问题，同时，有人强烈批评大学入学学历考试过于客观，只能评估死记硬背能力，而不评价高层次的考试能力。为了减少社会上的这种批评，韩国政府在大学入学学历考试和高校内申成绩之外，又增加了一项论述考试，包括所有脱离课本和跨越课本性质的论述考试。

1.10 大学入学学历考试、高校内申制及面试并行期（1988~1993）

韩国自1988年开始改革大学入学考试制度，其基本框架可以归纳为下列4点：

第一，高考成绩要综合大学入学学历考试、高中内申、面试考试等3个方面的成绩，废除实施了2年的大学论述考试，特别规定，高中内申成绩必须占到30%以上，而其他方面则由各大学自律决定。

第二，志愿报考方法采取先报志愿后考试的形式。

第三，大学学历考试由中央教育评价院来出题，考试共有9个科目，30%左右为主观题，选修科目虽是报名者在报考时选择，但是实业与二外科目由大学指定。

第四，考试的实施、评分、结果处理等由各大学负责管理，大学可以自行决定10%以内的加权值。

大学入学考试制度改善政策中最令人关心的有两处，一是先报志愿后考试的志愿报考方式，二是改变学历考试性质的主观式的出题方式。此外，高考成绩要反映面试考试成绩、大学可以指定实业和二外科目、可以给予不同科目不同的加权值等都可以看做是一些新现象。

1.11 大学修学能力考试、各大学分别考试、高中内申制并行期（1994~1996）

以前的入学考试制在测试高层次的智力能力方面十分不足，往往诱发以死记硬背为主、以考试为主的教育方式，因此，不断受到了批评。自1994年的入学考试开始，采用了新的大学修学能力考试代替大学学历考试。

在保障大学的自律性、多样性和学生录取权的宗旨下，与入学考试有关的许多重要内容由各大学自主决定。招生选拔材料包括内申成绩、大学修学能力考试、各大学自行考试3种。

招生选拔办法有内申成绩、内申成绩＋大学修学能力考试、内申成绩＋各大学考试、内申成绩＋大学修学能力＋各大学考试等多种方式，大学修学能力考试是一种整合课本、脱离课本的综合性能力考试，评价范围共分为语言、数理探索、外语等三门，出题类型为客观题、多项选择型。

通过各大学自行考试，扩大大学的学生录取权。考虑到各系列、各学校的特点，由大学自行决定3门以内的考试科目，考虑到对高中教育的影响，出题时，以高中教育课程的内容和水平为标准，以测试思考能力、判断能力、研究能力等高级智力能力的主观题为主。

1.12 大学自律制（1997年以后）

1997年，各大学通过高中综合生活记录簿、大学修学能力考试成绩、各大学的考试及其它录取辅助资料，自行决定各自学校的定员数量。事实上，入学考试从注重成绩的内申、修学能力考试、各大学自行考试三项中，废除了各大学自行考试，而将高考变为以综合生活记录簿为主，可以强化实践性的、人性的、道德方面的教育，使中学和大学可以切实走上多样化和特性化之路。在以教育者需要为中心的教育改革原则下，切实为学生提供多处报考的机会。

* 2004年和2005年韩国大学入试制度的差异

韩国教育人力资源部公布的"2005学年度大学入学招生基本计划"确定了修学能力考试、学生记录簿、各大学考试、推荐书等招生项目的具体事项。

2005年度入学考试首次按第7次教育课程安排，修学能力考试实施办法、名大学招生方法等高考制度有较大改动，而修学能力考试和学生记录簿、各大学考试等招生事项与例年相同。

◇ 修学能力考试

语言、数理、社会探索、科学探索、职业探索、外语（英语）、第二外语、汉文等考试项目与往年相比更为多样，但不同大学计算成绩的方法有所不同，因此，学生可以自由选择应试

领域和科目。

成绩通知书只记录各门、各科的标准分和百分位及等级,不再记录原分数、以400分为标准转换的标准分、综合等级。

数理"(ga)"型、社会探索、科学探索、职业探索、第二外语、汉文方面的选修课程也有记录。

标准分和百分位四舍五入至小数点后第一位,标记为确切数字,各门各科继续保持现行的9级制。各级比例依次为1级占系列标准分4%,2级为7%(累积11%),3级为12%(累积23%),4级为17%(累积40%),5级为20%(累积60%),6级为17%(累积77%),7级为12%(累积89%),8级为7%(累积96%),9级为4%(累积100%)。

◇ 学校生活记录簿

在校学生和复读生成绩提交时间分别为以2004年12月3日和毕业时间为准,而参加临时招生的人员为各大学指定的时间。但高三第一学期实施的第一学期临时招生可灵活调整为截止第二学年。

学生簿的反映内容及反映方法由大学自己制定,是否灵活采用各科各系列名次、评语(秀、优、美、良、可)等形式及反映比例也由各大学自行规定。

同时重视学生特长或志愿者活动成绩等非课程成绩,大学在考虑学生簿成绩时需考虑有助于充实高中教育课程的内容。

◇ 各大学的单独考试

各大学在招生时,除学生簿和修学能力考试外,还可以根据需要结合各自大学的特点、类别和招生单位的特点,自行决定是否进行本大学的单独考试,但考试的种类受到严格限制。

可以进行论述考试、面试和口述考试、实际动手考试、是否适合教学和人性方面的检查、体检等多种考查,但招生标准和方法原则上要进行事先预告。

为促进高中教育的正常化,保证合理的学生录取制度,除论述之外的笔试受到严格限制,如需进行笔试,应编制实施目的、出题方式、内容等方面的具体实施计划,并事先呈报韩国大学教育协议会。

◇ 推荐信等其他事项

大学招生时可以考虑学生课外活动、各种比赛得奖、志愿者活动等多种情况的表现,也可以参考如反映学生素质和特点的自荐书、入学动机书、学业计划书、资格和经历材料、善行奖等各种表彰材料等。招生时也可以考虑校长和教师等与学生经历和活动有关人员的推荐信,此外,大学还可以要求提交各自所需和认可的材料。

2005年与2004年一样,在临时招生时,即使招生时间相同,也可以报考多所大学,但不论通过几所大学的考试,也只能在一所大学注册。如违反上述规定,临时招生合格者如再次报考定期招生考试时,所有成绩均视为无效,2005年不能进入大学学习。

定期招生时,在招生时间内只能各报考"(ga)、(na)、(da)"区内的一所大学,在同一所大学内,即使在不同的招生时间内,也可以多处报名。大学临时招生合格的人员不得在专科大学实施的招生时间内报名,专科大学临时招生合格的人员不得在4年制大学实施的其他招生时间内报名。

2. 韩国部分大学介绍

2.1 首尔大学(原译汉城大学)

首尔大学是一所国立综合性大学,位于首尔特别市冠岳区新林洞。

首尔大学由冠岳校区和莲建校区(护理大学、医科大学、牙科大学、保健研究生院)及水原校区（农业生命科学大学、兽医科大学）等几个校区组成。

首尔大学的前身是 1923 年日帝强占时成立的京城帝国大学，1946 年 8 月依据《国立首尔大学设立令》，在研究生院之外，又设立了 9 个单科大学，第一任校长是 H.B.Ansted。

1949 年改名为首尔大学，1950 年朝鲜战争导致大学运行一度中断，9 月韩国政府返回首尔后，大力进行首尔大学的重建事业。1950 年 9 月，因整合私立首尔药科大学，使首尔大学下设的单科大学增至 10 个。

1951 年南下釜山，以联合讲学方式继续授课，9 月农科大学重回水原而开课，其余大学在釜山地区建立临时校舍，继续授课。

1952 年 3 月解散战时联合大学，主校学生全部返回釜山主校，1953 年 4 月农科大学兽医系、艺术大学美术部、音乐部各自升级为兽医科大学、美术大学、音乐大学，这样，首尔大学除研究生院外，下设单科大学达到 12 个，8 月，韩国政府返回首都，首尔大学也重返首尔。

1957 年研究生院设立博士课程，1959 年新设行政研究生院、保健研究生院，1961 年兽医科大学并入农科大学兽医系。之后，又新设师范研究生院、教育研究生院、经营研究生院等，1968 年废除原有的师范大学家政科，新设家政大学。

1972 年附设韩国广播通信大学，1973 年 1 月设立环境研究生院，1974 年 1 月合并农科大学兽医系新设兽医科大学。1975 年移至现在的冠岳校园内，同时废除了经营研究生院、教育研究生院、新闻研究生院和文理科大学、商科大学及教养课程部，新设人文大学、社会科学大学、自然科学大学、经营大学。

到 2004 年 3 月为止，首尔大学有人文大学、社会科学大学、自然科学大学、经营大学、工科大学、美术大学、法科大学、师范大学、生活科学大学、药学大学、音乐大学等 16 个单科大学和普通研究生院、行政研究生院、环境研究生院、国际研究生院等 5 个研究生院及其下属 22 个系、64 个学科、14 个专业。

大学附属研究所有人文学研究院、韩国文化研究所、社会科学研究院、言论信息研究所、基础科学研究院、遗传工学研究所、护理科学研究所、劳资关系研究所、半导体共同研究所、新材料共同研究所、农业生命科学研究院、农业生物新材料研究所、造型研究所、法学研究所、教育综合研究院、教育研究所、生活科学研究所、兽医科学研究所、综合药学研究所、天然物科学研究所、东方音乐研究所、戏剧研究所、癌研究所、肝研究所、牙学研究所等共 55 个院所。

此外，还有理论物理学研究中心、细胞分化研究中心、复合多体系物质性质研究中心、新材料薄膜加工及结晶成长研究中心、新医药品开发研究中心等 25 个科学、工学研究中心，还有博物馆、奎章阁、语言教育院、农业生命科学大学附属中等教员研究院、师范大学附属教育行政研修院、生活体育指导者研修院、药学教育研修院、医学教育研修院、牙医学教育研究院等 25 个附属设施，及首尔大学校师范大学附属高中、初中、女子初中、小学等。

2.2 高丽大学

高丽大学是一所私立综合大学，位于首尔特别市城北区安岩洞，在忠清南道燕岐郡乌致院邑还设有西仓校园。

1905 年 5 月李容翊建立了包括法律学、理财学 2 个专业的 2 年制普成专门学校，1915 年因实施专业学校规定，该校改为普成法律商业学校。1922 年 4 月改称普成专门学校。1934 年搬至现在的安岩洞新校舍，1944 年在日本帝国主义的强压下，更名为京城拓殖经济专业学校。8.15 之后又还原为普成专门学校。

1946年8月获得综合大学认可，校名改为高丽大学校，下设政法、经商、文科等3个单科大学。1949年9月开设研究生院，1952年新设农林大学。

1955年废除政法大学和经商大学，设立了法科大学和商科大学。1959年农林大学改为农科大学、经营系升级为政经大学。1963年文理科大学分为文科大学和理工大学。1963年12月设立韩国最早的经营研究生院，1967年12月设立教育研究生院。1971年与学校法人又石学院合并，合并了又石大学校及其附属机构。1972年新设师范大学，1976年商科大学改为经营大学，1977年设粮食开发研究生院，并将理工大学分为理科大学和工科大学。

1980年1月设立鸟致院分校获得认可，下设文理大学和经商大学两个单科大学。1986年11月设立政策科学研究生院。1987年10月鸟致院校区改称为西仓校区，文理大学改编为人文大学和自然科学大学，并设立产业科学研究生院。

校训为自由、正义、真理，象征物是虎和松树。2003年下设15个大学、3个系（美术系、国际系、言论系）、3个研究生院（一般研究生院、专门研究生院、特殊研究生院）。附属机构有安岩研究机构89个所、西仓研究机构7个所。

2.3 延世大学

延世大学是一所私立综合性大学，位于首尔西大门区新村洞，最初于1957年由延禧大学校和Severance医科大学合并而成。

延禧大学的前身延禧专业学校，是1915年由H.G.Underwood建立的朝鲜基督教大学，设有文科、数物科、商科、农科、神科。1923改称延禧专业学校，1946年升级为延禧大学，成为一所由文学院、商学院、理学院、神学院4个学院11个学科组成并获得认可的综合大学。1949年Severance医科大学设立预科于延禧大学，朝鲜战争时曾在釜山临时性授课，1953年重返首尔。

医科大学的前身是Severance医科大学，最早为宫廷御医H.N.Allen于1885年建立的医院——济众院（最初称广惠院）。1886年招收学生，最早在韩国讲述西方医学。1904年成立Severance医院，成为Severance医学专业学校。1908年培养出第一届毕业生，并向其颁发了医生执照。1909年成立私立Severance医学校，1947年6月获准成立6年制Severance医科大学，朝鲜战争时在巨济岛、原州成立灾民救护医院，进行医疗活动。

1962年医科大学和Severance医院合并，成立延世大学医疗院。由E.L.Shields于1906年在Severance医院建立的护理学校培养了韩国最早的护士，1968年该校改为护理大学。

1977年12月延世大学医科大学原州分校（新设医学预科）成立，1980年10月原州分校新设英语英文学科等7个学科，1981年原州分校升级为原州大学，并新设人文社会系、自然科学系、医学系，1982年原州大学分为原州大学（人文社会系、自然科学系）和原州医科大学（医学系）。

1984年3月原州大学移至现在的原州校园（兴业面梅芝里），1985年4月原州大学培养出第一批毕业生。

2004年延世大学有19个单科大学、7大系列16个系、33个学科、44个专业，还设有一般研究生院、专业研究生院、特殊研究生院等18个研究生院。

延世大学还有语言教育院、儿童生活指导研究院、信息通讯教育中心等附属教育机构，延世咨询中心、天文台、影像制作中心等附属机构，翻译文化研究所、新能源环境系统研究所、韩国基督教文化研究所、障碍儿童研究所、肌肉病恢复研究所、东西医学研究所、过敏研究所、人体组织复原研究所、临终关怀研究所等86个大学附属研究所。

2.4 梨花女子大学

梨花女子大学校是一所私立女子综合大学，位于首尔市西大门区大岘洞，1886年（高宗23）由美国监理会传教士所建，是韩国最早的女性教育机构。1887年（高宗24）由明成皇后定名为"梨花"，之后定名为"梨花学堂"，培养了7名学生。1904年，改称梨花女学校。

1925年改为梨花女子专业学校，1935年在现今的位置上建立新校舍，移至此处。1943年因日本帝国主义的镇压一度关闭，1945年又改名为京城女子专业学校。

8.15时改为梨花女子大学，并设有翰林院、艺林院、杏林院等3院，1946年升级为综合大学。1951年设立了研究生院，并设有文理科大学等5个大学。

截至2003年拥有人文科学大学、社会科学大学、自然科学大学、工科大学、音乐大学、造型艺术大学、体育科学大学、师范大学、法科大学、经营大学、医科大学、护理科学大学、药学大学、生活环境大学等15个单科大学，67个学科或专业。

梨花大学还14所研究生院，包括一般研究生院、科学技术研究生院、国际研究生院、口笔译研究生院、教育研究生院、设计研究生院、社会福祉研究生院、信息科学研究生院、神学研究生院、政策科学研究生院、实用音乐研究生院、经营研究生院、临床保健科学研究生院等。

附属机构有图书馆、博物馆、自然史博物馆、出版部、学报社、语言教育院、医疗院所属东大门医院、附属木洞医院及师范大学附属幼儿园、小学、初中、高中等，附属研究机关有韩国文化研究院、亚洲食品营养研究所、韩国研究院、韩国语文学研究所、基础科学研究所、符号学研究所、陶艺研究所、国际通商合作研究所等。

2.5 成均馆大学

成均馆大学是一所私立综合性大学，位于首尔特别市钟路区明伦洞。其源于1398（朝鲜太祖7年）在现址所在的崇教坊成立的国立高等教育机关。

半岛光复之后，1946年召开了韩国全国儒林大会，为了继承成均馆传统，组建了成均馆大学成立会，李锡九捐赠了财团法人学邻舍的财产，整合了以前明伦专业学校财团，组织了财团法人成均馆大学，同年9月，成均馆大学获得认可。第一任校长是金昌淑，下设文学系和政经系。

1953年2月改为综合大学，由文理科大学、法政大学、药学大学等3个单科大学和研究生院组成，同年6月，韩国各道的乡校财团纷纷出资，变更为财团法人成均馆，1963年再次组织变更为学校法人成均馆大学。

自1965年开始，三星文化财团负责经营该校，自1979年开始由凤鸣财团接管，并在京畿道水原市长安区泉川洞设立自然科学大学校园，但1991年退出学校经营，1996年11月三星集团再次接收了学校财团。

2004年下设8个系列、3个大学、19个系、8个学科、56个专业，并设有19个研究生院。

成均馆大学有博物馆、东亚学术院、植物院等17个附属机构，还有成均语学院、韩国史书教育院等附属教育机构，附属研究机构有现代中国研究所、京畿医药研究中心、Valèry研究所、国家品牌经营研究所、媒体文化资讯研究所、生活科学研究所、教育研究所、游戏技术开发支援中心、次世代微机技术研究所、高分子技术研究所、机械技术研究所、品质革新中心、药学研究所、生命工学研究所、体力科学研究所、神经细胞兴奋性调节研究中心等。

2.6 庆熙大学

庆熙大学是一所私立综合大学，位于首尔特别市东大门区回基洞。

1949年合并了1946年建立的培英大学馆，成为新兴的初级大学，这是庆熙大学的开端。1952年升级为4年制的单科大学，1954年设立了研究生院，1955年升级为综合大学，1960年3月改称庆熙大学，1966年设立经营行政研究生院，1971年设立教育研究生院。1979年在京畿道龙仁市新设水原校园，1982年升级成为拥有5个单科大学的综合大学，1983年设立和平福利研究生院。

庆熙大学2003年的首尔校园有14所大学、2个系（艺术设计系、教养系），水原校园有9所大学、1个系（教养系）、17个研究生院。庆熙大学拥有45个附属研究所。

第四课　韩国的教育信息化和 e-learning（1）

1. 教育信息化和 e-learning

1.1 进入教育信息化扩展期

现在 e-learning 在全世界已成为知识社会的新兴教育模式，韩国也在2001年4月完成了教育信息化的第一阶段，即学校信息基础设施的构建阶段，进入第二阶段后，积极推动实施教育信息化核心事业即 ICT（信息与通讯技术）教育，从而为引进及扩展 e-learning 打下了基础。

2004年5月教育人力资源部公布了"e-learning 支援体制构建方案"，同年9月，3个市、道的教育厅作为示范单位，开始提供连接学校和家庭的网络家庭学习服务体制，这是韩国正式引进 e-learning 的开端。

如果说第一、二阶段的教育信息化事业集中在构筑基础和灵活运用上，那么，2004年12月公布的"通过积极实施 e-learning 推进国家人力资源开发的战略"则主要是以 e-learning 为教育体制革新的动力，通过以学习者为中心的自选式教育、为远离教育的阶层提供福利、直至终身教育等，将力量集中在通过 e-learning 来开发国家人力资源上。

1.2 教育信息化进展情况

1.2.1 教育信息化相关设施

根据第一阶段教育信息化综合计划，构建完成学校信息基础设施之后，实施第二阶段计划。第二阶段定于2005年完成，目标是大力提高教育信息基础设施水平、通过提高基础设施水平塑造具有亲和力的 ICT 教育环境、构筑 e-learning 的基础。

通过第一、二阶段的教育信息化事业，学校内已普遍建立了校园网，安装了电子化讲台设备，实现了师生一人一台 PC 的目标，这一系列措施创造了一种能够进行信息化教育的环境。但是，初期普及的信息化设备已老化、需要不断维修的问题也随之而来。

2005年是教育信息化事业第二阶段完成的一年，教育人力资源部将投入共4700亿韩元的预算，实现一台电脑五人使用的目标，而且，将适应视频等多媒体资料广泛使用和大容量化的大趋势，将全国所有小学和中学的通讯网提升到 E1 级（2Mbps），并扩大减免通讯费的支持范围。此外，还将通过更新老化的 PC 及电子化讲台设备、进行信息化设备的维修等措施，完成教育信息化第二阶段的事业，谋求通过 e-learning 为国家人力资源开发模式带来一大转变。

1.2.2 大力进行 ICT 教育

* 教师 ICT 能力的开发

出于利用各级学校信息化的硬件基础提高教学效率的考虑，2001 年教育人力资源部制定了《运用 ICT 使学校教育活性化的计划》，并积极支持教师进行信息化方面的研修。教师信息化研修政策的目的是开发教育信息化事业的主要人力资源，在小学和中学实施与改善 ICT 教学·学习方法，教育人力资源部与市、道教育厅及有关机构分别承担不同的任务，每年，全体教师和学校 CEO、专门负责教育的人员的 1/3 以上参加此项计划。此外，还要进行资助性 ICT 奖学研修、不同学校的信息化专业研修及不同学校的信息化自律研修等。

从 2004 年开始利用 ICT 教学·学习课程研修计划，在各市和道内培养 ICT 教师研修的带头人，通过这些带头人培养各市和道的其他教师。2005 年在教师信息化研修方面总共投入 140 亿韩元的预算，扩大了以 ICT 教育为中心的研修课程，通过资助加强了远程教育和各学校的自律研修。同时还对 ICT 教学优秀课程研讨会进行支持以促进研修。

2005 年通过实施教师信息使用能力认证制度，各市和道教育厅通过资助使 10% 以上的教师获得了 ICT 使用能力的认证。

* ICT 教育用资讯的开发

学校信息基础设施业已建成，2001 年《运用 ICT 使学校教育活性化的计划》制定完毕，开发教育用资讯事业随之正式启动。教育用资讯可以分为两类，一类是辅助教师教学活动的教育用资讯（如多媒体教育资料、ICT 教学·学习课程方案、教学软件等），一类是辅助学生学习活动的学习用资讯。在 ICT 教育运用阶段的 2003 年之前，主要以教学资料为中心进行开发，2004 年 e-learning 引进之后，主要是以辅助学生个性化学习的学习用资讯为中心进行开发。

自 2000 至 2003 年开发的教育用资讯总计为 8715 种（公共机构 4099 种，民间 4616 种），公共机构的资讯由韩国教育学术信息院和市道教育厅及学校教师共同开发，通过教育网（www.edunet4u.net）提供服务。

在开发 e-learning 基础自律学习用资讯的同时，2004 年开始，还重点维护和补充了 2003 年以前的教育用资讯。为延长使用周期和提供最新统计数据服务，以初期开发的资料为对象，维护和补充了已开发的教育用资讯,并开始提供相应的服务。2004 年维护 74 种,2005 年为 61 种。

从 2004 年开始对原以 10 种国民共同基础课程为主开发的多媒体教育资料进行了升级，涵盖范围将扩大到实业高中。2005 年 9 月 3 种工业方面的多媒体教育资料通过教育网（www.edunet4u.net）开始提供服务，预计 2006 年将进一步开发 4 种农业方面的高等学校多媒体，并提供相应服务。

此前，ICT 学习用资讯主要来源于民间开发公司和以教师为对象的邀请展之获奖作品等，但自 2004 年开始，随着网络家庭学习支持体制的建立，用于自律学习的资讯开发也已经正式启动。

2005 年市道教育厅分别负责初中的国语、英语、数学、社会、科学等 5 门主要课程的开发工作，并按学习课时提供服务。2006 年将分别负责小学 3-6 年级 5 门主要课程的开发和服务工作。

此外,还确保了幼儿教育用资讯、特殊教育用资讯及评估问题等内容,并通过教育网（www.edunet4u.net）提供相关服务。

1.2.3 构建 e-learning 体系

* 构建和运行网络家庭学习的支持体制

网络家庭学习是一种新的学习形式，指学生通过互联网独自学习自己所需的知识，同时也能得到教师的指导。2004年7月教育人力资源部制定了"为建立 e-learning 学习支持体制而建立网络家庭学习支持体制的计划"，并选定大邱、光州、庆尚北道教育厅作为示范教育厅，从9月开始运行网络家庭学习。从一个月内的运行结果来看，每天平均有2,996人登陆，问答达3,992次，学生反响强烈。2005年3月全国16个市和道教育厅完成了此项工程，现在韩国全国范围内都在提供此种教育服务。

为防止重复开发，市道分别负责开发用于网络家庭学习使用的不同的自律学习资讯，然后由中央和市、道统一提供相关服务。韩国教育学术信息院发挥中心作用，提供网络家庭学习管理系统（LMS：Learning Managing System）标准方案和用于市道分块开发的资讯共享及分配的资讯管理系统（LCMS：Learning Contents Mannaging System）模块。

* 教学学习中心的建立

2004年2月，教育人力资源部公布了"通过公共教育正常化削减课外教育费用的对策"，其核心问题是通过 e-learning 加强公共教育。作为其中的一个环节，为构建凝聚国家各机构力量的沟通网络，2004年9月，韩国教育学术信息院运行的教育网（www.edunet4u.net）和韩国教育课程评价院的中央教学学习中心首先合并，2005年3月，市道教学学习支援中心又与中央教学学习中心实现连接。可以说，教学学习中心的连接加强了学校教学的效率，充实了公共教育的内容，从而夯实了 e-learning 支持体制的基础。

1.2.4 支持消除信息鸿沟

随着信息化的飞速发展，信息鸿沟成为一个重要的社会问题，教育人力资源部2000年4月制定了"低收入阶层子女信息化教育及微机普及计划"，2001年1月制定了关于消除信息鸿沟的法律。

2000年50万名低收入阶层的子女获得了信息化教育的机会，其中，韩国政府为5万名优秀学生支付了PC普及方面的租借费和通讯费。此后，至2004年，为确保教育机会的均等，韩国政府为低收入阶层的子女共提供了1570亿韩元的资助，2004年为2万名学生提供了微机，为7万名学生资助了互联网通讯费。预计到2007年将为8万名学生提供微机，为30万名学生支付互联网通讯费，通过扩大资助，来实现教育机会的均等，实现提供福利的目标。

1.2.5 教育行政信息化

为实现教育行政的信息化，现已建立教育行政信息系统（NEIS：National Education Information System），并投入了运行。NEIS 通过互联网连接了教育人力资源部，16个市道教育厅、行政机构及小学中学，可以相互联系共同处理教务、人事、会计等教育行政的所有业务，已于2003年3月全面开通。

NEIS 系统通过在线方式处理大学入学录取的电子材料，2004年韩国400多所大学和2037所高中全部参与其中，成功协助了2005年度大学入学考试。以2004年为例，使用 NEIS 的小学、中学已占到学校总数的86%，通过 NEIS 发布行政申请的次数较2003年增加了100%。

但是，系统的开通带来了学生信息的人权问题，2004年2月根据国务总理室所属的教育信息化委员会的决定，决定分离出教务、学校事务等3个领域，预计2006年上半年将开发运行新的系统。

预计 2005 年开始开发新的系统，2006 年可以提供相应服务，现在的行政服务包括人事、毕业证书等在内共计 15 种，而 2006 年将增加到 24 种。

在教育统计信息化方面，2004 年韩国构建了全国 363 个高等教育机关 53 万多名毕业生的就业统计数据库（DB），2005 年的重点则放在出版教育统计调查的分析资料集和提供以用户为主的统计信息服务上，在人力资源综合信息网构建方面，重点放在构建用于高等教育机构就业统计调查和人力资源开发的跨部门的统一数据库及终身教育统计数据库上。

1.3 教育信息化发展方向

在教育信息化第二阶段即将结束之际，e-learning 这种新的教育形式已成为关注的焦点，而且根据要将 e-learning 与国家战略相连接的国际大趋势，韩国也将 e-learning 的目标定在充实公共教育，通过开发具有创造力的人力资源建设知识社会之终身学习国家上。

知识社会的教育所需的教育方法是要学习者能够主动寻找所需信息，根据自身水平进行学习。特别是每周 5 日教学制的实施将给学校教育带来一定的变化之时，e-learning 将成为一种很好的解决方案。从这个角度，可以将教育信息化发展方向归纳如下：

第一，教育信息化的各个主体不仅应该在各自领域定义自身作用并不断发展，还应该不断努力在相互关系中再次确定相互间的作用。这是因为教育信息化的各个主体存在于初中等教育、高等教育、终身教育、企业教育等整个社会体系之中，这些主体不是独立存在，而是相互关联密不可分的。为此，必须从国家的角度定义社会各主体的不同作用，以使之相互合作推动教育信息化的进程。

第二，从根本上讲，教育信息化的实现应该表现在两个方面，一个是提高生活水平，一个是提高需求者的满意度。如此从需求者使用效果这个角度进一步发展，教育信息化最终将产生积极的效果。

第三，在教育信息化推进过程中，必须时常考虑和警惕的是对远离教育信息化阶层的关注。这些被疏远的阶层是在信息化上被疏远的阶层，从社会的角度来看，可能是在经济上被疏远的阶层，也可能是处于教育受益区死角地带的阶层。收纳这些被疏远的阶层，并由国家提供优惠，是符合 e-learning 的宗旨的，即从终身学习角度强化学习权力，加强国家竞争力。

要想成功完成今后教育信息化的目标即 e-learning，必须有赖全体国民自发的共同参与，但这其中还存在几个问题，一个简单的例子就是在推广 ICT 教育的阶段，由于要向以学习者为中心的教育方法转变，可能会造成课堂教学的混乱，还有在各个 e-learning 主体共同参与与收集、共享及正确分配信息的过程中，也可能造成消极的后果。因此，在教育信息化如此迅猛发展的同时，要加强研究，做到不断检验，不断预测新问题，不断寻找迅速解决问题的对策。

2. 韩国教育和 e-learning (1)

2.1 e-learning 的扩展和终身教育的开展 (1)

2.1.1 初等、中等教育领域

韩国教育开发院（KEDI）2003 年 11 月公布的资料结果显示，2003 年课外教育规模高达 13 兆韩元，72.6% 的初中高等学生接受了课外教育，过高的课外教育费用已成为一个社会问题。据推算，初等学校课外教育费为 7 兆韩元，中等学校课外教育费为 4.0769 兆韩元，高等学校课外教育费为 2.2 兆韩元。

教育人力资源部 2004 年 2 月 17 日公布了"2.17 课外教育费用削减对策"，作为削减课外

教育费用的对策，内容主要是通过 e-learning 支持网络学习，使公共教育吸收现在的课外教育，在短时间内切实削减国民承担的课外教育费用。这使越来越多的人了解了 e-learning，并对其抱有越来越大的期望，e-learning 因此成为社会上一个新的热门话题。

让我们来看一下 e-learning 的引进时期，由于人们越来越关注在教育中使用互联网，1999 年劳动部开始实施在职人员互联网通讯训练，2001 年教育部建立网络大学被认可，以此为契机，e-learning 开始飞速扩展。所谓 e-learning 也被称为在线学习、网络学习、互联网学习等名称，就是指使用 PC、手机、PDA 等信息机器，通过互联网、移动通讯网等网络，突破时间和空间的限制，接受知识和信息的学习和教育形式。在这种定义的基础上，韩国 2004 年 1 月 8 日制定了《e-learning 产业发展法》，其中将在线学习之外的通过微机的学习、利用广播、通讯等进行的远程学习亦包括在 e-learning 定义之内。e-learning 意味着脱离传统的教育模式，向新的教育体制的转换，人们期待着 e-learning 能在实施学习者为中心的教育体制，加强企业竞争力，迈向终身学习社会方面发挥重要作用。

初等中等教育领域的 e-learning 体制指的是通过信息通讯技术将学校、家庭、社区有机地联系起来，提高教学和学习质量，增强学生的人性化的、创造性的、自我主导的学习能力。

初等中等教育领域 e-learning 具有代表性的一个例子就是 EBS 高考体制。EBS 高考体制从 2004 年 4 月起正式启动，是教育人力资源部作为削减课外教育费用对策之一实施中的一个项目，以大学入学考试考生为对象，无偿提供 EBS 的节目和网络课程。该项目强化 EBS 高考课程和高考之间的联系，强调通过学校授课和收看 EBS 高考课即可充分应对高考。节目筹备的前期计划由韩国教育课程评价院协助，共同制作。还通过互联网（EBS、教育网、市道教育厅互联网）免费提供高考课程节目，并将"EBS+1"独立出来，作为高考专门频道，增加高考节目、互联网课程的制作量。2004 年高考节目制作量扩大到 3500 次（2003 年为 1200 次）。

EBS 高考节目能否像当初设计的那样完全替代课外教育市场虽然还是个未知数，但是可以预计的是其对提高远离课外教育地区的资讯服务质量将会产生巨大影响。美国商务部和微软公司共同制作的《e-learning Vison 2020》中就曾指出，e-learning 最大的作用之一便是可以满足远离课外教育市场的中下阶层的教育需求。

现在教育人力资源部正在推动建立全国 16 个市建教育厅的网络家庭学习系统，从增强地区的教育环境和提供公平的教育机会等方面看，这将被认为是 e-learning 的重要成果。特别是在网络家庭学习扩展的同时，如果高学历的家庭主妇直接作为 e-learning 咨询者参与其中，那么，这也将成为一个培养人才和增加就业相结合的重要契机。

此外，江南区厅从 2004 年 6 月 1 日开始面向韩国所有考生提供互联网高考节目，通过江南区厅互联网广播局主页（www.ingang.go.kr）可以用流媒体观看、下载、预约下载三种方式之一收听节目。

从民间的初中等 e-learning 现状来看，以高三考生为对象的高考网络教育最为活跃，市场规模急剧扩大，这将成为探索高考在线教育商业模式的一个契机。

第五课　韩国的教育信息化和 e-learning（2）

1. 韩国教育和 e-learning (2)

1.1 e-learning 的扩展和终身教育的开展（2）

1.1.1 高等教育及终身教育

为了推动大学社会实现全方位的信息化，2002 年 12 月韩国教育人力资源部公布了"大学信息化实施综合方案，e-Campus VISION2007〔2003-2007〕"，高等教育领域的 e-learning 随之全面铺开，这将促使大学运用信息通讯技术向"数字化校园"转变。在这种趋势下，广播通讯大学在现有的电视、收音机等广播媒体之外，又引进运行了互联网 e-learning 教学体制；一般大学也以网络研究生院、e-learning 支援中心等为主积极向 e-learning 体制转变，并力求将其做大。

大学"e-learning 支援中心"是由设施、设备、技术及人力资源构成的，目的是增强教师、学生及地区居民对在线教育的认识，并提供教育资讯的设计、制作、使用方面所需的服务。韩国将全国分为 10 个区域，每个区域内指定 1 所大学建立'e-learning 支援中心'，通过区域内大学间的相互合作和共同使用来推动 e-learning 的进程。

从 2001 年开始，网络大学成为高等教育水准的终身教育机构，其运作推动了终身教育领域的 e-learning 的发展。截至 2004 年，批准建立的网络大学已达 17 座，学生共计 25000 名。据估计，包括入学费用和报名费在内，每个学生每年要为此投入 200 万韩元，网络大学的市场规模每年达 500 亿韩元，因此，非在线大学的在线授课也将急剧增加。

此外，韩国教育开发院终身教育中心正在牵头推动建立综合信息体制，使任何个人、任何时间、任何地点都可以享受终身教育。通过建立该综合信息体制来整合分散的教育资源加以共同利用并开发普及优质的终身教育资讯。在建造终身教育设施，构建各机构间的垂直和水平网络的同时，通过相互连接体制，提供与终身教育项目、教师信息、学习资讯等有关的各种终身教育信息方面的服务。从终身教育信息系统运用情况来看，主页每日平均登陆人数达 4500 人，终身教育数据库（DB）的使用人数每日达 4000 人。

2003 年建立连接体制系统方面主要是开通了光州广域市、全州市、济州市、安东市、军浦市、居昌郡、国公立大学终身教育院协议会、大学附设终身教育院协议会的主页，形成了各个地方自治团体及协议会所属教育机构终身教育信息的相互连接。2004 年建立连接体制系统工作进一步扩大，连续推动了首尔特别市及广域市等各种地方自治团体的相互连接。

因为远程教育是通过互联网接受教育，同时能取得学位，因此成为终身教育最重要的方案之一。2005 年韩国国内运营有 16 所远程大学。

参加远程教育课程可以不必像普通大学那样必须到校学习，而是通过互联网授课，因此远程教育将成为上班族摆脱时间和经济条件限制，取得学位或学习新知识的再教育过程。实际上，从 3 年内网络大学入学学生情况来看，约 80% 的学生是 20-30 多岁正在工作的成人，2005 年招生录取 1 次性结束，可见网络大学发挥着向成人学习者提供高等教育机会和再教育机会的作用。一个很好的例子就是 2005 年圆光数字大学，在第 1 次招生时，报名数就达到了招收定额的 2.3 倍之多，足以证明远程大学已成为终身教育的核心机构。

网络大学作为终身教育、自身开发的重要手段而出现，并以其开放性为基础，正为弥补传统大学的不足而不断发展。网络大学虽然也是能够授予与高等教育法规定的大学同等学位的高等教育机构，但因其根据《终身教育法》而建立，因此在税制支持、教师与学生待遇等方面又与现有的大学有所不同。但是现实地说，网络大学的招生数额还受到限制，还需要提供有效的运行模式。要想更有效地运行网络大学，一个重要的问题就是要通过共同使用多媒体资讯以削减资料开发费用。资讯的共同利用要取得效果，其先决条件便是标准化。

e-learning 也广泛运用到职业教育之中。根据 2001 年 5 月公布的"公务员网络教育运行规定"，同年 9 月制定了"公务员网络教育方针"，由此开始全面实施公务员的 e-learning 教育，以此来主动满足公务员的教育训练需求。中央公务员教育院还设立了 14 个单独的教育机构可以共同使用的"公务员网络教育中心"。但是由于其主要针对在中央任职的公务员，地方自治区团体则很少参与；同时在公共机构面向国民提供 e-learning 教育服务方面尚有很大差距，因为其服务主要是面向内部的公务员。

现在面向普通国民实施 e-learning 的公共机构是信息通信部下属的韩国信息文化振兴院，2001 年 9 月振兴院开通了"学习之国"的网站（www.estudy.or.ke），统一部也以统一教育院为中心，自 2004 年 6 月 1 日起面向初等中等教师实施在家统一研修，通过统一教育院主页"网络统一教育中心（www.uniedu.go.kr）"予以实现。

1.1.2 企业教育

企业内实施 e-learning 的对象主要是一般事务人员、营业管理人员及其他人员，所占比例依次为一般事务人员（55.8%）、营业管理人员（43.5%）、其他人员（39.6%）。由 e-learning 替代 50% 以上的公司内部教育的企业，占全部企业的 30% 以上，预计这一比例将进一步提高。

韩国国内企业也在积极引进 e-learning，其中一例就是 LG 集团。自 1998 年开办网络学院，下设 5 门课程开始，到 2005 年已设定 90 多门 e-learning 课程，资料显示，LG 每年因此而减少了 10 亿多韩元的预算。据三星生命公司自己公布的评估结果，公司对 2400 多名员工实施 e-learning 教育，共投入预算 6 亿多韩元，比离线教育节约约 20 亿韩元。现在三星集团、LG 集团、POSCO（浦项制铁）正在组建 e-learning 小组，开办网络研修院，针对一般员工实施教育。而具有特定目的的员工教育则外包给专门的 e-learning 公司进行。

1.1.3 教育服务的多样化

e-learning 的广泛开展首先带来了教育服务的多样化，提供的服务不仅包括现有的学校教育内容，还有各种形态的教育资讯，表现为各类消费者所需的公司内业务教育、职业训练、专门教育、思想教育、甚至是终身教育。

再看一下民间的 e-learning 产业教育。根据劳动部互联网通信训练制度（《工人职业训练促进法》）于 1999 年起启动的互联网通信训练可以看做是企业在线教育市场发展的原动力，1999 年互联网通信训练机构为 16 家，而 2002 年则增至 93 家，2003 年 35 万上班族通过互联网通信训练机构接受了相关教育。

由产业资源部牵头 2002 年 9 月设立了 e-learning 产业协会，2003 年 6 月设立了 e-learning 支援中心，并不断推出技术开发及标准化、人才培养、e-learning 白皮书出版等与 e-learning 有关的政策措施。2004 年 1 月还推出了《e-learning 产业发展法》。《发展法》第 18 条规定，公共机构全部教育训练中 20% 以上须实施 e-learning 教育，因此，公共机构的 e-learning 将会有更大发展。

另一方面，通过扩大 e-learning 教育，被疏远阶层得到了政府各部门的更多支持，行政自治部为此建立"信息化村庄"103 座，文化观光部建立"文化之家"141 个，保健福利部建立"学习室"600 多个。

各国都在设立专门机构，以图领先制定相关的国际标准，主导相关产业。美国通过先导计划 ADL（Advanced Distributed Learning Initiative）开发 e-learning 标准（SCORM），引领国际标准，并制定"国家教育技术计划"（2000 年 12 月）推动相关技术开发。欧盟则通过中长期信息化战略"eEurope 2005"，日本则通过经济产业省"e-Japan"战略推动 e-learning 的基础建设与利用。此外，IBM（缩短 1/3 的研修时间）、CISCO（削减 50% 教育训练费）等跨国公司也积极利用 e-learning 提高竞争力。

1.2 e-learning 服务的发展前景

据推算，韩国 e-learning 市场规模 2004 年达到 3.5 兆韩元，这一数值将借助微机的学习和广播通信教育也包括在内。其中，最近备受关注的是借助互联网的在线学习，特别是面向高考的市场发展迅猛，因此，被动学习压力巨大的大中小学生将能得到各种各样的 e-learning 服务。

韩国国内 e-learning 市场由 2000 年的 1 兆韩元增至 2003 年的 2.5 兆韩元，每年平均增长 30-50%，预计 2005 年将增至 5 兆韩元。这说明 e-learning 正在成为数字资讯市场的核心产业。最近除 e-learning 外，还出现了 u-learning 的概念。技术的进步和 IT 基础设施的扩充，正成为实现无论身处何地都能享受教育福利的社会之基础。

韩国国内 e-learning 是由公共领域，特别是公共教育领域（网络大学、EBS 教育广播）开始的，现已扩大到劳动部的工人训练、远程教育技术支援上。劳动部互联网通信训练人数与年剧增，2004 年底较 1999 年增长至 43.3 倍。

e-learning 虽然在不同领域大力推广，但是 e-learning 的本质是借助 IT 技术提高教育效率，因此，从 e-learning 要体现学习效果这一目标来看，各个领域还存在大体相似的问题。

这最终将促使形成实施个体型智能型的自选教育，实现学习动机和学习效果完美结合的机制。从现在的发展趋势来看，预计 2008 年将会出现个人型智能型自选教育。这种智能型学习系统如果能正确实现寓教于乐的目的，那么 e-learning 市场必将急剧扩大，从而成为替代或扩展现有教育市场的主导力量。根据 e-learning 资讯不同阶段的特点制定 e-learning 技术标准和预测技术发展方向也将成为可能。

2. 韩国教育信息系统

1995 年韩国教育部公布了"教育信息化综合促进计划"，1996 年制定了"教育信息化促进实施计划"，将教育信息化进一步细化，韩国教育信息化工程由此正式推开。

2001 年公布了"第二阶段教育信息化综合发展方案"，其核心内容是到 2005 年共投入 3.2874 兆韩元，在初等和中等学校普遍推广教育通信技术（ICT），增强全体国民 ICT 使用水平，形成一种健全的信息文化，实现教育行政的电子化。

教育部在第一阶段通过互联网实现了所有小学、初中、高中的连接，完成了教育信息化基础设施的建设工程，预计今后将减少每台 PC 对应的学习人数，由现在的 8 人降至 5 人，并将提高网络速度，由现在的 512Kbps 增至 2Mbps 以上。

特别是大力推广学校 ICT 教育，每年派出全部教员的 33%（11 万人）参加，完成第二阶段的信息化研修任务，每所学校培养1人以上的专业人员，加强校长、教务主任等学校CEO的研修，组建运行ICT奖学支援团，实现微机课程研究会的网络化。

教育部也开始关注以前曾被忽视的大学信息化。教育部2002年12月公布"大学信息化推广综合方案"，决定在2007之前，包括国库和民间资本在内共计投资7890亿韩元。根据这一计划，2007年70%的大学教室将成为可以在线学习的e教室（网络教室），为发挥大学行政业务的最大效率，将分阶段引进电子资源管理（ERP）系统。

教育部还决定通过大学图书馆馆藏资料的数据库化，在2004年实现学术信息流通的标准化和服务体制，同时计划在2007年实现多达53万种学术论文、学术刊物原文的数字化。韩国教育学术信息院将因此成为负责整体整理、收集、流通数字化学术信息的专门机构。

2.1 全国教育信息共享体制

建设全国教育信息共享体制主要是指实现市道教育厅及其所属机构各种教育资料的标准化，以此建立一个市道教育厅之间教育信息资源的共享体制。

这个项目是在2001年7月由韩国16个市道教育厅教育信息化科长参加的"教育信息化市道共同推进委员会"会议上讨论通过的，经过1年时间的开发，于2002年5月22日首次亮相。

全国教育信息共享体制是指构建元数据数据库（metadata database）和'学校↔教育厅↔教育网'间教育资讯的连接机制，可以使用户无论身处何地都能够一站式地在教育网和16个市建教育厅主页检索到全国的教育资料。元数据数据库可以整合、检索韩国教育学术信息院管理的教育网和16个市道教育厅教育用资讯。

这样，学校师生和一般用户都可以从全国所有学校和教育厅上传的海量资料中找到自己所需的信息，而且任意一所学校的任意一位教师，只要将其开发的资料上传至学校的主页，便可以通过教育网或市道教育厅主页为全国所共享。这将防止资讯的重复开发，大大降低教育信息生产流通的费用。

为使用户更为方便地通过互联网使用学习计划和课程单位等教育资料，美国早在1996年就曾以教育部为中心实施了名为"GEM（Gateway to Educational Materials）"的项目。韩国教育部完成了信息保障阶段，现正在不断努力，以使资讯共享体制覆盖其他部处的所属机构。

2.2 教育行政信息系统（NEIS）

教育行政信息系统即NEIS（National Education Information System）将以前各个学校独立数据库中与教师、学生有关的教育信息整合到各市道教育厅的数据库内，通过互联网连接16个市道教育厅及其所属机构和教育人力资源部，处理包括教务、学校事务及人事、物品、会计等在内的全部教育行政。

实施这个项目主要是为了满足人们不断要求公开教育行政机构管理的信息及教育行政处理过程的愿望，实现人们日渐强烈的参与意识。其核心是在线连接学校、教育厅、教育人力资源部的各项业务，确立一个标准化的信息流通体制，完成由单位业务为中心的信息体系向整合的教育行政信息系统的转变，实现现在的学校综合电子化信息系统全部数据的转换与利用。

2000年9月制定信息化战略计划（ISP）后，经过1年4个月的开发，系统自2003年新学期开始正式启动，因收集学生个人信息而引发过争论，估计今后系统运行方面会出现部分变化。

教育部希望启动NEIS后，会带来因相当多的教职工业务实现自动化而使业务减少的效果。首先减少各种制定政策用统计报告的业务，并且能在线处理学生的转学与入校。

预计首先会加强面向国民的各种教育行政信息服务，如通过互联网向学生和家长提供成绩、学生生活信息等，以此向一般国民提供学校现状等各种教育信息。

2.3 大邱大学教务行政系统

大邱大学一直走在信息化前列，大邱大学在韩国首先开通了韩文搜索引擎"喜鹊家"，早在1993年已开通最高水平的超高速电算网（ATM622M）。

大邱大学从1993年开始使用基于客户端／服务器的综合教务行政系统 TIGERS（Taegu University Information Based Global Education Resourse System），在使用过程中决定建立起一个立足网络的教务行政系统，以便向学生和教职员工提供更为便利的服务。

大邱大学在2个月内便完成了 Oracle9i 数据库和向 Oracle9i Real Application 服务器迁移的工作，在确认调频和定制工具稳定之后，首先于2002年2月17日向在校学生公开了支持网络服务器环境的在线课程申请功能，上午9时，1.3万名用户同时登陆，30分钟后课程申请即告全部结束，学生共顺利申请课程15万次。

由于启动了新系统，大邱大学可以整体管理校内的IT资源，可以调整、分解综合教务行政系统的所有业务，并加以有效利用，特别是由于拥有出色的自动维护功能，大邱大学信息通信中心仅设2名数据库管理员（DBA），负责全部管理工作。

学期之初最大限度地将系统业务集中到课程申请，完成此项工作之后，可以将系统资源集中于教务管理、行政、研究、经营信息等方面，这样就使系统的运行更加富有成效。

大邱大学计划今后将单独运行的图书馆用服务器也整合到现在的系统之中，从而使所有的综合教务管理系统融合为一个数据库。

第六课　留学韩国（1）

1. 外国留学生留学程序

搜集基本信息，选择学校→向韩国大学提交入学申请书及相关材料→发给入学许可证→向韩国大使馆或总领事馆申请签证→发给签证及做出国准备→入境及入学

1.1 外国人特别招生

外国学生要进入韩国的正式大学或研究生院，应该修完最低学习年限。就大学而言，应该接受12年以上的小学中学教育。因各国学制不同，读完11年的教育课程申请大学时，必须具有一年以上大学学习的经历。但对因在两个以上的国家学习而未能满足上述规定的学生，韩国政府允许出现6个月以内的差异。

［解释］在外国修完12年以上小学中学课程者

在两国以上修完12年以上的小学、中学教育课程者要在第三国入学、转学、插班时，因两国学制不同而造成修学时间出现一个学期（6个月）以内的差别，则视为例外而受到认可。

1.2 申请资格及报名材料

1.2.1 外国学生报名资格标准

[解释] 外国人的范围

○ 不拥有韩国国籍者

○ 修完教育课程的外国人以及修完整个教育课程的外国人（不考虑父母的国籍）。

○ 不将双重国籍者和无国籍者视为外国人（但申请当时有双重国籍者，若在获得优惠入学资格的时间之前，准备放弃韩国国籍，可以有条件地视为外国人。学习期间从获得外国国籍之日起计算。）

○ 在两个以上的国家接受12年以上的小学、中学教育者在第三国入学、转学、插班时，若因两国的教育制度不同造成修学日数差额在一个学期（6个月）以内，则视为例外而受到认可。

1.2.2 报名时提交的材料

申请韩国大学或研究院的正规课程时，一般要提交如下材料。但各所大学所要求的材料可能有所差异，因此，须向申请的大学咨询，而且，本人无须通过其他机构，直接提交大学即可。

决定在韩国留学，并获得韩国教育机构的认可，可以作为正规课程学生或语言训练生留学时，必须准备入境材料和留学签证。因为正规课程的语言培训、韩国文化研修等短期课程的滞留时间不同，所以，一定要熟悉相关的法律法规。

在赴韩国留学之前，需作较多准备，可以通过互联网或韩国大使馆了解大量与之有关的饮食、气候、衣服、生活习惯、居住条件、文化、历史、语言等的信息。在国外长时间滞留，必须办好护照和签证。下面介绍一些签证常识。

* 签证定义

签证一般指某一国家允许外国人入境的"入境许可"或者"领事对于外国人入境许可的推荐行为"，但韩国适用后者，定义为"驻外公馆领事对外国人入境的推荐行为"。

＃ 签证种类

——单次签证

○ 在有效期间内仅限入境1次；

○ 自从发放日起3个月内有效（但如有协定，则为协定期限）

——多次签证：

○ 有效期间内可以入境2次以上；

○ 从发放日起

A．滞留资格相当于外交（A-1）、协定（A-3）时，签证有效期限为3年

B．根据多次签证发放协定，签证在协定期限内有效

C．考虑互相主义、其他国家利益等发放的签证在法务部长官另行确定的期限内有效

＃ 签证发放认定书

签证发放认定书是为了简化签证发放程序，为缩短发放时间，驻外公馆长发放签证前，由韩国国内邀请者提交申请，出入境管理所长或办公室所长对签证发放对象进行预先审查，再颁发签证发放认定书，驻外公馆长根据认定书发放签证。除特殊情况外，一定要取得签证发放认证书，才可申请签证。

发送方法是由需入境外国人或韩国邀请者携带发放签证所需的材料到居住地所在的出入境管理事务所（或驻外办事处）申请签证发放认定书，完成后，再将签证发放认定书寄送需入境

人员，需入境人员再向韩国驻外的公馆提交签证发放认定书，即可得到签证。签证发放认定书的有效期限为3个月，且仅对一次签证有效。

＃ 正规课程入学签证（D-2）

——签证发放对象

在根据韩国教育法的规定设立的专科大学、大学、研究生院或根据特别法的规定设立的专科大学以上的学术研究机构中，接受正规课程教育（学士、硕士、博士）者，或者从事特定领域研究者

——签证发放申请方法及提交文件

在韩国的大使馆或领事馆申请签证，申请所需提交的文件如下：

★发放签证时

○ 护照

○ 签证发放申请书（放置于大使馆或领事馆的窗口上）

○ 要提交本人将留学学校的校长提供的包括修学能力及财政能力审查决定内容的"标准入学许可书"

○ 最终学历证明

○ 存款余额证明（10,000美元以上）

○ 户口本（仅指中国人，记录所有家庭成员）

★发放签证发放认定书时

○ 签证发放认定书由韩国的邀请人向住址管区的入境管理办公室或办事处（只包括议政府、蔚山、东海办事处）提出申请取得。

○ 将入境的外国人接收到韩国的邀请人处发送的签证发放认定书后，向韩国的大使馆或领事馆提交签证申请。申请时需提交的文件是：护照、签证发放申请书及从邀请人处接到的签证发放认定书。

○ 韩国的邀请人需提交如下所述的一般签证发放申请时的附加文件，方能取得签证发放认定书。

※ 驻外公官长认定特别需要时，可以增加或减少部分所需文件。

＃ 普通进修签证（D-4）

——签证发放对象

○ 在大学附设语言学院进修韩国语者

○ 在具备留学资格的教育机构或学术研究机构以外的教育机构中接受教育者

○ 在国立／公立或公共的研究机构、研修院、团体等处进行技术、技能培训者

○ 从培训机构收取工资或具备产业培训资格者

——申请方法及提交文件

★发放签证

一般从韩国的大使馆或领事馆申请签证时，需提交的文件如下：

如是在大学附设语言学院学习韩国语的学生或根据大学间学术交流协定进行产学进修的交换学生则需提供：

○ 护照

○ 签证发放申请书（放置于大使馆或领事馆的窗口）

○ 入学或在学证明文件（研修证明材料）
　　○ 财政保证（学费或滞留时所需的财政能力有关文件）
　　○ 韩国国内汇款或兑换证明（3,000 美元以上）
　　○ 身份保证书（仅限于不能证明学费等滞留时所需经费支付能力或法务部长官认定特别需要时）

　　如果普通进修者希望在韩国国内大学校附设语言学院接受语言进修时，如未能取得91天以上的长期签证（因取得长期签证时，需签证发放领事从法务部长官处得到签证发放许可，因此，耗时很长），则首先要得到短期综合签证，入境后再从滞留地管区事务所长或办事处所长得到滞留资格变更许可。

　　★签证发放认定书
　　○ 签证发放认定书由让韩国的邀请人向居住地入境管理办公室或办事处申请即可
　　○ 需入境的外国人从韩国邀请人处接受签证发放认定书后，就可以向韩国的大使馆或领事馆申请签证。
　　○ 提交文件为护照、签证发放申请书及签证发放认定书等。
　　○ 韩国邀请人申请签证发放认定书时的提交文件，与上述一般签证发放的申请相同。

2. 出入境手续

2.1 外国人登记

① 外国人登记及入境申报：外国留学生在入境后90天内，本人须直接去法务部出入境管理事务所进行登记，还须到本国驻韩大使馆进行入境申报。
　　○ 场所：法务部木洞出入境管理事务所
　　○ 准备材料：在学证明1份（所在大学提供）、护照、照片2张（3cm×4cm）、外国留学生确认书1份、手续费、外国人登记申请书

② 外国人登记证（ID卡）记载内容变更申请：

所属学校、住所地、姓名、性别、出生年月日、国籍变更，护照号码、发给日期及有效时间的变更，留学（D-2）、一般研修（D-4）资格的外国人所属机构或团体变更（包括名称变更）等外国人登记证上记载内容需要变更时，须在14日之内到出入境管理事务所申报。但如果住址需要变更时，也可到居住地的区政府申报变更。
　　○ 场所：出入境管理事务所及驻外办事处
　　○ 准备材料（所属大学变更时）：申请书、护照、外国人登记证、入学许可书1份（大学提供）

③ 外国人一定要携带和保管好由出入境管理事务所发放的外国人登记证。

④ 外国人登记证的重发
－重发事由：外国人登记证遗失时，外国人登记证破损无法书写或记载栏写满时，外国人登记事项（姓名、性别、出生年月日及国籍）变更时
－时间：自再次发给事由发生之日起14日内提出申请
－准备材料：外国人登记证重发申请书（第68号文件），彩色照片1张（3cm×4cm），原有外国人登记证（非遗失时），手续费（政府收印纸）
－再发给场所：居住地出入境管理事务所

2.2. 延长滞留时间

如滞留时间需超过许可时间，须在滞留时间期满前，向出入境管理事务所或驻外办事处提交下列材料。如在滞留时间期满前未能提交滞留时间延长申请，则视为违犯《出入境管理法》，将受到相应处罚。

－ 方法：本人或者代理人到辖区出入境管理事务所提交所需材料
－ 场所：居住地出入境管理事务所或驻外办事处
－ 所需材料：申请书、护照、外国人登记证、在学证明书 1 张、留学生确认书 1 份

2.3 临时出境和再次入境

2.3.1 临时出境

① 申报：入境后准备临时出境时，须准备临时出境申报表，向所属教育机关申报

② 临时出境期限：每次临时出境不能连续超过 30 天，但参加与专业相关的学术会议、收集资料等特殊情况时，可以超过 30 天。但在这种情况下，必须事先携带学术会议邀请信和指导教授的意见，到所属教育机构申请，并取得许可。

2.3.2 再次入境

① 再次入境许可：如果打算在滞留期间内出国并再次返回，要向出国机场（乘船时，则为港口）的出国事务课提交以下的材料，并取得再次入境许可。再次入境许可的最长期限为单数签证（只能再次入境一次）1 年，复数签证（可以再次入境 2 次以上）是 2 年。

○ 所需材料：申请书、护照、外国人登记证、在学证明书及指导教授的意见书 1 份

② 申报：临时出境期限结束后再次入境的学生，须在入境后 3 日内向所属教育机构报告再次入境（希望携带护照）。

※以下 13 个国家的国民即使在没有再入境许可的情况下，只要处于滞留时间范围，仍可再次入境，分别是：苏里南、荷兰、挪威、丹麦、德国、卢森堡、比利时、瑞典、瑞士、列支敦士登、法国、芬兰、智利。

2.4 机场和港口的入境程序

2.4.1 填写入境登记卡及海关申报单

在飞机或客船内，入境者要填写乘务员提供的入境登记卡及海关申报单。因为办理入境检查手续时需要入境登记卡，入境游客应该注意详细填写入境登记卡。

入境登记卡项目如下：姓名、国籍、出生年月日、性别、住址、职业、入境后的联系方式、护照号码、航空班机及航船号码、预期滞留天数、入境目的和本人签名。

每个人都要填写一份出海关申报表。但同家人一起入境时，选一人为代表填写一份即可。

2.4.2 入境检查

到达机场或港口后，直接去写有"Immigration（出境管理）"或"Passport Control（检查护照）"的窗口分别接受入境检查。检查人员会简单地提问滞留时间、入境目的和滞留地址等内容，回答即可。

入境检查结束后，检查人员将在护照上加盖入境确认章（写明滞留时间），然后，将出入境申报表的一半撕下返还入境者。若丢失这一半卡片会比较添麻，所以务必保管好。

2.4.3 提取行李

入境检查结束后，可以去行李领取处（Baggage Claim）确认自己的航班或船班号码，在相应的转盘处等待提取行李。

如未能确认自己的行李可与现场的工作人员联系或者到行李查询柜台询问,给工作人员看您的行李单(Claim Tag)。若行李还未到达入境国,可留下您的入境国的地址或电话号码,然后离开机场。

2.4.4 海关检查

提取行李后去出口,海关人员将查看您的行李。如无报关物品时,可沿着绿色线直接通关。偶尔对入境游客进行 X-ray 透视或直接的行李检查。

毒品、枪炮、火药等物品和动植物禁止入境。

2.5 机场和港口的出境程序

2.5.1 购买机票或船票

出境游客先要购买飞机票或船票。坐飞机时,每人可托运的行李重量最多为约 25 公斤。体积大或容易破碎的物品须在大型货物专用台办理手续。手提行李数量限制为一人一个。为了确保安全,实施安全检查。因此,出境游客不能带有剃刀、野外用刀、指甲刀等物品。

须仔细确认登机牌表示的航班、座号、登机口(Gate)号、起飞时间等内容。

2.5.2 购买机场建设费

在韩国的机场以前单独收取机场建设费,但现在机票中已包含机场建设费,不必单独交纳。

2.5.3 出境手续

出境游客应带好护照、登机牌、机场建设费、入境时所收的出境登记卡,到边防检查台接受行李检查;若行李没有问题,则去接受出境检查;在出境检查站前的黄线外排队等候;按顺序接受完出国检查后,即可出境。

2.5.4 登机

乘坐国际航班的游客应在航班起飞时间前 2 个小时到达机场。从首尔市内到仁川国际机场需要约一个小时,为及时到达机场,应注意时间安排。

2.5.5 禁止或限制出境的物品

天然纪念物、濒临灭绝的动植物禁止出境。10000 美元以上的外汇必须申报。入境时,酒类、香烟、香水、外汇等物品受到严格限制,必须遵守规定。

3. 出国准备(1)

获得学校认可后,就应该制定出国计划了。其中包括确认护照的有效期限,为防万一,需准备护照和签证的复印件及护照用照片。使用学生护照,如果在学业结束前护照期满,需在当地申请延长。须留意的是,一旦护照过期将被视为非法滞留,如被记为非法滞留者,以后可能遭遇于己不利的事情。

最好是在入学前提前几天到校,以便适应环境。购买机票也要留有充足的时间。航空公司一般允许携带 20Kg—30Kg 的行李,超重的要托运。在出国前,最好提前了解一下住处。

个人需准备的物品和文件有衣服、个人洗漱工具、备用眼镜或隐形眼镜、全家福、亲人的照片、礼物、旅游指南、日记本、当地联络人的地址与电话号码、亲朋好友的地址、照片、成绩、在学证明、TOEFL 成绩单、需翻译或公证的证明、学费交纳证明、国际通用驾驶执照、护照照片、小礼品或纪念品、其他英文文件等。此外,个人所需的物品或文件应写在笔记本上,以防忘记。

普通生活指南

在韩国开始学习之前应该做好各种准备,要事先了解韩国的物价、气候、居住方式、电气使用情况等，这样可以使学业比较顺利地进行。

3.1 物价

在韩国，地区不同，物价水平也不同。首尔的物价相对较高。可选择寄宿方式，即每月交纳定额费用，全部解决食宿问题，或选择租赁房屋方式，即只租赁房间，自己解决用餐和洗涤等所有生活问题，这两种方式费用昂贵，对于普通家庭而言，需事先准备，选择合适的方法。如果选择利用大学宿舍，因其价格低廉，其他花销也少，较为适宜。除首尔外，其他城市的物价相对比较便宜。

3.2 气候

韩国地处温带，四季分明，夏季7，8月平均气温为25℃，最热时为30-38℃左右，6月底到7月中旬进入阴雨连绵的雨季，时降大雨，这段时间不仅温度高，而且湿度大，不舒适指数高。冬天为12—2月，平均气温为零下5度左右，最低可达零下15度，天气寒冷，时有大风，春季是3—5月，秋季是9—11月，天气晴朗，令人心旷神怡。

因为韩国四季分明，因此，要同时做好过冬和度暑的准备。东南亚学生会因冬日严寒而稍觉不适，但是可以享受到四个季节中不同特色的体育和旅游活动，所以，在韩国学习也是一个幸运之旅。住房内原来一般是暖炕（房间地面下铺有热水管加热房间），只要铺上毛毯就可以休息，但近来一般是暖炕与床合用为多。室温由暖炕和空调调节，生活上不会有太多不便。

3.3 饮食

韩国人比较喜欢稍辣的饮食，泡菜、辣椒酱、大蒜等既作饭菜又作调料。现在，这些饮食已经遍布世界，受到好评，而且，有益健康，一经品尝，难以离口。

韩国的主食是黏度比较高的粳稻（日本米），吃饭时一般喝汤。饮食种类繁多，味道好，分量足。现在越来越多的人喜欢韩食，在美国人选出的冬日名食中就有韩国的泡菜汤和软豆腐。但是，在饭店用餐价格很高，街道上的饮食使用餐者觉得方便便宜，却不很多。

有大学的城市遍布西餐店，年轻人可以随时买到面包、汉堡包、比萨、炸鸡等西餐。在市场可以买得到各个国家料理的材料，即使自己做饭，也不会感到不便。

3.4 衣服

韩国有春、夏、秋、冬四季，因此要准备四季的衣服。要事先准备夏天的薄衣和冬天的厚衣两类衣服。由于韩国是服装产业发达的国家，其质量、款式不错，因此，也可来韩国后就地购。

在韩国穿着较为自由，尤其是在大学里，大部分的学生喜欢穿休闲装，不太在意别人的穿着。当然，参加结婚典礼或正式场合，还是以穿西装为宜。不知如何穿戴时，可以事先问一下邀请人。

3.5 交通

韩国的交通工具有公共汽车、地铁、出租车、火车、船、飞机等。所有交通工具的车票或费用因目的地不同而有所不同。

○ 市内公共汽车

市内公共汽车是价格最低廉的交通工具，只在一个城市内运行，当然也可以到城市的近郊地区。

车票可以在车站报亭处购买，如交纳现金，则有手续费。如采用提前支付的方式如购买交通卡，则可以用卡方便地使用公交汽车和地铁。

要下车时先按座位边的按铃。

首尔的公共汽车按运行范围分为四类，每类公共汽车颜色不同。

前门上车。上车后，或直接投币到司机身边的箱内，或刷卡。下车时，可先按车内多处安装的开关，提醒司机到站要下车，然后从后门下车。

○ 市外公共汽车

市外公共汽车指连接不同地区的中长距离的公共汽车。因经常往来于不同地区，所以，适于到达较近地区。大城市的汽车总站按方位设立，如果出行，选择就近的汽车站上车即可。车票可以当天在汽车总站购买，到指定的车站上车即可，当然也可以预定。

○ 高速大巴

高速大巴与市外公共汽车不同的是，一是适于长途旅行，二是只在高速公路上运行。另外，高速大巴汽车总站不多，每个城市仅有一个。如果选择长途旅行，高速大巴轻快便捷。

○ 地铁

首尔地铁发达，运行时间固定，费用低廉，使用方便。

车票可以在地铁站售票处购买，也可以使用交通卡。

距离不同，车费不同。

除首尔外，釜山、大邱、大田等大城市也有地铁。

运行时间一般是从凌晨5时30分至子夜12时。

交通牌提示语为韩语和英语，到站广播也使用韩语和英语，较为方便。

○ 出租汽车

与公共汽车和火车相比，出租汽车价格相对较贵。但在其它交通工具较少的晚上或不知道路时使用，最为安全。

在城市中心地段只需向空车招手示意即可，或在出租车停车点上车。

设有计价器，按距离和时间收费。

交通法规定，如坐在前排，必须系好安全带。

一般不支付小费，但如果提供亦未尝不可。

○ 火车

火车有2004年开通的高速列车(KTX)及新村号、无穷花号。高速列车速度最快，价格较高，但仅停大站，设施较好。

铁路线路安全畅通，运行时间固定，适于长途旅行。

车票主要在火车站购买，但也可以通过互联网或零售点购买，也可以预定。

＊ 交通卡在乘坐市内公共汽车和地铁时使用，初次购买时要交纳卡费2000韩元，然后充值所需数额。上车时只要对准刷卡器刷卡即可。金额用完，可再次充值使用。

可在地铁售票处、汽车站报亭（公共汽车售票处）、车站附近商店购买或充值。如不再使用交通卡，可去销售处退还，并领取卡费和所余金额。

第七课　留学韩国（2）

1. 出国准备（2）

1.1 电话

○ 拨打国际电话的顺序：国家识别码（001，002……）+ 国家号码 + 地区号码（不拨"0"）+ 电话号码。在韩国国内，提供国际电话服务的是韩国通信公司（001）、DACOM 公司（002）、ONSE 通信公司（008）等，也可以使用国际电话卡。电话卡类型众多，最好询问周围朋友后再使用。

○ 在韩国打电话：公用电话有两种，一种是投币电话，一种是投币和电话卡共用的电话。使用时间不受限制，但要注意不影响他人。也可以用公用电话打国际长途，但有些地方并不提供这项服务。

1.2 开设银行账户和汇款

在韩国留学要开设银行账户，去附近银行出示外国人身份证（护照）即可。如需父母往韩国汇款，则需告知父母该银行名称、账户号码、银行地址、护照号码、英文名称等，由父母在当地汇款。注意汇款要收取手续费。

1.3 电器以及家电

韩国电器为 220V、60hz。使用带电机的吸尘机、电冰箱等家电时，需相应调整。插座有两种接口，使用国外产品需相应调整。录像机和电视机采用 NTSC 制式，欧洲或东南亚的 PAL 制式不能使用。

1.4 饮酒

韩国人喜欢喝酒，酒是聚会时必备之物，但禁止 19 岁以下的未成年人买酒，如向未成年人售酒，将受到处罚。

绝对禁止酒后驾车。一般不在熟悉的长辈面前喝酒，如和长辈同桌或长辈劝酒，需侧身饮酒，以示礼貌。

1.5 吸烟

最近吸烟的危害已成为社会问题，有关吸烟的规定越来越多。韩国对吸烟的要求比酒更严格，在长辈面前吸烟，将被示为不懂礼貌，因此，最好不在长辈面前吸烟。在韩国，公共机构、电影院、图书馆、交通设施等处均为法定禁烟区，如想吸烟则须前往指定的吸烟区域。

1.6 购物

在韩国商店购物一般都可以还价。在外国人比较熟悉的南大门、东大门及类似的传统市场购物时必须还价。在普通商店购物讨价还价时，店主也可能提供少许优惠，但在百货商店、大型打折店等明码标价处则无需讲价。

1.7 与人交往

韩国人在日常生活中比较重视年龄和礼节。应首先与年长者打招呼，并注意礼节礼貌。韩国人待人亲切，对外国人热情好客，如关系融洽，可以得到很多帮助。

如果在学校结交很多朋友或接触很多韩国人，可以使你的留学生活更加丰富多彩。每个大学都设有留学生咨询中心，如果遇到困难，可请求帮助。

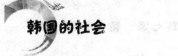

1.8 宗教生活

韩国拥有各种宗教,既有外来宗教,也有本民族宗教,既有千年以上历史的宗教,也有不过二百余年的宗教。

韩国是一个宗教自由的国家,信仰佛教和基督都的人口最多,其余为天主教、儒教、圆佛教、天道教、伊斯兰教、本土信仰等。如需参加宗教活动,可在咨询后前往本人所需的宗教场所。

1.9 韩国公休日

○ 元旦:阳历1月1日,新年第一天。

○ 春节:阴历1月1日,新年第一天。一般要公休3天,但企业和普通商店可能休息更长时间。所有人员返乡团聚,吃团圆饭并举行祭祀,这一天,晚辈要向长辈拜年。春节和中秋同为韩国最大的节日。

○ 三一节:3月1日,为纪念1919年3月1日的民族运动设立的节日。因韩国被日本强占,1919年3月1日韩国人在首尔高呼独立万岁。

○ 释迦诞辰日:阴历4月8日,释迦牟尼诞辰日。公元4世纪前后佛教传来,成为三国时代至高丽朝的国教。因此,佛教对韩国的文化影响极大,留下了大量的遗产。

○ 儿童节:5月5日,为未来的希望——儿童设立的节日。

○ 显忠节:6月6日,为为国捐躯的烈士祈福而设立的节日。

○ 制宪节:7月17日,为纪念1948年7月17日制定颁布首部宪法而设立的节日。

○ 光复节:8月15日,为纪念1945年8月15日韩国摆脱36年殖民统治而设立的节日。

○ 中秋节:阴历8月15日,和春节同为韩国最大节日,收获春种粮食,作成糕和饭,感谢祖先的节日。和春节一样,全国休息三日,返回故乡,团聚祭祀。

○ 开天节:10月3日,为纪念韩民族的始祖檀君建立古朝鲜开辟韩国历史而设立的节日。

○ 圣诞节:12月25日,和释迦诞辰日一样,为纪念耶稣诞辰而设立的节日。

2. 外国留学生保险介绍

在韩国国内,外国留学生保险有一种国民健康保险公团实施的地区医疗保险。这种保险专为在韩国国内居住1年以上的外国人及在外韩国人所设。留学生和配偶及未满20周岁的子女可以享受这种待遇。如要加入地区医疗保险,必须在外国人登记结束后,向国民健康保险公团分社提交证明其滞留目的的文件。

但是作为例外,如外国留学生来韩之前,已在本国加入健康保险,在韩国因疾病而接受治疗时,可以退还在本国支出的费用。如果希望在韩国加入私人保险,可以加入由美国Chubb保险公司等实施的外国人健康伤害保险,也可以加入旅行保险。

随着外国留学生的增加,韩国国内的保险公司也在大力开发优质产品,今后将建立一种面向留学生的保险制度。

2.1 韩国发售的险种介绍

○ 国民健康保险:www.nhic.or.kr

○ AIG保险:www.iaigkorea.com

○ Chubb保险公司:www.chubbgroup.com

2.2 外国人健康伤害保险

现在韩国国内居民都已加入国民医疗保险,而外国人仅限于国内医疗保险。可是,为应对驻韩外国人遭受各种事故及疾病的危险，国民健康保险实施外国人及在外国民可获取保险证的政策，私人保险机构也提供外国人健康生活保险。

2.2.1 国民健康保险

○ 适用对象

— 以访问同居 (F-1) 的资格滞留韩国国内的大韩民国公民的配偶及其子女

— 以文化艺术 (D-1)、留学 (D-2)、产业培训 (D-3)、一般进修 (D-4)、采访 (D-5)、宗教 (D-6)、派驻 (D-7)、企业投资 (D-8)、贸易经营 (D-9)、授课 (E-1)、会话指导 (E-2)、研究 (E-3)、技术指导 (E-4)、专门职业 (E-5)、特定活动 (E-7)、培训就业 (E-8)、居住 (F-2)、在外韩国人 (F-4) 的滞留资格，在韩国国内滞留 1 年以上的外国人及其配偶和未满 20 周岁的子女

＜资格取得程序及材料＞

○ 取得日期

— 外国人登记日期

○ 所需文件

— 外国人登记证等资格获取申报书

— 可证明滞留目的的文件（外国人登记证复印件或国内暂住证复印件）

— 有收入时：收入明细表等可确认收入的材料

○ 保险费收费标准

— 申报资格时，溯及适用至外国人登记日

— 最早以外国人登记日为起始，3 个月内临时出境时收取保险费

— 出国超出 3 个月时，自出国之时起丧失保险，自入境之日起再次获得保险，不收取出国期间的保险费

○ 收费：每月 34,000 韩元左右

* 如为留学生 (D-2)，减少 30%

○ 医院使用方法与韩国人相同

○ 其他事项

— 保险费征收办法：以 3 个月为单位提前交纳

○ 咨询电话：02-2171-1114

2.2.2 外国保险公司 (Chubb)

○ 加入对象

从事危险较小的职业、职务，危险等级为 1 级的外语教师、外交官、政府官员、银行职员、公司职员、企业家、经营者及其同行家庭成员

○ 发生伤害时的补偿

* 住院费

因伤害事故或疾病而住院治疗时，每次事故的间隔期间不超过 180 天，在保险金额限度内赔偿总住院费（包括伙食费）的 70%。

* 住院的各项费用

因伤害事故或疾病而住院治疗时，每次事故的时间不超过 180 天，在保险金额限度内赔偿医生诊疗费、治疗费、处方费、救护车费、X 光费、输血费、麻醉费、医生批准的其他护理费

等住院的各项费用的 70%。

* 手术费

因伤害事故或疾病而住院治疗时，在保险金额限度内赔偿总手术费的 70%。

* 来院费

因伤害事故或疾病来院治疗时，赔偿从治疗费内扣除来院每天 2,000 韩元金额的 50%（赔偿限度额是 1 次事故／每种疾病 50,000 韩元），但保险合同生效后 30 天以内发生的疾病不予赔偿。

* 伤害死亡／后遗症

因伤害事故于 1 年以内死亡或者出现后遗症时，支付保险金额的 3%~100%。

* 伤害医疗费

因伤害事故而接受医生治疗时，在医疗费限度内每次事故赔偿实际治疗费期限为 180 日。但是伤害事故保险自加入之日下午 4 点起发生效力。

2.2.3 旅客保险

○ 医疗费支出

到韩国后发生疾病时，可以在自费接受治疗后，到保险公司申请医疗费赔偿。如为长期疾病，即刻通知保险公司，保险公司将访问诊疗机构，并提供支付保证。

可以备好材料，向振兴院申请医疗费，也可直接向保险公司申请。由于发送文件需要时间，通过振兴院申请要比直接向保险公司申请用时要长。入境后发生的疾病治疗费一般都能在一定限度内取得补偿，但怀孕、出产、整容手术、假牙等不包括在内。

— 所需文件：申请书、银行存折副本（存折封面里边）、医生诊断书、发票、处方笺、保险公司要求的其他文件（保险公司要求时）

○ 自身事故伤害：发生某些事故时，能获得一定标准的补偿。

○ 事故伤害他人：酿成事故须给予受害者补偿时，保险公司代为支付。

○ 失窃：重要物品被盗时，向警察报案后，可以向保险公司申请一定金额的补偿（现金除外）。

2.3 紧急情况

* 犯罪发生报案：受到侵犯或目击犯罪时，马上利用最近的公用电话直接拨打 112。
* 火灾发生报案：发生火灾时，直接拨 119。
* 出现伤者时：出现伤者时，可以去最近的医院请求帮助；十分紧急或无法将受伤人移送医院时，可以直接拨打 119 请求帮助。
* 其他：当遇到困难时，可以去附近派出所请求帮助。

112、119 等紧急电话为免费电话，利用公用电话拨打紧急电话时，先按红色键钮，再拨号码。

3. 韩国语能力考试 TOPIK

3.1 目的

为母语非韩国语的外国人及在外侨胞提供学习韩国语的方向，大力普及韩国语，测试韩国语学生韩国语能力，并使测试结果应用于留学、就业等

3.2 考试管理机构

主管机构：教育科技部

——事业指导 监督

韩国教育过程评价院

——出题 印刷 评分等

3.3 应试对象：母语非韩国语的外国人及海外侨胞

——韩国语学习者及希望去韩国大学留学的人

——其他国家在读大学生或毕业生

——韩国企业及国家机构求职者

3.4 考试日期

	美洲，欧洲，大洋洲	亚洲
上半年	4月中旬（星期六）	4月中旬（星期天）
下半年	9月中旬（星期六）	9月中旬（星期天）

3.5 考试种类和时间

○ 普通韩国语能力考试（Standard TOPIK，S—TOPIK）

——测定或评价对韩国文化的理解以及留学所需的韩国语

——初级，中级，高级等3种

○ 实务韩国语能力考试（Business TOPIK，B—TOPIK）

—— 测定或评价日常会话及在韩国企业就职时所需的韩国语

—— 无等级区分

○ 考试时间

		第一部分 词汇 语法/ 写作	第二部分 听力/阅读	备注
普通韩国语	初级	09:00—10:30(90分)	11:00—12:30(90分)	
	中级	14:00—15:30(90分)	16:00—17:30(90分)	
	高级	09:00—10:30(90分)	11:00—12:30(90分)	
实务韩国语		14:00—15:30(90分)	16:00—17:30(90分)	

在中国，第一场和第二场考试连续进行

——初级，高级：09:00—12:00

中级，实务韩国语：14:00—17:00

3.6 实施国家及地区

韩国国内：7个地区（首尔，釜山，光州，大田，大邱，济州，清州）

国外：

——中国（23个地区）：北京，上海，青岛，香港，长春，大连、台北，天津，广州，烟台，南京，四川，洛阳，武汉，潍坊，扬州，无锡，哈尔滨，延吉，杭州，成都，沈阳，威海等

——日本（22个地区）：东京等

——蒙古：乌兰巴托

——越南（2）：胡志明市等

——泰国（2）：曼谷等

——菲律宾：马尼拉

——新加坡：新加坡

——孟加拉国：达卡

——马来西亚：吉隆坡

—缅甸：仰光等

—印度（2）：德里

—印度尼西亚：雅加达

—老挝：万象

—哈萨克斯坦：阿斯塔那

—吉尔吉斯坦：比什凯克

—乌兹别克斯坦（4）：塔什干，撒马尔罕等

—塔吉克斯坦：杜尚别

—阿塞拜疆：巴库

—美国（6）：华盛顿等

—加拿大：多伦多

—巴西（2）：圣保罗等

—巴拉圭：亚松林

—阿根廷：布宜诺斯艾利斯

—德国：法兰克福

—英国：伦敦

—法国（4）：巴黎等

—俄罗斯(7个城市)：海参崴，莫斯科等

—澳大利亚：悉尼

以上数据和地点均以 2008 年为参考。

3.7 考试概要

○ 普通韩国语能力测试 (S-TOPIK)

—类型

A类	美洲，欧洲，大洋洲
B类	亚洲

—测试等级

级别	初级		中级		高级	
评价等级	1级	2级	3级	4级	5级	6级
等级评定	依据成绩决定等级					

—测试范围及构成

范围	词汇语法	写作			听力	阅读	4部分
类型	客观题	简答	作文	客观题	客观题	客观题	
个数	30	4—6	1	10	30	30	共400分
分数	100	30	30	40	100	100	

○ 各级别的评价标准

等级		评价标准
初级	1级	—能掌握'自我介绍,购物,订餐'等会话内容, 能理解并用韩国语表达'自己,家人,兴趣,天气'等相关话题。 —掌握约 800个基本词汇,理解基本语法,能造简单的句子。 —能理解简单的生活用语和一些常用句。并能造句。
	2级	—能熟练掌握'打电话,托付'等日常会话内容,能掌握在'邮局,银行'等公共场所的韩国语会话。 —掌握约 1,500-2,000个词汇,能理解有关个人情况或较熟悉话题的会话篇章。 —能区分正式场合和非正式场合的语言。
中级	3级	—能进行基本的日常生活会话,能用韩国语使用多种多样的公共设施并维持正常的社会关系。 —不仅能用韩国语理解和表达熟悉的具体的题材也能理解并用韩国语成段的表达出自己所熟悉的社会知识。 —能区别书面语和口语的基本特征并灵活运用。
	4级	—能用韩国语使用公共设施并维持正常的社会关系,能用韩国语进行一定程度的业务交流。 —能理解新闻,报纸,报道中较简单的内容。较正确地理解并较流畅地应用一般性的,社会性的,抽象性的题材。 —理解常见的固定表达方式和具有代表性的韩国文化。并以此为基础,理解并运用社会性文化内容。
高级	5级	—能用韩国语进行一定程度的专业研究和业务。 —能理解有关'政治,经济,社会,文化'等各领域内容。 —能区别使用正式,非正式的文体,口语和书面语的文体。
	6级	—能较准确流畅地使用韩国语进行专业领域的研究。 —能理解并运用有关'政治,经济,社会,文化'等所有相关领域的知识。 —虽达不到母语的水平但能顺利地进行交流。

第八课　韩国的出版

1. 韩国的出版史

1.1 1945年—1961年(出版振兴的准备期)

概括起来讲,韩国解放前后,出版实施自由化,但从内容上看却很贫乏。在这种大气候下,生产、消费了大量学习用书籍、字典,以及英语书和制作费用较低的丛书版书籍,此举作为恢复韩文的一个环节,在当时的出版产业中发挥了主要作用。

朝鲜战争后到第一和第二共和国这段时间,满目疮痍,百废待兴,首先主要出版了一些反

映战争痛苦和矛盾的作品及战争小说。同时，一些人为了寻求突破口，还推出了很多诗集和随想集，一时间成为畅销书。讽刺战后混乱状态的《自由夫人》之类的讽刺小说风行一时。

这一时期最畅销的要数丛书和全集类书籍。这可以看作是在资本主义方式的出版诞生之前，强调商品价值的结果。

1.2 1961年—1972年（管制中的出版起步期）

继日本殖民统治和同族之战后，半岛分裂已成定局，这一时期精神荒漠依然如故。以军事革命为先导的朴正熙第三共和国以"开发"为名，实行极端独裁统治，不容纳所有的反抗意识和其他思想。作家难以自由创作，文坛呈现单调局面。

当时出版的主要是因战争而荒废的家庭史小说、再现韩国历史的纪实长篇小说、略带荒唐色彩的武侠杂志和几位知识分子撰写的寻找韩民族本体性的的随笔。在严格的管制中，出版业逐渐出现了稳定的产业结构和资本主义的销售方式。

1.3 1973—1987（权威主义的出版活跃期）

整个第四和第五共和国时期依然是权威主义高涨时期。但是，70年代是韩国现代文学的形成期，许多作家纷纷登场，创出一个作品的丰收期。但是，大部分畅销书依然摆脱不了商业主义的干系，甚至产生了"舞女文学"这样的词汇。但是，也有不少出版物批评这种状况，还出版了一些反映被产业社会疏远阶层的作品，直白地揭示了社会的病态，一些追求人生真谛的随笔集也成为畅销书。

80年代出现了一次社会科学类书籍畅销的奇特现象。相当多的知识分子关心意识形态，由于禁书解禁，一时间掀起了一次销售高潮。

1.4 1988—1996（资本主义的外向型扩张期）

进入1980年后半期，理念类图书的出版势头显著减弱，韩国出版自此进入了一个新的时期。1990年代出版的主要书籍是反映日常问题，即以反映大众要求、关心爱护大众为内容的书籍。

一些无名作家的作品虽然比不起历经检验的名家作品，但也经常创下销售过百万的纪录。亲近宗教思想的作家备受好评，站在女性学角度、民族色彩浓厚的作品大部分成为畅销书。这一时期最显著的特点就是与计算机和高考有关的书籍成为畅销书的主流。

1.5 1997（金融危机，不景气中的丰收）

韩宝和起亚事件、金融危机等无一不加剧出版界的不景气，这个时期是出版界最不景气的时期。

主导出版市场的不是反映经济社会危机意识的力作，而是易看易读的思考、平常感人的随笔集或处世类书籍。

1.6 1998（销售的锐减和大作品的空缺）

1998年的出版市场可以概括为：销售的锐减和主导图书市场的大型畅销书的空缺。以前的畅销书将会持续将近1年，但1998年却减少为1~3个月，究其原因，可能是读者由冲动购买转为发达国家型、理性化购买，更加慎重地选择与阅读目的相符的书籍的缘故。《妻子的箱子》等纯文学小说高居畅销书榜首，是一个未曾预料的鼓舞人心的现象。

1.7 1999（继续摆脱不景气状况）

这一年韩国经济全面摆脱不景气状况，但出版市场却仍然未走出萧条。虽有几家大型非在线书店的销售有所增加，网络书店也急剧扩张，但是，大部分地方书店和小规模书店读者减少，经营不见起色，更加加重了不景气的状况。

这一年仍未出现大型的畅销书,出版方式主要是多品种的少量生产。国外作家的作品畅销,韩国国内女作家也赢得超高人气。

1.8 2000—2001（新千年求变）

2000年和2001年仍未完全摆脱不景气的状况,贫益贫、富益富的两极分化现象依然如故。"Morning365"类的网络书店和大型的非在线书增长迅猛,而大批的地方小型书店销售却急剧减少,很多停业倒闭。这种极其不景气状况使图书定价制正式提上议事日程。

与97—99年不同的是,销售过百万的畅销书不断出现,其中儿童图书持续成为畅销书,出版社也大幅扩大儿童图书市场,经济、经营、外语、微机等实用书籍销售持续强劲。

尤其是,诸如融神话与艺术于一体的《李润基的希腊罗马神话》等跨领域书籍（Fusion Book）、融趣味和知识于一体的教育兼娱乐类书籍人气偏高。

2. 韩国出版现状

2.1 出版社现状

2.1.1 申报现状

到2003年12月底为止,韩国已申报的出版社达到20,782个,与2002年（19,135个）相比,增加了8.6%。自1987年10月,由于政府振兴出版措施及新出版社的申报自由化,当时出版社仅有3,000个左右,到1988年增至4,397个,增加了46.4%,以后每年呈持续增长势头。2003年2月27日实施的《出版及印刷振兴法》中规定出版社、印刷厂由注册制转换为申报制,出版社和印刷厂今后仍将呈现持续增长趋势。但是,2003年在韩国20,782个出版社中,14,871个出版社（71.6%）位于首尔,韩国出版产业集中于首都地区的状况日益严重。

2.1.2 出版成果

1997年发生了金融危机,韩国出版社数量仍增加了301个,增长率为2.4%,2003年增加率为8.6%,新注册公司为1,647个。虽然表面上有所增长,但是,注册后未出一书的出版社2003年为19,258个,占出版社总数的92.7%,与2002年17,645个相比,增加了9.1%。可以说内在方面依然暴露出一些问题。

韩国出版界类似的无成果现象自1987年起逐年增加,1988年创下了50.7%过半数的记录,此后继续增加。2003年无出版业绩的出版社约占至92.7%,2003年出版了35,371种图书,涉及的出版社仅占总数的7.3%。

2.2 图书发行现状

据统计,2003年的图书发行量共为35,371（包括漫画）种,数量为111,450,224册,平均每种书为3150册,平均发行价格为10975韩元,发行种数较2002年减少2.2%,发行册数比2002年减少5.1%。

2.2.1 各类图书发行数量的变化

在总共35371种发行量中,纯科学方面书籍增加了12.2%,增幅最大。哲学增加11.5%,文学增加10.2%。减幅最多的是总集类,减少26.2%,学习参考书减少16.7%,儿童图书减少14.4%,漫画发行9,081种,占总发行种类的25.6%。此外,文学5,586种,儿童5219种。总集类发行152种,纯科学领域466种,均属于发行量较小的。

2.2.2 各类图书发行册数现状

发行册数共计111,450,224册,比前一年（117,499,547份）减少5.1%,比去年增加最多的是哲学方面,增加35.5%,其后依次为纯科学25.5%,文学14.6%,历史12.8%。儿童图书减幅最大，减少 20.9%，其后依次为总集类 14.1%，学习参考书 11.9%，漫画 7.1%。

发行份数最多的是漫画，数量为 33,359,330 册，占发行总量的 29.9%。此外据统计显示，学习参考占 18.6%，儿童图书占 14.1%，文学占 13.1%。

2.2.3 平均发行份数，平均定价及平均发行页数

每种图书平均发行份数为 3,150 册，比去年同期（3,246 册）减少了 2.9%。按种类计算，平均发行份数最多的是学习参考书类，平均发行 10,759 册，最少的是社会科学类，平均发行 1,575 册。图书的平均定价为 10,975 韩元，比去年同期减少 8.2%，定价最高的是科技类图书，为 18,411 韩元，其次为社会科学（18,211 韩元）、学习参考书（15,699 韩元），定价最低的依次为漫画类（3,860 韩元）、文学（9,282 韩元）、儿童（9,293 韩元）。每册书平均为 251 页，比前一年（247 页）增加 1.6%。平均页数最多的是科技类图书，平均 412 页，平均页数最少的是儿童图书，平均 101 页。

2.2.4 外国图书翻译出版现状

在发行的所有图书类别中，翻译书所占比重为 29.1%（10,294 种），比去年（10,444 种）减少 1.4%。其中，发行漫画 3,600 种，所占比重最大，达 34.9%，其他依次为儿童类（2,048 种）、文学（1,749 种）、社会科学（849 种）。

2.3 印刷厂现状

2003 年 12 月 31 日申报的印刷厂共有 6,269 个，比去年增加 3.6%。从地区分布来看，首尔地区为 1,210 个，占总体的 19.3%，其次是京畿地区，为 866 个，庆南 436 个，大邱 431 个。但据估计，相当多的小印刷公司虽然领取了公司注册证，但并未申报，仍在营业，如将这些小公司计算在内，韩国应有 8,000~10,000 家以上的印刷厂。

2.4 书店现状

韩国书店组合联合会调查结果显示，2003 年底韩国书店比去年减少 2.15%，共有 2,325 个。尽管减少的比率有所降低，但自 1997 年起仍一直呈现减少趋势。书店数量减少的原因主要是：书店的大型化趋势、网络书店及大型超市业务扩展到图书销售等造成的价格竞争力低下。

3. 韩国出版的主要政策

3.1 夯实振兴出版产业的基础

3.1.1 支持建立坡州出版文化信息产业园地

坡州出版文化信息产业园地集企划、生产、流通等出版产业三要素于一体，通过与相关产业的合作和流通结构的改善，提高对外竞争力。

坡州出版文化信息产业园地事业合作组合为工程主体，地址为京畿道坡州市交河面山南里、文发里、西牌里一带约 47 万坪（第一阶段为 265,000 坪，第二阶段为 205,000 坪）的土地，1994 年着手筹备，1998 年开始进行土地整理等基础工程。2001 年 6 月开始建筑施工，2002 年 9 月宝晋斋印刷厂竣工，并开始营业。2004 年 10 月出版社、印刷社、纸类公司、物流公司、流通公司等共 90 个公司入驻其中。

建设中的 14 个出版社、准备中的 55 个出版社等将于 2005 年入驻，2005 年底总共将有 80 个公司的建筑竣工，将有 150 个公司进驻。

坡州园地土地基础工作由韩国土地公司负责，韩国产业园地公司管理，坡州出版合作组合实施具体事务，将建成一座除出版和印刷设施外，出版物综合流通中心和亚洲出版文化信息中心等入驻的综合出版城市。

坡州出版文化信息产业园地事业合作组合作为工程主体，于 2004 年 9 月设立了亚洲出版文化信息中心，以进行出版信息交流及召开与出版有关的各种活动。

该中心总面积5,423坪，建筑总面积3,836坪，包括地下1层、地上4层，2003年和2004年在此连续两次召开坡州儿童书籍汇展活动，该中心也成为与出版文化相关的演出和展示场地。

现在出版流通振兴院、韩国电子出版协会等出版企业进驻该中心，为实现中心的公共目标，2003年12月设立了出版城市文化财团，作为中心的经营主体。

3.1.2 支持建立出版物综合流通中心

出版物综合流通中心是坡州出版园地内的核心设施，拥有尖端的流通设备和流通系统，是一个可以对出版物的保存、销售、配送、信息等进行全程管理的综合物流设施。中心拥有高科技自动化设施，除了入驻园地出版社之外，也可以发挥韩国国内其他出版社、书店、网络书店共同集配中心的作用。

出版物综合流通中心位于坡州园地南端，于2002年开工，2004年6月竣工，地上共有3层，总使用面积达15,000坪，文化产业振兴基金支持融资100亿韩元，民间资本融资488亿韩元，工程总耗资588亿韩元。

出版物综合流通中心的主要设备有：图书分类及箱式分类系统（Sorting System）、立体自动化仓库（Automated High Rack System）、自动化入库装置（Digital Picking System）、自动控制运送系统（Conveyor Automation & Control System）、仓库管理信息系统（Warehouse Management System）等。

3.1.3 支持出版流通现代化事业

出版流通现代化事业第一年度2001—2002年韩国国家投资11亿韩元，以流通图书数据库国际标准ONIX（ONline Information eXchange）格式建立流通图书数据库（DB）（378,000项）。

第二年度2002—2003年度大幅扩充图书数据库（在已建成的DB中更新90000项，增加新版图书信息65000项），开发了出版社及大型流通公司的图书信息输入系统，开发了出版社、销售商、书店之间能够迅速准确收发的电子商务系统。

第三年度2003—2004年增加新版图书信息15,000项，建成面向出版社和书店的标准业务管理系统，建成出版流通现代化管理系统，开展出版流通现代化系统示范工作和教育宣传工作。

同时，2003年6月将临时组织出版流通推进委员会转为法人形式，设立社团法人出版流通振兴院，由Booxen株式会社（原韩国出版流通）、韩国出版合作组合、斗山东亚、大韩出版文化协会、Yes24等代表出任理事，通过这些措施正式推进出版流通现代化事业。

特别是在第2年度的工作中，以民间投资的形式，Booxen株式会社捐赠5亿韩元，韩国出版合作组合捐赠2.5亿韩元，斗山东亚捐赠1亿韩元，在第3年度中签订了Booxen株式会社1亿韩元、韩国出版合作组合1亿韩元、杂志协会1亿韩元等的民间投资协定，出版流通业界表示了对出版流通现代化事业的关心和态度，相关事业不断取得进展。

2004年为扩大和利用出版流通现代化成果，举行了多种宣传和教育活动，包括来访出版社（120个）的教育、召开介绍出版流通现代化事业的讨论会（150个出版社参加，KOEX）、发送宣传介绍性文字（180个出版社代表及主要出版记者）等。

负责推动该事业的社团法人出版流通振兴院（www.booktrade.or.kr）为把韩国的出版流通技术提高到先进国家的水平，将采取研究调查和与国际机构合作等措施，把先进国家的出版流通技术迅速介绍到韩国，进一步在制定出版流通方面的国际标准时发挥一定的作用，最终发展成为韩国出版流通技术方面的最尖端的专家组织。为此，2003年12月作为研究成果，出版了《韩国出版流通现状调查及发展方案研究调查》，并将推动国际出版流通论坛的举办和物流现代化事业的发展。

3.1.4 支持培养电子出版产业

网络电子出版物（e-book）原征收增值税，自 2004 年 7 月 1 日起被纳入免税对象。但是由于无形的电子出版物同时存在声音和影像，因此仅被限定符合文化观光部长官确定的"70%页面由文字和图画构成"标准内，而不适用于《唱片／录像物及游戏法》的适用对象。

从 2004 年起，启动了电子出版物样本交纳及认证系统，为电子读物的发展带来了转机。韩国政府还支持建立电子图书收益模式、搞活电子书流通、推选每月优秀电子书（12 种）、支持制作优秀作品的电子读物（250 种）、支持制作韩国名著的电子版（10 种）、制作多媒体电子图书，并构建电子图书集线器网站、开展增加电子图书用户的基础研究工作，积极主办电子图书产业展览会，以实现电子出版的大众化。

3.1.5 扩充韩国出版文化振兴财团基金

1969 年基金成立之初，名为出版金库基金，包括会员费、国库补贴等共 918 万韩元，但自 1974 年《文化艺术振兴法》生效开始，每年都得到文艺振兴基金的资助，自 1985 年起 5 次得到公益资金资助，2001 年得到文化产业振兴基金资助，到 2003 年 12 月韩国出版文化振兴财团的基金额已达到约 245 亿韩元。

3.1.6 开展驱逐非法不良出版物的运动

为杜绝不良刊物，文化观光部临时配合警察等各有关部进行非法出版物现状调查，并进行相关整顿，对有关人员则送交司法机关处理，但部分打折店、网上书店仍在违反图书定价制。2004 年 9 月违反图书定价制的案例共 130 件，交纳罚款达 117,700,000 韩元。

3.2 文化观光部支持学术类图书

支持学术出版的必要性如下：

第一，学术出版是一个国家知识累积的成果，在文化和科技发展中发挥着核心作用，如学术出版流通现代化事业萎缩，有可能导致学术的空洞化现象，因此，不能由市场推动，而必须由国家进行扶持。

第二，学术出版的制作价格是一般图书的两倍以上，但由于其需求对象具有局限性，销售基础薄弱，因此需要国家的支持。

第三，1999 年韩国出版市场完全开放，为了提高韩国学术出版的对外竞争力，需要给予适当的支持。

因此，文化观光部最近 1 年以新版学术图书为对象，在收到各出版社的申请后，按领域选出 2—7 名专家组成审查委员会，经过全体预备审查、各领域专业审查、全体正式审查、最终审查等四个公正、慎重的审查程序，选出优秀的学术图书。

选择标准为具有较高独立性的学术研究成果、为学术的普及发展作出贡献的图书、脱离商业性为出版文化的发展作出贡献的学术性图书、具有高度专业性和企划力的图书。但接受其他机构资助发行的图书不包括在内。2004 年，文化观光部从 2003 年 7 月 1 日到 2004 年 6 月 30 日之间发行的 2820 种 2928 本共 9 个领域的新书中选出了 250 种好书作为优秀学术图书，并各选购 1,000 万韩元，分送至韩国各大公共图书馆和国外文化院等处。

3.3 支持培育印刷产业

3.3.1 筹建坡州印刷产业园地

为了改善首尔中区劣质的印刷环境，由 57 个印刷企业参与组成的坡州印刷产业园地，2003 年完成土地确定工程，从 2004 年公司开始进驻，预计在 2006 年底大部分企业将完工并入驻其中。

这一园地从1992年开始启动,占地67,000余坪,投资1,350亿韩元,拥有尖端设备和环保公团,将为搞活出口和制作高品质印刷品作出贡献。坡州印刷公团将通过首都地区杂牌印刷工厂的协作化和集约化,建立一个尖端印刷专业园地,实现适合21世纪尖端产业时代设施的自动化和现代化,提高专业性和生产性,强化印刷产业各部门的竞争力,有望继坡州出版文化信息产业园地之后,进一步加强出版印刷产业的基本设施建设。2004年世宗科学印刷、KTC株式会社等四个企业正在施工,2005年25个企业、2006年18个企业将入驻其中。

3.3.2 国际印刷产业展

为了发展韩国印刷产业,由大韩印刷文化协会主办的第14届国际印刷产业展示会(KIPES)于2004年7月9日—13日在首尔三星洞COEX展览馆举行,有18个国家189个企业参加。这次展示会展出了平版印刷层压机、裁纸机、屏幕印刷装备、CTP等备受关注。这次展示会主要举办的活动是2003年曾在新加坡举办的亚洲印刷物比赛中获奖作品特别展出,还有一些附加活动,如大韩印刷文化协会和清州古印刷博物馆设立了古印刷体验馆,共同演示纸张制作工艺,提供了可以直接感受古代印刷方式的机会,这些附加活动也很丰富多彩。

3.3.3 参加海外展示会

为促进印刷品的出口,2003年4月24日—27日在日本东京举行的世界图书展上,由大韩印刷文化协会主管首次筹备了韩国印刷馆。在2004年10月6日—10日举行的德国法兰克福图书展中,政府资助,布置了72m^2的韩国印刷展示馆,25个公司展出了印刷品,达成了350项件价值300万美元的出口协议。

3.3.4 推进印刷设施的现代化

韩国使用的印刷机械大部分依赖于进口,企业现代化面临困难。2004年政府资助文化产业振兴基金25亿韩元,作为印刷设备现代化的资金,以使入驻坡州印刷公团的印刷公司等通过实现设施的现代化,扩大出口,提高生产率。

3.4 扩大出版产业国际交流

为适应变化的出版环境,举办了多次出版事业的国际交流活动,以此来提高韩国出版产业的国际竞争力。2005年作为法兰克福图书展主宾国,已准备妥当。还将举办首尔世界图书展,参加世界优秀图书展,以掌握世界出版动向,引进先进出版技术。

第九课 韩国的广播

1. 韩国的广播史

韩国的广播以国营为主。KBS以接收费和广告费为经营收入,MBC以广告费为经营收入,国营广播的广告业务由韩国广播广告公司承担。民营广播除SBS外,还有基督教方面的基督教广播(CBS)、远东广播、济州远东广播,天主教方面的和平广播(PBC),佛教方面的佛教广播(BBS)等,这些广播公司是因特殊目的而建立的,由财团法人经营。此外,教育广播(EBS)、交通广播、围棋广播、钓鱼广播等也呈现不断增加的趋势。

韩国的广播始于日本强占时期的京城广播局（JODK），该广播局建于1927年2月16日，至1939年在韩国开设了5个广播局，建立了全国广播网，但是，这一时期的广播是为有效地实施殖民地政策而设，实行彻底的言论管制。光复后，广播局一度由美军政厅掌管，韩国政府建立后，广播事业实现国营化，广播局被命名为中央广播局。

韩国的广播曾因朝鲜战争而一度中断，战争结束后又正式开播，1954年，韩国最初的民营广播基督教广播（CBS）诞生，1956年远东广播、1959年最早的民间产业广播釜山文化广播开播，1961年最早在首尔开设的产业广播韩国文化广播（MBC）开播，1963年东亚广播开播、1964年首尔收音机（RSC）开播，后改名为东洋广播（TBS）。

自1965年开播FM（调频）广播，至1980年断然实施言论整合政策为止，共存在5个广播电台。电视广播方面，1956年商业广播HLKZ-TV（后改为DBC）开播，至1959年因火灾消失为止，处于初期试验阶段，1961年韩国电视广播局（KBS-TV）在首尔·京畿一带正式亮相开播，1963年开征电视收视费，财源得到保证，由此逐渐发展起来，1964年东洋电视广播株式会社（TBC-TV）也在首尔和釜山设立最早的民营广播电视局，1966年KBS-TV构建了全国广播网，1969年韩国文化广播公司也开设了广播电视局（MBC-TV）。

1970年锦山卫星通信地面站竣工，进入卫星转播时代。1995年无穷花号通信卫星发射。1973年KBS由国营变为公营。在广播电视方面，1980年彩电化同时，实施言论整合措施，此后，进入公营广播体制。由此，TBC-TV被KBS-TV纳入其中，MBC-TV的节目编制权实际上也为KBS-TV所拥有。在电台方面，除MBC之外，所有商业广播局都被纳入KBS-TV体系之中。未包括在内的基督教广播、远东广播、亚洲广播专门负责宗教广播。

1980年以后一直维持公营广播体制，1990年在电台广播领域，专业广播开播，4、5、6月分别成立了佛教广播局（BBS）、和平广播局、交通广播局。1991年3月成立了新的民营广播公司首尔广播（SBS），开播电台AM广播节目，12月开播电视广播。

2000年韩国的AM广播5家广播商拥有59个广播局，FM广播共有90个广播局，电视广播局共61个，有线广播局共有1020个，包括转播式广播局860个，音乐广播局160个，2002年电视普及超过1,700万台，2000年综合有线广播用户1,002,866家，有线广播用户为7,036,000家。

虽然各个广播领域都在实行民主化，但现在的传播事业都有政府的介入，民间广播的力量相对薄弱。从广告的收入上看，电视还未超过报纸。1999年底《整合广播法》最终得以通过，卫星方式的数字通信和广播开始大幅向民间开放。

2. 韩国广播电视产业现状

2.1 广播商现状

地面广播分为电视和收音机，电视广播有KBS、MBC、EBS和SBS等12个地区民间广播商（2004年12月21日广播委员会拒绝再次批准京仁广播，2005年1月1日京仁广播停播），电台广播有KBS、MBC、EBS、SBS等公营和民营广播商和9个特殊广播商（宗教广播5个、交通广播2个、国乐FM广播1个、国际广播交流团FM电台1个），卫星广播商为2002年3月开播的"空中生活"（Skylife），可用频道为169个，已使用其中的162个频道。

有线广播分为综合性有线广播商（SO）和转播式有线广播商，据统计，2004年6月综合有线广播商共有119家,综合性有线广播商经营的可用频道平均为79.5个,实际经营频道平均为74.2个。转播式有线广播商2001年为696家、2002年为638家、2003年为408家、2004年6月为299家,数量呈大幅减少趋势。

批准注册的广播频道供应商2001年为121家,2002年为165家,增长了36.4%,2003年又减至123家,2004年恢复至159家(以法人为准)。2004年音乐有线广播注册公司为72家,自2002年以后呈持续递减趋势,另一方面图文电视广播2004年6月注册为53家。

2.2 产业市场规模

2003年韩国广播电视产业市场规模为71,365亿韩元,比2002年减少23,398亿韩元(25.1%)。虽然遭受地面广播商和广播频道供应商服务销售额减少的影响,整个广播产业的市场规模有所减少,但由于收费广播的扩大和用户数量的增加,综合有线广播和卫星广播的收益较前年有所增加。

42家地面广播商总销售额为35,482亿韩元,比2002年减少884亿韩元。2002年由于世界杯的特殊原因,广告收入大幅增加,进入2003年后再次进入正常循环过程,因此,总销售额有所减少。

综合有线广播与地面广播不同,同2002年相比销售额增长36.3%,创下了10,750亿韩元的最高纪录。据分析,增长原因在于综合有线广播的接收费收入、广告收入、互联网收入、PPV(每分付费收视)收入及其他方面的收入较前一年有所增长。但转播式有线广播由于SO的吸收合并及停业等原因,销售额比前一年减少了462亿韩元。

159个广播频道供应商由于商品销售收入的急剧减少,销售额较2002年的26,246亿韩元要少,为23,023亿韩元。据分析,商品销售收入的减少为名义上的减少,原因在于2002年和2003年会计标准变更导致的计入变化。而除商品销售收入外,接收费收入、广告收入、节目销售收入、及其他方面的收入较前一年有所增加。卫星广播由于进行了大幅促销以吸引用户,2003年销售额达1.496亿韩元,比前一年增加了135.5%,达到861亿韩元。

从广播事业的销售营利上看,总营利额从2002年的51,681亿韩元,增至2003年的63,359亿韩元,增幅为23.9%,从经营商类型上看,地面广播商为35.079亿韩元,综合有线广播为1,0750亿韩元,转播式有线广播为615亿韩元,广播频道供应商为1,542亿韩元,卫星广播为1,496亿韩元。

2.3 从业人员现状

调查显示,韩国国内广播事业从业人员与前一年相比无太大变化,2004年6月广播产业从业人员为31,645人,较前一年(31,943人)减少289人,其中,地面广播商的从业人员占全部人数的44.7%,为14,135人,较前一年增加109人,除特殊广播外,公营广播和民营广播从业人员都有所增加。广播频道供应商从业人员2004年6月为9,678人,较前一年减少7人,从职业性质上看,正规职员为5,834人,合同职员为3,844人,正规职员较前一年增加273人,非正规职员减少280人。

综合有线广播(SO)为6,499人,较前一年增加927人,转播式有线广播2004年6月为1,037人,比前一年减少1,315人,转播式有线广播人员的减少是综合有线广播整合和扩张所带来的正常结果。卫星广播2004年6月为296人,与前一年相比没有变化。

2.4 广播商经营成果

2.4.1 地面广播公司

① 三大广播公司

从三大广播公司的销售现状来看，KBS 在 2003 年营业销售额 12,342 亿韩元，比前一年减少了 590 亿韩元，MBC2003 年为 6,900 亿韩元，比前一年减少了 219 亿韩元，SBS2003 年为 6,101 亿韩元，比前一年减少 2.7%（171 亿韩元）。

2003 年地面广播三大公司的广播广告销售受整个韩国经济日益不景气的影响而有所减少。从各个广播公司来看，KBS 占广播广告市场的 20.9%，总额为 6,782 亿韩元，较去年 7,352 亿韩元相比，减少 7.8%（570 亿韩元）；MBC 占广播广告市场的 19.4%，总额为 6,294 亿韩元，SBS 占广播广告市场的 17.6%，总额为 5,700 亿韩元。地面广播三大公司的广播广告销售中的广告销售比重也连续降低。

② EBS

从 EBS 的营业销售额现状来看，尽管地面广播商整体下降，但 EBS 较前一年仍然增长了 35.9%（223 亿韩元），达到 844 亿韩元，广告销售额为 276 亿韩元，较前一年（246 亿韩元）增长了 12.2%。EBS 本期纯利润为 44 亿韩元，收益余额为 273 亿韩元。

③ 地区广播公司

从地区广播公司的经营实绩上看，MBC 地区广播公司营业销售额 4,448 亿韩元，比前一年（3,452 亿韩元）增长了 28.9%。从除 SBS 外的地区广播公司的损益计算表中看，11 个地区民间广播公司总销售额为 3,200 亿韩元，其中京仁广播为 584 亿韩元，釜山广播为 514 亿韩元，大邱广播为 424 亿韩元，光州广播为 265 亿韩元。

MBC 地区广播的短期纯收入为 521 亿韩元，11 个地区民间广播公司本期纯收入为 461 亿韩元，各地区民间广播公司仅为 41.9 亿韩元。从广播广告销售现状来看，MBC 地区广播公司为 4,031 亿韩元，较前一年（3,935 亿韩元）增长 2.4%，地区民间广播公司为 2,755 亿韩元，较前一年（2,666 亿韩元）增长 3.3%。

④ 电台公司

电台广播包括 KBS、MBC、SBS、EBS 等公营和民营广播公司和 9 个特殊广播公司（宗教广播公司 5 个、交通广播公司 2 个、国乐 FM 广播公司 1 个、国际广播交流团 FM 电台 1 个）。如不将公营民营广播公司（包括地区民间广播和地区广播公司）计算在内，9 个特殊广播公司的总销售额为 1,421 亿韩元。其中，基督教广播为 608 亿韩元，其次为首尔交通广播本部 204 亿韩元，和平广播 184 亿韩元。9 个特殊广播公司本期纯利润为 −118 亿韩元，各广播公司平均为 −13.1 亿韩元。从销售额增长率来看，2002 年较 2001 年增长 3.3%，但 2003 年较前一年增长 7.8%。

9 个特殊广播公司的广告收入为 719 亿韩元，较前一年（770 亿韩元）有所减少，但合作收益达 170 亿韩元，较前一年（137 亿韩元）有所增长。

2.4.2 付费广播市场

① 综合有线广播

受到用户增加、转播式有线广播商转为 SO 造成相关广播公司数量增加、SO 大量引进超高速互联网等影响，2003 年综合有线广播市场规模持续增长。但随着同一商业区开始出现多个 SO，SO 间争夺用户的竞争日趋激烈。综合有线广播服务用户数 2004 年 6 月为 1,172 万家（69.01%），比前一年增长 24.7%。

可以说，2003年综合有线广播由于公司间的合并，整个有线电视业界进入了重组期。有线电视业界的这种合并完全是为了通过网络设施的改善和营业方面实现规模经济，维持与地面广播的竞争体制。尤其是，今后撤销对大企业拥有SO的限制、放宽外资持股限制等措施，将使有线广播市场以MSO（多系统经营者）为中心加速重组。

从综合有线广播公司联合情况来看，C&M Communication公司经营10家SO公司和2家转播式有线广播，中央网络系列公司经营10家SO公司，大光系列公司经营10家SO公司，现代百货和CJ各经营8家和7家，Onmedia经营6家，Qrix和泰光产业经营6家。从用户规模方面看，C&M Communication最多，达1,005,934家，CJ和现代百货商店分别为973,169家和823,834家。

综合有线广播的销售额由接收费收入、广告收入、新装设备收入、转换器出租收入、互联网收入、转播有线收入、PPV收入（2003年销售额结构明细新增项目）、其它事业收入构成，2003年达到1,0750亿韩元，比2002年（7,887亿韩元）增长2,863亿韩元，综合有线广播2001年以后保持持续增长。

从综合有线广播销售额构成上看，接收费收入较2002年增长35.5%（1,355亿韩元），达到5,168亿韩元，2001年以后保持35%的增长，广告收入为2,616亿韩元，同前一年相比增长44.3%（803亿韩元）。互联网收入逐渐成为综合有线广播的重要来源，2002年为1,041亿韩元，2003年达到1,730亿韩元，剧增66.1%，而将成为今后综合有线广播的收入来源的PPV服务，在2003年实施第一年就创下了15亿韩元的销售额。

从综合有线广播的销售总额中扣除非营利事业的收入，其营销额2003年为1.075亿韩元，比前一年增长36.3%（2,863亿韩元），综合有线广播的附加价值生产额为6,488亿韩元，营业利润为1,822亿韩元，比前一年（1,245亿韩元）增长577亿韩元。

作为归属股东所有的税后纯利润，其增长率能对股票价格发挥最直接影响的当期纯利润较前一年有所减少，为278亿韩元。

损益计算表项目往来产生的收益余额为−892亿韩元，2003年收益余额为正的有首尔（32个公司）、忠清北道（3个公司）、庆尚南道（4个公司）、济州（1个公司）。

② 转播式有线广播

由于转为SO或被SO吸收合并，转播式有线广播公司的数量和规模逐渐减少，在总共254家转播式有线广播商中，2003年209家转播式有线广播公司的销售额为615亿韩元，这一数值是无法与2002年341家广播商1,076亿韩元的总销售额直接相比的，但从不同公司平均销售额来看，实际销售额整体也有所减少。

③ 广播频道的使用

2003年广播频道供应商仍然保持着多方竞争结构，其中包括管理服务供应商（MSP）Onmedia和CJmedia，3大地面广播公司子公司的广播频道供应商（PP）。总共21个频道供应商提供了74个频道。具有代表性的多频道供应商(MPP)Onmedia 2004年经营着12个频道，CJmedia经营着9个频道。

尤其是3大地面广播公司推行事业多元化战略，共拥有8个节目供应商作为子公司。从对地面广播商的频道供应商的投资类别上看，KBS拥有KBS SKY的两个频道（KBS空中电视剧和KBS空中体育）和KBS KOREA。据统计，MBC和前一年相同，分别持有MBC电视剧网（mbcdramanet）65.2%、MBC游戏30.4%（MBC Plus持有65%）、MBC ESS体育8%（MBC

Plus 持有 40%）的股份。SBS 则持有 SBS 高尔夫频道 37.58%、SBS 体育频道 51%、SBS 电视剧 Plus 频道 80% 的股份。

2003 年广播频道供应商的销售总额为 23,023 亿韩元，这一数值较 2002 年（49,277 亿韩元）相比，减少 26,254 亿韩元，销售额中减少最多的是商品销售收入，从前一年的 42,497 亿韩元，减至 2003 年的 7,672 亿韩元。

家庭购物收入减少受多种重要因素的影响，如 LG 家庭购物、CJ 家庭购物等较早的家庭购物广播频道供应商的营业改革不明确及可收视家庭数量接近饱和而导致表面增长持续停滞不前；新经营商占有市场造成竞争加剧，最终造成市场占有率的下降；SO 传送手续费负担加重减缓了收入的改善等。接收费收入、广告收入、其他事业收入大幅增加。

韩国全国 159 家频道供应商 2003 的广播广告销售额为 3,205 亿韩元，比 2002 年（2,556 亿韩元）增长 649 亿韩元。从各地区广播广告销售额上看，首尔最高，为 2,482 亿韩元（77.4%），之后依次为京畿 704 亿韩元（22%），江原道为 9.6 亿韩元（0.3%），釜山为 9.6 亿韩元，大田为 0.56 亿韩元。

④ 卫星广播

自 2002 年卫星广播开播以后，由于用户不断增加，卫星广播公司的整体收入结构不断好转，但仍然保持赤字状态。2003 年一年卫星广播公司的销售额为 1,496 亿韩元，较前一年增长 135.6%，从卫星广播公司销售额的构成上看，广播事业收入为 1,011 亿韩元，其他销售为 485 亿韩元。

卫星广播公司的营销额为 1,496 亿韩元，比前一年增长 135.5%，广播事业附加价值生产额 406 亿韩元，营业利润为 −165 亿韩元。卫星广播公司的当期纯利润为 −1,685 亿韩元，利润盈余金则是 −2,970 亿韩元，也就是说，虽然卫星广播用户大量增加，但其经营仍然处于非正常状态。

卫星广播用户 2002 年 4 月为 176,987 家，2004 年 6 月增至 1,297,214 家。预计 2005 年 MBC、SBS 等地面广播如能实现再转播，用户将大幅增加。

3. 广播节目的制作及流通

3.1 地面广播公司

调查显示，2003 年地面广播公司的总制作费为 8,859 亿韩元，这一数据与前一年的总制作费 1,0188 亿韩元相比大幅减少。从各公司的情况看，KBS 为 3,618 亿韩元，比前一年增长 28.8%（809 亿韩元），MBC 总公司为 1,769 亿韩元，比前一年减少 4.0%（74 亿韩元），SBS2003 年的总制作费为 2,183 亿韩元，同前一年相比减少 24.6%（713 亿韩元），EBS 为 390 亿韩元，比前一年的 331 亿韩元有所增加。民间广播总额为 510 亿韩元，比前一年（911 亿韩元）大幅减少。2001 年以后，制作总费持续下落，这是新媒体的出现和地面广播商增加对其他广播事业支出的结果。

地面广播公司的总制作费比前一年有所减少，但外包制作费却有所增长。2003 年地面广播公司的外包制作费为 2,521 亿韩元，比 2002 年的 2,004 亿韩元增长了 25.8%。总制作费中外包制作费所占比重为 28.5%，比 2002 年大幅增长了 19.7%。从各个广播公司来看，KBS 外包制作费在总制作费中所占的比重是 32.5%（996 亿韩元），SBS 为 32.5%（768 亿韩元），MBC 总公司为 32.1%（567 亿韩元），EBS 则为 37.6%，除 SBS 外的地区民间广播整体仅为

7.3%（38亿韩元）。地面广播公司节目的国内外购买额共为1,015亿韩元,低于2002年（1,206亿韩元）。 KBS国内外节目购入费502亿韩元，MBC（总公司地区）为287亿韩元，SBS为127亿韩元，其他民间广播为50亿韩元。

从地面广播公司外包节目的版权上看，KBS共外包制作4,807集,其中广播公司拥有全部版权的占92.5%，共为4,445集，部分独立公司拥有版权的共有362集，这一数值显示，同2002年相比，广播公司拥有全部版权的比例有所提高。MBC外包共制作2,136集，独立公司和子公司拥有的版权中,广播公司拥有全部版权的占92.4%,共1,973集。SBS外包总数为2,850集，广播公司拥有全部版权的比重为89%(2,536集)。

3.2 广播频道供应商

从广播频道供应商每年外包制作现状来看，共计8,977集，制作费为182亿韩元。制作最多的内容是音乐（4,415集），其次为品德（1,914集）、教育（1,571集）、娱乐（448集）。从金额上看，品德最多，达89亿韩元，其次为教育（55亿韩元）、纪录片（15亿韩元）、体育（13亿韩元）等。

3.3 综合有线广播商

广播时间为831,157.6小时，全年直接制作费用为1343,937万韩元。如果将供求分为自我制作和外包制作两类，从节目制作及供求情况来看，自我制作全年投入504,791.7小时，从内容上看，最多的是生活信息（57,718小时），其次为娱乐56,485小时、品德（47,021小时）、新闻报道(42,384小时)。从制作费用角度看,娱乐为87.97亿韩元,其次为品德(60.38亿韩元)、新闻报道（26.39亿韩元）、生活信息（25.89亿韩元）。外包制作时间共为69,871.5小时，通过SO交换制作172,241.3小时。

3.4 HDTV节目制作授权及制作现状

从地面广播公司的数字广播实施上看，HDTV节目的制作比率逐渐增加，从地面广播公司的HDTV节目制作授权（自我制作、外包制作、国外授权）的整体情况来看,总共为3,243份,其中自我制作1,873小时，外部制作为1,370小时，HDTV节目自我制作费用为642亿韩元，外部制作为267亿韩元。

从地面广播公司HDTV节目制作具体情况来看，KBS自我制作共707小时，投入费用179亿韩元，MBC自我制作665小时，投入费用198亿韩元，EBS为41小时，投入10亿韩元，SBS为460小时，投入255亿韩元。外部制作方面，KBS外部制作为821小时，投入费用107亿韩元， MBC为148小时、22亿韩元，SBS为402小时、139亿韩元。

4. 主要政策

数字技术的发展不仅使广播和通信的融合成为可能，从广播本身来看，在制作系统、媒体接受环境发生变化的同时，也带来了广播环境的变化，甚至包括整个广播产业价值的变动。

为适应这一潮流，韩国文化观光部自1998年起制定了"广播电视产业振兴计划"，为奠定广播电视产业的制作基础，建立了多样化的支持体制。特别是2003年6月，又制定了"广播电视产业振兴5年计划"，提出了文化核心产业——广播电视资讯产业和适应数字广播时代的资讯振兴战略。

根据这一计划，文化观光部自2003年至2007年将着重推动涉及广播产业全部领域的七个重点课题，包括构建广播电视基础设施、为大力制作优秀广播节目创造条件、奠定培育数字广播专业人才的基础、大力促进广播节目的出口、完善法律制度、扩大顾客参与及引进成果评估制度等，每个课题的推进战略如下：

第十课　韩国的报纸

1. 韩国的报纸史

2. 韩国报纸的一般知识

   2.1 分类

   韩国发行的报纸按发行规模大体上可以分为全国性报纸和地方性报纸。全国性报纸是采取分散印刷方式分发到全国各地的中央报纸，地方报纸是各地发行的地方报纸。按报纸发行的周期可以分为日报和周报，大部分报纸是以日报形式发行。

   按照内容可以分为有关综合时事、生活信息的一般性报纸以及文化报纸、财经报纸、体育报纸之类的特殊性报纸。还可以根据定期订阅或零售方式，分为非免费销售的有偿报纸和仅依靠广告收入的类似地区性报纸的免费报纸。按照报纸的质量可以分高级报刊、大众报刊等类别的报纸。但不同学者对韩国报纸的分类仍存在相当大的分歧。

   2.2 版面构成

   报纸联合会限定的版面 1988 年已增至 16 版，1989 年，以《韩国日报》为首的主要日报展开了连续发行和增加版面的竞争。编辑结构上的变化主要表现在，突破了以前按政治、外电、经济、社会、文化等统一的格式，制作时考虑到伸缩性和连贯性，使版面更加灵活。

   由此实施综合编排，用整版来刊登最重要的新闻，其他部分排版也讲究个性，可以按新闻类别来扩大版面，或单独占用新的版面。

   还出现了按领域分类的综合指南性版面，读者页面逐渐增多，地方新闻版面或单列或增加。还增加了经济版和体育版。由于越来越多的人关心证券，设立了单独的证券版面，另外，还增加了人物动态信息的篇幅。

   各种生活信息构成的特辑版经常会出现一版一主题的大型特辑。由于照片、截图、装饰和彩照等数字编辑成为可能，"阅读报纸"正向"观赏报纸"转变。增加版面后，可用面积增加，排版方式也由原来的纵向排版变为横向排版。

   2.3 取材、编辑

   一条新闻在见诸报端之前要经过取材和编辑这一过程。

   广义的编辑包括从编辑计划到取材、约稿、收集、删除、添加、取舍、版面设计、校正等编缉局的全部工作。狭义的编辑指报道的取舍、版面设计、校正等仅限于编辑部的工作。

   如果将取材比作原料供给，那么，编辑就是生产制品。取材是寻找读者感兴趣的、重要的、有时效性的新闻，然后收集有关此资料的一种活动，由各部门记者、全国分社、支局、世界的通信网和投稿人来完成,而编辑作业则由编辑部独立完成。

几家主要日报社的取材记者人数大体为:社会部 20—56 名,文化部 7—24 名,政治部 15—23 名,经济部 13—50 名,影像部 12—26 名,国际部 7—38 名,编辑部 35—72 名,校正部 13—38 名。此外根据取材的性质,还设有科学部和特辑部。此外通过派遣海外特派员或与外国通讯社及日报社的特约方式,致力于海外报道。

在所限时间内将原稿交给编辑部,取材即告结束。编辑部则要将所收报道进行有效排版,以便于读者阅读。编辑的作用和功能为:

第一,吸引读者的视线;

第二,提高可读性(readability);

第三,按新闻的重要性分等级;

第四,在众多新闻中把握其主要内容;

第五,考虑报纸的特点,增加读者的亲切感。

编辑部从接收文稿到下版,拥有判断新闻价值和设计版面的权力,这些权力包括取舍选择权、原稿增删权、报道排序权、题目决定权、排版权、下版权、号外发行权等。其中,下版权是编辑部代表编辑局的权力,由该版的责任记者行使,因此,编辑记者在下版时要到场确认。

最近一些主要日报倾向于综合编辑,以一个版面为中心,集中报道当天的最受关注的事件,制作几页的综合新闻版面,最大限度地利用其中的新闻价值。编辑的原则是将新闻价值一元化,使新闻脉络连贯有序。

2.4 新闻记者

从事新闻业的人数一直在增加,这是因为 1987 年"6·29 宣言"后,废除《言论基本法》等言论环境的一系列变化使报纸创刊越发自由的缘故。从新闻社从业者的部门来看,依次为编辑局最多,为 9673 人(43.1%),其次为管理、事业部门 8488 人(37.8%)、制作部门 3962(17.6%)。新闻记者进入新闻社的考试被称为"言论考试",可见对其水平要求有多高,但是由于一些小报社肆意乱为,致使一些素质较低的记者以报道为借口,胁迫采访对象或向其索要钱财,引起社会的不满。

各报社增加版面的竞争导致记者工作量日益加重,产生一些不实的报道;由于对某些特殊报道的心理压力和对取材报道的不负责任,产生了一些错误的报道,因此,应当由大批愿意制作良心报纸的传媒界人士共同努力,制定新闻伦理纲领及实践纲要,自我规范,以尽公正的社会职责。

由于越来越多的人关心科学等各种专业领域,传媒界致力于培养与之相关的专业记者,还通过言论劳动组合要求赋予独立编辑权,改善新闻从业者的经济环境,并与有关部门就工作安全、伤害补偿进行交涉。记者作为专业职业人员,不仅仅要通过自身的努力,还必须在获得取材、报道自由化等制度保障后,方能尽职尽责。

2.5 用纸

韩国报纸使用的纸张大部分是低档新闻纸,表面粗糙,颜色为略带褐色的白色,耐久力较弱,但其油墨吸附力较好,以碎木浆为主要原料,暴露于阳光和空气下会变色,不适于长期保存。大部分先进国采用的是与韩国报纸相比质量较好的中性纸。1990 年韩国报纸用纸生产能力约为 50 万吨。

2.6 销售

原来设立报纸行业联盟,通过自律控制各报社之间的竞争,但《6·29宣言》之后,行业联盟完全解体,增加版面和销售之争自此愈演愈烈。报纸的销售大体可以分为订阅和零售两种,有时为免费分发。免费报纸是各报社间为了增加发行份数而进行的一种过度竞争现象,成为一种破坏报纸销售正常化的因素。定期订阅为报纸主要销路,但由于邮递人员不足及劳务费上升,各个发行所经营困难,因此,完善报纸配送体制成为一大问题。

尤其是由于版面的增加,致使报纸发送量增加,但人均发送能力又在减小,因此,发送人员出现短缺,随之导致了送报能力的降低和劳务费的上涨,现在所定的订阅费用很不现实,如果考虑报纸用纸量和发送人员的劳务费用,经营将十分困难。因此,最好是通过正确确定订阅费用,制止过度竞争,提倡公正销售。要解决发送人员困难的问题,最好是实施共同销售制,由一个支局统管各个报纸发行所的业务。

2.7 经营

1970年以后,言论企业持续增长,同时,报纸业界强调其企业特性的倾向日益明显。报社的主要收入来源为报纸销售所得和广告费用,广告收入因广告量的增加而持续增加,但发行份数几乎停滞不前,因此广告收入和销售所得出现显著差异。这固然是因为销售量的增长不及广告量的增长所致,但更主要的原因是报纸销售费用的加重。

即使是收入较为平稳的报纸,如果不想维持现状,而要获得增长,就需与其他报纸展开销售竞争,免费发送最小限度的增刊,还需建立保证偏远地区读者的专用发送网,保证家庭订阅的发送人员,这一切都将占据销售额的一大部分,必然会成为经营方面的负担。

各报社纷纷采用CTS(冷排系统)式的制作过程,并投入巨资,开发新的新闻传播媒体,如电子新闻、灯光图文版等新媒体,这使公司经营更加困难。除一些权威报纸外,大部分报纸的广告收入不及制作费用的增加,经营状况更为恶化,甚至出现刊登广告的原价倾销事件,部分报纸处于破产边缘,不时出现关闭或停刊事件。

3. 韩国报纸现状

3.1 注册现状

3.1.1 概况

1987年韩国颁布《定期刊物注册法》(以下简称《定刊法》),废除了以前言论整顿时制定的"1道1社"的制度,政府放宽限制,致使日报数量大增。在文化观光部注册的日报,在1986年仅有30多家,1990年增至90多家,1996年增至118家,但是1998年受经济不景气的影响,报纸数量有所减少,到1999年为113家,2000年为119家,恢复到IMF以前的水平。之后,注册的日报又开始呈增加趋势,2002年达到125家,2003年134家,2004年增至135家。2004年12月底,在文化观光部注册135家报纸,按地域划分,中央(首尔)58种(43%),地方77种(57%),地方报纸所占比重更大。

3.1.2 报纸市场的过度竞争

报社市场处于前所未有的剧变之中,2001年7月又实行报纸公告制度,2003年修改报纸公告制度,规定公平交易委员会可以直接制裁违反报纸公告的行为,但是不断有人反映,非法交易行为并未因此减少。例如,公平交易委员会2003年9月的报纸市场现状调查显示,约70%的读者反映"选择报纸时受到赠品的影响"。

2004年1月,《中央日报》和《朝鲜日报》对自动转账读者实行订阅费打折的制度,由此拉开低价竞争之势。韩国报纸产业本来就有订阅费用低和广告收入高的两大特点,报社的价格竞争导致广告所占比重继续加大。

有偿报纸市场销售竞争加剧的同时,免费报纸则使之进一步升级。2002年在上下班地铁附近出现了首份无偿报纸《Metro》,同年《每日焦点(Daily focus)》又进入市场,正式掀起免费报纸之间的竞争。2003年11月17日《文化日报》的免费报纸《AM7》创刊,至2004年,除了《早安首尔(good morning 首尔)》等综合日报之外,还有重点刊登体育报道的《韩国体育》等报纸,免费报纸市场竞争变得日益激烈。

3.2 报社经营现状

3.2.1 概况

2003年韩国广告费用总额为68,023亿韩元,比2002年68,422亿韩元减少0.6%,2002年的广告费比前一年增长19.8%,创了历史最高纪录,因此,2003年的减少幅度与2002年相比是微不足道的。这主要源于新媒体的高速增长。从种类上看,TV广告费用为23,671亿韩元,减少3%,报纸为18,900亿韩元,减少6.4%,电台广播为2751亿韩元,杂志为5006亿韩元,2003年度4大媒体的广告费所占比率共计为74.1%,TV为34.8%,报纸为27.8%,电台广播为4.0%,杂志为7.5%,尤其是报纸的广告费占有率自2001年起呈持续减少趋势。

3.2.2 综合性日报的经营现状

资产70亿韩元以上有义务向金融监督院通告的综合性日报,其去年总销售额为19,312亿韩元,比前一年减少11.9%。从本期纯收益来看,报纸产业整体陷入停滞状态。

3家中央报社(《明天新闻》、《朝鲜日报》、《中央日报》)及7家地方报社(《江原日报》、《光州每日》、《大田日报》、《每日新闻》、《釜山日报》、《全南日报》、《济州日报》)在2003年虽有盈余,但持续5年盈余的综合日报仅有《朝鲜日报》和《釜山日报》。

中央性日报中保持盈余记录的有《朝鲜日报》,其纯收益较2002年(538亿韩元)减少56.7%。但《明日新闻》比前一年增长185.7%,收入21.57亿韩元。《明日新闻》为新生报社,却连续3年出现盈余,这与大部分报社出现赤字形成对比,很能说明问题。只有脱离无计划经营,各报社对焦特定领域和发展读者群才是出路。

地方报纸的平均销售额仅为中央报纸的1/10,由于订阅费的低回收率和无信托广告的泛滥,从结构上很难摆脱慢性赤字的弊端。

在这种情况下,效仿中央报纸的编辑策略似乎并无多大帮助,应通过具有地区特色的报道,坚持提供有别于中央报纸的商品,方为上策。《东亚日报》赤字约为172亿韩元,《韩民族报》和《世界日报》的赤字相近,约为28亿韩元。《国民日报》和《文化日报》连续5年未能摆脱赤字困扰。《首尔新闻》近3年间也基本上是赤字经营。《韩国日报》由于出售《体育日刊》,曾在2001年一时创下盈余记录,但2003年的赤字却高达547亿韩元,最近正在研究实行削减工资及废除退休金累积制等一些特殊措施。

从最近5年的本期纯收入可以推算出,综合日报的经营指标(收益性／安全性)相当差。"收益性"是指企业支付经营活动发生的各种费用之后所获的利益,"安全性"是指偿还短期债务的能力和通过现有资金信息掌控公司的状态。

在分析赢利性时所使用的代表性数字是销售额营业利润率(营业利润／销售额×100%),它作为一个表示企业在经营活动中获利润能力的一种指标。当其出现减少(亏损)时表示企业不能再创（利润），如果长期持续下去，公司的财务状况会急剧恶化。销售额纯利润率（本期纯收入／销售额 ×100%）指包括公司资本结构的所有企业形式活动的效率性和利润性。销售额营业利润率和销售额纯利润率出现增加的报纸只有朝鲜日报、中央日报、明日新闻等，其他的报纸均是减少。

在分析安全性方面具有代表性的是流动比率（流动资产／流动负债 ×100），作为一种衡量偿还短期债务能力的标准，一般达到 200%，就将被评为安全企业。负债比率（债务／自有资金 ×100%）是表示他人资金和自有资金间关系的比率，一般要达 100% 以下，才具有安全性。中央报纸中能满足这两种条件的报纸只有《朝鲜日报》和《明日新闻》，而《京乡新闻》、《国民日报》、《世界日报》、《韩国日报》等则由于资本减损呈现不稳定状态。

3.2.3 经济类报纸和体育类报纸的经营现状

与 2002 年相比，6 家经济报社的销售额都有所减少，体育报纸中《Good Day》、《今日体育》销售额增加，《体育日刊》、《首尔体育》、《朝鲜体育》销售额减少，《每日经济》持续保持盈余，《韩国经济》在前一年度由盈余转为赤字。《首尔经济》、《数字时代》、《电子新闻》与 2002 年相同，出现净亏损。体育报纸中只有《首尔体育》和《今日体育》继去年获得净收入，《朝鲜体育》由前一年度的赤字转为盈余。《体育日刊》、《Good Day》与去年相同，出现净亏损。

从经营指标来看，在经济类和体育类报纸中，《电子新闻》和《首尔体育》具有相对较高的安全性，其他报纸安全性不高。《每日经济》、《首尔体育》、《朝鲜体育》的销售额和营业收益率为正数，其他报纸则为负数。

《数字时代》、《首尔经济》、《Good Day》出现资本减损状况，体育类报纸的经营困难一部分是因为体育产业的停滞和超级体育明星的缺乏。此外免费报纸的问世作为一大变数，也起到了一定的作用。因为免费报纸在首都地区地铁的上午零售市场占到 30—40% 的比例。需要注意的是，有人指出，这是未通过开发高级体育、演艺内容来积极应对免费报纸，安于经营现状的结果。

3.2.4 地方日报的经营现状

在地方报纸中流动比率为 200% 以上、债务比率为 100% 以下的报纸只有《釜山日报》，销售额营业收益率和销售额纯收益率增加的仅有《江原日报》、《大田日报》、《每日新闻》和《釜山日报》。

正如上面所述，地方报纸的平均销售额仅为中央报纸的 1/10，由于订阅费的低回收率和无信托广告的泛滥，从结构上很难摆脱慢性赤字的弊端。当务之急是采用确定正确的经营目标和策略，即通过具有地区特色的报道，提供有别于中央报纸的商品，对外提高竞争力，对内提高生产性和效率性。

4. 主要政策

4.1 《地区报纸发展支援特别法》

为了创造地区报纸健康发展的基础，2004 年 3 月制定并颁布了《地区报纸发展支援特别法》，目的是为了推进舆论多元化和民主主义的实现及地区社会的均衡发展。主要内容是在文化观光部设"地区报纸发展委员会"和"地区报纸发展基金"。在《地区新闻发展支援特别法》中，成为获得支援的报纸要满足如下条件：

◇ 正常发行 1 年以上，

◇ 广告所占比率不超过总版面的 1/2,
◇ 要加入发行量核查局（ABC）等。另外，如果大股东、发行人、编辑人员在总统令规定的地区报纸经营方面，犯有监禁以上的前科时，将排除在支援对象之外。

地区报纸发展委员会由文化观光部长官委派的 9 名以内人员组成，法律明确规定，其中国会文化观光委员会委员长与交涉团体协商推荐 3 人、新闻协会和记者协会及韩国言论协会各自推荐 3 人。

经过举办地区巡回讨论会和听证会，听取了各界的意见，经与有关部门协商及法制处审查，2004 年 10 月 5 日颁布了《地区报纸发展支援特别法》施行令，施行令规定了《特别法》委任的事项及其实施所需的事项。

施行令首先规定了支援的如下标准：

△ 需有发行人和编辑业代表同等参与，制定实施与编辑有关的规定，保障编辑的自律权，
△ 在申请支援基金之日前 1 年内，地区报社、大股东、发行人、编辑人及此外的干部和职员未在地区报纸经营上受到罚金刑以上的处罚，
△ 在申请支援基金之日前 1 年内，从业人员健康保险、国民年金保险、聘用保险及产业灾害补偿保险的保险金未有未交纳的情况。

地区报纸发展委员会从符合上述标准的地区报纸中，综合考虑其
△ 最大股东和相关特殊人员股票所有比率的程度、
△ 负债比率的程度、
△ 是否组建了由市民团体或地区人士组成的咨询委员会，定期举行活动，从而选出优先支援对象。

法律规定，基金的管理经营业务委托于文化观光部长官指定并通报的言论法人。2004 年 11 月地区报纸发展委员会委员接受委托，韩国言论财团被指定为地区报纸业务委托机构，完成地区报纸发展计划的制订工作。

4.2 完善言论伤害救济制度

最近韩国又推出了一些加强言论人权方面的措施。2004 年 4 月在言论仲裁委员会内设立了"民间言论伤害咨询中心"，为解决言论伤害解决难的问题，提供最终的综合解决方法。

民间言论伤害咨询中心业务包括与言论有关法律的咨询（受害者和媒体）、修改、反驳、通过仲裁申请追加报道的咨询及介绍、加强接受仲裁申请后进行事实调查的作用、为事先预防言论伤害事件的发生，对媒体、公私企业、地方自治团体、各行政机构进行教育与宣传，与法律救助机构协商进行伤害求助等。

新闻伦理委员会引入读者不满处理制度，以通过迅速处理读者对新闻报道广告的不满，提高媒体的信任度，促进媒体的发展。

4.3 新设文化媒体局

文化观光部通过结构调整，新设"文化媒体局"，目的是应对急剧变化的媒体环境，整体培育被称为"文化容器"的媒体产业。

文化媒体局的设立主要出于两个认识，一是需要建立支持媒体产业先进化的组织体制，来应对互联网媒体的发展等新的媒体环境，二是需要从制定产业政策的角度建立一种组织体制，而不再关注新闻业本身对媒体的争论。

新设文化媒体局的另一个原因是为应对因文化资讯产业振兴而导致的业务量增加的问题。

文化媒体局将强化出版产业振兴和扶持电子出版流通现代化事业产业培育等功能，其中包括制定媒体产业综合振兴政策，这里的媒体不仅包括普通媒体，还包括最近出现的互联网等数字化新媒体，还包括实现出版印刷产业的现代化、构建相关基础设施等。文化媒体局还将强化广播资讯振兴业务，以应对广播通信融合等环境的变化。

第十一课　韩国的杂志

1. 韩国杂志史

1.1 转换期

从半岛光复到朝鲜战争这一段时期，既是韩国杂志史上的混乱期，又是一次新的开始。这一时期，不仅出版了文艺杂志、综合杂志、专业杂志，还出版了地方性杂志、机关杂志等各种形态的杂志。地方发行的综合杂志有1945年大邱出版的《建国公论》，其创刊号曾一度售出3万本，在发行份数、销售方面，发展十分迅速，但由于当时社会条件和经营上的不成熟，最终停刊。令人瞩目的是，《女性文化》、《新天地》成为光复后最早的女性杂志和最早的综合杂志，这一时期的儿童杂志虽然是在混乱中发行，但其内容充实，确立了现在儿童杂志的基本框架。1948年5月韩国单独成立政府，左翼杂志逐渐消失，1949年3月和8月《新太阳》、《文艺》分别创刊，在文学史上具有很高的地位，极大地影响了韩民族文化的发展。

1.2 恢复期

杂志界因朝鲜战争而处于困难时期，但到1961年发展相当迅速，创刊数量达到了1,400余种。1·4后退后，以釜山为中心聚集的杂志界人士大力创办刊物，发行了《自由艺术》、《希望》、《自由世界》、《新朋友》等，大邱陆军从军作家团创刊了《战线文学》，此外，还出版了《历史学报》、《国语国文学》、《东国史学》和以学生为对象的《应试研究》，国民思想指导院发行了《思想界》的前身《思想》。

1953年的停战成为杂志界新的转折点，杂志文化进一步发展。同年4月，《思想》改为《思想界》，开始正式成为综合性学术杂志。《思想界》决定了8·15这一代人的思想意识，发挥了重大作用。同年9月，学生杂志《学园》在大邱创刊，推动了1960年代韩国文坛的形成。此外，出现了《文化世界》、《文学春秋》、《现代公论》等综合性杂志，1954年创刊的《清晨》与《东光》一脉相承，发表了一些批判自由党政权的文章。此后，出现了女性杂志和娱乐杂志，有《新家庭》、《女性界》、《女苑》、《主妇生活》、《阿里郎》、《明朗》等。

文艺杂志有朴南秀、金利锡、吴泳镇等一批由朝鲜来到韩国的文人创刊了《文学艺术》，为文艺界人士带来了新鲜活力，1955年1月创办延续至今的《现代文学》，也成为文人的活动舞台。这一时期出版了《文艺》、《文学人》、《自由文学》、《韩文文艺》、《文学评论》，诗作专业杂志《诗作》、《诗领地》、《诗精神》、《现代诗》、《抒情诗》、《新诗学》等。这一时期还创刊过包括电影杂志《国际电影》、《电影世界》《电影艺术》、《脚本文学》等在内的电影、法律、医学、教育、宗教等方面的学术和综合性杂志，但都是昙花一现。

1.3 发展期

从朝鲜战争到现在这一时期的杂志有以下几个特点：

① 杂志大型化，由"读"向"看"转变；

② 东亚日报社、中央日报社、朝鲜日报社、京乡新闻社等媒体公司开始出版各类杂志，开创了第二次报纸杂志时代（1964—至今）；

③ 掀起了周刊热，自1965年韩国日报社发行《韩国周刊》以来，发行了大批周刊，为读者所喜爱；

④ 杂志专业化现象明显；

⑤ 各种杂志社探索企业化之路，为争夺读者展开激烈竞争，现在这种竞争最为激烈的是女性杂志；

⑥ 杂志流通结构多样化，此前通过书店委托销售，现在则以推销制度、街头销售、申请定期订购形式为主。

第3共和国成立后，关注读者的编辑逐渐体系化，正式杂志开始出现，此后到1964年，新创刊了100多种杂志，到1970年代，杂志在形式、领域等方面不断发展。1964年创刊的代表性杂志有《新东亚（1964年9月复刊）》《月刊中央》《政经研究（后改为政经文化）》、《月刊桥》、《自由》、《自由公论》、《亚细亚》等综合性杂志，《泉水》、《东西文化》、《文化批评》、《新村》、《自由教养》等一般性教育类杂志，其中《亚细亚》作为面向一般大众的杂志，首次使用横向排版，此后《根深的树》也紧随其后使用横版。令人注意的是《卵的声音》、《基督教思想》、《京乡杂志》等宗教杂志也为一般大众所接受。

这一时期还创刊了《主妇生活》、《女性中央》、《女性东亚》、《职业女性》、《新 苑》等女性杂志和《英语世界》、《少年中央》、《女学生》、《小伙伴》、《学生科学》、《新少年》、《合格生》等儿童学生杂志。

文艺杂志有《月刊文学》、《现代诗学》、《诗文学》、《随笔文学》、《文学思想》、《新时代文学》、《心象》等，季刊《创作批评》、《文学和知性》分别于1965年1月、1970年4月创刊，1980年7月被强制停刊，但通过杂志组建了学派，成为当时知识分子的精神所在地，曾一度成为权威杂志。

1968年9月创刊的《周日首尔》拉开了周刊时代的帷幕，《女性周刊》、《京乡周刊》等相继出现，成为娱乐文化周刊。但是这些杂志逐渐脱离了原来的创刊宗旨，显露出商业化的倾向，成为低级杂志，受到了社会的批判。到1992年12月《周日首尔》共发行1192期，最后停刊。

1980年掌权的新军部势力在体现正义社会的口号下，在社会各方面开展严厉的整治活动，同年7月31日和11月28日采取净化措施，共取消了172种杂志的注册，包括因格调低级而受到批判的娱乐杂志《明朗》、《阿里郎》和15种周刊、《创作和批评》、《文学和知性》等104种月刊、16种季刊。这些措施虽然在规范发行附录、免费杂志的营利行为、早期发行惯例、低级杂志泛滥等方面起到了一定作用，但从最终结果上看，大大打击了杂志界的士气。

但是杂志界到今天不断取得良性的发展，1988年实现注册自由化，1991年杂志数达到4,965种，其中月刊2,168种、周刊1,338种、季刊662种、双月刊401种、年刊138种、日刊100种，最近《朝鲜周刊》、《时事杂志》、《TV杂志》等周刊创刊，再次掀起一次高潮，与此同时，周刊也逐渐走向高级化。

自1982年10月儿童漫画月刊《宝物岛》创刊以来，《漫画王国》、《漫画周刊》等月刊、双周刊、

周刊等形式的漫画杂志相继创刊。此外,最近杂志界的一个新的亮点就是在经营方面多有建树。伴随杂志的发展,以固定读者为对象的专业杂志不断增加,这一领域不断细分化。《高尔夫月刊》(1970年7月创刊)、《机械设计技术》(1986年10月创刊)、《电脑杂志》(1988年6月创刊)等为其代表性杂志。应该说,杂志的专业化和细分化是一个好现象。1991年首次出现了《Nexus信息中心》等借助于软盘的电脑软盘杂志,一张盘可以容纳400页的内容。

韩国杂志发行人协会(现在的韩国杂志协会)1965年将1908年11月1日崔南天创刊《少年》的时间定为韩国"杂志日",这一天将举行仪式,奖励为韩国杂志文化发展作出贡献的人员。

2. 韩国杂志现状

2.1 注册现状

以2004年11月为准,在文化观光部和各市道注册的月刊以下的杂志为3926种,其中各市道注册的杂志数为2219种。据韩国杂志协会推算,2004年11月底,杂志业从业人数约为4万余名,年销售额为1兆韩元。

从杂志公司的形态来看,个人企业最多,其余依次为株式会社、法人团体、有限公司。大型综合杂志社有首尔文化株式会社、中央M&B株式会社、熊津.com等,大部分是株式会社法人团体。杂志发行的形式以月刊为主。

从定期刊物注册数量来看,2000年度为6435种,2001年度为6884种,2002年度为7027种,呈逐渐上升趋势,2003年为6688种,多少有所减少,2004年11月达到6895种。

月刊、双月刊、季刊、半年刊2000年新注册663种,2001年减为638种,2002年稍增为681种,但是2003年又减少为633种。

停刊数2000年为378种,2001年为418种,2002年为648种,2003年为888种,呈持续增加趋势。思想教育类杂志、文学类杂志等比起广告来,更多依靠销售收入。依据定期订阅者构成比例或杂志的特性实行会员制的收费专刊,其收入依靠定期订阅,但以广告为主要收入来源的免费杂志则几乎无人定期订阅。

开设网络主页的大概占70%左右,但是网站的商业化仍不令人乐观。使用ISSN(国际标准期刊编号)的杂志超过60%,但是能够灵活运用的仅是极少数杂志,需要通过流通信息化来实现ISSN代码的商用化及提高使用率。2004年11月韩国获得ISSN的刊物共有8,312种。

2.2 杂志分发销售份数

广告在杂志市场发挥着非常大的作用,同时也因此产生了很多问题,而ABC制度的实施对解决这些问题起到了很大的作用。ABC(Audit Bureau of Circulations:发行量核查局)制度有助于通过提高透明度,促使杂志社合理经营,并推动广告的发展,因为发行份数与同属杂志社财源的销售及广告收入有着很大的联系。

在印刷媒体的广告费中,杂志所占比重约为7.5%,比报纸、TV、广播电台要低很多,但其份数信息是各发行公司、广告商、广告公司的经营和广告的科学化所必需的基本资料,发行份数信息最终也是社会发展所必需的信息。

2.3 广告市场

现在,韩国广告统计主要由第一企划和KADD(韩国广告数据)进行,但现在两处的统计却不能如实地反映现广告市场的情况,这是因为第一企划和KADD的广告量统计是以广告代理公司为基准的,而实际上,大部分杂志广告并不是通过广告代理公司进行,而是直接由杂志社和广告商签约制作，考虑到这一点，可以推测出韩国的实际广告量应比第一企划和 KADD 的统计结果大很多。

第一企划的调查结果显示，2003 年媒体总的广告费用比去年（68023 亿韩元）减少 0.6%，各种媒体的减少量分别为：TV 为 23671 亿韩元，广播电台为 2751 亿韩元。电波媒体广告费用为 26422 亿韩元，这与 2002 年（27175 亿韩元）相比，约减少 753 亿韩元。报纸为 18900 亿韩元，杂志支出 5465 亿韩元，印刷媒体共支出 23906 亿韩元，这比 2002 年（25665 亿韩元）减少 1759 亿韩元。电波媒体和印刷媒体的广告费构成比率分别为：电波媒体由 2002 年的 39.7% 减至 38.9%，印刷媒体从 2002 年的 37.5% 减至至 35.1%。

KADD 调查的结果显示，广告量同前一年度相比减少 1.4%，总额为 66112 亿韩元，各媒体分别为：TV 广告为 23553 亿韩元，减少 3.1%，广播电台广告为 2274 亿韩元，减少 1.6%，杂志广告为 3019 亿韩元，减少 7.6%。KADD 统计显示，报纸广告量增长 0.3%，但如果考虑报纸广告的实际销售价格，可能较前一年度有所下降。

但是，韩国杂志协会调查了其会员公司，结果显示，包括通过广告代理公司制作的广告和与广告商直接签约的广告在内，广告总费用为 8675 亿韩元。

按杂志的种类来看，女性刊物广告费年均 3206 亿韩元，月均 267 亿韩元，数额最高，其次是产业技术信息杂志，年广告费 1158 亿韩元，月均 96 亿韩元，其他依次为经济、生活信息、旅行交通观光、时事杂志。成人杂志的广告费为月均 1 亿韩元，数额最小，这也是因为其种类较少。学术研究杂志仅有 54 种，广告费为月 0.2 亿韩元左右，年均仅为 3 亿韩元，法律考试、文学杂志等的广告费用更是微不足道，由此可以看出杂志间的广告费具有很大差别。

2.4 杂志的结构

韩国报纸企业除主要领域即印刷报纸外，还有多种杂志。所有报纸毫无例外都发行杂志，有的报社发行的杂志竟然接近 20 余种。

日报社发行杂志具有很多优势。首先，不需额外的投资，就可以利用印刷设备和厂房等固定资产，在报道的取材和制作方面，也可以灵活运用取材过程中的副产品，而且，在杂志的宣传和销售方面，也可以利用报纸，处于非常有利的地位。

报纸企业发行的刊物有着与一般的出版商品不同的特征。一般出版商品其使用价值可以保存很久，经历了一定的时空界限之后，其商品价值仍不会大打折扣。但是报社发行的杂志等出版商品强烈地具有同印刷品一样的商品性。因为这些出版商品和报纸一样，超过一定的发行周期，其商品价值便会急剧贬值，而且，一旦离开发行地区和国家，出版商品作为信息商品的使用价值几乎变为零。报纸企业发行的出版物同报纸一样是一种受时空限制很强的商品。如果这些出版的杂志商品整合到网络报纸时，由于多种原因将会造成一种"协同效果"。

2.5 杂志的细分化

从 2004 年韩国发行的女性杂志即可以看出杂志趋于专业化、细分化的倾向。细分化指细分为不同年龄层、不同的领域，不同领域的专业化也可以代表一个年龄层的人，不同年龄层的专业化也可以形成一个领域。

电脑杂志的细分化也是杂志界的一种新倾向，尤其是，技术领域的专业杂志因技术的发展而细分化，计算机的飞速发展产生计算机、游戏方面的专业杂志。生活信息杂志由于划分过细以至于无法统归一类，从而表现出细分化的倾向。为了配合网络环境的变化和计算机产业的细分化，计算机杂志出现了细分化的情况。

专业杂志社因其对象是专业人士,因此,更多情况下,不是依靠销售利润,而是依靠广告收入来经营。广告收入的依存度取决于该杂志依靠多大群体的专业人士,因为事实上,以专业人士为对象的杂志的广告效果比以普通人为对象的杂志要好得多。

但是如前所述,由于网络的出现,用户越来越需要以特定的专业集团为对象的深度专业杂志逐渐细分化,因此,这些专业杂志有可能取得更多的发展。

最近,由于计算机和网络的发展,越来越多的人开始关心与之相关的领域。计算机杂志的特征是:不仅仅包括计算机和网络科学领域的研究者,普通人也希望使用计算机获得专家级的信息。也就是说:尽管计算机和网络领域具有一部分专业杂志的特点,但普通用户的增加带来了计算机杂志数量上的增加和细分化结果。

最近,计算机和互联网杂志的细分化倾向越来越明显。不仅计算机程序、硬件等方面的杂志,连网站设计以及网站管理等多少提供专业知识的专业杂志也都呈现不断增加的趋势,究其原因,一是如前所述的普通用户对专家级知识的需求,二是从商业角度来说,风险企业的出现导致此类杂志大量出现。计算机和网络杂志的增长为数字专业杂志带来了美好的前景,可以想象,今后相关人员的需求将不断增加。

3. 主要政策

杂志业在韩国经济的低成长趋势下正在经历困难局面,尤其是在线市场的突起更加大了那些离线杂志市场的萎缩。因此,韩国政府为了最大限度地保存杂志的自身发展,提高杂志竞争力,从制度、政策、法律上强化了对杂志业的支持,并且为实现这一目标,而在推动实施四项措施:第一,打好构建杂志内容资料数字化事业的基础;第二,培养杂志业的专门人才及强化研究机能;第三,培养优秀杂志并支援;第四,完善相关的法律制度。

3.1 杂志资料数字化基础构建事业

是指为振兴杂志事业,将现有的离线杂志所含的文字或图片信息通过网络这一新型的通讯方式向读者传递资讯信息的最有效最合理的方式,是指一种构建有偿或无偿向国民提供杂志所包含信息的系统。

有必要利用数字技术来突破杂志媒体所具有的界限,适应计算机,数字技术、信息通信技术等所带来的杂志媒体环境变化,并创建杂志综合服务系统,着力于今后扩大杂志流通等杂志界全盘的协同效果的最大化。

3.2 杂志专业人员的培养和研究机能的强化

杂志界的有待解决的课题之一就是培养杂志的专业人员,因此以培养作为制作主体的记者、编辑专家、设计师等多样的人才为目的建立并运营了韩国杂志教育院。杂志产业是要求具有专业性的信息知识产业。从这一点来看,很有必要培养专门的杂志高级人才,还应致力于培养缺口人才和进行现有人员的再教育,致力于通过与杂志产业相关大学的产学业协同来努力培养杂志专业人员、强化共同研究功能。

3.3 创办并支持优秀杂志等

国内的杂志产业具有企业规模小,近代流通结构的脆弱性等问题。为强化杂志产业的产业基础,应实现杂志流通服务系统现代化并使之与出版流通系统相关联,扩充杂志资金,创出优秀杂志并进行支持,改善邮政制度,推进送爱心杂志运动的发展。

3.4 推进完善相关法律制度

为从产业层面支持制定与文化媒体产业相关的法律法规，韩国国会正在推动修改《报纸法》等相关法令。杂志产业领域则有《定期刊物注册法》和《出版、印制振兴法》，应从法律上制定讨论与文化产业振兴有关的法律。也需要从制度方面加大支持的力度，如可以谋求振兴杂志业的杂志资金的扩充、创办优秀期刊及加强支持力度、改善邮政制度、推进杂志产业国际化、向韩流文化出口市场——中国、日本、东南亚市场出口、实现杂志流通的现代化、促进南北杂志的交流等。

第十二课　韩国互联网（1）

1. 互联网诞生之前

1.1 互联网基础技术和概念的提出

20世纪60年代是互联网基础技术及概念提出的时间。1965年被称为"封包交换（packet switching）"的互联网主干技术和"传送质量"、"信息服务"等概念相继出现。

1.2 各国构建计算机网络

自20世纪60年代末至整个70年代，美英等主要国家纷纷致力于构建本国国内的计算机网络，其中具有代表性的是1969年美国建成的ARPANET和英国的JANET。

2. 韩国互联网模型的诞生——SDN

2.1 SDN的开通

1982年5月15日韩国开通了SDN，这是韩国互联网的开端。首尔大学计算机工程学系的中型计算机通过1200bps专线连接了龟尾市的电子技术研究所（现韩国电子通讯研究院）的中型计算机，1983年1月韩国科学技术院（KAIST）的大型计算机连接了SDN，构建了一个完全的通讯网络。因为连接SDN的计算机之间使用的通信协议，就是现在互联网使用的TCP/IP，因此，这即可称为韩国互联网的开端。

2.2 UUCP和USENET

1983年8月，SDN使用UUCP连接了荷兰MCVAX计算机，同年10月连接了美国HPLAB的计算机。UUCP是UNIX下设置的协议，具有无需添加附加设备的优点，因此，有利于国内外网络节点的扩散。这一时期，美国国内连接了未参与ARPANET的大学和研究所组成CSNET。1984年12月SDN连接了CSNET，到1990年正式连接美国的互联网之前，SDN成为通过CSNET进行技术交流的场所。因为美国政府对ARPANET连接采取限制政策，当时仅能使用电子邮件和USENET的新闻服务，不能使用其FTP等服务。但是，由于国际线路使用费过大，相当多的USENET资料是通过转为磁带的方式邮寄接收的。

2.3 韩文电子邮件

1983年，KAIST发表了题为《关于开发韩文邮件系统的研究》的硕士学位论文，开始了韩文电子邮件的相关试验。1985年韩文电子邮件程序和被称为"hvi"的韩文编辑程序的开发，

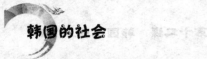

使在SDN上使用韩文接收电子邮件成为可能。1984年5月DACOM公司开始在DACOM-Net上提供商用电子邮件的服务。只是当时电子邮件使用的协议为X.400，与现在普遍使用的协议尚有所不同。

2.4 Asianet

1983年构建的荷兰、美国及韩国间的网络发挥了各自所在的欧洲、美国、亚洲地区计算机网络连接点的作用，因此构建了囊括日本、韩国、澳大利亚、美国、新加坡、印度尼西亚、加拿大、荷兰等国的国际网络"Asianet"。

3. 与国际互联网的连接

3.1 .kr 域名和IP地址的使用

进入20世纪80年代后半期，出现了韩国网络正式参与多国网络的一系列大事：1986年7月首次收到分配的IP地址；1987年设计出.kr之下二三级域名的规格，开始正式使用代表韩国的国家编码域名.kr；KAIST的计算机正式登记成为.kr域名的服务器，自此，可以自由登陆国内外以.kr为域名的所有计算机。

3.2 以民间机构为中心制定互联网政策的活动

随着互联网使用范围的扩大，韩国需要一个负责网络有效运营的机构。1988年以大学和研究所为主组成的"学术电算网协议会（ANC）"应运而生。

ANC由学术电算网代表及所需委员参加的"调整委员会（ANC Steering Committee）"和网络运行的技术人员参加的技术委员会"SG-INET"这样的小委员会组成。

ANC成为韩国互联网的代表，负责韩国国内域名、IP地址的使用和分配，负责与国外电算网的连接，也成为国际网络协议会的韩国代表。ANC在1994年和1998年先后改成"KNC"和"互联网地址委员会（NNC）"，作为民间机构，继续从事互联网政策的制定活动。

3.3 PC 通讯

随着以互联网为中心的通讯服务研究的加深，20世纪80年代另一种方式的通讯方式诞生了，这就是PC通讯。始于1984年DACOM公司"韩文邮件"的服务从1986年开始统一更名为"千里眼"，1988年开始的"KETEL"也变更为"HITEL"，成为最具代表性的PC通讯服务。PC通讯服务原本独立于互联网，1995年开始通过互联网提供连接互联网的服务。PC通讯的最大意义在于提供了成立"在线"爱好者协会的契机。

3.4 PACCOM 项目

1989年在美国计划了以夏威夷大学为中心连接日本、澳大利亚、新西兰的PACCOM。当时，韩国国内参与SDN的众多机构做出决定，共同承担连接到夏威夷的56Kbps专用线1年的使用费，并为此设立了名为"哈拿（HANA）"的机构。

1989年3月"哈拿网"建成，此网由KAIST的中型计算机通过清凉里电话局，经由人工卫星收发中心锦山支局，利用人工卫星，以56Kbps专用线连接到夏威夷大学。以前是由UUCP、BITNET、CSNET连接国际线路，由于以通信包为单位的从量制收费要求过严，通过国际线路使用互联网相当受限，连接PACCOM后，便可以比较自由地使用互联网了。当时，互联网不同种类服务流量的顺序依次为FTP、Mail、Telnet、Archie、DNS。

1992年8月主要网关设备和"哈拿网"、SDN网络运营功能由KAIST转交韩国通讯公司（KT）。KT研究所的"汉拿网"以后成为KT常用网络KORNET的基础。自"汉拿网"建成之后，SDN专指国内网，"汉拿网"专指与国际互联网连接的网络，SDN的名称渐渐不为人常用，1993年ANC技术委员会决定不再使用SDN这一名称。

3.5 PCCS'85- 国际上首次与电脑网络有关的国际学术会议

1985年，国际上首次与电脑网络有关的国际学术会议PCCS由KAIST主办，在希尔顿华克山庄举行，来自韩国、美国、日本、欧洲及东南亚的微机通讯及网络专家参加了会议。本次会议在技术方面具有相当的指导作用，因为类似的电脑网络国际学术会议直至90年代才再次召开。同时，此次会议也向世人展示了韩国在国际电脑网络领域的积极主导的参与精神。此后，以PCCS为契机，韩日两国的微机通讯专家会聚一堂的JWCC从1986年开始轮流在两国举行，参与的国家不断增加，最后成为国际性会议ICOIN。

4. 网络由教育界和研究界向外扩展

4.1 国家主干网事业

1983年7月制定了包括"行政电算网"、"金融电算网"、"教育 研究电算网"、"国防电算网"、"公共安全电算网"在内的"国家5大主干电算网事业"计划，1986年5月还特别制定了法律第3848号"关于进一步普及电算网并促进加快利用的法律"，作为上一计划的法律依据。韩国政府以此法为依据，设立了负责审议和调整国家主干电算网事业推进政策的"电算网调整委员会"，开始由政府主导构建国家主干网。1988年6月决定将"教育 研究电算网"分成"研究电算网（KREONET）"和"教育网（KREN）"，分别由科学研究处所属的系统工程学中心（现韩国科学技术信息研究院）和教育部所属的首尔大学为中心构建研究网和教育网。研究电算网KREONET和教育网KREN至2004年仍被用作连接主要大学和研究所的电算网。

4.2 以技术人员为中心发起的技术研究活动

1991年ANC下属的TG-INET二次维护后组成SG-INET，SG-INET下设命名、路由、韩文、杀毒工作组等委员会，负责技术的开发、引进与运行。此举取得了不少成果，如为命名工作组提供了建立KRNIC的基础，韩文工作组制定了韩文电邮IETF标准方案，杀毒工作组组建了CERT Korea。当时与网络运行有关的教育网、研究网、KAIST、韩国电算通信研究院（ETRI）、忠南大学、电算院、Dacom、KT等的技术人员积极参与了SG-INET的活动。

4.3 韩国网络信息中心（KRNIC）

1992年在ANC管辖之下，韩国网络信息中心（KNIC）建成，目的是为国内互联网提供网络管理功能服务。此前的网络信息管理功能由个别的网络分别掌握，ANC负责韩国国内IP地址分配的调整功能和域名注册功能。韩国国内互联网规模逐渐扩大，世界上各大洲各个国家纷纷设立网络信息中心，韩国网络信息中心也顺应这个大趋势应运而生。

1993年1月KAIST受托负责韩国网络信息中心的运行，1994年9月其主要功能又移交韩国电算院，1996年又新组建KRNIC的独立法人，专门负责韩国国内网络信息管理功能。2004年根据《互联网地址资源法》建立互联网振兴院，负责韩国国内互联网主要资源的管理功能。

4.4 韩文Encoding标准

使用先前的电子邮信系统，具有一定的限制。因为虽然英文字母和数字内容可以准确无误地发送，但如果使用韩文传输，则会出现内容受损、收信人无法正常阅读的现象。1991年12月KA2ST根据《韩文编码规格方案（ISO2002-KR）》开发出韩文电子邮件软件'韩文elm'。《韩文编码规格方案》实现了英文字母数字组合和韩文之间的准确转换。当时使用的韩文Encoding方式得到进一步发展，1993年以"korean Character Encoding for Internet Messages"为题进入国际互联网标准化机构IETF的RFC文件，这在韩国尚属首次。

4.5 万维网的启动

1990 年代在国际上称为"万维网（www）"的互联网技术带来了互联网的一大变革。在韩国国内，KAIST 人工智能研究中心 1994 年建立了韩国第一个网站"cair.kaist.ac.kr"，同时，许多研究人员组织起来，在韩国介绍和普及 www 技术。这些举措加速了 www 在韩国的普及。

4.6 韩国学术电算网研讨会

1990 年代是国际和韩国国内互联网技术飞跃发展的时期，就是在这种背景下，1993 年第 1 届韩国学术电算网讨论会（KRNET）在首尔举行。该会议以后每年举行一次，主要作用是介绍国内外互联网技术动向，加强网络技术专家间的技术交流与合作。

5. 商用互联网

5.1 商用互联网服务的开始

20 世纪 90 年代中期，仅限大学和研究所使用的互联网因一系列事件开始普及到普通公司和家庭。1994 年 6 月韩国通信开通 KORNET，10 月 DACOM 公司开通 DACOM Internet，11 月 iNET 技术株式会社联手 Nowcom 开通 nuri.net，提供相关服务。这些商用互联网服务到 2004 年已发展成为 30 多家公司参与的韩国国内的主要产业。

5.2 KIX-商用互联网交换中心

为实现商用互联网的联网，以韩国电算院为中心成立了交换中心 KIX。1995 年 2 月教育网、研究电算网等首先实现连网，3 月之后 Inet、Nowcom 等商用互联网服务商（Internet Service Provider，ISP）的 11 个机构实现联网。同年 11 月，就"IX 体系"达成协议，以韩国电算院、韩国通信、DACOM 公司为中心实现韩国互联网的联网及运行，至 1996 年 12 月，商用 ISP 交由商用 IX（韩国通信、DACOM）管理。1999 年 6 月韩国主要 ISP 公司参加的"韩国互联网联网协议会"筹建了 KINX 交换中心。

5.3 互联网的大众媒体

1995 年 3 月《中央日报》率先运作，10 月《朝鲜日报》开始提供'数字朝鲜日报'服务。从 1996 年 9 月 Inet 的"意象(im@ge)"创刊开始，不再采用纸张印刷面，只以网站运行的"网络杂志"渐成燎原之势。1996 年"Interpark"和乐天网上百货店开通，由此开启了"e-commerce"时代，人们从此不需上街购物，只需登陆网站，即可浏览采购。

5.4 互联网世博会

20 世纪 90 年代后期是互联网广泛普及的时期。1996 年众多国家在互联网上召开了一次"互联网世博会"，作为进一步推动网络普及，广泛使用现有互联网的活动。这次活动建立的不是现实中的展览馆，而是在互联网上建立的拥有展览馆功能的网站，成为通过不同方式检验飞速发展的 www 技术和互联网技术的良机，特别是对韩国来讲，这为那些计划推出网络服务的风险企业家（venture）提供了一次对外介绍并发展自身技术的机会，这也进一步督促大众传媒参与在线服务，还推动了韩国公共机构建立相关网站。

6. 超高速互联网

6.1 超高速互联网的广泛普及

到 20 世纪 90 年代末为止，一般家庭的网络服务用户可以利用电话线登录互联网，速度最高仅 56Kbps。1998 年 7 月 Thrunet 开始通过有线电视提供速度为 1Mbps 的超高速互联网服务。Hanaro 通信公司和 KT 公司也就 ADSL 超高速互联网服务展开竞争。超高速网络用户家庭至 2002 年突破了 1 千万。通过超高速互联网的广泛普及，韩国全国已有 2/3 的家庭享受此项服务。

超高速互联网的这种飞跃式发展导致各种多媒体服务范围的扩大,为通过融合广播通信,提供网络电话而迈向"无所不在的(ubiquitous)"社会奠定了基础。

6.2 超高速联网扩展的背景

20世纪90年代末,由于互联网服务的要求与日俱增,互联网又无法普及到每个家庭,因此,提供互联网服务的网吧和PC房应运而生。1995年8月15日首尔钟路区营业的'NET'是韩国最早的网吧。此后网吧等的数量日渐增多,到1999年底达到15,150家。以网吧用户为主的在线游戏用户不断增加,1998年战略模拟游戏"星际争霸"在网吧里得到了普通用户的喜爱。这种在线游戏主要面向青少年阶层,且需求日益增多,可以说为一般家庭普及互联网发挥了极大的作用。互联网在线股票交易服务可以使股民不再前往股票交易场所,就能轻松地进行股票交易,通过网络银行服务,可以不再前往银行,就能方便地从事贷款、转存等银行业务。调查结果显示,由于网络银行使用便利,2001年11月网络银行登录用户达到1,131万(相当于韩国总人口的30%)。

7. 社会影响

7.1 互联网的负面影响

互联网在为我们的日常生活提供方便的同时,又为社会带来了一些负面的影响,特别是有人沉溺于网络游戏或为负面信息所左右,致使丧失正常的生活能力,还有开办教授自杀的网站,或通过黑客手段盗取他人信息进行违法犯罪。不时有人在网上无限制地散布内容不当的垃圾邮件,浪费别人的时间,有人通过电子邮件散布电脑病毒,致使他人业务中断不能正常工作。

7.2 对策和努力

1995年信息通信部组建了信息通信伦理委员会,用以防止通信的负面影响,审议相关措施。政府与民间通力合作,组建了互联网犯罪调查中心、网瘾预防咨询中心、非法垃圾邮件对应中心、互联网侵害事件对应支援中心等机构,开展活动,应对互联网给社会带来的负面影响。

7.3 个人自由和负面内容间的平衡

应对负面影响的措施不能侵犯个人的自由,因此在实施某些举措时进行了适当的牵制。例如2000年信息通信部试图修改《信息通信网利用促进法》,将"互联网内容等级制"法律化,由于市民团体的反对,最终不了了之。《电气通信产业法》第53条曾允许电气通信商根据信息通信部长官的命令限制特殊信息的使用,2002年宪法裁判所对此作出了部分违宪的判决。

8. 网民

从20世纪90年代初开始,普通市民的政治言论和社会言论方式发生了改变。1994年在韩国基督教青年会全国连盟架设了韩国SDNP主机,这是联合国发展中国家支援项目SDNP的一部分。由于互联网使用匿名制登陆便捷,更多的人在网上开设网站,开发各种意见。1997年8月原来的韩国国家足球代表队球迷俱乐部定名为"红魔(Red Devil)",2000年11月开设红魔主页,成为2002年FIFA韩日世界杯啦啦队加油助威的主要推动者。2002年6月发生了美军装甲车轧死两名女中学生事件,网民纷纷参加烛光示威,举行在线悼念活动并发展至全国范围。2002年12月总统选举时,依靠互联网组织了政治人支持者俱乐部"爱卢会"等许多网民组织,积极开展了各种在线/不在线的选举活动。可以这样说,这些网民并不是由于互联网这种新媒体的产生而突然出现的,而是自20世纪90年代初开始,主要在PC房建立的"爱好者协会"由于传媒的变化而发展形成的。

第十三课　韩国互联网（2）

1. 互联网基础设施

1.1 主干网

1.1.1 互联网交换中心（IX）

韩国互联网交换中心（Internet eXchange）节点服务由韩国电算院的 KIX（www.kix.ne.kr）、KT 公司的 KT-IX（www.kornet.net）、DACOM 公司的 Dacom-IX（www.bora.net）、KINX 公司的 KINX（www.kinx.net）以及韩国电算院釜山地区的 BIX（www.busanix.net）等提供。非营利性公共网络以韩国电算院的 KIX 为中心实现联网，商用网络服务运营商（ISP）主要通过 KT-IX、Dacom-IX、KINX 实现联网，釜山－庆尚南道地区以韩国电算院的 BIX 为中心实现联网。

1.1.2 商用网

韩国商用网主要有 KT 公司的（KORNet）、DACOM 公司（BORANet）、Onse 通信公司（onsetel）、Hanaro 电信公司（HANANet）、Thrunet 公司（Thrunet）、Enterprise Networks 公司（GNGIDC）、Dreamline（DreamX）、三星 Networks 公司、Powercomm 公司（POWERCOMM）等 78 个公司，对外提供网络服务。

1.1.3 非营利网

韩国的非营利网主要有广域宽带研究开发网（KOREN）、国际研究网（APII/TEIN）、超高速研究网（KREONET）及以 PUBNET 和 PUBNETPLUS 为中心的公共网等，向外提供网络服务。

1.1.4 海底光缆网

现在韩国维护运行的国际海底光缆共 11 条（APCN、APCN-2、CKC、CUCN、C2C、EAC、FLAG、FNAL、KJCN、RJK、SMW-3），总容量为 19Tbps。据推测，2005 年使用海底光缆的国际线路比重将达到 99.5% 以上，这个比重还将持续下去。截止 2004 年底，世界通信市场一直低迷，2005 年将有所好转，国际海底光缆市场亦将随之发生变化。

1.2 用户网

1.2.1 有线网

2004 年 12 月韩国国内互联网用户数量超过了 3,158 万人。高速互联网用户 2005 年 4 月达到了 1,217 万人，与 2003 年 12 月 1,110 万人相比，几乎没有增长，因此可以这样说，超高速互联网已进入成熟期，基本达到了饱和状态。因此，经营商之间竞争激烈，提高服务质量，吸引新用户，并通过提高线路质量和多种附加服务来巩固老用户。

今后，所有用户网最终将变为 FTTH 光用户网结构，并提供超高速三网合一服务（TPS：Triple Play Service），但由于投资费用日益增多，作为过渡措施，仅有交换局到分配节点使用光缆，而从分配节点开始则使用 VDSL 和以太网。

1.2.2 无线网

无线通信一般是指,获得《电气通信事业法》规定的主干通信业务中主干通信的部分频率从而提供相应的服务,分为移动电话、个人便携通信、移动通信(2GHz 带宽 IMT-2000)、无线传呼、频率共用通信(TRS：Trunked Radio System)、无线数据、卫星便携通信等类型。

基于 CDMA 技术的移动电话用户不断增加。韩国 W-CDMA2003 年 12 月已进入商用化,现正以 384Kbps 的速度提供服务,商用网络可以提供最高 2Mbps 的高速数据服务。"无所不在"(Ubiquitous)与"融合"(Convergence)现已成为技术开发的话题,在无线通信领域,各种技术纷纷亮相,移动电话、数字多媒体广播(DMB)、便携互联网(WiBro)等通信、广播、互联网逐渐融合,而且,融合的速度不断加快。

2. 互联网服务

2.1 搜索

门户网站的搜索范围已大为扩展,现在不仅包括沟通和新闻,还包括休闲等各方面的服务,但其起点和基础仍为搜索服务。最近搜索服务的最大特点就是始于 2002 年的知识搜索方式的服务。知识搜索服务是将来自本国用户的提问和回答进行分类后,再为用户提供检索服务,这是在外国检索服务中难以实现的。

2.2 游戏

2004 年韩国游戏市场总规模达 4.5 兆亿韩元,年平均增速高达 10.1%,据估计,2007 年将形成 6.2069 兆亿韩元的规模。

在线游戏出口额占到了 2003 年全年游戏出口的 80%,不仅主导了韩国游戏市场,还引邻国外市场的潮流。2004 年后在线游戏主要通过休闲游戏和体育游戏扩展游戏市场,传统在线游戏亦更趋大型化。由于高性能手机的不断普及,手机 3D 游戏制作日渐增多。

2.3 在线音乐服务

2004 年可以看做是在线音乐市场的开始年。特别是,博客和微型主页导致 BGM 市场增势迅猛。最近,由于代表性的在线音乐网站"Bugs music"宣布开始提供付费服务,SK 电信、KTF、LG 电信等纷纷开始推出或准备推出在线／非在线音乐下载服务。

2.4 E-learning（网络学习）

教育人力资源部 2004 年公布了《E-learning 支援体制综合发展方案》,以充实公共教育,还公布了通过 E-learning 开发国家人力资源的战略,并正在酝酿出台《E-learning 法》。

EBS 高考授课构筑了 VOD 形式的 E-learning 基础,这一事件意义重大。据 EBS 统计,2004 年 10 月已累积用户 1,177,726 人,日平均网站用户 1,201,166 人,日平均 VOD 使用数为 145,230 次。据 EBS 称,EBS 计划于 2004 年 12 月将高考视频服务改为 DMB 服务。

2.5 网络报纸

现在印刷类报纸收益不断恶化,而网络报纸服务却在持续发展,特别是现有的门户网站如 DAUM(www.daum.net)、NAVER(www.naver.com)、韩国雅虎(www.yahoo.co.kr)等也开始提供新闻服务,互联网门户网站的媒体威力进一步加强。

Ohmynews(www.ohmynews.com)、Preesian(www.pressian.com)、Inews24(www.inews24.co.kr)等网络报纸也在不断面向读者进行服务。

2.6 广告

据调查,2005 年韩国互联网广告市场同 2004 年（3,300 亿韩元）相比,将进一步增至 4,120

亿韩元,其中,最令人刮目相看的是关键词广告,有望从2004年2,160亿韩元增至2,890亿韩元,增幅33%。

2004年韩国在线广告市场总规模为3,300亿韩元,其中搜索广告市场达到2,160亿韩元。据推测,今后关键词搜索广告市场占互联网广告的比率将由2004年的60%增至2005年77%,达到3,100亿韩元。

2.7 交流

2004年韩国互联网交流方面最令人注目的是微型主页(Mini homepage)、博客等个人交流领域。

个人媒体服务的剧增,使用户由仅熟悉手动阅读信息而成为资讯的生产者。以个人为中心的交流方式与以往不同的特点是:由信息使用者变为信息生产者,由不特定参与者为中心变为以明确的个人为中心,由封闭式变为开放式。

3. 互联网用户

3.1 韩国互联网利用率及用户数

韩国互联网商用化10年,互联网用户超过3,000万,2004年12月韩国国内互联网用户达到3,158万人,互联网利用率较前一年增长4.7%,达到70.2%。互联网利用率曾一度每年增长10个百分点,但自2002年以后增幅减缓,这说明,新用户正大为减少,活跃用户在相对增加。

从年龄分布上看,信息化过程的先锋30岁以下人群互联网利用率继续增长,现已在达到95%,网络利用率较低的30岁以上人群增势明显。6—19岁人群的互联网利用率最高,达到96.2%,其次是20—30岁人群,为95.3%,30—40岁人群为88.1%。另一方面同前一年相比,40—49岁人群互联网利用率增长10.9个百分点,其次是50—59岁人群增长了8.3个百分点,30—39岁人群增长了7.4个百分点。

3.2 互联网利用形式

3.2.1 互联网利用时间

韩国互联网用户每周平均上网约11.7个小时,47.9%的用户平均上网10小时以上。

男性比女性平均每周多上网1.8小时,从年龄上看,20—29岁人群上网时间最长,达16.1小时。

3.2.2 互联网利用地点

据调查,90.5%的互联网用户在家庭上网,其次为网吧(25.8%)、工作单位(24.8%)、学校(18.2%),20岁以上男性在工作单位上网比例相对较高,6—19岁和20—29岁人群在学校上网比例较高。调查显示,在网吧上网的主要是男性、20岁以下的人群居多。

3.2.3 互联网利用目的

上网目的依次为资料信息搜索(70.2%)、玩游戏(53.6%)、发邮件(30.2%)。20-29岁人群同其他人群相比,上网主要用于聊天,女性和20—39岁人群上网主要用于购物和预约,年龄越大,阅读新闻和报纸的比例越高。

3.3 家庭互联网利用环境

据调查,韩国可以上网的家庭达到72.2%,在拥有电脑的家庭中有97.9%具备上网的条件。可以上网的家庭86.0%采用xDSL方式上网,13.5%采用缆线调制解调器(Cable Modem),

也就是说，大部分上网家庭已连接了超高速互联网。

3.4 企业互联网利用现状

韩国电算院《2004年信息化统计集》显示，在5人以上的企业中，55.1%（共27.4万家）构建了网络系统。比前一年增长2.4个百分点，但低于2002−2003年12%的增长率。从企业类型上看，金融保险业最高，达到95.5%，农林水产业最低，仅45.2%。重工业和石油化工、建筑业同去年相比有所减少，其他类型连续3年持续增长，从网络连接类型上看，LAN形式最多，达88.8%，较前一年增长3.1%。

调查显示，可以上网的企业每年持续增加，已占企业总数的85.9%，达到42.6万家，较前一年增长6.2个百分点（去年为79.7%，37.5万家）。从企业类型上看，金融保险业最高，达到99.7%，农林水产业最低，仅68.8%。从上网增减变化上看，除农林水产业外，所有类型的企业上网比例持续增加。在可以上网的42.6万家企业中，采用xDSL方式上网的企业占64.6%，达27.5万家，其次采用专线方式上网，达18.6%。从企业类型和组织性质上看，采用专线上网最多是金融保险业（55.0%）和国家／地方自治团体（72.9%）。

4. 互联网政策

4.1 互联网地址政策

现在基于IPv4的IP政策和域名管理体制是由美国的民间团体国际互联网域名与地址管理机构（ICANN）管理的。因此，在这种体制下，要保证国家利益和地址资源的正确利用，国家的介入是不可避免的。从属性上看，互联网地址这种公共资源的管理属于公务的一种，首尔行政法院2003年宣布互联网地址资源管理业务是国家业务的一部分，2004年1月制定了《关于互联网地址资源的法律》。

2004年1月29日公布《互联网地址资源法》后，2004年7月24日又制定了《互联网地址资源法施行令》，2004年7月30日又制定了这一法令的实施规则，构建了相关法律体系，进入了法律层面的实施阶段。法律的主要内容如下：

《互联网地址资源法》赋予国家推进互联网地址资源的开发使用和正确公正地使用互联网地址的责任和义务。

基本计划的建立、实施、开发及标准化、国际合作等业务交由信息通信部长官负责，与互联网地址资源开发和利用的推进和管理有关的基本计划包括

① 互联网地址资源开发和利用的推进和管理的基本目标
② 与互联网地址资源现状和供需有关的事项
③ 与互联网地址资源的开发和标准化有关的事项
④ 与互联网地址用户保护和纠纷解决有关的事项
⑤ 与互联网地址资源有关的国家地方自治团体及民间合作有关的事项
⑥ 与互联网地址资源有关的国际合作事项
⑦ 与互联网地址资源开发和利用的推进和管理有关的资金筹措和管理事项
⑧ 其他有关事项。

从法律上看，互联网地址资源政策推进体系由信息通信部长官、互联网地址政策审议委员会、互联网地址政策工作委员会、互联网振兴院、互联网地址管理机构、互联网地址管理代行机构、互联网地址纠纷处理委员会等构成。

《互联网地址资源法》可以确保域名注册和转移的市场秩序，防止损害他人正当权益的域名注册，禁止非法域名注册。

4.2 IPv6（互联网协议第 6 版）推进政策

IPv6 普及推进计划的目标是通过培育基于 IPv6 的新一代互联网产业，使韩国由互联网消费国成为生产强国。

IPv6 普及推进政策的核心战略为：通过选择特定领域进行集中开发，开发在韩国国内外市场上具有竞争力的通信装备和终端，促进与 BcN、 Wibro、家庭网络、RFID/USN 等 IT839 战略有关产业的联系。首先在政府和公共机构普及 IPv6，打造初期市场，强化政府与企业、研究所与用户间的合作体制。

IPv6 普及推进计划包括开发基于 IPv6 的整合有线无线的新一代互联网使用技术、开发普及推动 IPv6 服务、开发普及 IPv6 家庭网络服务、构建 IPv6 示范网及扩建相关基础设施、管理 IPv6 地址资源及引进 IPv6 DNS 示范服务、引进标准化及测试认证制度、开展国际合作、宣传、加强教育等内容。

IPv6 是现有 IPv4 互联网地址体系问题的解决方案，提前研究运用 IPv6 地址体系将可以提高通信服务质量，促进相关服务的升级。如将 IPv6 和提高便携式电脑或 PDA 等移动终端的性能、发展无线通信技术相结合，将会诞生一种新的服务类型。

4.3 互联网商务推进政策

4.3.1 促进互联网商务发展

推动互联网商务的持续增长的重要措施包括扩大具有经济实力的中老年阶层的需求、通过扩大互联网广告等新型市场吸引资金。为此，韩国政府 2004 年与 YTN 共同举办了名为 "4050 I Love Internet- 走进互联网" 的年末系列活动，并大力推动建立相关的标准化事业，如互联网广告基础技术、广告效果测定等，以构建对互联网广告市场的信任度。

韩国政府将在 2005 年推动各种互联网商务政策的实施，如推广互联网商务、培育互联网产业、加强自律管理力量等。为此，政府将通过对各种政策的研究，如制定互联网商务、促销、网页寄存等领域的合理政策、创造基于 IT 新技术的商务模式、制定互联网广告术语、技术和效果测试方法的标准、推广无线互联网、推广小额结算市场，将互联网建成一个高附加值的产业群，并大力支持企业的自律活动，以克服互联网的负面效应，促进互联网的健康发展。

4.3.2 发展移动电子商务 (M-commerce)

无线互联网市场规模 2004 年约为 2.4 兆亿韩元，2005 年将达到 2.9 兆亿韩元，2006 年将达到 3.5 兆亿韩元，以数据服务为中心，每用户平均收入（ARPU）规模不断增加，如推广 WCDMA，无线互联网服务将会更加快速发展。

韩国政府正在进一步扩大为登陆快速简便的无线互联网而引进的"移动地址（WINC：Wireless Internet Number of Contents）"的使用范围，并通过实施移动通信商之间号码移动性制度，克服移动通信终端号码的锁定 (lock-in) 效应，引导运营商为用户推出更多移动电子商务方面的资讯和服务。

韩国政府认为 LBS（基于位置的信息服务）服务可能引起侵犯隐私的问题，正系统地研究保护位置信息的合理步骤和技术方法，将推出《位置信息保护与使用法（案）》，并通过听证会、讨论会、有关机构协商、国务会议、国会正式会议等过程，将于 2005 年 1 月 27 日公布，2005 年 7 月投入实施。

第十四课　互联网言论与传统言论的相互作用

1. 网络媒体的发展和言论概念的变化

言论在词典中的定义为"通过话语和文字表达自己的思想"。在近代社会形成和大众传媒普及的过程中,言论由于与传媒相连而获得了具体的社会意义,即现代社会的言论指"拥有专业组织体系的集团进行新闻采访后加以编辑和评论,并通过传媒进行报道的行为。"

虽然社会在不断多元化,但对大众传媒的投资日渐增大,沟通渠道日益集中。在这一过程中,传媒可以管理信息、交流,因此,成为一种新的权力之源。传媒越是专业化,传媒组织内部的信息处理把关(gate keeping)策略只能越来越严格,越来越不能反映不同意见,公共交流脱离政治的主要原因就是传媒的商业化战略。

从结果上看,传媒的发展最终会失去媒体本身的意义。市民本应当成为媒体行为的主体,但在媒体发展过程中市民却只是媒体的消费者,市民参与政治的机会也越来越少。而网络媒体的出现则提供了一个决定性的手段,可以恢复因传媒占据中心地位而造成的言论角色错位。

网络媒体基本特征很大程度来源于 PC 通信。在网络普及之前,韩国国内 4 大 PC 通信公司 Hitel、千里眼、Nownuri、Unitel 公司的电子公告栏和评论室已为公众所关注,成为一种可以形成独立舆论倾向的有针对性的媒体。公告栏是大量不特定用户自由发布信息的公开空间,特别是 Hitel 公司的"大村落"、千里眼公司的"千里眼广场"、Nownuri 公司的"开放广场"、Unitel 公司的"广场"等成为一种揭示社会问题、塑造公众的问题意识的政治空间。评论室与公告栏的相同之处在于所有用户都可以自由地使用,不同之处在于讨论室的开设和讨论主题的制定和实施须经由讨论室版主和参与人员协商后才能进行。

PC 通信的针对性来源于互动性、匿名性、超时空性等与大众传媒不同的交流属性,也就是说,由于采用匿名方式、PC 通信可实现多对多(many to many)的互动交流,所有用户既是新闻资源(news source),又是新闻工作者,而且,由于用户身份不公开,不必对自己发表的意见及信息承担强制性责任,因此可以极为自由地进行交流。

互联网出现后,网络报纸发展起来,已不再是 PC 通信的公告栏或聊天室等形式,而是作为一种试验性的、独立的媒体形式出现,特别是自称为互联网模仿性报纸的《Ddanzi 日报》(www.ddanzi.com,1998 年 7 月 6 日)的出现更加充分地说明,互联网技术有利于富有针对性的媒体的发展。由于对社会公开进行辛辣地讽刺,网站开设仅两个月,点击数即超过了 100 万次,赢得了极高的人气(《韩民族报》,1998 年 9 月 29 日)。

《Ddanzi 日报》之所以在互联网上拥有很高的人气,来自于彻底的试验精神,例如将政治人物与相扑选手身体对接;使用画面处理技术,将政治人物嵌入某一电影片断而搞笑;甚至政界人士的正式职务和姓名也能成为批判的对象。

Ohmynews 的创办则完全颠覆了人们对网络报纸的概念,更具有划时代的作用。2000 年 2 月创办的《Ohmynews》塑造了一种与现有网络报纸迥异的新的舆论模式。《Ohmynews》

主要依靠市民记者的力量运作这样一份相当于综合日报规模的网络报纸，拥有了可以与报纸、广播等制度化媒体一决高低的社会影响力。2003年12月《Ohmynews》拥有会员记者3万人，据统计，这些记者每日提供160~220条新闻。

《Ohmynews》在社会上大获成功，其他网络报纸也相继问世，其中在短时间内即拥有较高人气和社会影响力的网络报纸是《Pressian》。《Pressian》是曾经在新闻社工作过的重要媒体人士在2001年9月集体创办的。与《Ohmynews》不同的是，《Pressian》将焦点放在深层报道和评论上。

韩国网络媒体特别是网络报纸在短时间内能够取得飞速发展，究其原因在于传统媒体保守、倾向性强、体现的是言论的权威化。

2. 通过《Ohmynews》看互联网言论与传统言论的相互作用

2.1 新的言论模式：《Ohmynews》

《Ohmynews》作为一种新的言论模式之所以备受关注，是因为普通市民变成了新闻记者参与其中。《Ohmynews》在"所有市民都是新闻记者"的理念下，建立了一种专业记者与市民记者相结合的言论模式。2003年12月市民记者人数超过了3万人。这些市民记者既是新闻的提供者，又是新闻的消费者，具有双重角色。

《Ohmynews》的成功使人们反思"只有专家才能生产新闻"这一传统传媒观念。根据《Ohmynews》自己的调查结果显示，在30029名市民记者中，男性占全体会员的76.6%，远远超过女性，撰写一次以上报道的市民记者达到会员的33.4%。从下表可以看出，《Ohmynews》的市民记者中20-40岁者成为其中主力，占到72.9%。

《Ohmynews》市民记录的职业多种多样，资料显示，其中大学生和公司职员所占比重最高。从《Ohmynews》市民记者的职业分布看，最令人回味的地方是有2136名传媒界人士也参与其中。这些传媒界人士在《Ohmynews》上登载的是在自己所在的报纸和广播公司上无法刊载的报道。

市民记者职业多样，使《Ohmynews》具有一种异于传统言论模式的专业性。就教育问题来说，在传统的言论模式下，只能由教育厅或学校记者通过采访才能做出报道，而对《Ohmynews》而言，连教师和学生都拥有可以参与采访的机会，因此可以听到更多的意见，反映更多的事实。

研究《Ohmynews》需要关注的是专业记者和市民记者的关系。《Ohmynews》的专业记者负责判断深层报道和市民记者报道的价值，并组织版面，也就是说，市民记者完成的新闻报道首先会登载在"新手上路"一栏，再由专业记者判断其价值，分配到不同的版面。因为编辑部不将"新手上路"栏的内容当作正式的报道，所以，这一过程催生了一些缺乏正确性或损害名誉、侵犯隐私的报道。

《Ohmynews》自创刊之初，就开办了"记者培训"项目，帮助市民记者学习报道，并且对报道形式也不加以限制，以期获得市民记者的更多参与。《Ohmynews》对市民记者报道的著作权也不作硬性规定，市民记者自己的采访报道不仅可以刊载在《Ohmynews》，也有权登载在其它网络报纸。

由于《Ohmynews》以市民记者的少数专业记者为主力，因此，在提供全国综合日报水平的新闻方面还有一定的局限。《Ohmynews》为解决此问题，采取了一种方法，即与联合通讯

第十四课　互联网言论与传统言论的相互作用

社建立合作关系，由通讯社提供基本新闻。

《Ohmynews》之所以会在短时间内取得成功，另一个动力是其切实体现了互联网的技术性。《Ohmynews》作为一种互联网新闻服务，首先在每一报道之下都提供了单独的讨论版，可以使读者看完报道后直接发表自己的意见。现在相当多的韩国网络媒体纷纷仿效这种将报道与讨论版相连的新闻方式。

《Ohmynews》充分发挥了网络可以轻松修改消息的特长，只要发生重要事件，便会随时更新相关报道，强化了新闻的时效性。这种服务使读者拥有一种如同现场直播的感觉，体会到一种现场紧张感，并可以将事件经过一目了然地全程展示，取得了很好的效果。

几次报道使《Ohmynews》为一般市民所熟知，前总统金泳三在高丽大学发表演讲时，曾以现场报道的形式连续报道了25场（2000.10.13），在国民整合21党代表郑梦准撤销对总统候选人卢武铉的支持时，也连续报道了25场。

《Ohmynews》在发行初期，积极报道传统传媒不愿报道的内容，成为一种富有针对性的媒体而备受关注。从《Ohmynews》自己选出的"2000年20场专题报道"中可以看出，《Ohmynews》积极报道了传统传媒不愿报道的"与美军有关的事件"、"梅香里事件"、"财阀批评"、"舆论批评"等主题，不是成为传统传媒的新闻源头，就是成为市民关注的焦点。

《Ohmynews》拥有政治、社会影响力，形成与传统传媒的竞争关系，则是在金大中移交总统权力、卢武铉总统上台执政等政治秩序发生变化之时。

在《朝鲜日报》、《中央日报》、《东亚日报》等保守报纸大力批评政府之时，金大中政权开始尝试与《Ohmynews》等网络报纸建立一种友好关系，特别是《Ohmynews》创刊1周年的采访意味深长。

《Ohmynews》在发行初期全力集中采访政界主要人物。从政界人士的立场来看，接受网络媒体的采访，可以在网络新闻主要读者20-40岁阶层中提升自身形象；从新生媒体的立场来看，可以因采访对象的社会地位和知名度而受益。

卢武铉总统执政使《Ohmynews》不仅能够拥有更大的政治社会影响力，而且有可能在法律和制度上拥有一种与传统媒体相同的地位。《Ohmynews》全力报道了2002年春民主党总统候选人竞选过程，同时又首次报道李会昌候选人兵役丑闻事件，其反李（会昌）亲卢（武铉）倾向不言而喻。[1]

可以说，《Ohmynews》在第15届总统选举过程中，赢得了自创办以来的最高人气。《Ohmynews》一年时间创下了新的点击记录，时间集中在民主党总统候选人竞选、候选人李会昌之子兵役丑闻、郑梦准撤销对候选人卢武铉的支持等事件上。据资料显示，2002年12月18日候选人郑梦准对外宣布撤销对候选人卢武铉的支持时，《Ohmynews》连续登陆人数达到623万人之多。《Ohmynews》当天还以"郑梦准发言极具杀伤力，胜者却是卢武铉"等为题，动员网民们参加选举。[2]

通过上述事实可以认为，在总统选举过程中，卢武铉支持者及年轻人都是通过《Ohmynews》团结在一起的。2003年2月3日，卢武铉后首次接受媒体采访，只选中了《Ohmynews》。在

---

[1] 《Ohmynews》因为这一报道成为第一家在名誉损害诉讼中败诉的网络报纸。大国家党方面提出了损害赔偿诉讼，首尔地方法院作出判决，要求《Ohmynews》方面赔偿6000万韩元。

[2] 国民整合21代表郑梦准撤消对候选人卢武铉的支持，也就是总统选举的前一天12月18日，《Ohmynews》点击页数为19,101,690页，统计结果显示，包括重复登录的用户在内，当天访问数达到623万左右。

《Ohmynews》的独家采访中，他详细阐述了对全部政治问题的看法。这次采访社会反响强烈，大国家党批评说，此次采访出发点即完全错误，将会造成媒体的决裂。

《Ohmynews》的政治和社会影响力不断增大，自然而然与传统媒体形成了一种竞争关系，但《Ohmynews》是在经历了各种磨难和挫折后，才从法律制度上得到认可，成为一种公认的舆论媒体。(《朝鲜日报》2003年2月25日)

2001年3月23日发生了《Ohmynews》记者被逐出仁川国际机场中央记者室的事件。此次事件通过各种途径公诸于众，直至仁川地方法院受理了《Ohmynews》崔庆俊(音)记者的《禁止妨碍进入仁川国际机场新闻发布室实施采访的诉讼保全申请》(《韩民族报》，2001年8月1日)。从这一判决开始，网络报纸也有权和传统传媒一样共同使用出入处。

在此次总统选举前举行的民主党总统候选人竞选过程中，《Ohmynews》试图举行一次候选人特邀讨论会，但首尔市选举管理委员会却认为《Ohmynews》不能作为言论机构出面，因此禁止《Ohmynews》举办候选人特邀讨论会。对此，2002年2月9日主管媒体的文化观光部却作出权威解释，认为"《Ohmynews》事实上已成为一种发挥媒体功能的新型媒体。"这一事件使舆论普遍认为应该修改政策建议法、广播法、选举法等相关法律。

卢武铉政府上台后加强了对互联网报纸的制度保障。根据2003年3月开始实施的《青瓦台出入记者登记规定》规定，要想登记成为出入青瓦台的记者，需得到相关机构的推荐，其中包括韩国新闻协会、韩国广播协会、韩国记者协会、互联网新闻协会、互联网记者协会、韩国摄影记者协会、韩国TV摄影记者协会、韩国在线新闻协会、首尔外国通讯社记者俱乐部等。这就意味着青瓦台赋予了互联网新闻与传统媒体同等的资格。

在《Ohmynews》的发展过程中，另一个值得关注的事实是2002年1月《Ohmynews》任命《大韩每日新闻》前处长张云铉(音)为新任编辑局局长，并聘用了金堂(音)、郑志焕(音)等重量级媒体人士(《韩民族报》，2002年1月11日)。全面打造互联网市民媒体的《Ohmynews》聘用重量级媒体人士，加强栏目力度，这可以看做是其强化专业性的一大举措。

《Ohmynews》只是部分接受现有媒体的组织体系，而报纸、广播等传统媒体却开始积极采用互联网报纸的各种作法。《韩民族报》网络版实施市民记者制，《朝鲜日报》网络版则大力改造网络版的版面，提供与纸制报纸不同的服务，分别打造网络报纸和印刷报纸。不仅仅是报纸，广播界也积极采取各种对策，如基督教广播公司在网上开通了"无剪辑"新闻网(www.nocutnews.co.kr)，文化广播公司也开通了www.imnews.com网，提供独自的新闻服务。

2.2《Ohmynews》和传统媒体的相互作用

《Ohmynews》的发展给现有媒体秩序带来不小的影响。自《Ohmynews》创刊以来，传统媒体对《Ohmynews》的关注逐渐增加。现有媒体对《Ohmynews》的不断关注意味着其影响力的不断扩大。

《Ohmynews》的发展过程也是传媒因言论改革、卢武铉总统当选等事件而分化为进步和保守两大阵营的过程。《Ohmynews》从创刊之日起也进入这种对立结构，开始形成与《朝鲜日报》、《东亚日报》、《中央日报》等保守日报的对决。

特别是金大中政府试图通过税务调查、制定新闻通告制度等措施对新闻市场进行管制时，媒体分为赞成派与反对派，意见尖锐对立。特别是反对言论改革的《朝鲜日报》、《东亚日报》、《中央日报》等自称为"政权批判之核心"。言论改革造成媒体的分化，进而导致了社会的论争。

正当言论改革处于进步与保守两厢对立之时，《Ohmynews》的出现成为进步媒体的连带对象和保守媒体的牵制对象。

2000年2月创刊的《Ohmynews》进入2001年拥有了广泛的人气和政治影响力，特别是连续采访了金大中总统、海洋水产部长官卢武铉等政界重要人物，采访内容又相继为其他媒体所引用报道后，《Ohmynews》一时间成为街谈巷议的焦点。

除采访报道之外，媒体对《Ohmynews》的关注主要集中在网民的言论动向上。《韩民族报》开设《民心在线记行》栏目，大量引用报道《Ohmynews》和《韩民族报》网络版中市民的意见。《韩鲜日报》的大量报道充斥着对网民的负面内容，在报道网民对9.11事件的看法时，《朝鲜日报》仅以《Ohmynews》读者评论中的部分意见为依据进行报道，使人误认为似乎《Ohmynews》的读者拥有反美倾向，从而遭到了《Ohmynews》方面的反驳。

网络报纸的规范模式产生之时，市民应该可以在网络报纸上通过自律对公共事件发表意见、提出主张、共享信息，从而形成健康的舆论。《Ohmynews》虽然没有完全达到这一目标，但至少在建立市民自发参与的言论模式上，已经部分接近于上述规范模式。

但是，我们现在很难乐观地看待《Ohmynews》的成功，这是因为《Ohmynews》是在非常复杂的政治社会环境中发展起来的。

首先，在《Ohmynews》为首的网络报纸在韩国社会极速发展的背景下，《Ohmynews》深深得益于政治因素，其中包括公众对传统媒体的不信任、相对进步的金大中和卢武铉执政、市民对政治参与的渴望等。《Ohmynews》在创办之初即很快被卷入保守与进步相互对立的韩国社会舆论格局中，在这一过程中，《Ohmynews》与《韩民族报》等进步媒体适当联合，拥有了巩固地位和扩大影响的机会。

《Ohmynews》在短时间内即获得了足以与传统媒体竞争的影响力，最重要的原因在于试图创办市民都能自由参与的网络市民媒体的创意。新闻和所有媒体资讯都具有消耗性，难于反复使用，因此，媒体要办好，就需不断提供新的资讯。但从《Ohmynews》的市民记者3万人这一数目就可以看出，通过使新闻的消费者——市民直接制作新闻的方式解决了这一问题。可以说《Ohmynews》拥有的政治和社会影响力的根源来自于自发参与《Ohmynews》的市民。

在扩大影响方面，《Ohmynews》的制作项目（item）中最成功的当数专访。《Ohmynews》从初期开始就在专访上下功夫，从政界人士的角度来看，接受采访可以扩大与20-40岁市民的接触机会，从网络报纸的主场上看，网络报纸可以借助采访对象的知名度来赢得人气。

《Ohmynews》影响力不断扩大，使得《朝鲜日报》等保守媒体对《Ohmynews》不断发动攻势，从中可以看出，《Ohmynews》的发展给保守倾向性强的韩国媒体带来了不少影响。不仅如此，在《Ohmynews》不断强大的过程中，报纸、广播电视等现有媒体也开始积极应对，如通过网络提供新闻服务等。网络报纸并未满足于做一种针对性的媒体，而是注重扩大政治和社会的影响力，传统媒体也积极借鉴网络报纸的经验，这种网络与大众传媒互相参考的现象，今后将成为预测韩国媒体格局的重要开端。

《Ohmynews》在大选计票结束的12月19日晚，宣布韩国的媒体权威已经发生了交替。这一声明使其作为市民网络媒体的形象大打折扣。

《Ohmynews》现在自称为新的媒体权威，即使在进入制度性媒体范畴之时，市民能否真正承认《Ohmynews》是一个开放的政治空间，还是一个未知数。可以这样说，《Ohmynews》能否成功地成为新的言论模式，现在又进入了一个检验期。

第十五课　韩流概况

1. 韩流的定义

"韩流"是一个新词,指的是韩国的歌曲、影视剧等韩国大众文化在中国大陆、台湾、日本等东亚国家和地区所掀起的热潮。在汉语中,"韩流"和"寒流"(来自西伯利亚的冷空气)谐音,借用"寒流"发音创造的"韩流"一词主要是指韩国的dance音乐、电视剧、时尚之风在东亚地区的盛行。

韩流越过中国大陆,又吹向香港、台湾,以及越南等东南亚国家。这说明,韩国文化在东亚大众文化领域发挥着独特的作用,通过韩流,不仅可以理解以10-20岁为主的大众文化的特征,还可以研究东亚国家的某些文化特点,如特殊领域的文化适应现象可以改变整个文化的状况。现在中国产生了两个与韩流有关的新词"哈韩族"和"韩迷",这或许可以理解为一种单纯的文化适应现象的结果,韩流的波及效果和影响力由此可见一斑。

2. 韩流的背景

韩流在中国的正式流行始于1998年双人男性流行舞组合"酷龙"登陆台湾。[1]

酷龙的流行舞比日本舞更有力量,并且有观看武术般的新鲜感觉,得到了中国人的喜爱,更重要的是,其歌曲旋律简洁,易学易唱,成为韩流的开路先锋。可以这样说,早期韩流的形式是少数歌星演唱的韩国通俗歌曲。

仅仅1~2年后,韩流就扩展到中国大陆和香港,还扩展到越南等中华经济圈影响的东南亚国家,韩流已不仅仅是几个演艺人员的演出,而是扩展到歌曲、唱片、电视剧、电影、游戏,甚至饮食、服饰、发型等方面。现在在中国大陆,安在旭[2]被认为是最优秀的男性,Babyvox(组合)、李贞贤等女歌手人气暴涨。

对于包括中国在内的东亚地区所盛行的韩流热风,香港的权威杂志《亚洲周刊》称,"这与好莱坞大片和麦当劳汉堡包在中国大陆流行无丝毫不同","热如火,凉如冰,恰似韩国人的饮食组合——烤肉和白酒"。

但这种韩流是如何发生的呢?中国等东亚地区盛行韩国大众文化热潮的原因可归纳为如下几点:

第一,根植于儒教文化,易产生情绪上的共鸣;在适当的时机出现,满足了东亚人的口味。尤其是几年前,融合了传统儒教思想和些许浪漫色彩、在韩国也颇赚人气的电视剧《爱情是什么》在中国热播,由此可见一斑。《爱》剧反映了韩国在西欧化时代,代表传统价值观的老一

---

1 由具俊烨、姜元来两人组建的男性组合1996年一跃成为人气歌星,酷龙组合以其出色的演唱实力和与之相配的舞蹈,创下了40万张的唱片销售纪录,席卷了台湾的歌曲流行榜,成为当地歌迷的偶像,创造了独特的酷龙形象。
2 安在旭集演员与歌星于一身,现在成为中国文化圈内最具人气的明星。2000年8月在北京工人体育场举办了首次个人演唱会,观众达16000人,毫不夸张地说,现在安在旭已成为中国人气最高的演员。"三星电子中国投资有限公司"现为三星电子在中国的支柱公司,安在旭担任其广告模特,据说,公司一年销售额达20亿美元。

代人和躁动的年青人之间价值观的对立,获得了极大的好评。而现在的中国也正因老一代人和青年人之间价值观的差异而苦恼,该剧反映了这样一种社会状况,为人津津乐道。可以这样认为,该剧缓解了老年阶层的疏远感和年轻阶层的极端反叛心理,反映了一种和谐的主题,为中国人轻松接受。

第二,韩国文化吸收了美国文化和日本文化的优点,又增加了韩国的特有元素。虽然中国现在大幅度改革开放,但是吸收快节奏的美国文化还有一定的难度,比起好莱坞的电影,中国人可能更喜欢韩国的电影。韩国文化之风起到了缓解中国快速产业化所带来的文化冲击和混乱的作用。对于日本文化,中国人在评价其内容之前,首先会因日本过去的野蛮行径而产生拒绝感。因此,在这种状况下,融合了美国和日本的文化并添加了韩国特有的热情浪漫元素的现代韩国的大众文化不能不深受中国人的喜爱。

第三,香港曾一度发挥着中华经济圈的文化中转站的作用,但现在其作用已消失,而韩国大众文化则"乘虚而入"。10多年前,香港电影风靡全亚洲,塑造了众多的影星,获得极高收入,但是,一贯的暴力和雷同的情节使其不能长久存在,香港文化影响力的消减为韩国大众文化的扩展提供了契机。

最后是东亚青年文化的变化。尤其是在韩流的中心所在地中国大陆,青年文化在改革开放后发生了巨大的变化。最近中国的《北京青年报》指出了新一代(78—88年出生的一代)的特点:

△ 重视自由和快乐
△ 以自我为中心,行动果断
△ 重视气氛和品位,审美情趣高
△ 追随时尚,精于消费

当然,这和西欧的青年文化无太大差异,但从微观上可以看出既富有反抗性又活泼奔放的东亚青年文化的特征。即,由于持续的变化很难形成自己的价值观。在飞速的经济增长中产生了对社会的不满、自身主体性的确立成为首要问题等成为东亚青年文化的本质内容,在有意识地抵制西欧文化的同时,要求本国文化也能灵活变化。

3. 韩流的影响

韩流给东亚地区10—20岁的青少年带来了很大的影响。在台湾地区也从广播、网络到饮食刮起了一股韩风。以酷龙为开端,S.E.S、安在旭等主导了中国的唱片市场,《星梦奇缘》、《嫉妒》、《蓝色生死恋》等电视剧备受欢迎,电视剧的主人公成为中国大部分杂志的封面人物,这一切既可以看做是10—20岁青少年文化的巨变现象之一,又可以看做是文化价值变化通过在线和不在线方式快速整合的结果。

3.1 韩流对大众文化的影响

东亚通俗歌曲整体上既保留了静态的东方价值,又引入了欧美的dance音乐,处于逐渐变化之中。当然,我们不能无视日本的音乐文化,其吸收了西欧音乐并以本国方式升华。同时我们也应该看到,在中国大陆、台湾及其他东亚国家和地区,并未形成一种从商业上支持发展本国音乐的体制。

例如,在韩国歌曲席卷中国之前,即韩流进入中国之前,中国音乐主要是平缓的歌曲。而在韩国由于个人的音乐努力和成熟歌迷的增加,韩国音乐文化快速发展。就像四五年前在韩国得到新生代拥戴一样,韩国dance歌手在中国也受到了青少年的追捧。他们称,"韩国的音乐

年轻奔放,不错"。在韩国和日本曾一度将以舞蹈为主的节奏和感觉问题视为需要解决的问题,但在中国却极大地吸引了当地的年轻人。

也就是说,中国和东亚的青年很热切期望本国文化得到发展,但同时也意识到了一些现实的困难,因此,他们将接收韩国文化、赋予同质性作为上述问题的解决方案。这也是在存在对欧美文化的异质感和对日本的民族感情下,接受韩国文化的原因。

引领韩流的韩国演艺人员不懈努力,使韩流在不同时间受到不同地域和年龄层的青睐。但是,韩国的文化资讯最初进军东亚各国之时,并非一帆风顺。如由于少数韩国人缺乏道德,2000年10月酷龙、李贞贤、Babyvox、安在旭等韩流主要人物出演的韩流热风演唱会由于主办方的欺诈行为而被取消。

当然,由于演出企划方的失误,演艺人员也受到了很大的损失,而更惨重的损失则是这一次活动令中国的韩国迷大失所望。致使韩流一度在中国受到批评,遭到冷遇。但是,安在旭和NRG的演唱会使韩流重新升温,安在旭清新健康的形象深受好评,中国的某些报纸称这是一次"父母可以放心推荐给孩子们"的演唱会。

虽然演唱会提升了他们的人气,但由于中国和韩国实际上的距离感,中国的"粉丝"接触韩国演艺人员的机会仍然很少。而恰在此时,各种各样的传媒对宣传歌手的歌舞发挥了极大的作用,一个明显的例子就是,音乐电视不仅是宣传歌手及其歌曲的手段,现已成为具有很强竞争力的文化产业。1998年曹诚模的《To Heaven》以其巧妙的结构和大明星的出演而成为热门话题。

自这部作品之后,仅2000年一年,韩国就制作了500多部音乐电视,此产业每年增势不减。持续面市的音乐电视在宣传韩国通俗歌手的歌舞、提升其人气方面发挥着重要作用,以音乐电视形式为主的韩国有线电视节目的出口也为宣传韩国歌曲作出了贡献。此外,中国天津首次正式制作的"shocking M"和新加坡公营广播公司制作的韩国Hip-Hop专业节目"Hip-hop the Vibe"也为保持韩流热度不减发挥了重要作用。

韩国电影与韩国歌手一样赢得火爆人气,这说明韩流已从歌星逐渐向多样的文化资讯方面转变。被称为综合艺术的电影是演员、音乐、技术力量和资本的组合体。"生死谍变"、"共同警备区"、"飞天舞"等韩国电影不仅在中国大陆、台湾地区,而且在越南、日本连创票房纪录。这说明现在东亚各国对韩国文化越来越喜爱,韩国电影较过去也有了飞跃性的发展。

几年前,只对巨资打造的好莱坞电影感兴趣的观众对规模小、情节冗长的韩国电影并不关心。但自"生死谍变"上映之后,韩国电影以其多样的素材、作品性和商业性,具有了一种可以与好莱坞相抗衡的力量。由于中国等东亚大陆的强大"哈韩族"的存在,韩国电影受到了前所未有的热捧。乘韩流之东风,最近出现了不少亚洲各国合作的电影,它们的影响不断扩大,有人认为其可与"好莱坞"抗衡,并称之为"亚莱坞"。

当然,比起好莱坞电影,亚洲电影从资本能力和市场占有率来看相对较低,但是,从盗版的泛滥和对西欧文化反抗的角度来看,不可避免就会认识到,亚洲电影的发展应立足于亚洲的基础之上。如果在电影中表现出亚洲的价值观,并有与之配套的技术力量和资本力量,那么,处于变化期的亚洲电影有可能独具特色,获得商业和艺术上的成功。

3.2 韩流对经济的影响

现在让我们看一下韩流的经济影响。最近,尽管世界经济处于全面停滞状态,但中国经济增长迅速。瞄准庞大中国市场的跨国公司开始进军中国,这是对中国市场潜力长期保持乐观的结果。

韩国企业也正尝试进入中国市场，以文化的相似性和产品质量的提高为基础，扩大中国市场的占有率。[1]

那么应该如何看待中国市场的增长，如何看待与"韩流"这一文化现象的关系？

1978年邓小平宣布实行改革开放政策，中国从此进入经济改革阶段，经济开始持续增长。从1995年开始持续增长的GDP中就可以看出，中国经济通过改革开放保持了持续的增长。

邓小平提出了2050年前（即中华人民共和国建国100周年前）实行三个阶段的发展战略，这个政策被称为"三步走"战略，是预测今后中国经济发展的政策指标。

第一个阶段是通过经济的飞速发展，解决人们的温饱问题，这一目标在1990年已经实现。第二个阶段则是拥有家电、生活较为富裕的小康化，到2000年为止，已大部分实现。第三个阶段是到2050年为止，实现大同社会，换句话说，就是通过实现现代化，建立一个富强、文明、民主的社会主义国家。中国系统地推进了这些政策目标的实现，为此，1992年中国共产党代表大会提出了"社会主义市场经济"的提法，正式推行开放政策。

其中的实例很多，如海尔集团在引进制造技术15年后，成功实现空调技术反向出口；现在中国私人企业和外国企业所占的比例超过40%，这一切都可以说明中国经济的真实状况。中国具有代表性的IT企业华为技术公司在世界35个国家设立了相关中心，从安装线路数上看，规模已达到世界第9位；以往外国企业仅看准中国的市场，而现在则纷纷改变中国战略，将中国作为其生产和研发的中心。[2]

从长远的观点来看，进入WTO后，中国的经济增长将是一种持续的增长。

如将韩流定义为在中华文化圈流行的韩国大众文化热潮，其范围正在扩大，其文化波及效果也正在发生深刻变化。现在韩流已经跨越了仅仅推出几个演艺人员的阶段，已迅速扩展到了通俗歌曲、唱片、电视剧、电影、游戏、甚至饮食和发型领域。当然，将文化现象和经济观点相结合起来考虑的话，会产生一些不同的意见，但考虑到大众文化的本质和现在中国崇尚韩流的核心代表是10—20岁这一代人，就可以认为，通过消费方式的变化可以更详细地掌握文化价值的变化。[3]

当然，"韩流"不单单是一般的大众文化现象，还是一种新的资讯产业及其伴随的附加价

---

[1] 财政经济部长说，出口可以称为韩国经济振兴的唯一希望，发展出口就要大力开拓中国等可增长的市场，文化观光部和产业资源部等相关部门要充分利用中国加入世界贸易组织（WTO）、2008年北京奥运会特别需求及最近席卷中国的韩流热潮，加大对中国的出口。这既是对中国潜力的承认，也可以看作是将韩流的文化特殊性作用于经济方面的努力。

[2] Ericsson公司2000年在中国的投资额约为18亿美元，摩托罗拉称也将投资约20亿美元，自动化机械企业德国的ABB公司在今后3-4年内也将在中国投资10亿美元，微软也将投资4000万美元。以前的投资只是针对中国13亿人口的巨大市场，而现在的战略则有所不同，即不仅将中国作为销售中心，而且还要作为生产和研发中心。也就是说，中国海外企业正在努力改装成本土企业。其中一个较好的例子是可口可乐，可口可乐公司在设计商标时，按照中国方式让中国孩子走进了动画，这不仅是巩固中国地位的举措，也表明了公司的本地化战略。

[3] 可以说，2008年北京奥运会象征着中国时代的到来。世界银行预测，中国加入WTO之后就会为中国的国内生产总值（GDP）带来1~2%的增长效果，2008年北京奥运会也将给中国经济带来巨大的影响。中国政府曾自信地说，中国2010年GDP的总量将达到2000年的2倍，即2.2兆亿美元，加入WTO和举办奥运会将成为实现这一目标的动力。《人民日报》网络版曾自信地说，即使世界经济停滞不前，中国经济也将独树一帜，因为具有极大购买力的中国内需市场已成为中国经济增长的发动机。中国是世界第二大通信市场，今后中国将确定中国独自的标准模式TD-SCDMA，德国的西门子和美国的摩托罗拉公司也与中国企业一道提前着手开发TD-SCDMA。今后主导广播事业的HDTV中国也将制定自己的标准。微软正在开发针对中国市场的独立操作系统（OS），不考虑占世界人口1/4的中国市场，是无法制定产品标准的。

值的返还现象。[1]

在过去以制造业为中心的经济体制中,依靠廉价的劳动力,"中国制造(made in china)"横扫全世界经济市场。在常说的以资讯为中心的新经济体制中,整个东亚地区的韩流风劲吹,创造了各种附加价值。

已有多份报告称,在家电、纤维、鞋业等制造业领域,中国事实上已超越了韩国,不仅在价格竞争力方面,在技术竞争力方面也并不落后。

据预测,中国在今后5年内将在合成纤维、钢铁、尖端工作机械、数字家电等领域,在今后10年内将在信息通讯、石油化工、造船、汽车等领域,其经济地位将独占鳌头,但是,假定今后韩国生活在一种世界性技术和文化相融合的社会中,就可能不需要这些数值分析,即本国企业的发展不是在本国文化的发展和支持中实现的,而必须在理解对方国家和重视普遍依存中去把握。

因此,不能只从韩国企业今后进军中国获得利润的角度来认识韩流的经济影响,而应该认识到韩流发挥的是在整个东亚文化圈中又形成了一个新的文化市场的作用。韩国的通俗音乐产业从1988年到1997年由于赵容弼等部分歌星的推动,创造了年平均12~30%的高增长率,与全世界年平均2%的增长率相比,是一个极高的数值。可以这样说,韩国拥有着一个非同寻常的大众音乐市场,却又能在东亚文化圈中以韩流这种独特的文化形态占据一席之地,韩国音乐的融合性和在西方音乐中融入东方情感的dance music(舞蹈音乐),这一切影响了包括中国在内的亚洲的青年文化。

3.3 问题与局限

但是,韩流的附加价值却并未像外在形式那样迅速增长。虽然以金钱衡量东亚文化圈潮流——韩流价值总会有一定的局限性,但是,如果韩流成为一种新消费模式,形成了另一种文化,那么,那些统计资料也能说明一些问题。韩国大众音乐市场可以称为韩流的主要部分,规模为2000亿韩元,仅相当于GDP的0.05%。大部分先进国家的这一比率是0.15%,是韩国的三倍。韩国的音乐产业是日本的1/10,美国的1/20,美国和日本占据了全世界音乐市场的40%。

依靠如此不充分的条件,如何维护韩流的命脉,这一问题与如何解决韩流引起的文化适应的波及效果这一问题一脉相承。韩流虽然立足于韩国的大众文化,但现在韩国的大众文化在各国的政治、经济、社会等领域是一个独立不相融的文化发展形态。即使从整个青年文化及其反抗性来考虑,韩流也很难维持很长时间。即不能说韩流已成为一种独立于引领全世界大众文化

---

1 据说,三星电子的某产品邀请韩流人物之一歌手兼演员的安在旭出任广告模特,使中国市场的该商品销售额增长了150%。中国大陆、台湾、香港等地的女歌迷为目睹安在旭的风采,大批来韩,增加了韩国的旅游收入。现在韩国正在利用韩流影响开发一些观光项目,使之成为一种旅游商品。

的美国和日本文化之外的文化形态，也不能说韩流已成为一种融合东亚的亚洲文化形态。[1]

东亚许多国家对在政治、经济、文化上拥有独特地位的美国怀有反感情绪，尤其是往往会从极端的角度看待干涉内政及其经济地位弱化的问题；对于日本也是多少会产生一些问题，一是由于历史产生的民族感情，二是尽管同属儒教文化圈，受开放性所限，仍难以接受。

产业不仅仅包括制造业。唱片、影视、游戏也统属产业范围，这些属于"资讯产业"，现在韩国创造的"韩流"无疑是韩国大众文化向资讯产业转化的试金石。

中华圈内兴起的"韩流"是一种暂时现象吗？这是有其社会学根据的：曾一度成为中华经济圈文化中介基地的香港已不能再发挥其作用，韩国文化正好乘虚而入。

如不把韩流现象作为暂时的，而是用长期性的眼光看待，需要指出存在的几个问题。

文化商品（软件 software）的质量问题，现在韩流过分强调几个明星的人气。1980年代初《英雄本色》、《喋血双雄》等香港电影风靡韩国，但是情节的重复、场面的残忍使其仅仅维持了一时。韩流虽是客观存在的现象，但却有过分依赖明星的倾向。

需要审视一下"韩流"是否具有非文化、非生产性的一面。有人指出，韩流依靠的基本上是20岁左右的通俗歌手，创作方法雷同。不是突出演唱实力，而是过分注重狂乱的节奏，不是注重作品性，而是更看重外在形式，这些都有可能被人指责为非文化性的一面。因此，"韩流"长期盲目出口中国，可能会妨碍韩国固有文化的发展。如果韩流乘中国文化过渡期之机无原则地大量出口，可能最终成为韩国健全文化的绊脚石。

现在进军海外的韩国音乐大部分是舞蹈音乐（dance music）。在韩流的大潮中，依靠几名特定的歌手，就将中国等东亚地区10多岁的青少年置于狂热之中。但是，和西欧各国相比而言，韩国的音乐和文化资讯内容并不充实。文化产业的竞争力明显不足。

◇◇

第十六课　韩流的近况

1. 各地区的韩流现状

　　1.1 中国

　　　1.1.1 大陆

　　　○ 韩国对中国大陆的文化资讯出口2003年达到1,638万美元，比2000年增长7.9倍

---

[1] 2001年8月13日中国政府关于日本首相小泉参拜靖国神社的谈话

1）日本首相小泉不顾包括中国在内的亚洲近邻以及日本国内的强烈反对，执意参拜供奉着甲级战犯牌位的靖国神社，中国政府和人民对此表示强烈不满和愤慨。

2）日本领导人的这一错误举动，损害了中日关系的政治基础，伤害了中国人民和亚洲广大受害国人民的感情，也违背了日本政府在历史问题上作出的一系列郑重表态和承诺。

3）中方将通过外交途径向日方提出严正交涉。

4）我们注意到日本首相小泉在内外压力下最终放弃了在"8·15"这一敏感时期参拜的原定计划，并于今天发表谈话，重申日本承认侵略历史，对此深表反省的立场。

5）我们要求日方言行一致，切实履行向中方作出的郑重表态和承诺。

* 广播节目出口：2003 年达到 615 万美元，较 2000 年增长 6 倍
* 唱片出口：2003 年达到 849 万美元，比 2000 年增长 14 倍
* 电影出口：至 2002 年为止大幅增加，2003 年小幅减少

○ 韩国电视剧内容全部为情节剧，且具有过分的商业化倾向，中国大陆观众中有部分人对此表示反感。

* 中国大陆不同年龄层对韩流的态度（文化资讯振兴院）
— 10—19 岁：极为喜欢韩国演艺人，并喜欢模仿
— 20—29 岁：喜欢韩国的传统文化和韩国制品
— 30 岁以上：贬低韩流，认为韩流主要是对 10-30 岁人具有影响力的暂时性的大众文化

1.1.2 台湾

○ 2001 年 KBS 电视剧《蓝色生死恋》在台北有线广播公司高居收视率榜首，韩流自此广泛流行，电视剧出口大幅增加

* 台湾地区 7 家有线广播电台放映韩国电视剧，1999 年以后累计放映韩剧 35 部，2003 年出口为 810 万美元，是 2001 年的 4.2 倍
* 但是最近韩国电视剧在台湾地区人气下降，高价进口的 SBS 电视剧《洛城生死恋》等收视率较低
* 韩国电视剧每部平均引进价格为 1-2 万美元，在 2-3 年时间内增长 3 倍以上，台湾地区广播公司开始限制进口并逐步提高本地制作的电视剧的播放比例

○ 2003 年电影出口较前一年度增加 4 倍，但唱片出口较前一年度大幅减少了 38.2%

1.1.3 香港

○ 韩国电视剧《蓝色生死恋》、《冬日恋歌》、《夏日香气》在香港获得了很高的收视率，2003 年前电视剧进口大幅增长，2003 年开始减少

* 因为 SARS 等造成电视剧节目所占比例有所下降

○ 电影《野蛮师组》（英文名称为：Windstruck）2004 年 6 月在韩国和香港同时首映，在香港创收 795 亿港元（12 亿韩元）

○ 部分繁华大街的 TV、手机、电脑商店里，三星和 LG 的占有率不断提高 这说明香港进口这些产品的数量在不断增加

* 最近因大陆低价手机热卖，韩国手机出口逐渐减少

1.2 日本

○ 日本是最近韩流最活跃的国家，最初由宝儿进入日本市场，掀起韩流热潮，最近韩流已扩展到电视剧、电影等各个领域，韩国电视剧、电影、唱片对日出口因此大幅增加。

* 电视剧出口：2003 年为 628 万美元，比前一年度增长 2.7 倍
* 电影出口：2003 年为 1,389 万美元，比前一年度增长 2.1 倍
* 唱片出口：2003 年为 3,224 万美元，比前一年度增长 32.2%

〈电视剧〉

○ 2003 年 4 月 NHK 卫星广播以 "冬季奏鸣曲" 为题首次播送 KBS 电视剧《冬日恋歌》，该片在日本创下了 500 亿韩元以上的附加价值。

○ 自 2004 年 4 月开始，《冬日恋歌》通过地面广播 NHK 第 2 电视台在日本全国播放了 5 个月，据推测，创造的价值是卫星广播的三倍以上。

* 特别是DVD字幕和OST唱片全部在韩国制作，出口价值大部分归属韩国产业
○ 出售主要演员的肖像权至少创造了100亿韩元以上的价值
○ 《朝日新闻》、《读卖新闻》、NHK公司、TBS公司等当地媒体认为亚洲的韩流现象、电视剧《冬日恋歌》等韩国影视在日本市场成功的主要原因是两国国民感情相似。
《冬季恋歌》等韩国影视作品的成功要素（当地媒体观点综述）
—融家族感情与爱情故事于一体，符合东亚地区的大众心理模式
—剧中演员也深受日本观众喜爱
—台词富于感情，直率真诚
—画面景色优美
—主题曲和配乐以叙曲为主，凄美感人
—2002年共同举力世界杯，增加了对韩国的亲近感
—韩国经济发展，导致大众文化需求不断增强，由此带来娱乐产品的增加
—韩国政府积极支持文化产业
〈电影〉
○ 2000年出口《生死谍变》获得很大成功后，2004年《丑闻》、《实尾岛》、《太极旗飘扬》等在当地成功放映
* 《丑闻》：(2004.5.-8.) 吸引观众60万，收入8亿日元
* 《实尾岛》：(2004.6. 首映) 收入7亿日元
* 《太极旗飘扬》：(2004.6. 首映) 收入10亿日元
* 由韩流明星出演的电影《谁都有秘密》创下韩国电影出口最高纪录500万美元(60亿韩元)
〈唱片〉
○ 歌手宝儿成功进军日本
* 宝儿在日本每年影集销售收入、版权收入、演唱会收入、广告收入及其他收入总计为600亿韩元
- 宝儿在日本举办6次演唱会，门票全部售完（门票销售额约2.55亿日元），据估计，宝儿2002年进军日本后仅特许权收入一项就达到40亿韩元以上
- 在日本歌曲排行榜Oricon Chart上高居榜首，在日本发售的两张正规唱片销售量分别突破100万张

1.3 其他东南亚国家
○ 缅甸和越南等几乎所有的东南亚国家都流行韩国电视剧，韩国演艺人受到青少年的广泛喜爱，因此，韩国时装、韩国语、电视剧插曲、韩国料理、韩国产品大为流行。

1.4 伊斯兰教地区
马来西亚、印度尼西亚等伊斯兰教地区也流行韩流，韩流也有可能向伊斯兰民族传播。

1.5 美洲地区
○ 2002年墨西哥公营广播公司Mexiquense放映两部韩国电视剧《星梦奇缘》、《爱上女主播》，自此掀起了韩流热潮
* 以韩流为契机，2004年2月墨西哥名牌大学国立自治大学（UNAM）设立了韩国语学科
○ 美国韩人广播公司以《宫中宝石（A Jewel in the Palace)》的译名放映《大长今》，不仅受到了韩人的喜爱，喜欢韩剧的美国人也逐渐增加

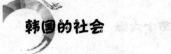

2. 韩流的影响与效果

2.1 资讯出口的增长

○ 2003年韩国的文化资讯出口为2.3003亿美元,比前一年度增长8.9%

○ 2003年韩国广播节目和电影出口持续增加,但唱片出口连续2年呈减少趋势

* 广播节目:2002年以后大幅增加,2003年达到了3308亿美元,比前一年度增长31.7%

* 电影:2000年以后持续增加,2003年达到3098亿美元,比前一年度大幅增长107.2%

* 唱片:2002年前不断增加,2002年后开始减少,2003年为1.6598亿美元,比前一年度减少5.1%

○ 2003年对韩流地区的文化资讯出口为9503亿美元,比前一年度增长22.4%,对非韩流地区出口为1.3499亿美元,仅比前一年度增长1.1%

* 在文化资讯的出口中,对韩流地区的出口比例从2001年的24.1%增长到2003年的41.3%,增势迅猛

○ 对韩流地区出口增长的原因一方面是广播和电影出口持续增长,另一方面,虽然唱片出口不太景气,但仍保持了增长势头

－ 对非韩流地区的出口在广播和电影方面比韩流地区增加了1倍,但唱片出口连续2年呈递减趋势。

<广播节目>

○ 2003年对韩流地区的出口达到2310万美元,比前一年度增加39.7%,对非韩流地区的出口达998万美元,比前一年度大幅增长107.7%

* 2003年前对韩流地区的出口大幅增长,但2003年对非韩流地区的出口增长更快。

－ 对韩流地区出口增势变缓是由于对香港和越南出口的减少。对非韩流地区出口增加是因为随着韩流地区韩剧的流行也打开了非韩流地区的市场。

<电影>

○ 对韩流地区的出口达到1654万美元,比前一年度增加91.8%,对非韩流地区的出口达到1444万美元,增长率高于前者,比前一年度增加128.1%。

○ 在对日本、台湾地区的出口持续增加的同时,对中国大陆则出现减少之势,这主要源于中国大陆的外汇收入牵制政策。

○ 对非韩流地区的出口增长得益于开拓东欧市场等多方面的努力。

○ 海外放映也赢得好评。

* 《我的野蛮女友》、《丑闻》等多部影片成功吸引了各国观众

<唱片>

○ 由于盗版增加等原因,2002年以后出口减少,但对韩流地区的出口不断增加

* 特点是2004年日本《冬日恋歌》OST出口及韩国演艺人唱片销售剧增,唱片出口大增

2.2 商品出口的增加

○ 根据韩国贸易协会对韩流地区出口公司的问卷调查显示,韩流能对有关国家的出口起到直接或间接的影响。但是,仅有10%的调查公司称对出口有直接影响,另有66.6%的公司称韩流间接有助于企业促销和全部营业活动,由此可见,韩流对改善韩国商家的形象有着明显的效果。

○ 韩流促销成功案例

〈Unisafe〉

* 向中国大陆出口球衣的 Unisafe 公司通过向顾客赠送韩国歌星 CD 等促销，扩大了出口

* 2003 年出口：15.5 万美元→2004 年上半年出口：14.2 万美元

〈Damndam International〉

* 驻中国大陆的服装生产公司 Damndam Intertional 宣传韩流歌星穿着自己公司的产品，在中国大陆举办的时装秀上插入"乱打"演出，获得最佳效果。

〈韩国轮胎〉

* 通过支持在中国大陆举办的韩国演艺人活动扩大了宣传效果

○ 韩流带来积极影响的企业种类大部分是服装、化妆品、家电制品、手机等消费品。

○ 从向韩流地区出口消费品的情况来看，韩流地区手机、家电制品、化妆品出口增长要高于非韩流地区，但韩流地区服装出口与非韩流地区相比不明显。这是因为衣类的设计与商标使用的普及，未能使韩流与出口相联系的结果。

〈手机〉

○ 2003 年前由于韩流的影响，手机在韩流地区的出口创出了很高的出口增长率，但 2003 年和 2004 年 1—7 月对非韩流地区的增长率并不明显，市场占有率的下降是与中国大陆、香港、新加坡本国产手机激烈竞争造成的结果。

〈家电制品〉

○ 三星电子和 LG 电子制品的品质与韩流促销相配合，在当地销售良好

* 2003 年向日本和中国大陆出口激增，2004 年 1—7 月继续保持增长势头，但对台湾、香港和越南的出口则呈递减势头。

○ 非韩流地区的出口连续 3 年保持两位数的增长，但未能达到韩流地区的出口增长率。

〈服装〉

○ 韩流地区的服装出口减少势头要大于非韩流地区，在韩流地区中，仅有越南和中国大陆保持增长势头。

* 日本因经济长期不景气，衣类出口继续呈递减势头，台湾和香港出口 2004 年开始下降。

－"On&On" 2001 年对中国大陆出口 8.5 亿韩元，2002 年达到 36.8 亿韩元，2003 年创下 131 亿韩元纪录

－2002 年以后"Clride、ZOOC、TOMBOY、ZIPPYZIGGY、GIA、SSamzie、FUBU、TOMKID、Cocoa"等韩国名牌在中国大陆当地百货店内开设了专柜

〈化妆品〉

○ 化妆品是韩流带来积极影响的最明显的类别，对香港、越南出口大增

○ 2002 年以后对中国大陆出口连续 2 年保持递减势头，这是中国大陆内当地法人正式生产的结果，中国大陆内销售数额大增。

〈太平洋化学〉

* 2002 年在中国大陆销售 971 万美元，2003 年几乎增长 1 倍，达到 1,800 万美元。2004 年第一季度达到 640 万美元，比去年同期增长 2.5 倍。

－ 这是因为韩流始于其 2002 年在上海开设工厂正式进军中国大陆市场之时，当地消费者对韩国女演员持有好感而促进了相关产品的销售

〈LG DeBon〉

* 越南上映热门电视剧《天桥风云》，广告起用其中的女主角，2002年成功打败世界化妆品名牌兰蔻，在越南市场占有率达到70%
- 顾客对其认知度高居首位，1盒虽然售至28万越南盾，但仍赞誉有加（工人月平均工资为30-70万越南盾）

2.3 赴韩游客的增加

○ 2003年受SARS影响，游客大幅减少，但到2004年7月游客增至226万人，同比增幅达41.1%

* 2004年1-7月间来自韩流地区的游客达到174万人，同比增长46.8%，占全部游客的77%
* 日本游客占赴韩游客50%以上，由于日本经济的恢复，日本和东南亚"韩国明星游"游客大量增加
* 推出大量吸引游客的相关商品，如电视剧《秋日童话》、《冬季恋歌》等的拍摄现场旅游、明星见面会、演唱会及签名会等，深受好评。

2.4 国家形象的改善

○ 传播韩国文化，提高国家形象

* 通过传播韩国大众文化，韩流可以消除不了解韩国的外国人对韩国的一些负面认识，如贫穷、战争、权威主义的高压、争斗等。
* 部分韩国企业在越南曾对当地工人施暴、侮辱，韩流也起到了消除这种负面影响的作用

○ 提高日本国内在日韩侨的形象

* 日本韩侨虽在日本出生长大，但没有投票权、担任公务员权利等基本权利，在非正式场合遭受歧视，而韩流提高了日本人对韩国文化和韩国人的亲近感，间接提高了在日韩侨的形象

后 记

  本书是韩国语国情阅读系列教程中的一册，主要作为大学韩国语专业高年级韩国国情课的教材使用，同时也可以为有兴趣了解韩国或研究韩国社会的读者提供较为系统的知识和资料。

  本书从立项到定稿，得到了我国韩国语教育专家张光军教授的悉心指导，在此谨表深深的谢忱。

  在本书编写过程中，参考和引用了韩国学者的许多著作和论文，还选用了韩国官方的一些资料。特此致以诚挚的谢意。

  最后，感谢北京大学出版社的帮助。出版社编辑的专业、高效和认真，使本书得以付梓。

  由于作者水平所限，书中肯定存在纰漏之处。敬请不吝赐教。

编　者
2009年3月27日于洛阳

《韩国的社会》参考答案信息

尊敬的老师:
　　您好!
　　为了方便您更好地使用《韩国的社会》,我们特向使用该书作为教材的教师赠送参考答案。如有需要,请完整填写"教师联系表"并加盖所在单位系(院)或培训中心公章,免费向出版社索取。

北京大学出版社

教 师 联 系 表

教材名称	《韩国的社会》			
姓名:	性别:	职务:		职称:
E-mail:	联系电话:		邮政编码:	
供职学校:	所在院系: (章)			
学校地址:				
教学科目与年级:	班级人数:			
通信地址:				

　　填写完毕后,请将此表邮寄给我们,我们将为您免费寄送《韩国的社会》参考答案,谢谢合作!

北京市海淀区成府路 205 号
北京大学出版社外语编辑部　宣瑄
邮政编码:100871
电子邮箱:ccxuan@hotmail.com

邮 购 部 电 话:010-62534449
市场营销部电话:010-62750672
外语编辑部电话:010-62765014